地震灾后
法律适用问题研究

DIZHEN ZAIHOU
FALÜ SHIYONG WENTI YANJIU

主　　编／向朝阳
副 主 编／郑莉芳
编委成员／霍子诗　王圆圆　周维珩

四川大学出版社

责任编辑:李勇军
责任校对:王 平
封面设计:墨创文化
责任印制:王 炜

图书在版编目(CIP)数据

地震灾后法律适用问题研究 / 向朝阳主编. —成都:四川大学出版社,2013.3
ISBN 978-7-5614-6528-8

Ⅰ.①地… Ⅱ.①向… Ⅲ.①抗震-救灾-法律-研究-中国 Ⅳ.①D920.4

中国版本图书馆 CIP 数据核字(2013)第 042584 号

书　名	地震灾后法律适用问题研究
主　编	向朝阳
出　版	四川大学出版社
地　址	成都市一环路南一段 24 号(610065)
发　行	四川大学出版社
书　号	ISBN 978-7-5614-6528-8
印　刷	四川和乐印务有限责任公司
成品尺寸	148 mm×210 mm
印　张	16.375
字　数	503 千字
版　次	2013 年 7 月第 1 版
印　次	2013 年 7 月第 1 次印刷
定　价	38.00 元

◆读者邮购本书,请与本社发行科联系。
电话:(028)85408408/(028)85401670/
(028)85408023　邮政编码:610065

◆本社图书如有印装质量问题,请寄回出版社调换。

◆网址:http://www.scup.cn

版权所有◆侵权必究

序

2008年5月12日,是一个令世界、中国,尤其是四川人民难忘的日子。这一天,在四川省发生了有史以来最严重的一次地震——"5·12汶川地震"。突然间,大地强烈颤抖,山峰移位、河水断流、路裂桥塌、房倒墙垮、尘烟蔽日、通讯中断……地震!大地震!特大地震!大自然以万劫不复的狰狞,毫无怜悯地践踏生灵。就在那一刻,数万个鲜活生命顷刻消失,千万个温暖的家庭永失至爱,相依为命的亲人瞬间阴阳相隔,几百万人的美好家园转眼间变为一片废墟……

就在那一刻,我们在感慨人类渺小、生命脆弱的同时,又为无比伟大、崇高的生命而震撼和感动!废墟中的母亲蜷缩着,以自己躯体最后的余温呵护着婴儿娇嫩的生命;课堂里的教师伏桌展臂,以脊梁扛住轰然坍塌的屋顶,让桌下的学生毫发无损;为了深埋地下弱声回应的女儿,父亲疯狂挖掘,双手鲜血淋淋;千斤重物压碎筋骨,重伤丈夫从容安慰身旁哭泣不止的妻子要好好活下去……犹如狂风暴雨,将人们心中的尘土吹净,赤裸的心灵重新得以洗礼。

就在那一刻,以牛眠沟震源为起点,汶川、北川、青川、理县、茂县……这一个个曾经陌生的名字紧紧揪着每一个中国人的心,从党和国家领导人到举国千万百姓,神州万里，蕴藏在人们内心深处的大爱至善情怀、国家与民族意识，在人们的心中再次凝聚、焕发，犹如凤凰涅槃、浴火重生，空前的涌动……只见身边的师生们纷纷捐钱捐物，组成志愿者服务队直奔灾区。

川大法学院专门组织"汶川灾后法律问题研究课题组和法律援助服务小组"，四川川达律师事务所的律师们反应迅速，灾后的第三天（5月14日）组织了一车灾区急需的棉被和食品等数万元的物资直接送往灾区……

然而，灾难留下的伤痛是残酷的、长期的。伤者可以医治，毁损的家园可以重建，但死者长眠地下不能重生，被震得支离破碎的社会关系无法复原。生者如何在痛楚中重获希望？日子怎样进行？不屈的生命之花如何继续绽放？灾区同胞心灵深处的永久伤痛需要抚慰，被震碎的社会关系需要重构。作为法律人尤其是四川的法律人似乎也应该做点什么。

突如其来的大灾难，激发了80后学子们——他们这一代人的国家和民族意识及人性中的大爱品质。硕士研究生霍子诗、王圆圆、周维珩等同学表现出来的强烈参与意识与卓越的行动能力，让人产生了一个"将同学们爱与善的实际人生体验和学习研究相结合的项目计划"的设想，并在他们的协助下，快速地完成了"地震灾区法律服务与法律适用问题研究"课题的设计，并获得了中国南都基金的支持。

这是一个针对地震中产生的诸多法律及公共政策问题的研究课题，更是一个表达爱与善的行动计划。课题组在"地震灾区法律服务与法律适用问题研究"项目之下，设立了30个子课题，并以此组建了30个法律援助小组。项目秘书处通过网络公开招投标的形式，组织了128名具有法律、经济、公共管理等学科知识背景，以硕士研究生为主的学生参与项目的各子课题调查研究活动和地震灾区志愿者法律服务活动。为确保项目的有效进行，项目秘书处在地方政府和有关部门的支持下，在灾民临时性安置点设立法律服务咨询点3个，法律服务帮扶点2个，提供各项法律服务1560人/次，受益人数6826人/次。项目秘书处还组织了5场大学生志愿者培训，先后参与人员201人/次；霍子诗、周维珩等研究生还为灾后恢复生产自救的灾民进行法律课程讲座10场，制作并发放了法制宣传资料3500余份。同学们深深的挚爱、无限的活力，给灾区群众带去了温暖和希望，受到灾区人民的热烈欢迎。

学子们在表达爱的行动的同时，为灾区的重建和社会关系的修复进行着理性的思考，对地震灾害带来的相关法律问题及公共政策问题进行了深入的调查与研究，并形成了30余篇调研报告和论文。虽然他们的论文还充满了稚气，但闪耀着人间大爱的光芒和智慧。文集以抗震救灾为大背景，首先对政府、非政府组织、公共卫生部门，以及灾民、志愿者等多元主体进行了程序与制度的剖析；其次，针对地震所涉财产的损失与重建，分别对联建房、救灾款物发放、募捐程序以及人身财产的保险履行等问题进行系统地研究；第三，由于地震导致的非正常社会状态直接影响到社会秩序、安全和犯罪防控的态势，文集还对紧急状态下刑事案件的程序处置、刑事政策的灵活运用、犯罪防控手段的正当性论证与实施策略进行了深入的探索。这些论文观点清晰、数据可靠、论证充分，不乏理论闪光点，亦不缺实践性灼见，对我国抗震救灾的法律实践和理论研究具有一定参考价值。

本文集在郑莉芳博士的协助下完成编撰，硕士研究生霍子诗、周维珩、王圆圆作为编委也做了大量工作，四川大学出版社给予了大力的支持。"地震灾区法律服务与法律适用问题研究"项目的实施，得到了四川大学法学院、四川川达律师事务所的鼎力协助和中国南都基金的资金支持，在此致以衷心感谢！

四川大学法律适用研究中心主任
四川大学法学院教授
向朝阳

目 录

抗震救灾救援机制的反思与再设计 …………………… 姜景俊等（1）
中国 NGO 发展的法律实证研究 ………………………… 周维珩等（19）
抗震救灾中的非政府组织功能研究 ……………………… 张志刚等（38）
汶川大地震中志愿者权利保护法理学问题研究 ………… 纳　赞等（58）
社会募捐的程序规制研究 ………………………………… 张润梅等（72）
政府灾后重建规划和灾民意愿与《城乡规划法》协调机制研究
　………………………………………………………… 尹　俊等（102）
紧急状态下公民基本权利的克减与保障机制研究 …… 王圆圆（122）
以 5·12 汶川大地震为背景看突发公共卫生事件应急管理
　………………………………………………………… 伍长康等（142）
城乡一体化背景下成都震后农村联建房模式研究
　………………………………………………………… 李　悦等（157）
城乡一体化背景下成都市"联建房"法律问题研究
　………………………………………………………… 万广军等（183）
城乡一体化背景下成都市"联建房"法律问题研究
　………………………………………………………… 石婧雪等（204）
救灾款物发放、分配的现状与制度完善 ……………… 邹沁君等（223）
地震作为财产保险合同免责条款正当性研究 ………… 李博文等（237）
财产保险合同中的地震免责条款正当性研究 ………… 白宝芬等（251）
旅游期间因地震而伤亡的民事法律责任问题研究 …… 王　霄等（269）
地震受损房屋的拆迁补偿法律问题研究 ……………… 陈祥明等（283）
涉灾犯罪之对策及刑法运用思考 …………… 向朝阳　贺洪波（298）

因地震相关证据灭失或犯罪嫌疑人伤亡的刑事责任的追究问题
.... 魏洁来等（315）
应急状态下刑事纠纷的替代解决机制研究 .... 文　灿等（329）
应急状态下从快从重刑事政策研究 .... 韩莉萍等（352）
应急状态下宽严相济刑事政策的适用 .... 高　原等（364）
震后应急状态下宽严相济刑事政策的适用 .... 魏　成等（389）
地震期间的犯罪防控策略研究 .... 胡　静（405）
紧急状态下宽严相济刑事政策的适用 .... 何　方等（420）
应急状态下刑法解释适用问题研究 .... 王　佳等（432）
抗震救灾期间特定犯罪的违法性认识问题研究 .... 霍子诗等（447）
地震因素在减刑假释中的作用研究 .... 郑莉芳等（474）
应急状态下期待可能性问题研究 .... 高小青等（488）
非法经营罪堵截构成要件的认识和运用 ...... 余　文　范　玉（502）

抗震救灾救援机制的反思与再设计[①]

——以应急状态下的法律应对为视角

姜景俊等

【内容摘要】 本文着重就汶川特大地震后暴露出的问题进行梳理，并借鉴日本的防灾救灾经验，总结我国防灾救灾机制的不足之处。鉴于法律在调控社会关系中的不可替代的作用，加之所见问题均可溯源于"法律的缺失"，进而推导出法律在我国防灾救灾工作中应做如何的应对。本文旨在反思本次震后出现的一系列问题，也在适合中国国情的防灾救灾机制上做了探索，得出有效的机制必须在完善的法律框架下得到有效施行，方能起到实际作用。

【关键词】 汶川地震 应急体制 法律缺失 法律应对 防灾减灾

前 言

汶川地震发生后，中国政府的应急行动及在政府领导下的救援成效赢得了举世赞誉。在世界各地灾害频发的今天，各国应对灾难时的处理方式各不相同，效果也褒贬不一。一国政府对灾害的应急举措无疑是衡量其能否对国民担当的重要标准，亦是国家政治体制优越性的重要体现。中国政府在此次抗震救灾中的表现可以说是誉满盈寰，美国《时代》周刊撰文称："地震改变了世界对中国的认识，让人们对

[①] 课题负责人：姜璟俊，四川大学法学院2008级法理学硕士研究生。
课题组成员：柳剑，四川大学法学院2007级法理学硕士研究生。

中国政府有了不同的了解。救援行动中最受广泛赞誉的是政府的反应和规模。即使是北京的批评者也对中国对大地震的迅速反应表达了钦佩。"在看到成绩的同时，我们的工作并非无可贬责，与之相应的是也看到此次应对灾难中暴露出的国家应急管理中的诸多问题。反思这些不能尽善的问题，总结经验，为以后的灾难救援提供宝贵的财富。同时，灾难临世之后民众的需求与政府的回应也是衡量社会机制成熟度的指标，透过纷繁复杂的社会现象，或许能够解读出和谐社会建设之路上亟待解决的障碍。前车之鉴，后事之师。健全的机制不可能一蹴而就，具有强力措施的完善救援机制亦是在实践中累积而成的。这也就是对救援机制进行反思与再设计的意义所在。

一、震后看我国的救灾模式与抗震救灾中的主要问题

我国政府的应急救援模式结合汶川地震后政府的应急运行可以得见。汶川地震发生后，国家减灾委员会根据《国家地震应急预案》启动一级应急响应，按照预案中应对特别重大地震灾害的规定，将抗震救灾工作转移至国务院成立的抗震救灾总指挥部。地震发生两小时后，温家宝总理在前往灾区的专机上主持召开紧急会议部署工作。党中央、国务院成立了以温总理为总指挥的抗震救灾总指挥部，并设立由国务院有关部门、军队、武警部队和地方党委、政府主要负责人参加的救援组、预报监测组、医疗卫生组、生活安置组、基础设施组、生产恢复组、治安组、宣传组8个抗震救灾工作组。[①] 根据指挥部的紧急部署，各部门进入应急状态，由党中央、国务院统一领导，按照分类管理、分级负责、条块结合、属地管理为主的应急管理体制进行抗震救灾具体工作。根据抗震救灾总指挥部的部署，可以整体上把握这次抗震救灾工作的总体操作。国务院27个组成部门中有20个机构、17个国务院直属机构（含直属特设机构）中有5个机构、国务院4个办事机构中有1个机构、17个直属事业单位中有9个单位、

---

① 根据国务院2008年5月18日发布的《关于国务院抗震救灾总指挥部工作组组成的通知》改为九个成员组，参与单位与职责见附录图Ⅰ。

22个国务院部委管理的国家局中有5个单位直接参加了救灾行动,如此规模浩大的行政部署,无疑是此次救灾救援工作取得良好效果的保证。不过,显见的问题也存在:

第一,在政府工作部署下,有针对性的分组中由多部门承担同一任务,同一部门分担数组的职责,如附录图Ⅰ所示。发改委的职责分布在四个组,并负责基础设施保障和灾后重建组的牵头工作,农业部的职责分布在四个小组,类似情况不胜一列举。各部门在这种状态下运作不免造成各部门权责交叉、职责紊乱,导致整体工作的低效与混乱,以及影响对资源的有效调配和利用,同样也会造成权力和责任的互相逾越或推诿。

第二,以政府为主体的救援模式依然沿袭,并未对灾难中涌现的社会力量留有足够的对接空间。按照我国目前的法律规定,负责社团法人登记的主管单位是各地民政部门。如果仅仅把地震后涌现出的大量非政府组织的工作范围圈定在安顿灾民、心理疏导、资金募集等环节,那民政部在"群众生活组"的工作部署上进行综合协调是合适的,但事实是大量志愿者组织在震后主动承担了搜救任务。如果说由民政部主管的专业救援志愿者组织"山岳救援队"等能够发挥其专业的搜救工作,那至少在"抢险救灾组"中应该有民政部的职责承担。如此,更多地在其"麾下"的志愿者组织也能在整个抢险救灾工作中施展更多的力量,同时也避免"抢险救灾组"在工作部署上人力物力的重复配置。

通过媒体的报道也发现,随后而至的一些问题。比如:

①地震时民众的茫然无措,缺乏最基本的应对常识。

②地震专业救援队伍稀缺,负责综合救援的部队官兵因救援技术、设备的缺少以及因缺乏基本的医疗护理措施而成为救援人员救援效果的又一大瓶颈。"地震发生当天18时,国家地震灾害紧急救援队187名队员,携带2台专用救援车、1台指挥车、12条搜救犬和装备器材在北京南苑机场完成集结,赶赴四川灾区。依靠专业的技术知识和强有力的装备支持,训练有素的他们此次承担了很多紧急、危险、

艰巨的救援任务。"① 可是，加上参与本次救灾的 17 个省级地震救援队，专业救援人员总计也不到 5000 人。即便是救援水平高，但 5000 人的队伍相对于震后灾区来说无异于杯水车薪。部队是这次救灾的主力军，13 万部队先后投入到救灾工作中，但是手中却没有专业设备。中国地震局震灾应急救援司副司长陈虹在接受记者采访时无奈地说，"哪怕是简易的剪切钳，比镐和锹的作用也大多了，能大大缩减时间"。②

③抱着满腔热血抢救废墟下生命的志愿者，涌至灾区前线却无法切实地解决实际的问题，反而增加了更多的阻挠。许多志愿者仅凭个人热情奔赴灾区，由于组织、管理无序，故此出现了志愿者工作方向不明确、信息不畅通、各受灾地区志愿者人数不均衡等现象。许许多多志愿者到了四川，不辨东西，不明任务，没有车辆，下不去，进不来。部队和政府抗震部门都是自成体系、自我保障、各自为战，所以志愿者成了一个有心赴难、无处用武的尴尬角色。有些志愿者在当地的食宿都出现了问题，个别志愿者本人竟成了被救助的对象，给当地政府增加了负担。"5 月 13 日，数万名成都市民志愿者自发驾车为灾区民众送食品和衣物，导致成都到都江堰的三条道路完全堵塞，影响了救灾部队、工程抢险车辆和救援物资的通行"。③

④政府号召之下，募集的救灾款项及物资再次证明了爱心的力量以及中国人民的凝聚力。但随之而来的质疑救灾款物的有效利用，让政府陷入被动④。有的捐款箱，也让人不免质疑其设立主体的合法性。笔者曾专门对某处设立的捐款做过调查，在募捐之后却从来未见

---

① 胡雪琴：《解密国家地震救援队》，载中国网 2009 年 3 月 4 日，http://www.china.com.cn/news/zhuanti/wxdz/2008-06/16/content_15813665.htm。
② 肖洁：《地震救援仍待专业化系统化》，载《科学时报》2008 年 6 月 18 日。另外还有数据兹列于下以供借鉴：据 2006 年统计，在救援人员所占人口比例方面，德国是 2.14（专业救援人数/万人），法国是 1.73，美国是 0.15（未含消防专业救援人员），丹麦是 2.31。中国虽然是一个地震活动活跃的国家，但平均每万人中只有 0.011 个专业救援人员。
③ 转引自：杨伟超、陈伟哲：《汶川地震志愿者的角色分析》，载《防灾科技学院学报》2008 年第 9 期。
④ 政府临时设立抗震工作社会督察员，只不过是权宜之计，其实际效果还有待考证。

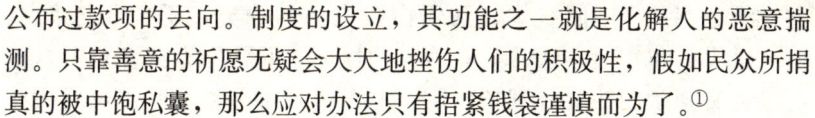

公布过款项的去向。制度的设立,其功能之一就是化解人的恶意揣测。只靠善意的祈愿无疑会大大地挫伤人们的积极性,假如民众所捐真的被中饱私囊,那么应对办法只有捂紧钱袋谨慎而为了。①

⑤依法行政是我国行政改革的一大目标,建设法治国家,依法行政是其重中之重。政府的权力应该被限制,这是法治建设中大家的共识。那么,应急权力是否可以脱离法律限制而漫无边际?如此漫无边界的权力是否有假以抗震救灾之名的权力滥用?在如此大规模地调动人力、物力、财力的过程中,政府权力的边界在哪里?这些都是值得深思的问题。②

探究这些问题背后的原因以及化解问题的方式方法,是否能在法律上找到救赎之道?如果能,那是缘于立法的不足还是法律在社会运行中未得到应有的尊严?希望通过接下来的论述能找到一些解答。在对上述问题做出合理诠释之前,先讲述邻国日本应急体制的建设及做法,以供借鉴。

二、日本应急救灾救援模式及其法律保障

日本由于特有的地质构造和自然地理环境,是世界上遭受地震灾害最严重的国家之一。"据统计,世界20%以上的地震发生在日本周边地区"。③为了应对地震等自然灾害的频发,增强政府应急救援的能力,依托法律制度的建设搭建起了一套较为完善的综合性防灾减

---

① 群体性的不安也在四川省法理学会与四川大学法学院联合召开的"依法赈灾、依法重建"专题研讨会上得到印证,与会老师们也表达了对捐款是否真正用到赈灾上的担忧。当然,我们还是欣喜地看到一些单位和团体的做法比较可取。例如,四川大学法学院研究生会对募捐来的款物流向在网站上做了通告,并将民政部门开具的收据做了公示。参见2008年9月20日:http://fxy.scu.edu.cn/news/ArticleShow.asp?ArticleID=2307。

② 课题组在随川达律师事务所组织的在彭州市小鱼洞乡某灾民安置点访谈时就碰到一位对政府灾后重建工作带有不满情绪的灾民,由于她未接受政府"统规统建"的劝说而带来诸多不便,及政府征收其地震中幸免于难的房子的态度,她感到很不理解。虽未做进一步求证,但从中可窥见我们的担心未必无因。

③ 王挺:《日本地震防灾救灾对策的经验教训及启示》,载《全球科技经济瞭望》2008年第10期。

灾对策体制。"按照日本《防灾白皮书》的分类,日本防灾减灾、抗灾救灾的灾害对策法律按其内容和性质,可以分为灾害对策基本法、灾害预防和防灾规划相关法、灾害紧急对应相关法、灾后重建和复兴法以及灾害管理组织法等五大类,共由 52 部法律构成。防灾救灾以及紧急状态等有关危机管理的法律法规约 227 部"。[①] 在日本,震灾对策主要依照《灾害对策基本法》(以下称《基本法》)以及依该法制定的《防灾基本计划》加以推进实施。在《基本法》的规定下,日本在内阁府设立由首相任主席的"中央防灾会议"作为国家防灾对策方面最高的权力机构,与安全会议等并列为内阁重要政策会议之一,该会议是一个长期固定的会议。其成员包括所有各部大臣、日本银行总裁、红十字会会长、日本电信电话公司总裁及日本广播协会会长。《基本法》还特别规定,成员必须包括至少 4 名灾害研究的专家,其职责主要是制定防灾计划、审议防灾重要事项、协调防灾行动。中央防灾会议下设专门委员会和事务局,主要任务是贯彻灾害对策基本法,并根据情况的变化不断制定各种对策,设立必要的行政机构,确定全国性防灾规划及体制。它还下设若干地震预防调查委员会,这些调查会负责向中央防灾会议提供咨询和研究报告。另外,内阁成员设 1 名防灾担当大臣,负责审议防灾重大事项,组织制定和防灾有关的基本政策和大规模灾害应急对策,综合协调政府各相关部门的抗灾救险工作。除了中央政府,日本各地方政府也分别设有地方"防灾会议"机构,负责制定各自地区的防灾计划和防灾专项规划,根据防灾计划组织实施各种防灾对策。

《基本法》对启动应急指挥等灾后应急措施亦做了详细的规定。根据该法,一旦灾害发生,受灾地区的各级政府迅速成立"灾害对策本部",分别由各级政府的行政第一首长任负责人,迅速收集受灾范围和程度等信息,全面掌握灾情,并将有关信息及时传递给各有关部

[①] 杨东:《论灾害对策立法——以日本经验为借鉴》,载《法律适用》2008 年第 12 期。

门和受灾群众。重大灾害发生时，国家成立由内阁防灾大臣任部长的"灾害对策本部"，或成立由首相任本部长的"重大灾害对策本部"，启动全国性应急指挥系统。《基本法》还针对应急交通的保障与能源供应，由消防、警察、自卫队和医疗机构组成的较为完善的救援体系，开展迅速的灾民救助和安置工作，应对灾害的财政措施等等都做了详尽的规定。日本以《基本法》为总纲，根据灾害预防、紧急对应、灾后重建等抗灾的不同阶段，制定了浩繁的各类法律法规，从而形成了一个庞大的防灾减灾救灾的灾害对策法律体系。

日本政府国土厅制定的《大规模地震对策特别措施法》，针对地震的预警、应对手段、发布"警戒宣言"的程序以及相关部门责任等做了更具体的规定；《灾害救助法》对政府在灾后所担当的工作做了规定，对临时征用私人财产或物质必须经过的程序做了严格的限定；[1]《特定非营利活动促进法》明确认可人民及其组成团体的参与权，[2] 规定政府在推动、促进和保护志愿者和志愿者团体等方面所承担的责任。《地震防灾对策特别措施法》对有计划地推进完善避难地、避难通道、消防设施等28项抗灾措施做了权责分配。《建筑基本法》等法律对建筑物的抗震标准做了严格的规定。日本《建筑基本法》规定，除木结构住宅外，要求商务楼的抗震能力都要达到8级以上，使用期限能够超过100年。该法还要求一个建筑工程为获得开工许可，除了设计、施工图纸等文件外，还必须提交结构设计报告书，证明建筑符合抗震强度标准。另外，1995年日本还制定了《建筑物抗震改

---

[1] 《灾害救助法》规定，在紧急状态下，政府有权临时征用私人财产或物资，比如征调矿场的石头或木材用来铺路架桥。但临时调用时须提供"征用文件"，事后要及时补偿。为避免盲目征用，政府必须派专员查看物资所在地以及物资数量，并出具相关报告。转引自〔日〕《灾害救助法和支援灾害受灾者等法案——确立从因丧失生活基础而进行避难生活的境地中脱离的法律体系》，载《法律时报》1997年11月。

[2] 日本志愿者的召集与管理具体办法可参见钱铮：《日本如何有序组织救灾志愿者》，文中所列的志愿者管理部门的设立、志愿者提前登记制度、志愿者保险制度以及严格的监控制度对我国均有借鉴意义，网址 http://news.163.com/08/0603/11/4DGQN9SK000120GU.html，2009年3月10日。

修促进法》，要求学校、体育馆、医院、剧院、商场等公用建筑要增加超过普通楼房的抗震强度，公寓楼房的抗震强度不得低于七级地震等。日本政府特别重视加强学校和医院的抗震性能，因为学校是地震发生后人们避难的第一场所，医院则是救助伤员的场所，如果这些防震救灾的据点的安全得不到保障，那么就无从开展迅速有效的救灾工作。根据这些法律，2005年9月，中央防灾会议制定《建筑物耐震化紧急对策方针》，"要求在未来10年里，将房屋住宅的耐震率由目前的75%提高到90%。此外，在有关提高学校的耐震性能方面，政府明确要求学校的耐震性决不能因地区间财力水平的差异，而导致学校安全性能出现差距"。为此，从2006年开始，政府以提高学校耐震率为重点，出资创立了"建造安全、放心学校补助金"制度。

另外，《消防组织法》《警察法》《自卫队法》对专业救援相关培训和设备配置以及相互间的协同做了规定。《严重灾害特别财政援助法》《地震对策财政特别措施法（关于在地震防灾对策强化地区实行地震对策紧急整备事业相关的国家财政特别措施的法律）》对应急行政措施下的财政利用做了精细的规划；《地震保险法》对应对地震灾害，通过特别保险事业的发展来保证国民应对灾害的能力；《受灾者生活再建支援法》对灾后重建做了规定。

可以说，健全的法律制度为建立良好的防灾抗灾减灾救灾的运行机制提供了有效的法律保障和依据，亦避免政府在应急权力的使用上带给民众忧虑和遭受无端的苛责。

三、我国抗震救灾救援机制的问题分析与法律应对

梳理在法律架构下的日本防灾减灾救灾体系，不难看出，日本的抗灾能力很大程度上缘于灾前一系列准备。对灾后容易衍生的问题都做了预见并用法律加以规制，日本的做法与灾害管理的周期（如附录图示Ⅱ）重在防御的警示相互印证。灾害准备阶段的目的就是尽可能地减少灾害，为灾害的应急反应做好充分的准备。反观我国在这次抗震救灾中出现的一系列问题，确实很大程度上缘于灾害前的防御工作不到位。法律既然对社会秩序的规范有着其他方式无可比拟的功效，

校正偏颇并通过法律推进灾前准备工作无疑是必经之路。

我国应对应急情况主要是以"一案三制"为核心内容的应急体系的建设。"一案"是指制订修订应急预案;"三制"是指建立健全应急的体制、机制和法制。那法制建设能否提供足够的应对应急状态下各种情况的所需,起到有效的调节作用呢?目前,我国调节应急管理的法律归入自然灾害类的有:《中华人民共和国突发事件应对法》《中华人民共和国公益事业捐赠法》《军队参加抢险救灾条例》《防震减灾法》《水法》《防洪法》《防汛条例》《水库大坝安全管理条例》《蓄滞洪区运用补偿暂行办法》《气象法》《防沙治沙法》《人工影响天气管理条例》。纵观《突发事件应对法》,不难发现其倾向于权力赋予、应对原则的特点,纲领性规范如果没有细化的法律予以跟进,其应有的组织、协调和防范作用则无法在实际工作中完全发挥出来。如此,对应急情况下征收征用的权力虽有字面上的限制却不具有可操作性。

类似的问题还有,《突发事件应对法》第 4 条的规定,"国家建立统一领导、综合协调、分类管理、分级负责、属地管理为主的应急管理体制"为原则,国务院也在行政应急上做了具体的部署。从规范层面分析,我国的应急行政主体主要包括五大类:(1) 预防和处置自然灾害的应急主体,如抗震救灾指挥部、防汛指挥部、地质灾害抢险救灾指挥机构。(2) 预防和处置灾难事故的应急主体,如核事故应急机构、防火总指挥部、淮河流域水资源保护领导小组。(3) 预防和处置公共卫生突发公共事件的应急主体,如政府卫生行政部门、全国突发公共事件应急指挥部。(4) 预防和处置社会危机的应急主体,如公安部。(5) 预防和处置经济危机的应急主体,如中国人民银行、国务院银行监督管理机构。① 显然,这些应急主体是根据突发公共事件的类型进行设置的,属于分行业、分部门、分灾种的分散型应急主体。它们的优点是专业性比较强,有利于发挥专业优势,能够做到

---

① 相关背景的阐释可参见戚建刚:《我国应急行政主体制度之反思与重构》,载《法商研究》2007 年第 3 期。

各司其职。这些应急主体的设置是建立在这样一种假设基础之上的,即政府所面对的突发公共事件是单一的和线状的,不会发生溢出效应。因而,基于各专业性应急主体自身的知识和经验就能够有效地应对。

然而,对于类似汶川地震的特大公共危机,它的预防和处置需要跨部门、跨专业的知识和技术,以单一的突发公共事件作为预防和处置对象的分散型应急主体显然无法避免自身的局限性。与上述假设相联系,传统的应急主体在面对现代复合性突发公共事件时,还存在两方面的缺陷:(1)资源的配置和使用效率低下。各应急主体根据自身所管辖的突发公共事件的类型来储备资源,导致各应急主体之间资源重复配置,大量资源闲置和浪费,极大地影响了资源的配置效率。更为严重的是,当突发公共事件爆发时,由于应急资源普遍呈分散状态,不同应急主体之间的沟通往往不畅,它们之间的资源流动凝滞,以致无法有效整合以形成合力和发挥整体优势。(2)各自为政,部门利益保护倾向严重。由于突发公共事件的复杂性,现有的不同应急主体之间的应急职权与职责往往存在交叉、重叠现象,即不同应急主体之间的权力并非泾渭分明,而是呈现"界面关系"模糊状态。由于不同应急主体的考核目标不同,且应急资源有限,理论上虽然"谁都有责任,谁都有权力负责",但事实上"谁都没有能力或愿望"来负责。所以,"我国应对单一危机的能力尚可,但应付复合性危机就暴露出诸多问题"。①

当然,国务院针对"分行业、分部门、分灾种的分散型应急体系"还是从机构设置上规避其漏洞。国务院应急管理办公室承担国务院应急管理的日常工作和国务院总值班工作,履行值守应急、信息汇总和综合协调职能,发挥运转枢纽作用。"由于国务院应急办这样的一个常设性机构不具有国务院应急指挥中心的统辖指挥权,使得其在日常性的工作中难以发挥出有效的行政权威,从而导致在常态中,应

---

① 吕景胜:《〈紧急状态法〉立法研究》,载《中国人民大学学报》2003年第5期。

急办难以做好基础性的预防和筹备工作。"①

国家减灾委员会，是国务院领导下的部际议事协调机构，其主要任务是：研究制定国家减灾工作的方针、政策和规划，协调开展重大减灾活动，指导地方开展减灾工作，推进减灾国际交流与合作。其成员由国务院有关部委局、军队、科研部门和非政府组织等34个单位组成。办公室设在民政部的国家减灾委员会在同级部门协调上存在相当的难度。同样的权责交叉以及没有效力更高的法律赋予其足够的地位保证协调的力度，致使其职责无法落实。

进而对先前地震后的问题进行分析，不难发现，问题出现无外乎"法律的缺位"。本论所指的"法律缺位"包括三种情况：

（一）立法的缺失

（1）对临时指挥部的组成单位没有法律上的细致分工和问责，对综合协调部门的权力和职责未在法律法规中加以界定。（2）目前对救灾准备金的管理无法可依，准备金应该如何分配在赈灾物资、救援装备等环节上，以确保其有效使用。②（3）对危机状态下公民基本权利的立法欠缺。

（二）制定的法律缺乏运行土壤

以民间组织在现实中的尴尬状态为例加以说明。民间组织在民政部门注册的组织形式有三类：社会团体、民办非企业单位和基金会（包括公募基金会和非公募基金会）。青年志愿者组织是我国社会团体之一，其必须要适用我国1998年颁布的《社会团体登记管理条例》（以下简称《条例》），根据该条例的规定，青年志愿者组织的登记管理体制的核心是"双重管理体制"，对青年志愿者组织实行登记管理机关和业务主管单位"双重审核、双重负责、双重监管"的原则，即民政部门和共青团组织均具有对青年志愿者组织实质性的管理权力。（1）业务主管单位。根据《条例》的规定，我国的社会团体的业务主

---

① 朱中原：《中国应急机制五年大考》，载《中国改革》2008年第5期。
② 相关细节参见陈华、刘荣：《从汶川地震透视公共财政应急机制》，载《中国经济时报》2008年第65期。

管单位，主要根据社团的活动范围以及业务范围来确定。作为以青年人为主要成员的社团，青年志愿者组织的业务主管单位应当是各级共青团组织，而实际情况也确实如此。(2) 登记管理机关。国务院民政部门和县级以上地方人民政府民政部门是社会团体登记管理机关。因此，青年志愿者组织的登记管理机关是各级人民政府的民政部门。各级民政部门负责青年志愿者组织的成立、变更、注销的登记，年度检查以及对社会团体的违法行为进行行政处罚等事务。这样一种"双保险"的登记管理体制虽然能够最大限度地加强对青年志愿者组织的行政管理，但也给青年志愿者组织带来了很大的不便。

根据《条例》及相关法律的规定，青年志愿者组织的成立要具备六个条件：(1) 会员人数。有50个以上的个人会员或者30个以上的单位会员；个人、单位会员混合组成的，会员总数不得少于50个。(2) 名称与机构。青年志愿者组织的名称应当符合法律、法规的规定。(3) 固定的住所。(4) 专职的工作人员，必须要有部分与其业务活动相适应的专职工作人员，不可以全部是兼职的志愿者工作人员。(5) 资产和经费来源，要求全国性的青年志愿者组织要有10万元以上的活动资金，地方性的和跨行政区域的青年志愿者组织要有3万元以上的活动资金。(6) 有独立承担民事责任的能力。除了这些积极条件的要求以外，《条例》第13条还规定了一些消极要件，包括：(1) 社会团体的宗旨和目的不符合非营利性的。(2) 在同一行政区域内已有业务范围相同或相似的社会团体。(3) 对发起人和拟任负责人的资格要求。(4) 在申请筹备时弄虚作假的。(5) 有法律、行政法规禁止的其他情形。"从立法技术上来看，我国法律中关于青年志愿者组织的成立条件的规定有些还非常模糊，有的条件难以实行。"①

这也就直接导致了现实中大量的包含青年志愿者组织的民间组织处于"非法状态"。据统计，截至2007年底，全国共有各类合法注册

---

① 晋入勤、唐雯：《青年志愿者组织的法律制度体系初探》，载《财贸研究》2006年第6期。

的民间组织 38.1 万个，其中大部分具有官方背景。而没有注册的、真正属于民间人士自发组织的数量更为庞大，有的学者估计超过 100 万个，有的则认为超过 300 万个。[①] 震后迅速成立的"5·12 民间救助服务小组"和"NGO 四川救灾联合办公室"是本次地震救灾工作的两大 NGO 平台，他们的工作也得到政府和媒体的赞誉，但是参与平台工作的很多组织却没有在法律框架下得到应有的尊严。笔者曾与参与"5·12 民间救助小组"组建工作的"爱白成都青年同志活动中心"有关负责人有过交流，志愿者组织为取得合法的地位开展工作，面对志愿者组织登记注册的高门槛，只得在工商部门以公司名义注册。

对非政府组织的登记制度，我国目前法律对登记组织的准入制度与我国目前非政府组织发展现状有较大脱节，这无疑也得涉及相关法律的调整，当然也需要《中国志愿者管理办法》的位阶提升和更加完善。完善的内容中，专业救援志愿者组织必须对其参与成员做相关的救援培训及救援知识宣传。推而广之，加强民众的自救和救助能力，在紧急时刻可以随时调用，应备不时之需。这才能让志愿者在更大范围中与政府产生合力。

除了登记制度的完善和保障，应急状态下志愿者组织协同政府应急工作在《国家突发公共事件总体应急预案》中亦没有相关的涉及，明确志愿者组织的主体地位，以确立志愿者组织参与应急救援的外在合法性亦是必须做的制度完善。

（三）法律的遵行有待强化

《民法通则》《公益事业捐赠法》及民政部制定的《救灾捐赠管理办法》虽然对合法募捐主体做了限定，但并未妨碍无资质的一些单位和个人"大行其道"，同样，法律法规中规定的受赠人应当公开接受捐赠的情况和受赠财产的使用、管理情况，以接受监督，但真正依法而行的却屈指可数。《中华人民共和国突发事件应对法》第 30 条规定，各级各类学校应当把应急知识教育纳入教学内容，对学生进行应

[①] 相关讨论可见费时：《灾难中迸发民间力量》，载《浙江人大》2008 第 6 期。

急知识教育，培养学生的安全意识和自救与互救能力。教育主管部门应当对学校开展应急知识教育进行指导和监督。据本课题组的调查，大多数同学未接受过有关地震应急自救的教育课程。

另外，《政府信息公开条例》《汶川地震抗震救灾资金物资管理使用信息公开办法》等规定了政府具体信息的公开方式和内容，但所看到的公开内容仅限于电视上的数字，对于更详细的信息则无从得知。《建筑法》《建筑抗震设计规范》（GB 50011-2001）虽然也有对建筑从设计标准到施工再到验收都有具体的规定，而实际情况却让人失望，当然这背后还涉及更复杂的一个话题，法治国家的建成不仅要"制定良好的法律"，还要有"制定的法律得到普遍的遵行"。

"如果没有相关法律制度的配套和完善，不仅无法真正完成地震灾害应对策略的现代化转型，也不能适应现代社会条件下抗震救灾的现实要求。"[1] 居安思危，或许应该摆脱口号式的呼吁而真正落实到细微的行动上。对救灾救援机制的反思与再设计也无可避免地从灾前的准备中着手，毕竟在救灾救援的应急行政管理中所遇到的大部分问题都可以导源于在常态发展中对突发状况的忽略和侥幸。对法律而言，救灾救援的前提无疑是进一步完善法律的不足之处，构建系统有效的法治体系，真正让法律在社会上得到运转。如此而为，在危机面前政府和群众方能从容应对，法律也才能更有效地保证社会和谐，也

---

[1] 里赞、王有粮：《历史视角下地震灾害应对策略的法律化》，载《望江法学》2008年卷。

避免问题出现后的仓促忙乱。①

结 语

让我们欣喜的是，地震带来的反思也推动了很多工作的改善，新修订的《防震减灾法》对防震减灾规划、地震监测预报、地震应急救援、震后恢复重建等内容作了修改与完善，其中充分吸纳了汶川特大地震抗震救灾经验。对汶川特大地震反映出的防震减灾新问题，如地震监测预报基础设施建设和监测预报能力建设需要加强；社会公众的防震减灾意识不强，自救与互救体系不完善；地震应急救援体系需要根据《突发事件应对法》的要求予以完善；对地震发生后的过渡性安置和恢复重建工作需要作出明确规定等。新修订的《防震减灾法》对当前防震减灾工作的成功做法予以制度化。第一，对提高建设工程的抗震设防水平，新修订的《防震减灾法》规定，对学校、医院等人员密集场所的建设工程，应当按照高于当地房屋建筑的抗震设防要求进行设计和施工，采取有效措施，增强抗震设防能力；有关建设工程的强制性标准，应当与抗震设防要求相衔接；加强对农村村民住宅和乡村公共设施抗震设防的管理，逐步提高农村村民住宅和乡村公共设施的抗震设防水平等。第二，对地震应急知识的宣传教育和应急救援的演练增加了规定。法律规定县级人民政府及其有关部门和乡、镇人民

---

① 从2008年5月12日到6月2日各级政府部门发布了多个通知：《关于严肃纪律保证抗震救灾工作顺利进行的通知》《中央纪委监察部民政部财政部审计署关于加强对抗震救灾资金物资监管的通知》，中共中央纪委、监察部关于印发《抗震救灾款物管理使用违法违纪行为处分规定》的通知，《抗震救灾款物管理使用违法违纪行为处分规定》，《国务院办公厅关于加强汶川地震抗震救灾捐赠款物管理使用的通知》，民政部《为贯彻落实国务院办公厅〈关于加强汶川地震抗震救灾捐赠款物管理使用的通知〉（国办发〔2008〕39号）和中央纪委等五部委〈关于加强对抗震救灾资金物资监管的通知〉（中纪发〔2008〕12号）要求》的通知，财政部《关于加强汶川地震抗震救灾采购管理的紧急通知》《汶川地震抗震救灾生活类物资分配办法》《汶川地震抗震救灾资金物资管理使用信息公开办法》《关于汶川大地震四川省"三孤"人员救助安置的意见》《地震灾区过渡安置房建设资金管理办法》《民政部、财政部、住房和城乡建设部关于做好汶川地震房屋倒损农户住房重建工作的指导意见》等。

政府、城市街道办事处等基层组织，应当组织开展地震应急知识的宣传普及活动和必要的地震应急救援演练，提高公民在地震灾害中自救互救的能力。学校应当进行地震应急知识教育，组织开展必要的地震应急救援演练，培养学生的安全意识和自救互救能力。第三，专门对灾后恢复重建作出了具体规定，规定地震灾区内需要异地新建的城镇和乡村的选址以及地震灾后重建工程的选址，应当符合地震灾后恢复重建规划和抗震设防、防灾减灾要求，避开地震活动断层或者生态脆弱和可能发生洪水、山体滑坡和崩塌、泥石流、地面塌陷等灾害的区域以及传染病自然疫源地。第四，规定国务院地震工作主管部门会同有关部门和单位，组织协调外国救援队和医疗队开展地震灾害紧急救援活动。第五，强化了对救灾资金、物资的监管，明确规定禁止侵占、截留、挪用地震应急救援、地震灾后过渡性安置和恢复重建的资金、物资。

为更好发挥志愿者的作用，北京将升级组建"枢纽型"志愿者组织——北京市志愿者联合会，北京将逐步形成由日常、大型活动和应急三类志愿者组成的总量约 200 万人的首都志愿者"集团军"。由大型活动志愿者群体、日常志愿者、应急志愿者联合并有效分工。北京市志愿者联合会将通过吸纳团体会员等方式，为各类志愿者组织及志愿者发展提供平台；按照政府相关部门授权，做好全市各类志愿者组织的日常管理和服务协调工作。这势必也为全国的志愿者组织与管理提供示范，探索对志愿者力量的有效利用也必然推动我国志愿者事业的发展。①

一切都昭示着过往的反思带给现今的进步，但更多问题的解决还需要通过不懈的努力和探索。驱除灾后出现的种种问题，法律应有其无可替代的位置和独特的优势，法律的完善和有效铺行是法律学人应做的回应，人人向往和谐之境，我们是努力者，也是见证者。

---

① 王皓：《北京将建"枢纽型"志愿者组织》，载新华网 2009 年 3 月 29 日：http://news.xinhuanet.com/society/2009-03/12/content_10997897.htm。

附录：

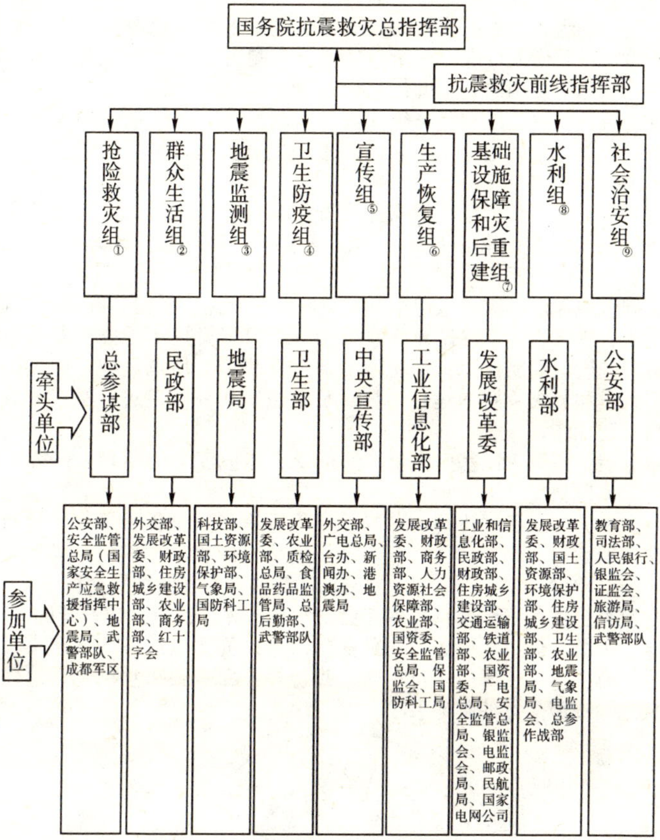

抗震救灾救援机制的反思与再设计

图I 我国抗震救灾工作体系

注：

① 抢险救灾组：负责清理灾区现场，搜索营救被困群众和受伤人员，发动基层干部群众开展自救互救，组织救援人员和物资的空运、空投工作。

② 群众生活组：负责制订实施受灾群众救助工作方案以及相应的资金物资保障措施，搞好灾区生活必需品供应，指导有关地区做好因灾倒房群众的紧急安置，保障灾区群众基本生活，保障灾区市场供应，接受和安排国内捐赠、国际援助，处理涉外事务。

③ 地震监测组：负责地震监测和次生灾害防范，调集必要的技术力量和设备，密切监视震情发展，全力做好余震防御；加强对重大地质灾害隐患的监测

预警,一旦发生险情及时组织疏散群众;加强河湖水质监测和危险化学品等污染物防控,切实保障核设施运行安全。

④卫生防疫组:负责医疗救助和卫生防疫,组织医疗救护队伍,调集医疗器械、药品,对受伤人员进行救治;检查、监测灾区饮用水源和食品,防范和控制各种传染病等疫病的暴发流行。

⑤宣传组:负责灾情和抗震救灾信息新闻发布、宣传报道的组织工作,做好向国外和港澳台地区通报情况,及时准确发布灾情,加强舆情收集分析,正确引导国内外舆论。

⑥生产恢复组:负责帮助群众抓紧开展生产自救,对受灾的工矿商贸和农业损毁情况进行核实,指导制订科学恢复生产方案,积极落实有关扶持资金、物资,开展恢复生产工作。

⑦基础设施保障和灾后重建组:负责铁路、公路、桥梁、隧道等交通设施,供电、供水、供气、通信等设施抢修维护;组织调集抢险救援装备,做好储备物资和医药调度,切实保障灾区抢险应急物资供应;协调运力,优先保证应急抢险救援人员和救灾物资的运输需要。负责组织研究拟定灾后重建规划,指导协调灾后重建工作。

⑧水利组:负责灾区水库安全,河道受灾造成变形的治理,研究解决饮用水源安全等问题。

⑨社会治安组:负责协助灾区加强治安管理和安全保卫工作,预防和打击各种违法犯罪活动,维护社会治安,维护道路交通秩序,加强对党政机关、要害部门、金融单位、储备仓库等重要场所的警戒,切实维护社会稳定。

国务院办公厅负责承办总指挥部会议和总指挥、副总指挥召开的专题会议;统一收集、汇总、分析、报送、发布重要信息;负责总指挥部议定事项的督促落实;做好有关地区、部门以及军队、武警等方面重要事项的沟通、联络和协调;完成总指挥部交办的其他事项。

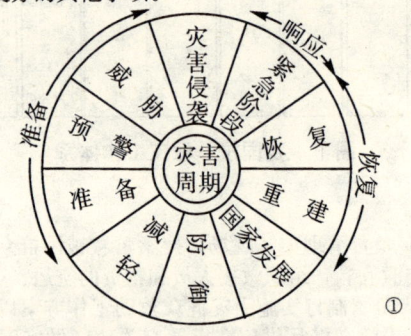

图Ⅱ 灾害管理周期

---

① [澳] Nick C. W 著:《灾害管理手册》,许厚德译,地震出版社 1993 年版。

中国 NGO 发展的法律实证研究[①]

周维珩等

【内容摘要】 5·12 汶川地震，给了中国 NGO 一个发展的契机和空间，无论是在抗震救灾还是在震后重建过程中，NGO 利用其专业细致、反应迅速、参与力量广泛等自身特点，发挥了不可忽视的社会作用。然而，主体地位的缺失、监督机制的不完善、资金使用的不明确是现阶段国内 NGO 发展中存在的关键性问题，极大地限制和阻碍了 NGO 的发展壮大。因此，从法律层面确立 NGO 的主体资格、构建 NGO 的监督机制、规范 NGO 的资金管理，便成为 NGO 发展过程中亟待解决和完善的重要命题。

【关键词】 非政府组织　主体资格　监督机制　资金管理

非政府组织（NGO）对大多数人来说是一个陌生的概念，然而，一场国殇般的灾难，却将 NGO 带入了普通民众的视野。

在 5·12 汶川大地震中，政府全力以赴抗震救灾，各种民间组织也与灾区同胞共赴国难。行政力量与民间力量的共同参与，成为抗震救灾的新模式，为中国转型期社会治理改革探索了新道路。这些自发的民间力量组成的机构和团体就是"非政府组织"。

[①] 课题负责人：周维珩，四川大学法学院 2009 级诉讼法硕士研究生；
课题组成员：曾玉梅，四川大学法学院 2009 级民商法硕士研究生；王冠、叶璐、卢洋希、向敏、张雪竹、黎铮、欧阳睿子、王恩慧，四川大学法学院 2006 级本科生。

一、课题研究的背景和价值

（一）非政府组织（NGO）概述

非政府组织，通常是指独立于政府之外的、不以营利为目的的、志愿性的社会组织，英文表达为"non-government organization"，缩写为 NGO。它是在特定法律系统下，不被视为政府部门的协会、社团、基金会、慈善信托、非营利公司或其他法人。[①]

非政府组织，在国外又被称作非盈利组织（non-profit-organization）、第三部门（third sector）、独立部门（independent sector）、志愿部门（voluntary sector）等，其范围不仅包括经济领域的中介机构、同业公会、合作社、互助会、基金会等，而且还覆盖了整个社会，包括各种俱乐部、慈善机构、宗教团体、学校、医院等。非政府组织是除政府和企业外，承担社会管理职能的其他社会组织。[②]

NGO 在全球范围的兴起始于 20 世纪 80 年代，它的发展与两个失灵有密切关系，一个是市场失灵，一个是政府失灵。随着全球人口剧增，贫困和环境问题的日益突出，依靠传统的政府和市场已无法解决社会发展和人类发展的诸多问题，于是社会中就有了产生除政府和市场之外的第三者的需要，当人们向市场和政府之外寻求出路时，在客观上就使非政府组织获得了发展的新契机。非政府组织代表了市民社会或者说公民社会的生成与发展，代表了现代社会格局变迁的新动向。[③] 如今世界上主要的国际性 NGO 有：绿色和平组织、国际爱护动物基金会、美国福特基金会、英国救助儿童会、日本笹川和平财团等。

中国的 NGO，是改革开放以来为适应新的社会形势而出现的社

[①] 王名：《非营利组织管理概论》，中国人民大学出版社 2002 年版，第 66 页。
[②] 袁勤、欧阳爱辉：《中西方 NGO 差异比较》，载《商业时代》2007 年第 17 期。
[③] 谢宝康：《汶川地震：NGO 的生长与艰难突破》，载《中国经济时报》2008 年 6 月 3 日。

会组织。目前中国较为知名的NGO大约在300家左右，主要集中在环保、妇女协会、扶贫、医疗卫生、支教、残障保护、动物保护等相关领域，其中也包括在此次地震中表现尤其突出的，由全国一百余家民间组织组成的"NGO四川地区救灾联合办公室"（后改为NGO备灾中心）。

（二）非政府组织（NGO）国内外研究现状及成果

NGO作为一种新兴组织，受到了各界学者不同程度的关注。但由于NGO出现的时间较晚，目前国外关于NGO的研究不甚深入，很多NGO现象和问题仍期待更多学者的关注和研究，以求找出行之有效的对策。

我国学术界对NGO问题的研究开始于20世纪90年代，近年来有关NGO的探讨和研究开始在我国国际政治和公共行政领域的研究中逐渐展开。目前国内主要的研究机构有清华大学NGO研究所和北京大学法学院非营利组织法研究中心，研究成果主要集中于NGO起源和界定、性质和特征、NGO与政府的关系等几个方面；主要代表人物有王名、赵黎青、苏长和、陈晓春等。研究成果主要分为两大类：一类是关于国际政治领域的NGO和国际NGO的研究；一类是关于公共行政领域NGO的研究。

（三）课题研究的价值

NGO是顺应时代的号召和社会发展的需求诞生的。随着政治文明和人本思想的产生，公民社会的地位逐步提升，进而形成了政府、市场和公民社会三位一体的新型模式。相较于市场的私权交易和政府的宏观调控而言，NGO能够有效地利用其反应迅速、力量广泛、工作细致的优势，跻身于市场和政府之间的真空地带，解决二者均无法解决的社会问题，化解社会矛盾，稳定社会秩序，为社会创造无形的公益价值。与此同时，作为新兴的社会组织形态，NGO面临着外界因素干扰和自身体制缺陷等问题。尤其是我国相关立法的滞后和不健全，使得NGO在法律地位缺失和主体资格不明确的状态下，难以实现有效的监督机制和资金运行模式，无法充分实现自身的社会价值。

鉴于NGO发展对社会的重要性，如何解决NGO发展所面临的重重困难,从法律制度的构建上为其提供有力的保障,提供更为宽广的发展空间和法律通道,成为了课题研究的重点。

二、调研中发现的问题

与日本、中国台湾地区的NGO发展和成长情况相类似,每一次大的灾难,都会给NGO的发展提供较大的空间和契机。5·12地震,让民众开始认识NGO,也看到了NGO不可忽视的社会价值。但是,在课题调研中笔者也发现了国内NGO的发展所存在的以下问题:

一是民众对于NGO组织的普遍认知度没有完全建立。根据调查数据显示,被调查人对NGO组织有了解的仅占3%,完全不知道NGO的高达26.6%。

二是NGO组织的注册问题。在调查中发现,注册是NGO组织发展的瓶颈问题。据NGO备灾中心负责人张国远介绍,参与抗震救灾的大部分NGO均未进行注册。有近百家活跃于抗震救灾活动中的NGO是依托于备灾中心而开展各项工作的,其自身并未取得合法的主体资格。

三是NGO组织的资金来源、使用和监督问题。NGO的主要资金支持是来源于社会捐助。因为没有合法的法人资格、资金公开程度不够等问题,使得NGO组织时常遭遇民众质疑,从而又加剧了其自身筹集资金的难度。

NGO组织在抗震救灾中所体现出的重要作用与本身遭遇的怀疑态度之间的巨大反差,从侧面揭示出了制约NGO发展的诸多因素。这些因素集中体现在NGO内部体制缺陷和外部环境制约两方面,当然此中还涉及诸多社会学问题。现仅从法学角度加以分析,将我国NGO现存主要问题做如下分析。

(一)制约我国NGO发展的内部因素

1. NGO制度构建不能完全符合我国国情

作为西方舶来品,NGO是随中国社会发展的需要从西方移植而来,因此无法在短期内适应中国的环境。正如5·12NGO备灾中心负责人张国远所说:"中国的NGO,在管理和执行层面上,是照搬西方NGO的做法；在机制和构建方式上，也几乎是直接从西方引进，使得其不能满足中国的客观需求。另外，中国特殊的国情以及各地区间的差异，如东西差异、城乡差异、民族差异等，更使得移植而来的模式和机制在中国显得过于死板。"

照搬西方以及经验的缺乏，导致我国NGO对于理事会治理、项目运作、财务管理以及内部监督等制度建设方面存在较大的缺陷。国际NGO的发展路径和管理体制并不完全适合我国国情，中国的NGO要发展，就必须结合我国国情和自身实践情况，而构建一套符合自身发展的内部制度和管理模式。

2. 我国NGO资金使用的公开化和透明化有待提高

NGO在善款使用中，出现监管不力、预算不明等情况，大大削减了公众对于NGO的信任。"对于独立于市场和政府的NGO来说，资金问题是其存在和发展的根本性物质保证。NGO应当设立严格的内部资金使用规则，例如采购要求有商家的对比选择，相关问题由目标群体自己选择和决定，从而减少交易矛盾。NGO对于资金和募捐的来源，使用和去向，要有明确具体的说明，要对资助方负责。"[①] 资金使用的公开化和透明化，不仅可使NGO内部体系更加严整，减少浪费，明确账目，更能得到公众的认可和支持，在社会上树立起公益事业的旗号，让更多民众参与到公益事业中。除此以外，NGO还存在组织专业化程度不高、宣传力度不强、人才缺乏等问题。以上情况共同形成了制约NGO发展的内部综合因素。

[①] 2009年2月27日，课题组成员王冠、卢洋希、叶璐对NGO备灾中心的总负责人张国远进行访谈。访谈中了解到NGO备灾中心的基本情况，并询问了张国远对中国NGO普遍存在的问题和遇到的困境的个人意见，以及NGO备灾中心在解决自身问题和困境时所取得的一些经验。NGO备灾中心（NGO·Disaster·Preparedness·Center，简称NGODPC）是一个具备法人资格的民办非企业单位，是一个非政治、非宗教、非营利的独立发展援助机构，它在民政部门注册，它成立的初衷是减轻自然灾害对人类的伤害。张国远谈到当前中国NGO在运作中存在很多障碍，在自身能力方面也存在一定问题，并谈到NGO的发展需要在立法上的完善，涉及主体资格、准入制度、退出制度以及监督制度等。NGO是一个开放的平台，具有多元化的发展趋势，需要各个组织之间能够相互支持、密切配合。

（二）制约我国 NGO 发展的外部因素

1. 政策层面

我国政府对 NGO 长期以来持不支持、不反对的态度。对 NGO 的准入，却设立了较高的门槛，对 NGO 在意识形态、社会参与等方面严加控制，兼采扶植、吸纳、替代等方式。国家政策没能为 NGO 的发展提供一个较为宽松的环境。

2. 法律层面

我国现行法律没有对 NGO 的主体资格作明确的规定，致使 NGO 的主体地位缺失。而在主体资格方面存在的问题具体表现为以下几点：

（1）NGO 难以取得合法的主体地位。[①] 我国 NGO 注册登记管理采用"双重管理机制"，即对 NGO 实行"登记管理机关"和"业务主管单位"双重审核、双重负责、双重监管，门槛高，限制多。大量民间组织因没有足够资金或找不到"挂靠单位"而无法取得合法地位。有的只好在工商部门注册登记，从而出现做慈善还得纳税的局面。多数 NGO 存在注册登记困难，被迫游走于非法的尴尬境地。

（2）对 NGO 主体资格的管理混乱。[②] 主管部门没有对已注册的 NGO 进行有序管理，没有建立一个有效、便捷、安全的鉴别渠道，致使注册组织与非法组织混杂一体。

（3）NGO 主体资格的注销机制不健全。一些 NGO 在组织运转不灵，被迫暂停或者终止时，未到注册登记机关办理注销登记，监管机关也未对此加以关注，导致 NGO 的退出随意，使 NGO 管理体系更加混乱无序。

（4）NGO 注册登记后，在实际运行和参与各项事宜方面存在现实障碍。NGO 在众多领域，不能以独立的主体资格身份展开活动。

[①] 据不完全统计，我国国内现有各种 NGO 组织约 38.7 万家，但真正进行注册的不到 4 千家，约 95% 的 NGO 组织为未注册的"非法组织"。

[②] 根据我国社团组织管理条例规定，社团组织的注册必须有主管单位，这与 NGO 组织的独立性存在错位。

(5) 缺乏专门规范 NGO 的法律法规。目前对于 NGO 的管理，只能参考《社团登记管理条例》《民办非企业单位登记管理暂行条例》《事业单位登记管理暂行条例》等行政法规，缺乏一部专门的法律对 NGO 的管理加以规定。

三、解决对策

综合上述各点，NGO 主体地位缺失、监督机制不完善、资金使用不透明是现阶段国内 NGO 发展中存在的关键性问题，极大地限制和阻碍了 NGO 的壮大。基于此，本课题组从 NGO 主体资格的确立、监督机制的构建和 NGO 的资金管理三个层面提出法律上的建设性意见，希望能够帮助国内 NGO 朝着规范化、法制化的方向进一步完善，从而更有效地发挥其社会作用。

(一) NGO 法律主体资格的必要性及其确立和完善

1. NGO 法律主体资格的必要性分析

我国《宪法》第三十五条规定，中华人民共和国公民有结社的自由。结社权是每个公民的宪法权利。NGO 是有志于从事公益事业的人群依据结社自由这一宪法权利的内涵来进行的结社活动，是随着社会的发展、顺应时代的需求而产生的。它已经成为现代社会中不可忽视的社会力量，理应有自己明确完整的法律地位，这对 NGO 组织的发展具有非常重要的意义。

(1) 理论意义：法律主体即为法律关系的参加者，也就是在法律关系中按照法律享有相应的权利和承担相应的义务的人（包括自然人和法律拟制的人）。[①] 法律主体资格是主体在法律关系和纠纷中独立进行法律行为、承担法律责任的前提，进而更大程度地保障相对人的合法权益；主体地位是法律赋予 NGO 存在的合法性前提，只有具有法律所承认的主体地位，NGO 才能以合法身份参与社会活动，规避被取缔的风险。NGO 参与各项事务的资格，就是其所从事的活动受

---

① 姚建宗：《法理学——一般法律科学》，中国政法大学出版社 2006 年版，第 200 页。

到法律认可和保护的保障。

（2）实践意义：首先，只有通过立法方式，明确规定 NGO 的主体地位和性质，NGO 才能以自己的名义对外从事公益性活动，设立账户，进行募捐，独立承担民事责任，展开各种合法活动。其次，就行政法律关系而言，政府现阶段对 NGO 的暧昧态度，与 NGO 主体地位的缺失不无关系，将 NGO 纳入到法律体系进行管理，有利于政府行政管理部门对 NGO 进行监督管理，从而有利于政府和 NGO 实现更多的交流与合作。在 5·12 地震中一些 NGO 由于主体地位的缺失，使得其在进行社会募捐活动时，不得不以组织内部某一私人的名义设立银行账户，由于不具有合法的受赠主体资格，而造成公众的误解和政府的不支持。加强对 NGO 的监管，维护 NGO 运转体系的良好秩序，需要将其纳入到法律规范的体系之中。

2. 相应的完善措施

（1）废除双重监管机制。建议 NGO 注册登记体制的总体思路为"宽进严出"。"宽进"即放低 NGO 注册登记的门槛，放宽 NGO 设立的条件和标准；"严出"即指 NGO 一旦注册登记后，监管主管部门对其运作进行严格管理和监督，同时加大对其注销登记的审查和考量力度，由专业机构核查注销申请，在此基础上决定是否予以批准注销。对此，不妨借鉴一下国际 NGO 在设立上的模式，即在联合国下设一个非政府委员会，专门负责审核、批准 NGO 获得联合国的咨询地位和观察员地位。由此，可以在国务院设立专门的职能部门对 NGO 进行登记、审核和监管，命名为非政府组织委员会，直接对全国人大及其常委会负责，通过这种方式来绕开非政府组织挂靠主管单位难的困境；同时设置专门性的职能部门来负责审批，对非政府组织开展的活动进行专业性审查，在 NGO 的监管上予以即时有效反应。也可以在全国各地设立非政府组织委员会的分支机构，其内部管理体制实行领导与被领导、行政首脑负责制；非政府组织委员会在审核后、决定批准前应当向社会公开其审核和决定的全过程以及相关的信息，并设置公示期。只有在公示期内无有效合理的反对意见的批准文书，非政府组织委员会才能在确定时间内完成对非政府组织的注册登记。

这里以一个环保 NGO 申请注册登记为例，具体阐释其注册设立的运行模式：

首先，环保 NGO 依照法律的规定准备申请资料，根据级别和运作范围向有管辖权的 NGO 组织委员会的相关部门提交注册登记申请书。其次，主管部门收到申请后，在规定的时间内组织专业人员及相关专业机构按照法定的程序和条件对该非政府组织的申请进行全面的审核，作出是否同意其注册登记的初步决定。然后，非政府组织委员会把对此环保 NGO 的审核和决定结果的相关信息向社会公布，接受社会的监督。最后，在法定的公示期，若无有效合理的反对意见，则非政府组织委员会完善全部的登记注册工作。至此，该环保 NGO 组织获得法律主体资格，以合法的身份参与到公益事业和社会活动中去。

关于上述所说的审核模式、主管部门的组织机构模式、对 NGO 的审核标准等相关内容，均应以法定的方式予以确定。而目前调整 NGO 的相关法律规范的法律位阶和效力层次都相对较低，因此，全国人大及其常委会可以制定一部专门的法律，如《非政府组织法》，来作为上述建议中提及的国务院设立的非政府组织委员会的注册登记部门履行职能的法律依据。

（2）全面承认诉讼主体资格。在注册登记成功后，NGO 虽然取得了法律主体地位，成为了社会团体、民办非企业单位、基金会等法定主体，但是在民事主体、诉讼主体资格的行使方面仍有一定障碍。因此，建议在法律上全面承认 NGO 的诉讼主体资格或者基于非政府组织的特殊性，在某些事项上赋予 NGO 专门的诉讼资格。

这里仍然以一个环保 NGO 为例，阐释其在公益诉讼中的地位问题。《中华人民共和国环境保护法》第六条规定，一切单位和个人都有保护环境的义务，并有权对污染和破坏环境的单位和个人进行检举和控告。而在多年来的法律执行中，"控告"的权利并未能由"一切单位和个人"具体落实和实行。在法国，规定法院应当接受任何诉讼，不接受诉讼就是违法，法国 NGO 当然具有诉讼主体的资格。而在美国，任何单位和个人，只要认为侵害行为和自己有关系，就可以诉讼。但是，在我国的环境保护法和诉讼法中明确地规定了诉讼原告是直接受害人，并且往往称该类诉讼为公益诉讼，因而 NGO 的诉讼主体资格很难确定。梁慧星教授认为，"公益诉讼针对的行为损害的是社会公共利益，而没有直接损害原告的利益，因而是与起诉人自己没有直接利害关系的诉讼"。中国政法大学教授王灿发教授则指出，"公益诉讼指由无关第三方来起诉"。关于让无关的第三方个人成为环境公益诉讼的原告，最高人民法院始终持反对的态度，根本原因在于以个人为主体的公益诉讼，势必导致案件数量的直线上升，增大了司法机关的工作压力。而以环保 NGO 为主体的公益诉讼，则能从根本上解决社会权利与司法压力之间的矛盾问题，可谓是一箭双雕之举。

（3）退出制度的完善。设置法定的注销条件和注销程序，对申请撤销的 NGO 进行严格审查，只有在法定事由或者 NGO 内部规章中的约定事由出现时，才可以注销登记。主管部门不应对 NGO 的注销和退出采取"有求必应"的消极态度；同时关注申请注销的 NGO 账下的剩余善款，设计一个统一制度，完成对剩余善款的处理和移交，以继续实现善款的初衷和宗旨，并设置相关的监管措施。

（二）NGO 监督体制的必要性及其构建

1. NGO 监督体制的必要性

伴随着经济全球化的大浪潮，人类社会的科技和文明迅猛发展，国家与社会一体化的局面逐渐被打破，大量社会组织和民间团体的出现，形成了与国家相对分离的一个部门——非政府组织（NGO）。于是，国家权力逐步向社会转移，非政府组织基于社会的需求拥有了一种区别于国家权力的权力，称之为"社会权力"。社会权力，简言之，即社会主体以其所拥有的社会资源对社会和国家的影响力、支配力。[①]

权力，无论是国家权力或是社会权力，均有扩张和侵略的本性，因此，需要对权力加以制衡和限制，从而更好地实现其权力效力，防

---

① 郭道晖：《法理学精义》，湖南人民出版社 2005 年版，第 159 页。

止专制。而监督则是权力制衡和限制的一种有效方式。"监督"的基本词义为视察和督导，以预防和纠正偏差或失误。在现代社会，"监督"的含义愈加丰富和深刻，其使用也日趋广泛，逐渐成为政治学、法学、社会学等诸多学科的研究对象。① 监督依据不同标准，有不同的分类，如内部监督和外部监督、直接监督和间接监督等。无论是何种监督，其根本目的是为了限制权力的滥用和扩张，因为"一切有权力的人都容易滥用权力，这是万古不易的一条经验。"② 而滥用权力的直接后果是改变权力的初衷和根本目的。

从国家形成的角度看，人们让渡权力，形成社会契约，进而产生国家。权力的真正主体是人民，国家不过是代人们行使权力的外在形式。NGO，作为一种社会权力的载体，其在权力享有与行使上，与国家具有相通性。从NGO的运行模式来看，其所享有的权利均是通过社会性活动的方式由普通民众让渡而形成，进而参与和管理社会生活。因此，NGO的出现可谓是另一形式的社会契约。

再者，NGO通过社会募捐等方式，将公众分散的资金聚合在一起，进而以NGO自身的名义开展社会活动，满足社会需求，弥补政府失灵的缺陷。正如在5·12汶川地震中，众多NGO向社会公开募捐赈灾款项，在灾区开展大量的抗震救灾志愿活动，成为政府救灾工作的有力辅助，也为灾后重建提供了有力的资金支持。

NGO实质上是以自身的名义帮助资助方实现爱心传递，是直接进行公益事业的主体。它通过这样一种委托代理的方式，把社会分散爱心加以聚合，产生更大的效应。为了更好地保障被代理人的利益，也是保障资助方的利益，防止NGO的权力过于膨胀和滥用，监督机制的建立和完善，便成了现阶段国内NGO发展中的主要问题之一。

2. 相应的制度构建

基于NGO在5·12地震中的突出表现以及其不可忽视的社会作

---

① 张文显：《法理学》，北京大学出版社1999年版，第285页。
② [法]孟德斯鸠：《论法的精神》（上），张雁深译，商务印书馆1961年版，第154页。

用,有必要从法律的高度为其监督机制的建立提供有力的保障。而由于 NGO 的公益属性和社会价值,保障此监督机制的法律属性理应是社会法性质的。因此,可借鉴我国经济法的立法模式,分立 NGO 内部微观监管体制和 NGO 外部宏观监督制度。

(1) NGO 内部微观监管体制,包括内部体制、机构职能及运作等问题。鉴于 NGO 所享有的社会权力与国家权力的相通性,其内部监管体制的构建,可以借鉴国家权力的监督模式,即建立以权力制衡权力的内部监督机制。孟德斯鸠在《论法的精神》中说:"要防止滥用权力,就必须以权力约束权力。"① 权力制约的思路和方略多种多样,现今谈论较多的是洛克、孟德斯鸠和汉密尔顿所创立的分权和制衡理论。② NGO 作为非政府性质的社会组织,是一种具有公益性质的社会团体。它的内部管理模式和运行模式与同为广义社会组织但以营利为目的的公司法人具有相似性。因此,要在 NGO 内部建立行之有效的监督机制,可以借鉴公司内部监督管理机制。公司的权力分为执行权、决策权和监督权,并由董事会、股东会(股东大会)和监事会行使相关权力,以实现公司内部权力之间的相互制衡,很好地实现对于公司管理和运行的内部监督。公司的这种治理结构是解决公司管理者与公司股东之间的代理问题,确保公司管理者行为符合股东利益的方法和手段。公司的这种治理结构,从狭义上讲,就是指股东会、董事会、监事会和高级管理人员"各负其责、协调运转、有效制衡"的权责关系。③ 类比公司的治理结构,可以把 NGO 所享有的社会权力在其内部细化为决策权、执行权和监督权,并在 NGO 内部设立决策部、执行部和监督部三个部门分别行使此三项权力,以实现 NGO 内部的分权和制衡。具体说来,三部门的职责和分工为:决策部负责 NGO 的重大事项决策,并对其开展各项重大公益活动进行策划和安

---

① [法]孟德斯鸠:《论法的精神》(上),张雁深译,商务印书馆 1961 年版,第 154 页。
② 时显群:《西方法理学研究》,人民出版社 2007 年版。
③ 徐新意:《公司企业法学》,华东理工大学出版社 2006 年版,第 192 页。

排；执行部具体落实各项工作的执行和公益活动的展开，以及NGO的日常运作和管理；监督部负责监督决策部和执行部的职权行使，确保NGO的管理和运作公开有序。对于NGO这种内部监督机制的运作，可设想如下：

决策部定期开展讨论决策会议，对各项公益事业和社会活动的开展进行前期策划，并由与会人员对于NGO的重大事项以及NGO将要开展的重大公益事业和社会活动进行表决，确定NGO的重大决策。与会人员由五方构成，包括主要资助方代表、NGO内部高管人员、内部监督部负责人、外部监督单位代表、目标群体（即受益方）代表。会议由NGO决策部负责人定期主持召开，在听取各方意见的基础上，合理制订工作计划和活动项目。鉴于资助方的不确定性和流动性，决策大会的五方代表中主要资助方可能会出现缺位的状况，对此要构建外部监督机制（后将详细作介绍）进行弥补。

执行部是直接代表NGO对外开展各项公益事业和社会活动的部门。该部门应严格按照决策部制订的工作计划和流程开展各项活动，同时还负责NGO的日常管理及内部协调、进行内部人员调用、组织内部运作协调等事务性工作。

监督部享有对于NGO内部一切活动的监督权，即对决策部和执行部的职能行使及工作状况进行监督，包括各部门是否尽职尽责开展工作，高管人员有无滥用职权，是否存在以权谋私、越权理事的情况，并对NGO内部的资金使用进行严格监督。同时，为了保障监督部对于NGO的内部监督落到实处，可赋予监督部在特殊情况下，以主持人的身份召开NGO内部临时决策会议的权力，将监督发现并亟待解决的问题提交临时决策会议讨论决定。

（2）NGO外部宏观监督制度。包括公众监督和行政监督两个方面。

第一，公众监督。结合NGO内部监管和治理结构的构建，还有必要设立一个外部监督机构，以便内外结合，相辅相成，更好地实现对NGO的监督。该外部监督机构，既要体现国家对NGO宏观调控和原则性指导的作用，又要防止和避免国家对于NGO过度干预，而导致"非政府组织"性质的变异。因此，可以将该机构定性为不依赖政府拨款但属于国家编制的事业单位。该事业单位的运行可分别从资金来源、人员组成和权力行使三方面论述。首先，该事业单位的运作资金，直接来源于各个 NGO 的社会募捐款。具体说来，是通过银行账户分立的方式，直接将募捐而来的款项进行比例性的划分，将善款中一部分比例的资金直接划入该外部监督机构的账户中，以维持其日常运作和发展。当然，划分到该机构的款项比例应当是很小的。其次，该单位的日常工作人员从社会中择优录用，要求具有一定的审计、法律等专业技能。再次，该单位虽不由国家财政直接拨款，但是属于国家编制的事业单位，具有一定公共管理职能，以利于其更好地行使对 NGO 的外部监督职权。如此设置的机制，在于更好地实现 NGO 的代理职权。资助方通过委托 NGO 实现自身参与公益事业的目的，社会通过 NGO 将分散的爱心和力量有机地结合汇集于一体，发挥更大的功能，因此，公众和社会理当帮助 NGO 完善管理模式尤其是外部监督模式。款项中一定比例的资金用来构建 NGO 外部监督机构，是为了防止 NGO 滥权，从而更好地帮助资助方完成公益活动，更好地实现 NGO 的自身价值，为社会作出更大的贡献，由此看来，该外部监督机制的构建，与公益事业的初衷和目标是一致的。该外部监督单位的主要职责包括：①对于其监督范围内的各个 NGO 组织的资金账目进行定期审计和核查，对于 NGO 的会计账目进行定期公开。②在 NGO 定期主持召开决策会议时，由于资助方的流动性和不确定性，而致使出现没有主要资助方参加会议的情况，这时外部监督单位有权将该 NGO 此次的决策方案在资助方主要群体所在地进行公示，并设立公开征求意见期，公示期届满，在没有矛盾性意见的情况下，该项决策方案方可执行，否则不可通过。③外部监督单位有权召开其监督范围内的某 NGO 临时决策会议，将该 NGO 资金使用、会计账目等存在的问题交由决策会议五方代表讨论处理。NGO 外部监督单位具有公众监管和国家原则性指导的双重属性，但由于其不具有行政机关行使国家权力的属性，因此可将其归于公众监督的类别。除此之外，社会各界对 NGO 享有监督权，主要表现为舆论监督。

第二,行政监督。基于 NGO 特殊的独立属性,政府对于 NGO 不应有过多的干涉和控制,应尽可能给予其宽松的环境,使其向多元化的方向发展,更好地与政府工作相结合,弥补政府无暇顾及或无法有效管理的缺陷。但 NGO 也有其自身发展的局限,因而政府应对 NGO 进行鼓励性的引导,在不影响其独立性的前提下,对 NGO 的发展进行宏观调控。政府的这一引导职能,主要是由管理社会组织的政府部门行使。其具体表现为,民政部门设立对 NGO 的准入制度、退出制度等,并对 NGO 开展的各项公益活动进行行政监督,以国家政策进行指引,发挥政府的宏观调控作用。

监督机制的构建对于完善 NGO 体制的意义重大,希望构建的 NGO 的内部微观监管体制和外部宏观监督制度能够为 NGO 今后的发展和完善提供有力的保障。

(三) NGO 资金管理的问题以及制度完善建议

1. NGO 资金来源的公开化和制度完善建议

(1) NGO 的资金来源现状。NGO 的收入分为自创性收入和非自创性收入。自创性收入就是 NGO 通过提供产品或劳务向顾客直接收取以及通过对外投资而取得的收入,如会员会费、个性化服务等;非自创性收入就是来自政府资助,企业、社会的捐赠。据有关资料显示,国外非营利组织的资金来源中,公共部门支持所占比重为 43%,民间捐赠所占比重为 10%,私人收费所占比重为 47%。在我国香港特别行政区,非营利组织的自创性收入占 40%多。但在内地 NGO 的收入来源中,自创性收入的比重还相当低,不到 10%。[①] 由于目前中国 NGO 自创性收入匮乏,对外部的资金筹措能力差,加之政府、企业及社会的资助有限,导致 NGO 资本实力较弱小,资金组成比例失衡。

(2) 相关法律规范及建议解决途径。在这个问题的解决中应体现的关键词为:法律优惠。法律给予的优惠主要体现在:对资金捐赠方的优惠和对非营利组织的优惠。《中华人民共和国企业所得税法》第

---

① 熊卓婷:《试论非营利组织的财务管理制度》,载《企业家天地》,2006 年第 1 期。

九条规定：企业发生的公益性捐赠支出，在年度利润总额12%以内的部分，准予在计算应纳税所得额时扣除。《中华人民共和国个人所得税法》第六条规定：个人将其所得对教育事业和其他公益事业捐赠的部分，按照国务院有关规定从应纳税所得中扣除。然而，这些零星的立法实在是杯水车薪，这些优惠政策也十分有限。例如，在所得税上，其调整范围较小；在财产税、商品税中，缺乏对非营利组织的专门规定，尤其缺乏对民间成立的非营利组织的优惠措施；对非营利组织的进出口关税规定尚需明确；在房产税、车船使用税、城镇土地使用税等的条例中，均只规定了对"人民团体"的税收优惠；还有许多法规因颁布较早，需要作出调整。总之，在这些税法中，应明确体现出对非营利组织的界定，对不同类型非营利组织减免的税种、减免幅度等具体内容。①

2. NGO资金使用及相关的法律问题

（1）NGO资金的使用中出现的问题。由于NGO组织特殊的财务特点，即无利润指标、权责不明、所有权形式特殊等，导致其在资金使用上缺乏导向性，没有完善独立的财务制度。对于我国大量的民间NGO而言，由于自身发展的不完善，很容易导致资金使用上的混乱，具体表现在投放方向上的混乱、时间顺序上的无计划等，这些都大大制约了NGO所发挥的作用。另外，NGO自身的财务混乱，容易导致其内部的贪污和腐败，对外的不透明和不公开，从而造成监督层的"视觉障碍"。

（2）相关法律规范及建议解决途径。该问题的解决应体现的关键词为：法律清晰。国务院《社团登记管理条例》第二十九条规定：社会团体接受捐赠、资助，必须符合章程规定的宗旨和业务范围，必须根据与捐赠人、资助人约定的期限、方式和合法用途使用。社会团体应当向业务主管单位报告接受和使用捐赠、资助的有关情况，并应当将有关情况以适当方式向社会公布。这条规定对NGO组织资金的去向有了比较明确的限制，即资金的使用方式必须与捐赠人、资助人约

---

① 《中国非营利组织的资金来源》，载《公益慈善论坛》2008年第9期。

定的用途相符，如果违规使用资金，那么NGO组织及其相关负责人应当承担相应的法律后果。但是，这条规定里"有关情况以适当方式向社会公布"就相对比较模糊，并没有明确告诉NGO组织以怎样的方式公布资金的去向，这在一定程度上也导致了部分NGO组织资金使用的不够公开和透明。完全寄希望于NGO组织自己找准适当的财务公开方式不切实际，要从根本上解决这一问题需要法律法规对其作出强制性规定。比如，可以通过立法规定NGO组织定期公开财务报告，并由具有公信力的机构对报告进行审查，主管单位对违规的组织进行处罚，以规避违规使用资金的现象，从而实现资金使用的公开化和透明化。国务院《基金会管理条例》第二十九条规定：公募基金会每年用于从事章程规定的公益事业支出，不得低于上一年总收入的70%；非公募基金会每年用于从事章程规定的公益事业支出，不得低于上一年基金余额的8%。基金会工作人员工资福利和行政办公支出不得超过当年总支出的10%。虽然法律有明确的规定，但是NGO组织的工作人员工资以及行政性支出由于受关注度高依然会经常引起非议，很大程度上NGO组织自身财务制度的不健全是造成这些非议的主要原因。

从未来立法而言，希望从问题的根本出发，即财务制度。现行《中华人民共和国会计法》第二条规定："国家机关、社会团体、公司、企业、事业单位和其他组织（以下统称单位）必须依照本法办理会计事务。"如果《会计法》在今后的修订中，将NGO的内涵并入"事业单位和其他单位"的话，那NGO自身的财务制度建设也就有了清晰的法律依据，问题迎刃而解。当然这种添加不是机械的，可以在相应的司法解释中区别开来，比如明文规定NGO必须遵守这其中部分条款，其他不做强制规定。

3. NGO资金的监督的法律建议

这里的关键词是：法律空白，官"管"过渡。

目前，对于NGO组织在资金使用方面的法律监管几乎是一片空白。所以要对NGO组织的资金进行法律监管，就需要尽快制定出一部针对NGO组织资金监管的专门性法律。在制定针对NGO组织资金的专门性法律时,可以参照财政法律制度的若干原则和《预算法》《民办非企业单位年度检查办法》等某些已有法律法规的具体规定。具体有如下几点建议。

首先,NGO组织应当制定健全的财务预算,并且秉承预算的公开性原则、真实性原则和完整性原则。之所以要求NGO组织制定财务预算,是为了杜绝NGO组织资金使用的随意性。通过对NGO组织财务预算的公开性要求、真实性要求和完整性要求,以实现NGO财务的公开。只要能够将NGO组织的财务预算公开,那么就可以在很大程度上使NGO的资金运行状况透明化,从而加强公众对NGO组织资金使用的了解和信任。从另一个方面讲,只有公众对NGO组织的资金使用产生信任以后,才会有更多的公众愿意为NGO组织提供资金,这无疑对于NGO组织来说是一个良性循环。

其次,应当为NGO组织设立专门的监督管理机构。没有监管的权力一定会被滥用。在《民办非企业单位年度检查办法》当中规定,民办非企业单位的财务状况、资金来源和使用情况都需要交由登记管理机关年检。可见,由政府负责NGO组织资金状况的管理是可行的,因为在中国目前还没有任何一个组织的公信力能够超越政府。这也是在法律空白时期最为行之有效的办法,即官"管"过渡。这里的"管"是节制性的管辖,由政府负责监管NGO组织的资金使用,并不是指由政府代替NGO组织使用资金,NGO组织资金使用的独立性不应当受到任何限制,否则就会丧失NGO组织的独立性。NGO组织丧失的仅仅是资金使用的隐秘性。

然而政府监督的困境就在于无法准确掌握NGO的注册信息,因为中国有大量的NGO没有通过官方的注册。没有主营业务的NGO和缺乏资金的NGO分别不愿去民政和工商部门注册,这其中存在太多的限制性规定,所以在NGO资格审批上应当趋于标准和简化。可以考虑取消审批制,而用登记制。

当然,不能忽略的是民众力量。对于民众在社会事物的反馈力量已经在无数次的制度改革、社会大事件以及天灾人祸的处理中体现出来。而民众对NGO监管最好的例子,莫过于我国台湾地区,台湾在经历了 1999 年的 9·21 地震后，在一帮知识分子的主导下，成立了"9·21 抗震基金会继承全盟"，他们在社会大爱精神的鼓舞下，认真充分地利用每一笔赈灾款，这样的一个全盟，就是将每一个志愿者，甚至民众并入这样一个大的 NGO，一时间真正形成了"公民社会"，让最为广泛的民众参与救济民众行列和队伍中。这样的"全盟精神"在以后台湾 NGO 的发展中，继承了下来。以至在近 12 年的台湾 NGO 崛起之路上，形成了民众的监督高于政府的监督的"社会意识"。虽然内地的 NGO 才刚上路，但这种"全盟"的形式可以借鉴，可以让更多的民众成为最基层的观察者（可以选那些接受公益帮助的人），来切身监督 NGO 资金使用的状况。①

第三方监督经验可以借鉴。NGO 对它们经济上所依托的企业事业单位（因为中国的 NGO 经济还未完全独立）的监督，反过来，用企业和事业来监督 NGO，形成一个循环效应。互相的监督才能最大限度地降低不合理因素的发生。

NGO 作为社会发展的必然产物，随着生产力的发展和社会结构的多元化趋势而诞生。在其产生和发展的初级阶段，不可避免地存在一定的缺陷和困境，其走向成熟的过程是漫长的，需要自身体制的不断完善和外部环境的进一步改善，而内外两个方面的提升，均有必要通过立法加以明确和规范。作为生长于夹缝中的新兴组织，法律通道将会更有效地为 NGO 的发展减少障碍。我们不难看到，NGO 的脚步在前进，我们更要看到，NGO 的明天，任重而道远。

---

① 杨团：《NGO 台湾崛起之路》，载《南方周末》2008 年 7 月 10 日。

抗震救灾中的非政府组织功能研究[①]

张志刚等

【内容摘要】 非政府组织以慈善或公益目标为己任，2008年5·12汶川大地震使得有序而低调的民间公益组织浮出水面。在震后救灾过程中，一方面政府和军队体现出强大的动员能力，另一方面民间救助力量也表达出令世人瞩目的志愿参与的精神和意志。不过，随着救灾工作的深入，如何规范和引导民间公益组织参与灾后安置和社区重建工作成为摆在政府面前的重要课题。本文试从非政府组织的界定出发，通过对其功能的评估，提出完善和发展非政府组织的建议。

【关键词】 非政府组织 志愿者 抗震救灾

在传统公共行政与管理领域，一直存在着"政府管制"与"市场机制"两种对立机制的理论交锋，而极少重视政府与市场之外的社会力量（以非政府组织为代表）对社会问题解决的参与机制探讨。20世纪70年代以来，众多非政府组织在世界各国和地区迅速崛起，并在公共服务和管理中扮演着重要角色，为公共服务和管理提供了新的思路。

一、关于非政府组织的界定

对非政府组织的界定存在着不同的界定标准，其中较有影响的有

[①] 课题负责人：张志刚，四川大学法学院2007级经济法硕士研究生；
课题组成员：姚琪，四川大学法学院2008级经济法硕士研究生；彭盼熙，四川大学法学院2005级本科生。

组织结构和运作意义上的"六特征"与"五特征"说，税法意义上的"免税组织"说，目的和功能意义上的"公益目标组织"说等。这些界定对非政府组织的发展前景有着重大而直接的影响。非政府组织是一个基础性概念，是进行非政府组织功能研究的理论前提，必须予以澄清，从而解决目前国内非政府组织发展过程中所面临的尴尬状况，为国内众多未被纳入政策认可和支持范围的非政府组织正名。①

在理论界，非政府组织也常常被称为非营利组织，在当前语境下这二者其实并没有实质性差别。从严格意义上来讲，所谓非政府组织，是从政府的角度来进行界定的，即一切社会组织都可以分为政府组织和非政府组织，非政府组织又有营利性组织（市场中的企业）和非营利组织之分。而上个世纪末以来，市场企业又进一步分化为营利性企业和非营利的社会企业。② 因此，众多社会组织的发展呈现出一种复杂化、相互融合的微妙变化态势。在我国国情之下，很多非营利组织，如众多事业单位和社会团体，虽然是非政府性质，但是却与政府有着紧密联系或者深厚的政府背景，因此不宜悉数归入非政府组织之列。我国的非政府组织，尤其是参与到抗震救灾中去的众多非政府组织及志愿者团体，通常指的是广义上的民间公益慈善组织，这其中既包括了各级慈善协会、红十字会、残联、妇联等政府背景的慈善公益组织，也包括各类民间社会公益慈善团体、外国公益慈善组织驻中国的办事处，当然也应该包括那些众多的自发的临时性或未注册的民间公益慈善组织和团体、志愿者组织等。

（一）"六特征"与"五特征"说

美国学者赛拉蒙认为，非营利组织有六大特征：正规性、民间

---

① 目前国内关于非政府组织的界定既不科学也不一致，尤其是立法层面对非政府组织的界定过于狭窄，导致为数众多的非政府组织未被纳入到政策制定及政策支持的层面。就当前非政府组织的发展现状来看，众多的自发的民间未注册的民间组织，以及将慈善公益作为重要使命的组织，占实际从事慈善事业的组织的大多数，并且发挥着重要的社会作用。故将各类非营利的非政府组织、社会企业，以及有着佛教、天主教等传统正教背景的慈善团体等，都纳入本课题组对于抗震救灾中的非政府组织功能研究范围当中。

② 所谓社会企业，也称作社区利益企业，是一种为了社会目标而在市场中进行商业活动的企业组织，对于这样一种企业形态，后文将作出更详细的阐述。

性、非营利性、自治性、志愿性、公益性。① 与此类似，斯蒂芬·奥斯本认为，非营利组织应具有五个特征：第一，非营利组织必须是正式建立的，这使它们区别于非正式的聚会和会议。第二，非营利组织的创建应独立于政府控制之外，它们之所以存在，是因为某一社会群体需要它们，而不是某项法律规定的要求。第三，非营利组织应该有一个能决定自身组成结构的管理委员会，按其成员的意志或按自主的决定来管理，并具有独立决策能力。第四，非营利组织具有独特的经济管理模式，它们从与组织使命有关的重要活动中获取的任何盈余，又必须将它再投入于服务中。第五，非营利组织的动力不应该建立在经济收益上，而应该恪守规范的志愿价值观。② 此类学说目前为非政府组织理论界的通说，作为我国社会团体的主管部门，各级民政部门在实际操作中，均受此种学说影响很大。

然而，在我国当前社会条件下，上述学说的局限性也很明显。第一，其所主张的"组织正规性"，为当前中国社会的绝大多数非政府组织所不具备。在现实操作层面，政府相关部门只承认正式登记注册的非政府组织的合法性，其制定的相关政策法规及各类应急预案，也都仅局限于覆盖那些在民政部门正式登记注册的组织，从而将对于非政府组织的管理等同于对正式社会团体的管理，造成众多的非政府组织无法获得合法身份，进而无法正常合法地开展活动，并成为民间组织，生存艰难。③ 第二，该说所主张的"组织独立性"问题，在中国当前的国情下显得实用性不强，因为中国目前较有影响的主要非政府

---

① [美]赛拉蒙：《第三域的兴起》，载《社会》1998年第2期。
② 何增科：《公民社会与第三部门》，社会科学文献出版社2000年版，第243～256页。
③ 参见我国《社会团体登记管理条例》第3条、第6条、第9条、第13条的规定。笔者曾在北京市民政系统及北京市慈善协会工作，在日常事务中以及与各类社会慈善团体的接触中，对此问题有着直接的切身体验。在本次课题调研中也对一些国际性公益组织驻中国办事处、未注册的民间公益慈善团体走访了解，发现这种社团管理方式给众多民间慈善公益组织普遍造成了资源获取、项目运作、社会认知度等各方面的困难和尴尬境地，尤其是未注册的民间组织，举步维艰。因此，这种逻辑定式早已不适应当前社会尤其是非政府组织的发展要求，必须予以变革。

组织，尤其是积极参与到本次抗震救灾中的各级红十字会、慈善协会等，都是带有浓厚政府官办色彩的组织。第三，该说所提出的关于经济利益驱动特征的论述，不能合理解释上世纪末以来新兴的"社会企业"（亦称"社区利益企业"）的营利性与非营利性兼得的现象，而早已过时。①

（二）税法意义上的"免税组织"说

在美国，对以慈善公益社团为代表的非政府组织的界定，从传统的"扶贫、发展教育、传播宗教和促进社会福利目的之组织"说，发展到现代税法意义上的定义，即收入无须交税，而其捐助者亦因其捐款而获得税收减免的组织。具体地说，非政府组织必须满足以下六个方面的要求：

（1）必须以非营利为目的，即具有《国内税收条令》501C3 项下列举的一项或者多项目的。

（2）其成立完全出于非营利目的。

（3）其经营主要为达到规定的非营利目的。

（4）不得为个人谋取利益。

（5）不得参与竞选，即不支持或者反对任何公共职位的候选人。

（6）不得参与实质性游说活动，即不得对立法进行实质的支持或者干预。②

从美国的情况看，非政府组织可以分为两类：社会服务组织和基金组织。③ 社会服务组织的基本定位在于服务，在捐助人和受益人之间起到组织和连接作用。基金组织则一般不直接提供服务，其职能是

---

① 社会企业，也称社区利益企业，是一种为了社会目标而在市场中进行商业活动的企业组织，拥有基本的社会目标，不以最大化股东和所有者的利益为动机，所得利润都再投入到企业或社会之中。社会企业可以自由从事商业化的活动，采取股份制的社区利益企业可以分红，但是其持股人必须通过资产锁定和信息公开来担保社区利益企业的活动符合社区利益。

② ［美］贝奇·阿德勒：《美国慈善法指南》，NPO 信息咨询中心译，中国社会科学出版社 2002 年版，第 1 页。

③ 姚俭建：《美国慈善事业的现状分析：一种比较视角》，载《上海交通大学学报》2003 年第 1 期。

筹集资金，用于资助各种服务组织，在有些情况下也可以直接资助受益人。

此说明确了非政府组织尤其是慈善组织和捐助者免税的地位。上世纪末以来，在英美等西方国家兴起了一种独特的社会组织类型——社会企业①。一般情况下，慈善公益法人团体的活动领域不能超越法定的慈善公益活动范围，而社会企业具有更大的灵活性，可以从事任何为社区利益服务的合法活动，并可以享受一部分由慈善公益法人团体享有税收上的优惠政策。当前众多活跃在中国民间的慈善公益性的社会团体，虽不能够享受慈善公益法人团体的免税优惠，但是也不能轻易否定其慈善公益组织的非政府组织性质。因此，税法意义上的"免税组织"说并不当然适用于我国国情，需要结合现实情况进一步探讨。

（三）当前社会条件下的非政府组织的界定

在我国，尚未有专门的法律法规对非政府组织的界定予以明确，学术界对此的看法也不尽相同。我国与西方国家政治体制和所处社会发展阶段不同，社会组织构成情况较为复杂，很多非政府组织在民间性、独立性、正规性方面存在缺陷，无法严格按照国际上通行的标准来衡量我国现有的非政府组织。按照《社会团体登记管理条例》的定义，所有社团都应该属于自愿成立的民间组织，但实际上我国的很多社会团体都不同程度地带有官方性质。据了解，我国约有 200 个社团的各级组织使用行政编制或事业编制，由各级财政拨款。在这近 200 个团体中，有各级总工会等 8 个团体的地位较为特殊，有权参加各级政治协商会议，另有残联、红十字会等 11 个团体的地位稍逊于前者，②还有一些慈善公益组织自身虽不是官方组织，但却依托官方组织建立，如各地的慈善总会基本都由相应的民政部门牵头成立，青少

---

① Office of the Third Sector：（2006）Social Enterprise Action Plan：Scaling New Heights；Social Enterprise Coalition：（2003）There's More to Business than you Think：A Guide to Social Enterprise。

② 毕贺，《大连慈善事业发展对策研究》，大连理工大学硕士学位论文 2008 年。

年发展基金会由共青团组织发起成立，残疾人福利基金会由残联管理。这些慈善公益组织在人事安排和项目开展等方面都不同程度受到相关部门的影响。而非正式的各类非政府组织因为难以登记注册而不被法律所承认，而不具有正规性。倘若把这些组织都封闭于非政府组织大门之外，研究的对象恐怕就寥寥无几了。

在对非政府组织进行界定之前，有必要先对非政府组织做一分类，即依据组织是否经过正式注册，将非政府组织分为正式的非政府组织和非正式的非政府组织。[①] 就我国非政府组织发展的现状而言，上述两类组织在组织功能、关注领域、筹资能力、生存现状和发展前景等方面都截然不同。因此，这样分类是有现实意义的，不但有利于学术界对非政府组织进行细化研究，也有利于相关部门根据其特殊需求进行有针对性的立法和政策制定，予以确认和支持。

此处所称"正式的非政府组织"，是指具有法人资格，以实现社会公益为目标，主要从事慈善公益活动的民间非营利组织，一般属于社会团体、民办非企业单位或基金会范畴，主要包括各地的慈善协会、志愿者协会、红十字会、基金会以及民间的各类扶贫、安老、抚孤、助残、助学、助医、环保、社区发展、文化保护、动物保护、紧急救助等领域的民间机构。而"非正式的非政府组织"，凡是掌握一定资源、组织架构较为固定、有一定内部规章制度、从事慈善公益活动但未经民政部门注册的民间组织，均可纳入非正式慈善组织的范畴，这其中既包括很多国际知名的慈善公益团体如乐施会、宣明会等

---

① 还需说明：其一，佛教、天主教会等宗教组织的教义中有着丰富的慈善理念，因此众多的佛教寺庙和天主教堂等也都在做着如捐款、祈福等善举，在社会慈善事业方面也发挥着重要作用。但是，它们并不被纳入民政系统的注册之列，而是归佛教协会、天主教协会等宗教协会，依国家宗教政策进行专门的领导和管理，且无须另外注册，并不交税。其二，关于社会企业的问题。社会企业发端于英国，近年来在中国也有很大发展，是指为了社会目标而在市场中进行商业活动的企业组织，但是这种企业并不像传统企业一样将股东利益最大化作为目标，而是将所得利润再投入到社会之中。英国已出台《社区利益企业法》对其进行规范和引导。社会企业是一种典型的为社会公益而存在的组织，虽然其仍然会进行各类商业行为，但是绝大部分利润都会用在改善社区福利和其他公益项目上，故也应当纳入我们的非政府组织研究的考虑当中来。

在中国的办事处,也包括很多规模较小但是活跃在民间的未注册的扶贫、安老、抚孤、助残、助学、助医、文化保护、动物保护、紧急救助等领域的非政府组织,也称草根组织。[1]非政府组织作为社会慈善公益事业的主体,其界定宜宽不宜窄,不应划定过多的条条框框,应将众多的自发、未注册的民间组织,以及将慈善公益作为重要使命的各类组织,都纳入非政府组织的范围当中,并在今后政府制定相关政策法规予以明确认可和支持,并将其纳入各类突发公共事件应急预案中,形成由政府和以各类非政府组织为代表的社会力量共同善治的局面。

综上所述,在当前社会条件下,非政府组织应界定如下:以扶贫、安老、抚孤、助残、助学、助医、紧急救助、社区福利、环境保护、动物保护、文化保护等慈善公益为组织使命的非营利性的志愿性组织,该组织不应以登记注册为必要。

二、抗震救灾中的非政府组织功能评估

在现代管理理论中,有一个重要概念,即公共危机。所谓公共危机,通常是指"由于内部和外部的高度不确定的变化因素,对社会公共利益和安全产生严重威胁的一种危险情况和紧急状态"。[2]自20世纪90年代以来,经济全球化、社会复杂化和自然环境不断恶化的趋势明显,世界各国频繁面临着各种无法预料的重大自然灾害、人为灾难、恐怖袭击、传染病暴发与流行等公共危机的威胁,如9·11事件、印度洋海啸、大洪水、大地震、SARS、禽流感、海洋污染、经济危机等,公共危机已由非常态化的偶发转变为常态化的频发。而2008年发生在我国西南部的四川汶川大地震,在本质上其实是一次

---

[1] 笔者曾经担任一个民间助学机构组织"心守家园"的义工兼对外联络负责人,有机会接触到为数众多的类似草根组织,这类组织大多由热心人士自发创立,目标较为单一,但是具有一定的行动力,掌握一定资源,数目庞大,且在民间助学、扶贫等领域发挥着重要作用,不容忽视。心守家园创立后3年内,先后组织资助了1000余名学生完成了初中、高中学业,其中有些学生考入大学。

[2] 王茂涛:《政府危机管理》,合肥工业大学出版社2005年版,第3页。

由突发自然灾害引发的公共危机。因此，对抗震救灾中的非政府组织功能进行细致调研评估，将有助于了解非常态社会条件下非政府组织在社会公共危机治理当中的重要作用，并为进一步对非政府组织在公共危机治理中的参与机制的构建与整合研究提供实证经验和理论借鉴。

（一）参与抗震救灾的非政府组织构成状况

在汶川大地震这样的重大公共危机出现时，并非所有类型和领域的非政府组织都会参与到抗震救灾的紧急行动中来，而参与的主要是如下几类非政府组织类型：第一种类型的非政府组织，其组织目标是与公共危机治理方面密切相关的，这些组织的目标本身就是非常态社会下的重大突发事件，如各级红十字会、慈善协会等，当然，这其中也包括了众多国外慈善公益组织在中国的办事机构；第二种类型的非政府组织，其组织目标是与公共危机治理不相关的，但是该组织在非常态突发事件发生之后，临时调整组织目标，短期内将一部分工作转移到突发事件处置当中来，如威尔士的TRACK2000；第三种类型的非政府组织是一种临时性的志愿者集合体，普遍具有临时性的共同目标，组织行动针对性强，组织维持的时间普遍较短，但也有一些志愿者团队在灾难过后维持下来，并转化为正式注册的非政府组织或不注册的民间组织；第四种类型的非政府组织就是那些因抗震救灾及灾后重建而新成立的非政府组织。

据本课题组调研统计所得，截至2009年3月份，直接或间接参与到汶川抗震救灾及灾后重建过程的国内民间公益慈善组织共有100余家。服务范围包括成都周边受灾区域、都江堰市、彭州市、阿坝藏族羌族自治州、德阳市、绵阳市、广元市、雅安市等主要受灾区，汶川、茂县、绵竹、都江堰、北川等重灾区，更是非政府组织参与救灾的重点服务地区。服务内容也是多种多样，从一线直接救援到款物筹措、信息平台搭建，再到复杂的灾后重建工作。

除此之外，还有注册登记的中国妇女发展基金会、中国儿童少年基金会以及各级红十字会、慈善协会等。同时还有临时性、自发性到灾区提供款物和服务的志愿者群体和临时赈灾队伍等松散型团队，以及通过红十字会、慈善协会等非政府组织渠道捐款捐物的各类企业、组织和团体。

另外,还有多家国际公益慈善组织和我国香港特别行政区、台湾地区的慈善公益组织,也通过其在大陆的办事机构积极参与到抗震救灾及灾后重建当中。这当中包括英国行动援助、无国界医生组织、国际马戏行动组织、无国界小丑等国际公益慈善组织,以及香港宣明会、香港乐施会、台湾慈济慈善基金会等。

需要特别指出,在汶川抗震救灾及灾后重建过程中,在党的坚强领导下,众多具有天主教、佛教、道教等爱国宗教机构,如各佛教寺庙、道家道观、天主教会、基督教会等,也都积极参与到救灾及重建中来,不但募集了大量善款善物,而且参与到紧急救援,并为很多失去住所的灾民提供临时避难所,为灾区遇难同胞举行祈福法会、超度法会等,积极开展灾民心理抚慰,为抗震救灾及灾后重建工作作出了积极贡献。①

(二)抗震救灾中非政府组织的参与内容

日本救灾研究专家广濑敏通②认为,基于国际救灾经验,重大突发灾害的灾后救援、重建工作主要分为以下四个阶段:第一阶段(地震发生后一周以内),虽然72小时内的救援最为关键,但是一周之内生存可能性仍然存在,该阶段主要以部队的救援为主;第二阶段(地震发生后一个月内),救灾工作主要是将食物、水、医疗服务送到所

---

① 本课题组走访了文殊院、大慈寺、金华寺、龙潭寺等多家佛教寺庙,了解到道教、天主教、基督教等爱国宗教团体和爱国慈善团体在抗震救灾中做了大量慈善活动。我们认为,它们在抗震救灾及灾后重建当中发挥了重要作用,应当作为一种重要的参与力量,纳入到我们关于公共危机治理中非政府组织功能研究当中。理由如下:第一,爱国宗教团体和爱国慈善团体在海内外都有广泛信众,其中不乏雄厚经济实力、技术专长和慈悲博爱之心的信教群众。因此,爱国宗教团体和爱国慈善团体具有极强的募集善款善物的能力和调配资源、组织专门人才进行救灾和灾后重建的能力。第二,爱国宗教团体和爱国慈善团体是将无私奉献和救苦救难作为其主旨。第三,在坚持党的坚强领导的前提下,爱国宗教团体和爱国慈善团体可以起到对社会资源进行再次分配的效果。

② 《NPO在灾害救援中成长——专访日本救灾专家广濑敏通》,载环球协力社网2008年2月18日,http://www.glinet.org/standard.asp?id=5115。

有获救的灾民手里，如果操作不当，这个阶段可能会因为饥渴、传染病而产生"二次灾害"；第三阶段（地震发生后一年内）建立临时的生活生产设施，如搭建简易房屋，耕种应急农作物等；第四阶段（地震发生后 4.5 年，甚至更长）生活、生产环境的重建，灾民的心理治疗。

广濑敏通对地震救灾及灾后重建工作阶段的划分较为准确。以上述阶段划分为基础，分阶段研究非政府组织在抗震救灾中的参与情况，将有助于对抗震救灾中的非政府组织功能进行深入探讨。在此研究基础上，本课题组成员多次前往四川彭州市小鱼洞镇杨坪村灾民安置点等地进行实地考察。基于上述理论和实际调研情况，本文将抗震救灾中非政府组织的参与内容归纳如下：

1. 直接参与紧急营救及物资补充

在抗震救灾第一阶段，非政府组织反应迅速。5 月 14 日，"国际心连心组织"就进入北川灾区，并募集了大量急需物资。慈济功德会为了应对四川灾区急需药品的现状，从苏州一家公司购置了价值 1000 多万元的药品，空运至成都，再转运到灾区，其中包括灾区急需的大量感冒药、止痛片和抗生素。地震后，各地的红十字会纷纷投入到抗震救灾中，运送物资，建帐篷营地。例如，据中国驻丹麦大使馆 5 日提供的消息，丹麦红十字会将在中国四川地震灾区建立一个用于救援行动的大型帐篷营地。中国红十字会计划首批安排 25 亿元用于灾后重建。

2. 创伤心理急救及情绪安抚

"5·12 汶川大地震的震后心理危机干预技术研究"获国家 863 计划专项支持。许多组织制作并发放了震后心理干预应急手册。从地震发生之时起，卫生部组派的危机干预小组和来自各地的心理救援专家与医护人员一同在第一时间赶往受灾前线，随着灾后救助的不断深入，来自医疗机构和非政府组织的心理干预人员在不断增加，心理疏导也成为灾后复课的孩子们第一堂课的主要内容。一些专家还组织志愿者进行心理辅导教育，让他们在救援的同时向灾民提供最大可能的心理帮助。"国际马戏行动组织"和国际救援组织"无国界小丑"联合策划了"2009年创伤抚慰巡演项目",目标是改善经历过灾难的儿童的心理状况。该巡演项目通过幽默的表演、工作坊和直接接触儿童,希望把幽默和笑声带进孩子们的生活,帮助孩子们早日走出地震阴影。由此可见,民间组织确实可以成为政府在灾后重建过程中的助手。

3. 灾民临时安置及秩序维持

非政府组织在紧急安置和疏导灾民,秩序维持,临时避难所的整理和临时管理等诸多方面,都有突出贡献。

4. 灾民安置及卫生防疫

参与协助政府相关部门做好灾民安置以及灾民安置点的秩序维持和生活服务工作,并且积极参与卫生防疫工作,发放防疫和自救方面的宣传资料,并有专业卫生防疫志愿者团队前往灾区专门进行灾区卫生防疫宣传。

5. 灾区灾民需求信息搜集和评估

课题组调研发现,各地区的救援物资分配不均,物资发放给村民们时,往往是先到的先得。NGO有时也自己行动,没有与乡镇和村上组织联系,没有弄清楚情况就发放物质,使有限的救灾物资没有发放到最需要的人手中。

6. 各类信息平台及协调中心的搭建

由于对非政府组织的宣传不多,灾民完全不知道是哪些组织来救灾,不清楚各组织的特长和侧重点。这可能因为有些NGO单纯为了赈灾,不打算宣传自己和不为名利的缘由,但NGO也应注意到这并不利于自己的特长和专业优势的发挥。例如,灾民们曾简单地视法律援助中心为又一"发放救灾物资"的组织,在几经宣传后,灾民们才意识到该中心可以提供他们需要的法律知识和帮助。

在这次抗震救灾中,应急物流的作用是有目共睹的。食品、药品、帐篷等物资第一时间运到灾区,就能够多拯救一个生命。应急物流作用巨大,但想组织好却并不容易。中国应急物流协调中心是在汶川地震后紧急成立的一个公益慈善组织,由中华慈善总会和世界物流发展促进组织发起,中国红十字总会、中国妇女发展基金会、中国儿童少年基金会共同组成。在充分分析了灾后几天的物资流动情况后，从宏观政策到微观调研，既参考公共信息，又以各种渠道不断获取有针对性的信息，以此对整个灾区的物流情况有了通盘掌握。

同时，各非政府组织都在思考如何建设公共信息平台，建立各非政府组织分工协调与资源整合机制。通过信息平台，可全面及时地通报灾区建设中亟待解决的问题和发布有关重建工作的进展情况信息，实现政府、企业与非政府组织信息资源共享与工作职能互动，提高灾区重建工作的效率。通过协调机制，统一调配非政府组织的人员、物资和资金投放，克服功能重叠造成的恶性竞争与资源浪费。而且，通过非政府组织，加强对自发性零散的志愿者进行引导与管理，避免志愿者"游击队"式作战带来的社会秩序混乱。

7. 有效社会资源的引入及协调配置

2008年5月12日晚，南京爱德基金会在成都设立救灾办公室，并拨款100万，紧急采购救款物资；当晚，李连杰壹基金也展开募捐。5月13日，自然之友、绿色和平、绿家园志愿者等非政府组织联合发起"小行动＋许多人＝大不同"的抗震救灾行动，当天全国就有近30家非政府组织加入；同时，南都公益基金会等十多家非政府组织还联合发表《抗震救灾十万火急，灾后重建众志成城——中国民间组织抗震救灾行动联合声明》，采取"各自行动，联合公告"的方式，5月13日这天就有57家非政府组织参加。

三、公共危机治理中的非政府组织参与机制构建

通过理论研究和实地调研得知，整个抗震救灾及灾后重建过程，是一个极其复杂的公共危机治理及社会秩序恢复过程，所需人力物力和知识技术投入无比巨大，仅靠政府力量无法独立有效完成，各种民间组织可以在抗震救灾及灾后重建过程中发挥更大的作用。因此，进一步探讨如何构建我国当前公共危机治理（尤其是抗震救灾）中的非政府组织参与机制，具有重大的理论价值和现实意义。

（一）公共危机治理中的政府与非政府组织关系探讨

在传统公共危机治理当中，政府几乎是唯一的行动者。然而，随

着以非政府组织为代表的社会力量的迅速崛起，现代公共危机治理理论将非政府组织等社会力量纳入危机治理考量中。因此，现代意义上的公共危机治理，一般是指政府、非政府组织等主体通过对公共危机的预测、预防、控制、处理，以达到避免、减缓危机危害和弥补危机损失的行为过程。① 在汶川抗震救灾中，政府与非政府组织之间形成了协同有序、共同治理的较好的合作关系，并为我国进一步构建多元参与的善治社会打下了良好基础。

1. 非政府组织参与公共危机治理的理论基础

对于以非政府组织为代表的社会力量参与公共危机治理，具有三个重要的理论基础，即市场失灵理论、政府失灵理论和社会治理理论。②

20世纪30年代以前，在自由主义经济理论的主导下，西方国家将市场作为资源配置的核心机制。然而，由于垄断、非对称信息和商品外部性等原因，造成市场均衡状态无法实现帕累托最优，人们开始认识到有市场失灵的存在，这也为政府干预经济提供了依据。政府拥有强大的公共资源和强制力，因而政府在纠正市场失灵方面具有明显优势。但是，由于政府行为并非永远代表公共利益、信息不完全、政府能力有限以及政府权力寻租等原因，导致政府部门提供公共产品的效率降低，这就造成政府干预经济失灵。20世纪90年代以来，从新公共管理运动中成长起来的治理理论开始兴起。治理理论并不否认政府的合法权威，也不排斥公民社会和市场的自发组织机制，而是把这两者有机结合起来。治理理论的基本主张主要有三个：第一，将竞争机制引入政府公共服务领域；第二，强调政府与市场的优势互补；第三，注重政府与公民社会的互动。治理理论追求善治，即政府和公民对公共生活的合作管理，这是政治国家与公民社会的一种新颖关系，

---

① 陈秀峰：《公共危机治理中的政府与非政府组织协作》，载《华中师范大学学报》2008年第1期。

② 俞可平：《治理与善治》，社会科学文献出版社2000年版；王名、刘国翰、何建宇：《中国社团改革从政府选择到社会选择》，社会科学文献出版社2002年版。

是两者的最佳状态。① 公共危机治理是一个复杂系统的社会管理及恢复工程，不仅需要强大的财力、物力和制度支持，而且需要最大可能地吸纳各种社会力量参与其中，使危机治理主体多元化，从而使危机治理工作具有高度灵活性和高效率。

2. 非政府组织在公共危机治理中的参与方式

公共危机治理的重点主要在于如下方面：一是危机信息的获取和预警，以及危机的准备与预防；二是危机的控制与回应；三是危机后的恢复与重建，以及持续不断的学习与创新。在这一过程中，政府始终是主导者和支持者的角色。与此同时，非政府组织可以通过不同方式进行相应阶段的有效参与：一是公共危机发生前进行宣传与预警；二是公共危机发生时进行社会动员与整合；三是公共危机结束后进行善后修复与回应反馈。②

在参与公共危机治理的过程中，非政府组织不仅可以作为政府行动的支持者、辅助者，在某些特殊专业领域，甚至还可能成为重要的分工协作者和特定公共服务的长期提供者。

(二) 公共危机治理中非政府组织参与机制存在的问题

由于当前我国社会条件的限制，我国的公共危机治理中的非政府组织参与机制，始终存在着很多现实问题。在汶川抗震救灾及灾后重建过程中，这些问题更是暴露无遗。

1. 非政府组织实力普遍较弱

参与到抗震救灾及灾后重建工作的各类非政府组织，尤其是无政府背景的民间公益慈善组织以及未注册的民间组织，因政策的限制，普遍力量比较弱小，自身资源有限，且筹资募集能力较弱，因此，其抗灾救灾的经验不足，机构专业化程度较低，从而导致行动力不足、救灾参与度不高。甚至有些组织和志愿者集体，没有经过专业培训，到了灾区后无所适从，帮忙不成反添乱，不但占用了宝贵的救灾物

---

① 俞可平：《治理与善治》，社会科学文献出版社2000年版，第15页。
② 陈秀峰：《公共危机治理中的政府与非政府组织协作》，载《华中师范大学学报》2008年第1期。

资,而且有些人因自身遇险而变成被救助对象①。

2. 志愿者培训欠缺及志愿者调配输送渠道不畅通

汶川抗震救灾的志愿者中,有部分人缺乏日常的专业培训,或者经过临时性的火线培训,就匆忙赶赴灾区救灾,这直接导致部分志愿者行动过于盲目,或者因专业技能不足而起不到应有的作用。同时,四川省团委系统、5·12救灾办公室以及各非政府组织都在独立运作志愿者进入灾区救灾,各方之间在志愿者调配和输送方面缺乏协调。除此之外,还有很多临时性志愿者团队大量赶赴灾区,并在媒体宣传较多的一些受灾地区出现了"扎堆"现象,而在那些未能被媒体宣传的受灾地区,则面临物资和营救人员匮乏的艰难处境。

3. 非政府组织缺乏对国家宏观公共政策及相关政策法规的了解

在调研中发现,大多数民间非政府组织对于地震灾害发生后的国家宏观公共政策缺乏必要的了解,这既包括国家对受灾民众的整体安置计划、震后房屋倒塌责任追查政策、震后倒塌房屋补偿政策、受灾民众的各种补贴政策等,也包括政府部门对于整个地震灾后的救援及重建工作的整体安排,同时还包括法院系统针对震后房产纠纷、责任纠纷等问题所采取的"司法克制主义"政策。这些民间非政府组织一般都深入到灾区一线提供服务,直接接触的是具体的受灾民众。如果对国家宏观公共政策、政府救援体系及阶段安排以及相关政策法规没有一个比较清晰的了解,很容易在(如房屋产权纠纷、房屋倒塌责任追究等)一些敏感问题上向受灾民众传递错误信息,引发少数民众的失望和不满情绪,严重的甚至还可能引发难以预料的群体性事件,这

---

① 课题组在进行项目实地调研及对部分非政府组织的走访交流过程中发现,那些积极参与抗震救灾及灾后重建工作的非政府组织普遍面临资金困难的问题,多数民间公益慈善组织靠每年的项目资金艰难支撑,所以很多很好的想法无法去实践,经验也无法推广。这些组织的工作人员的工资福利待遇普遍较差,因而行动力和对人才的吸引力普遍较差,生存状况堪忧。而较有实力的国际性公益慈善组织在中国内地的办事机构,也面临因无法注册而不能合法在内地筹资的窘境,能够行动和作为的空间有限。

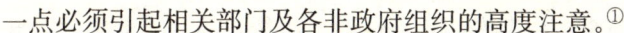

一点必须引起相关部门及各非政府组织的高度注意。①

4. 非政府组织与政府间协调沟通不够，缺乏信息共享与交流平台

目前，各级政府在制定公共突发事件应急处理方案时，仍在沿用传统的危机管理思维，将政府作为唯一的行动者，而没有将以非政府组织为代表的民间力量充分纳入处理方案当中。在政府部门成立的应急领导小组中，没有相关领导专门对口联系各非政府组织，而在日常行政管理中，政府也没有一个清晰的针对众多的非政府组织的管理部门。更何况在我国目前的非政府组织当中，绝大多数都是未经注册的民间组织。由此，一旦发生重大突发公共危机事件，政府与非政府组织间的行动协调和信息沟通渠道往往是不畅通的，缺乏有效的信息共享与交流平台，从而导致政府与非政府组织难以充分有效的合作，并协调一致地展开紧急救援和后续重建行动。这样一来，就会导致各受灾地区间的资源分配不均，出现局部资源浪费而其他部分资源匮乏的现象。②

5. 政府对非政府组织的有效支持不足

这方面有两个表现。第一，法律法规和相关政策对非政府组织支持不够。当前我国涉及非政府组织登记管理以及公益捐赠的法律法规主要有《公益事业捐赠法》《红十字会法》《社团登记管理条例》《基金会登记管理条例》《企业所得税法》以及《个人所得税条例实施细

---

① 课题组在一次下彭州灾区调研过程中就发现，国家针对受灾民众都有固定的生活补助，但是在不同受灾地区可能发放时间和发放步骤上有差别。但有一些非政府组织工作人员并不了解这样的政策差别，在与灾民交谈过程中，无意当中将彭州和茂县两地的补贴发放进行了对比，结果使得当地灾民当中的不满情绪立刻爆发，很多人围上来发表不满言论，幸亏相关负责同志及时进行了解释说明，灾民才没有继续追问。

② 在调研中课题组发现，大多数非政府组织在赶赴灾区进行抗震救灾过程中，派遣了众多志愿者，携带了大量救灾物资，但是到了灾区却发现对当地情况一无所知，根本无法独立完成救灾和款物发放。这也导致山区和交通不便地区的救灾物资不能及时到位。其实，这完全可以由政府相关职能部门建立非政府组织协调中心，对口联络非政府组织，统一协调政府与非政府组织间的行动，划定区域，各行其是，从而达到救灾物资合理、科学地发放。

则》。但是，目前中国没有专门规范非政府组织实体内容的法规，并在非政府组织的进入与退出制度、组织制度、活动领域、项目开发、财务制度、评估与监管、产权界定与转让等方面都缺乏相应的法律依据。同时，慈善公益捐款的税收减免力度不够，即使是已经颁布的减免税收的有关法律、法规、政策，因缺乏具体的可供操作的配套政策而难以落实。对于未正式注册的民间慈善组织，则不能享受免减税收的政策。而且，由于合法身份的缺失，其接受捐款的资格也没有，从而导致大量的未注册的慈善组织均处境艰难。因此，不完善的非政府组织立法现状已成为我国非政府组织发展的极大制约。第二，政府在利用财政资金进行公共服务和公共产品的采购时，并未将非政府组织考虑在内，这使得非政府组织很难得到政府采购资金的支持来提供公共服务和公共产品。

6. 非政府组织的支持机制构建不够完备

参与抗震救灾及灾后重建的一些非政府组织是援助及重建等领域的专业团队。但是，非政府组织的高效运转，却需要完备的支持机制才能维持，比如，政府与非政府组织间的信息沟通平台——联席会议、非政府组织联合协调中心、志愿者行动协调中心、志愿者管理及培训平台、信息共享网络平台、公共政策传达平台、物流运输平台、法律服务平台、财务审计平台、办公场所支持平台、心理急救与心理辅导平台等。目前，针对非政府组织的支持机制构建并不完善，在很多方面还严重缺失。

7. 非政府组织遭遇诚信危机

在本次抗震救灾中，以红十字会为代表的具有政府背景的非政府组织经历了严重的诚信危机，从提取管理费事件，到"天价帐篷门"，再到"成都帐篷"事件，以红十字会为代表的非政府组织的信任危机始终不断。这不但是因为非政府组织内部机制不健全，善款运作和使用不透明，还有一个重要因素，即非政府组织普遍缺乏独立权威机构的审计与公众的有效监督。这样便导致一个非常严重的后果，那就是很多有捐助意愿的人不捐助慈善公益事业，或是直接捐助给灾民。这显然抑制了社会慈善公益活动的开展，同时也导致了资源配置效率低下,并且还容易造成分配不均等现象。

8. 非政府组织尚未建立项目模式的有效推广机制

在调研过程中,课题组发现,很多非政府组织在抗震救灾及灾后重建过程中,总结了一些已形成的很好的项目模式,如 AEA 的"暑期新生活"项目、多背一公斤的图书室援建项目等。但是,对于这些项目模式的理论研讨工作比较缺乏,其交流讨论大多仅局限于各非政府组织之间,科研机构与高校研究者则对于这种基层经验模式接触较少,其第一手的经验材料掌握不足,进而无法将其由经验层面提升到理论层面,不能有效地用来指导非政府组织参与的救灾与重建工作。

(三) 公共危机治理中的非政府组织参与机制的整合与构建

针对上述非政府组织参与机制存在的问题,本文提出以下五点建议,希望对有关部门和组织的工作能起到一些有益的参考作用。

1. 建议政府将非政府组织所提供之公共服务纳入政府采购目录中

可考虑借鉴英国经验,由政府每年拿出一定财政经费来采购非政府组织提供的公共服务,利用市场和社会两种机制来解决政府在公共产品提供方面长期存在的效率低下问题,并支持非政府组织在社会治理和公共危机治理中发挥作用。

2. 建议政府有关职能部门承担非政府组织联络及协调中心职能

可以考虑将非政府组织统一纳入政府公共危机应急处理方案当中,由政府有关职能部门承担非政府组织联络及协调中心职能,并由各级政府副职以上相关领导专门对口领导,加强政府与非政府组织在公共危机治理中的协同配合。同时,由该联络及协调中心定期组织对各非政府组织负责人的国家公共政策及相关法律法规的培训学习,将非政府组织的参与纳入政府公共治理当中。

3. 建议建立以各级团委为协调机关的志愿者培训学习和调配体系

该体系可以考虑由各级团委作为协调机关,各非政府组织和民间志愿者共同参加,搭设一个志愿者数据库和管理体系,从而使政府能够全盘了解社会上的志愿者状况,并定期分批有针对性地做好志愿者日常培训工作，以便在遇到公共危机事件时能够迅速、准确和高效地调配志愿者资源。2007年颁布的《成都市注册志愿者管理办法》对此做了有益探讨。

4. 建议对非政府组织的管理由登记注册制改为备案制

目前我国对非政府组织控制得很严，采取登记注册兼双重领导制，这使得我国众多的民间非政府组织无法注册为正式的公益慈善组织，或者只能进行工商登记，或者不登记（这样的机构连银行账号都无法获得，进而不能进行合法的筹款转账）。总之，它们都不能享受到慈善公益组织所应该享受到的税收优惠，进而影响了组织的发展，很多民间组织不到一年就被迫解散。因此，可以考虑对于非政府组织的注册条件在现有基础上进一步放宽，甚至直接由登记注册制改为备案制，以此来鼓励非政府组织的进一步发展。

对此，北京市进行了有益探索。2009年4月12日，北京市社会建设工作领导小组认定本市首批10家市级"枢纽型"社会组织，而今后成立的社会组织将不再找行政部门。首批认定的10家市级"枢纽型"社会组织是：市总工会、团市委、市妇联、市科协、市残联、市侨联、市文联、市社科联、市红十字会、市法学会。它们分别负责职工类、青少年类、妇女儿童类、科学技术类、残障服务类、涉侨类、文学艺术类、社会科学类、医疗救助类、法学类社会组织的联系、服务和管理。以此为发端，北京市的社会组织管理将逐步实现政社分开、管办分离，大部分行政部门只行使行业指导职责，原则上不再作为社会组织业务主管单位；而授权人民团体等"枢纽型"社会组织作为业务主管单位，对社会组织进行分类管理。今后，除少部分有特殊职能的部门外，行政部门原则上不再接受新的社会组织设立申请。

5. 建议建立完备的非政府组织支持机制体系

可以考虑搭建完备的非政府组织的各种支持机制，如政府与非政府组织之间的信息沟通平台——联席会议、非政府组织联合协调中心、志愿者行动协调中心、志愿者管理及培训平台、信息共享网络平台、非政府组织管理服务中心、公共政策传达平台、物流运输平台、法律服务平台、财务审计平台、办公场所支持平台、心理急救与心理辅导平台、非政府组织优秀项目孵化和推广平台、科研单位与非政府组织之间的互助平台等。这些支持机制的建立，可以由政府主导并提供政策和资金支持，也可以由专门的非政府组织来构建，政府和相关基金会则可以考虑以项目资金的形式来进行支持，从而为我国非政府组织的健康发展提供一个完备的支持保障网络。

在上述很多方面，目前国内各机构及非政府组织自身，也正在开始进行有益的尝试。比如，云南 NGO 财务支持小组，一个由数名具有多年非政府组织财务管理经验的志愿者发起的小组。由于多数非政府组织受到自身能力和外在环境的限制，其在努力建设自己的公信力过程中，普遍面临着财务管理能力不足的困难，这不仅影响着非政府组织自身的发展，也使政府、公众和国际机构对非政府组织的支持和信任度难以提升。云南 NGO 财务支持小组的宗旨，便是通过为云南民间组织提供财务咨询服务，协助其提高财务管理能力，最终促进云南民间组织公信力的提升。

又比如，中国应急物流协调中心是在汶川地震后紧急成立的一个公益慈善组织，由中华慈善总会和世界物流发展促进组织发起，中国红十字总会、中国妇女发展基金会、中国儿童少年基金会共同组成。该物流协调中心在充分分析了灾后几天的物资流动情况后，从宏观政策到微观调研，既参考公共信息，又以各种渠道不断获取有针对性的信息，对整个灾区物流情况有了通盘掌握，进而有力支援了抗震救灾工作。

2009 年 4 月 13 日，北京市社会办、民政局启动社会组织"一站式"服务大厅，目前已经挂牌。市社会建设工作领导小组办公室将协调有关单位在服务大厅集中开展社会组织设立的政策咨询、业务审查和登记审核等工作，实行"一站式服务、联合审查、20 个工作日回复"的新机制。这也成为非政府组织支持机制构建中的一个重要事件。上述这些有益的探索，均为我国非政府组织的发展模式和相关立法积累了宝贵的经验。

汶川大地震中志愿者权利保护法理学问题研究[①]

纳赟 等

【内容摘要】 2008年5·12汶川大地震后,一些相关的法律难题开始浮出水面,其中一个重要问题就是抗震救灾中志愿者的法律定位。我国对志愿者相关法律问题并无成熟的理论成果与实践研究,缺乏统一的立法规定,理论上也众说纷纭。研究者对志愿者的法律定义、志愿者权利的性质、志愿者权利的内容与分类、志愿者权利保护的法理学理论基础、志愿者权利保护相关制度建设的构想、志愿者的立法、志愿者与志愿服务组织及政府的关系、国内志愿者与国际志愿者、志愿者的责任、志愿者的法律地位等相关问题的研究并不透彻。本文从法理学的角度,着重对志愿者定义进行分析和界定;在限定志愿者范围的基础上,对志愿者与非志愿者进行比较;并对如何完善我国志愿者立法提出建议。

【关键词】 志愿者 法理学 权利保护

一、前言

(一) 研究的目的与意义

中国四川汶川发生的5·12特大地震引发了众多的震后法律问题

[①] 课题负责人:纳赟,四川大学法学院2008级法理学硕士研究生;
课题组成员:钟钮坤、史贤星、李星、刘芳、刘文艳,四川大学法学院2008级法理学硕士研究生。

的讨论。其中有关志愿者权利保护是一个重要而又易被忽略的问题。志愿者作为一个特殊群体，参与到地震灾后救援工作中来，其自身的各项权利是否应当有专门的法律予以保护，"志愿者"在中国法律地位的界定——就当前中国的法律制度而言——都是悬而未决的问题。本文以法理学为分析工具，剖析"志愿者权利保护"的相关问题。

（二）国内外研究现状及问题

美国、加拿大等的立法对志愿者有专门的规定，对志愿者的相关问题阐述的比较清楚。而我国对志愿者相关法律问题无论在实践中还是在理论上都存在缺陷：在立法上，没有统一的立法对志愿者相关问题进行规定，理论研究方面也没有统一的观点。以往的研究者对志愿者的法律定义、志愿者权利的性质、志愿者权利的内容与分类、志愿者权利保护的法理学理论基础、志愿者权利保护相关制度建设的构想、志愿者的立法、志愿者与志愿服务组织及政府的关系、国内志愿者与国际志愿者、志愿者的责任、志愿者的法律地位等相关问题都没有进行透彻的研究。

（三）本课题要解决的主要问题及思路

本文以法理学为分析工具，着重对志愿者定义进行剖析和界定；在限定志愿者范围的基础上，对志愿者与非志愿者进行比较；并就如何完善我国志愿者立法提出建议。

二、从法理学的角度定义"志愿者"

虽然法学科学化的尝试一直在进行，但是法学家们却在追求统一的法学方法论的道路上越走越窄。不过这并不是说法学没有自己的独立的研究方法。法学乃是一门独立于哲学、经济学、社会学以及其他社会科学的学科。而且，任何部门法问题的研究，最终都要回归到法理学这个法学的基本点上来。法理学的研究方法多种多样，任何法学研究的方法，甚至其他一些学科的研究方法，都可以被法理学借鉴、采用。尤其是法理学还具有一些在研究具体法律问题时其他学科所不能比拟的优势。所以，"志愿者"在进入了法理学的视野后，必将获得在其他类型的研究中不能获得的、具有普遍意义的法学定位。本文选取一些具有实际意义的方法对文章主题进行研究。

(一)志愿者的行为

在用法理学的理论解释"志愿者是什么"这个问题之前,不妨就现实生活中的志愿者的活动做一讨论,一方面加深对志愿者这个特殊社会群体的认识,另一方面也可以为之后的理论介入做好铺垫。如果将一个国家的法律中有没有进行对志愿者的定义作为时间上划分的标准的话,那么可以做出如下的描述:如果国家已经在法律中明确规定了志愿者的内涵或者外延(其实在一部实际的法律中很难见到将二者明确规定的情况存在:在国家进行这种立法活动之前,志愿者的行为乃是一种由社会道德或者行政权力推动的个人或集体活动,大部分的对志愿者概念的定义都是一种学理解释。至于这种情况出现的原因,本文将在后面进行讨论),志愿者的行为就应当理解为法律给予这些人的义务或者是权利的体现。

至此,判断一个人是否是一个志愿者,可以依据以下两个标准:第一,依据个人或集体的行为动因;第二,依据国家法律的定义。不过,按照这种标准划分仅仅是一种理论上的假设,实际情况中这两类标准可能同时存在,只选取其中一种标准判断某种行为是否属于志愿者的行为的情况只存在于道德与社会评价的范围内。这两个标准之间的关系是一种法理学上所讲的"物化"的内在联系,而这两个标准相互之间有时也存在着不同文化理解抑或不同法律规范上的矛盾。①

志愿者的行为有一个显著的特点即无偿性。进行志愿活动者与该种活动的受众存在一种不对等的关系。在这一点上,志愿行为与民法上所规定的单务民事法律行为有着共同点。在单务民事法律行为中,当事人一方只享有权利无义务,另一方只有义务而无权利。不过,志愿者的行为与一般的单务民事法律行为也有区别。因为志愿者的活动乃是一种具有公益性质的活动,其行为的目的并非要引起某种民事法律关系以求对志愿者或者志愿者机构产生作用,而志愿者行为带有浓厚的社会道德建设的色彩。在这种情况下,法律对于志愿者权利的保

---

① 钱向阳著:《实在法原理——第一法哲学沉思录》,商务印书馆2007年版。

护应当超越对于一般民事权利的保护。

（二）志愿者法律定义的困境

在任何一部法律中如果要规定何种主体享有何种权利，必定需要对该主体的范围做出规定，也就是说明有哪些主体可以被纳入这部法律的调整范围之内。

从事物发展的角度讲，志愿者事业的发展使志愿者的含义不断丰富。通过实证的方法获得志愿者的定义不是不可能，但一部法律不能过于频繁地修改。所以，在立法时对志愿者进行草率的定义没有实在意义。

综上所述，立法者在面对志愿者法律定义的时候，陷入到了这样一种困境之中：严格的外延区分，导致不能涵盖所有志愿者的类型；而进行所谓抽象的定义难度太大。所以，一部关于志愿者权利保护的法规要做到十全十美是很困难的。

（三）从法理学的角度看待志愿者

《诗经·大雅·灵台》上有"经始灵台，经之营之。庶民攻之，不日成之。经始勿亟，庶民子来"的记载。根据这一段的记载，不求回报的劳动者早在中国古代周朝的时候就出现过。在中国古代，这种不求回报的义务劳动行为往往是衡量一个人道德水平高低的标准。春秋时墨子提出的兼爱思想就有付出而不求回报的行为指向，墨子在墨经中说道："夫爱人者，人必从而爱之；利人者，人必从而利之。"可见墨子反对功利性的行为。在中国古代思想史上最为重要的儒家思想也有同样的道德要求，《孟子·公孙丑上》中说道："大舜有大焉，善与人同，舍己从人，乐取于人以为善。"其中，"舍己从人"讲的就是一种不求索取的奉献精神。

在中国传统的道德环境中，如果有人能够做到舍己为人，那么这个人堪为楷模，是人人敬仰的君子。同时，中国古代法律中也有许多保护这种有着崇高道德情操的人的内容。《周礼·秋官·小司寇》中的"议贤之辟"指的就是对于有高尚德行的人在适用刑罚时可以获得减免。由于中国古代法律"民刑合一、重刑轻民"，所以就一般的民事行为而言，法律并没有做出特别的规定进行调整。但是至少可以认为，在中国古代很长的一段时间内，这些只做奉献不求回报的人是受社会尊重的，也是法律所倾向于要保护的。

中国古代的"舍己从人"与近现代的志愿者活动有相同之处也有不同点：相同之处在于两种行为都是不求回报，乃是一种公益性质的行为；不同点在于中国古代并无相应的机构管理这些行为的主体，不存在统一的登记与管理问题。近代最早的有组织的志愿者活动诞生于第一次世界大战之后的欧洲，而后志愿者组织在全世界迅速发展，并在各种领域展示出其不可替代的作用。

志愿者的行为对于社会来讲是一类堪称完美的行为，志愿者行为的初衷就是对社会产生尽可能多的正面作用，并把自身的消耗与对社会的依赖减少到最少。不过在现实当中，法律在调整志愿者活动时却往往陷入尴尬的处境——一方面总是有社会舆论认为现今的法律制度还远远没有达到可以理想地保证志愿者的各项权益都不被轻视的程度，而立法者却始终给不出一个能够使社会各界都满意的解决办法；另一方面也有人认为应当谨慎对待志愿者行为，并通过严格的法律规范志愿者活动的各项内容。分析造成这种局面的原因，乃是讨论志愿者法律问题的必由之路。

如前所述，在中国的传统文化当中，君子圣贤的最高标准乃是古代先民的思想核心，这一核心的另一种表达方式就是相信人性本善。《孟子·告子上》中说："人之性善也，犹水之就下也，人无有不善，水无有不下。"作为古代幼儿启蒙读物的《三字经》开篇就讲："人之初，性本善。"可见承认人性善乃是中国传统文化，亦是中国古代法律文化的基本观点。

在西方，古代希腊的柏拉图在其《理想国》一书里阐述了他自己的人性善论并深深影响了之后西方的法律发展，只不过这种发展是基于对人性善的不断怀疑与批判之上的。他的弟子亚里士多德从老师身上吸取了教训，虽然他在其代表作《政治学》中借诗人之口说道"要让希腊人统治野蛮人"，[①] 但这时希腊人的力量源泉已经与人性善相

---

① 《亚里士多德全集》，中国人民大学出版社1990年版第四卷，第4页。

去甚远，因为希腊人有法律抵制人性恶的一面——"正如当人完全成为人的时候，人才是最好的动物一样，当脱离法律和裁决的时候，人就是最坏的动物"。①

法治的产生有两个基本的理论基点：一是自然法理论的产生与发展形成了西方一直以来的对于法律的崇尚；二是对人性善论的摈弃。在这样的法治环境下，法律在创建之初就将每一个社会个体假定为无赖，并做出相应的制度预防，继而达到了维护秩序的目的。但现实中的人性是复杂的，善与恶交织在一起，在不同时刻展现出不同的面貌。可以说，志愿者应当被看做人性善的表现，否则法律要做的不过是尽可能地严格规范这一类行为。综上所述，现今法律面临的有关志愿者保护制度的各种难题，不但是中国传统文化与现代法治的矛盾，也是人性善论与人性恶论不断斗争的体现。

（四）在法理学视角内的志愿者的定义

现在可以对之前的讨论做出总结：志愿者与法律密切相关，否则就不要讨论志愿者的权利与法律的关系问题，而将其交给道德的调整范畴即可；传统的志愿者的法律定义只是从传统法律的惯性思维出发，并未深入分析人性善恶、法律与文化的相互关系。因此，希望能够从法理学视角出发，做出不同于以往的志愿者的法理学视角内的定义，以求对解决志愿者权利保护的法律问题有所裨益。

志愿者乃是所有为维护社会秩序、支援社会建设付出无偿劳动或进行捐赠的个人或集体。其中的"维护社会秩序"的行为包括：见义勇为的行为、在突发性事件中为保护他人利益的非义务性行为；"支援社会建设"的活动包括：义工活动、政府组织的需要志愿者参与的活动（如奥运会、世界博览会等。此处并非以志愿者本身解释志愿者的定义，而是因为这一类活动往往由政府临时召集，通过某些临时性的文件规定哪些人属于志愿者，类似于以立法判别志愿者的一类）。个人应当包括自然人与法人，而集体则指专门的志愿者组织。

---

① ［美］列奥·施特劳斯、约瑟夫·科罗波西：《政治哲学史（上）》，李天然等译，河北人民出版社1993年版，第148页。

上面这个定义与传统的定义有以下差异：（1）这个定义产生的背景是法律肯定了人性善的情况存在而做出的让步。在一片强调人性恶的环境之下，不能当然地认为人性天然就是恶的，当善行出现在法律面前时，立法者应当有为善行保驾护航的心理准备。（2）这个定义是从文化角度上的志愿者概念中析出的，是志愿者内涵与外延的折中。既不完全抽象也不仅仅在志愿者类型上加以过于严格的区分，可以确保绝大部分志愿者的主体资格得以认可。（3）以道德准则作为判别志愿者的标准，一方面保证法律对于社会普遍接纳的价值的保护，另一方面也否定了实证分析式的法学研究方法的绝对作用。

至于为何将见义勇为的情况也纳入到志愿者活动的范围内，是因为见义勇为的行为与志愿者活动在本质上是一致的。虽然我国有对见义勇为者进行过相应的立法活动，但这只是因为没有某种权威的观点将二者统一起来过。如果立法活动可以作为谱系学的研究对象，这类问题也就迎刃而解了。

三、志愿者的权利

首先，志愿者的权利是否是一种民事权利？必然的，志愿者行为发生在平等主体之间，属于私法的调整范围。而民法之于私法，如同宪法之于公法一般有着引导性的总纲作用。既然这一类行为由私法调整，那么，其具有民事行为的特性。若其引起了一定的民事法律关系，产生了相应的民事法律后果，则其属于民事法律行为。参与其中的志愿者的权利就是一种民事权利。

志愿者的行为与一般的民事行为有着明显区别。其与"单务民事行为"有类似的地方，但也有不同。类似之处在于，二者皆为无偿的不对等的民事行为；不同之处在于，单务民事行为往往具有一个对私的行为诱因（如赠与时基于某种理由——哪怕是毫无关系的民事主体之间发生的赠与行为也是对私的而非对公，或者偿还义务乃是由先前的借用关系产生的），而志愿者行为的特点是对公而不对私。二者有交集，不存在子集的关系。

其次，志愿者往往是因为需要从事某种对国家和社会有益的活动而组织起来的。那么，他们与政府聘请的短期内从事某种职务的人员在工作性质和权利义务方面的区别是：第一，志愿者与政府之间不存在合同关系。受聘为政府工作的人员作为劳动者首先会与政府签订劳动合同，他们之间的关系是雇用与被雇用的关系；志愿者的工作是出于自觉，也会有一些专门的组织和章程来管理志愿者的行为，但是他们不受合同的制约，不适用《劳动法》的有关规定。第二，志愿者的行为是无偿的，他们行为的动机可能是出于对社会作贡献或其他心理；而受聘工作的人员是有偿的，他们行为的动机主要是出于获取报酬。志愿服务的无偿性意味着志愿者不享有报酬请求权，即志愿者不能够要求志愿服务组织或者志愿服务对象因其提供了志愿服务而支付报酬，但这并非意味着志愿者不享有任何物质权利。具体而言，志愿者可以享有费用返还请求权，如在志愿服务中，可以享有就餐和交通费用方面的补助。第三，志愿者通常有专门的组织进行管理。在实践中，志愿者往往加入到某志愿服务协会成为其成员（例如加入红十字协会），而志愿服务协会是依法成立的、从事志愿服务的公益性的社会团体。志愿者作为其成员，一般享有以下权利：参加志愿服务组织的志愿服务活动；行使选举权和被选举权；对志愿服务组织的工作进行监督，提出建议、批评和意见；退出志愿服务组织。这些权利的基础不仅基于法律法规的规定，更是基于志愿服务组织章程的规定。如果志愿者的这些权利受到侵害，往往需要根据章程规定进行救济。在此种意义下，志愿者更多地表现出组织的成员性，而受聘人员更多地表现为劳动性。第四，志愿者出于为社会作贡献而做出对公众有益的事情，在道德上是值得尊敬的，是政府需要表彰的行为。所以，志愿者还有一种"权利"，是志愿者所获得的来自政府与社会的认同和奖励的权利。政府往往会采取奖励、扶持等政策来鼓励民众投身志愿服务，具体内容包括：志愿者自身有志愿服务需求时优先获得志愿服务；表现优秀的志愿者可以获得精神奖励和物质奖励；服务达到一定时间的志愿者在升学、就业等方面享有一定的优惠，等等。而受聘工作的人员除非是在所工作的领域作出巨大贡献，一般情况下他们是不会享有这些权利的。

因此，志愿者的权利的保护不能由一部民法典全部包办，而需要设立一部单行法律对志愿者的权利做特殊的规定。

四、汶川大地震带来的志愿者权利保护问题

在汶川大地震中，出现了一些志愿者权利受侵害的事件。比如，来自湖北宜昌的志愿者黄庆武，在支援汶川大地震救援工作时不幸遭遇车祸，之后肇事车辆逃逸，下落不明。如果按照一般的法律程序，就是公安机关在立案后寻觅肇事车辆，在找到犯罪嫌疑人后，黄庆武才能在诉讼程序中要求其赔偿损失。但是，此时的这名志愿者的心理活动则是对自己的志愿者行为产生了动摇。显然，其付出的代价是巨大的，这种心理也是很多志愿者普遍存在的。尤其是当这样的事件发生后，这些志愿者找不到一部国家层面上的有关志愿者权利保护的法律寻求援助，使得很多参与者不禁凝眉。

（一）志愿者权利保护立法的现状及存在的问题

长期以来，我国志愿者活动主要依靠志愿者自发组织，以个人热情和积极性为支撑。随着越来越多的人加入志愿者队伍，志愿服务中出现了一些仅靠热情无法解决的问题。例如，志愿者在志愿服务过程中受伤是否视为"工伤"，如何补偿；志愿者活动的地位无清晰定位；志愿者服务无法获得对等的社会尊重；志愿者服务缺乏反馈，经费短缺，临时活动多，长期活动少，队伍难以扩大；志愿者活动组织主体不明确；每日超过8小时服务时数等。① 所列举的各项志愿者权利往往在现实中无法实现与维护。1999年8月，《广东省青年志愿服务条例》通过，这是我国第一部关于青年志愿服务的地方性法规。此后，山东、福建、河南等省以及南京、宁波等市相继颁布了青年志愿服务地方性法规。这些立法的出台为志愿者活动提供了法律保障，有力地推动了志愿者活动的开展。2005年4月，杭州市拟出台的《杭州市志愿者优待办法》便是志愿者活动引起社会和政府广泛关注的体现。但是，这些法规的出台仅仅是政府给出的丰厚的补助。而从法理的角

---

① 傅辰渊：《关于志愿者保障的几点思考》，载《前沿》2008年第10期，第124页。

度看,保障应当优于补助。所以,从以上的立法可以看到志愿者立法存在的问题,且主要体现在以下几个方面。

1. 立法级别较低

目前志愿者立法仅仅是一些地方性规章,甚至低级别的规范性文件,缺乏由全国人民代表大会或全国人民代表大会常务委员会制定的统一的志愿者服务法律,即便是行政法规也未对志愿者服务做出统一规定。①

2. 缺少协调志愿者服务的法律规定

目前的志愿者立法以地方立法为主,在遇到突发事件时,各地的志愿者之间缺乏统一协调。比如,在5·12汶川大地震发生后,团中央紧急动员各省组建赴灾区抗震救灾志愿者服务队,全国广大志愿者报名前往抗震救灾第一线的热情空前高涨,不少志愿者还自发前往重灾区抗灾。但与此同时,也暴露出理性不足、简单重复、无序低效等问题,以至于有关部门呼吁志愿者要根据灾情需要,有组织、有秩序地开展志愿服务,希望志愿者不要盲目、随意地前往灾区。② 如果事先已制定了协调志愿者服务的法律,就可减少现实中的盲目行动以及由于缺乏有效协调而带来的志愿者资源的浪费。

3. 志愿者权利保护制度比较粗陋

权利和义务是如影随形的,志愿者立法应同时规定志愿者的权利和义务。根据权利和义务相平衡的原则,既然志愿者付出了更多社会责任,立法就更应明确地保障他们的各项权利。但目前的立法对志愿者权利的规定比较笼统。③

因此,在制度上、法律上给予志愿服务足够的支持和保障,通过立法来规范和保护志愿者在我国可谓当务之急。

---

① 参见张琴、王峰:《我国的志愿者服务立法亟待完善》,载《南京人口管理学院学报》2009年第1期。

② 孙晔:《团中央有关负责人:希望志愿者不要盲目前往灾区》,载《中国青年报》2008年5月16日。

③ 张琴、王峰:《我国的志愿者服务立法亟待完善》,载《南京人口管理干部学院学报》2009年第1期,第60页。

(二) 完善我国志愿者立法的建议

1. 志愿者服务立法的完善

首先，国家应该及时改变地方"各自为政"的立法方式，由全国人民代表大会或全国人民代表大会常务委员会统一立法，建立一套比较完整的志愿者法，使志愿者服务做到有秩序、有组织、有效率。

其次，从立法内容上规定志愿者的权利和义务。由于志愿者服务性质的特殊性即无偿性，就意味着志愿者不享有报酬请求权，但这并非意味着志愿者不享有任何物质性权利。具体而言，志愿者可以享有费用返还请求权，如在志愿服务中，可以享有就餐和交通费用方面的补助（例如，在2008年的西博会上就出现了许多令志愿者伤心的事，姜玲娣是国际家具展的志愿者，一些摊主听说志愿者是不拿报酬的，常把她呼来唤去，重活累活留给她干，她的同伴也碰到了类似的事情）。除此之外，为了使志愿者能够安全、有效地提供志愿服务，志愿者还应该享有以下权利：获得与志愿服务活动相关信息的权利；接受培训的权利；获得参加志愿服务活动必要的物质保障和安全保障的权利，等等。由于志愿者活动是有组织的活动，所以志愿者还应享有以下权利：参加志愿者服务组织的志愿服务活动；对志愿者服务组织的工作进行监督，提出建议、批评和意见；退出志愿者服务组织。如果志愿者的这些权利受到侵害，可以根据章程或者志愿者协议的规定进行救济。有权利就应当有义务。虽然志愿者在特殊事项上有着比一般人群更多的义务，但并不意味着志愿者的义务就无限多。应该对志愿服务者的义务有一般性规定，并对义务的内容给予具体的列举，同时应该在义务设定中规定一定的量和度，如由相关权利而产生的相关义务等。①

再者，立法的具体内容应特别注意调整志愿者活动、法律关系以及主体之间的关系，在明确三者关系的基础上，建立纠纷解决机制。一旦纠纷发生，应按照权利和义务的规定明确责任。同时，要建立、

---

① 张琴、王峰：《我国的志愿者服务立法亟待完善》，载《南京人口管理干部学院学报》2009年第1期，第60页。

健全志愿者人身和财产的保护机制。如果志愿者在服务过程中遭受来自行政机关工作人员的侵害，应根据加害人的过错程度从严追究其行政责任。如果志愿者在服务过程中遭受来自非行政机关工作人员的侵害，可参照民法来处理。情节严重的，应追究刑事责任。①

最后，还应完善突发事件中的志愿者权利的保护。例如，在5·12汶川大地震中，57岁的志愿者胡开华就累死在灾民安置点。而对于这种情况如何补偿，补偿多少，有没有必要追授"烈士"称号等，法律并没有明确规定。因此，我国应该在立法中作出关于志愿者参与突发事件时人身和财产保护的明确规定，并且规定的要求及标准应当高于其他法律对公民保护的规定。

2. 建立与之相配套的激励机制

从事志愿服务是一个长期的事业，奉献性很强，如果不给予一定的激励，在当今市场经济大潮冲击下，很有可能会面临志愿者队伍日益萎缩的尴尬局面。所以，建立必要的激励机制，是立法时必须予以关注的问题。在我国，学生占志愿者的比重很大，因而可以建立激励机制，如可以对他们在志愿者活动中的表现给予量化的评估，作为学生在学校中评估的依据，并在学生的期末考核、获奖乃至升学中予以体现。此外，还要建立社会的激励机制，因为社会对志愿者的评价是志愿服务活动能否广泛开展的关键，而这种评价主要表现为对志愿者的承认。默顿认为，承认是有荣誉性含义的，它是"主要由一个社会之公共和私人的机构对建设性的成就所作的高度评价。从这方面讲，承认的目的就是对成就的奖励"。②首先，对于在志愿服务中表现优异的人员，国家机关录用公务员时应当给予重点考虑，要将其规定为优先录用的标准之一。其次，要加大宣传力度，鼓励企事业单位优先录用从事过志愿服务的人员。对相关企事业单位，应给予政策上的优惠

---

① 张琴、王峰：《我国的志愿者服务立法亟待完善》，载《南京人口管理干部学院学报》2009年第1期，第61页。

② [美] R. K. 默顿：《科学社会学》（下册），鲁旭东、林聚任译，商务印书馆2003年版，第580页。

和资源上的扶持，促使其更多地录用志愿者，甚至自身也参与到志愿服务中去。立法还应考虑制定志愿服务活动的规范性标准，出台得以量化的评估标准，单位可据此制作并颁发证书或奖章。①

3. 立法者与政府的责任

虽然志愿者的活动对于社会的贡献是显著的，但是法律对待志愿者的态度还需谨慎。志愿者不能进行一盘散沙式的活动，否则立法无法对其做出规定。一部法律的制定，必须从实际的情况出发，在错综复杂的现实情况下，谈论统一性的规定只能是纸上谈兵。

以《北京市志愿服务促进条例》（2007年9月14日北京市第十二届人民代表大会常务委员会第三十八次会议通过）与《中国青年志愿者注册管理办法（试行）》（2002年颁布）为例，其中《北京市志愿服务促进条例》对于志愿者范围的划分做出如下规定："本条例所称志愿服务是指自愿、无偿地服务他人和社会的公益性活动。本条例所称志愿者是指不以物质报酬为目的，利用自己的时间、技能等资源，自愿为社会和他人提供服务和帮助的人。本条例所称志愿者组织是指市和区、县志愿者协会及各类专业性志愿者协会等依法成立、专门从事志愿服务活动的非营利性社会团体。"而《中国青年志愿者注册管理办法（试行）》中的规定为："志愿者是指不为物质报酬，基于良知、信念和责任，自愿为社会和他人提供服务和帮助的人。注册志愿者是指按照一定程序在团组织、志愿者组织注册登记、参加服务活动的志愿者。"《北京市志愿服务促进条例》中并无对注册志愿者的特殊规定，而是对志愿者机构做出解释。《中国青年志愿者注册管理办法（试行）》中对注册志愿者与非注册志愿者做出了区分。虽然这两部条例前后时间跨度较大，但其中也体现了有关志愿者权利保护的问题：志愿者机构是不是志愿者活动所必需的，志愿者注册与否应不应该进入立法者的视野之内？

志愿者的活动不应当脱离志愿者机构的管理范围。这样做的好处

---

① 程鸿勤、于兆波：《作为权利保障的北京市志愿服务立法》，载《北京理工大学学报（社会科学版）》2007年6月第3期，第33页。

有几方面：志愿者机构不但可以在一定程度上保证志愿者的活动不会给社会带来负面的影响，而且也可以提供相应的机会以及物质条件使志愿者活动的效力更为突出。更为重要的是，凭借行政手段，可以成立全国性质的志愿者事业的统一的行业组织，这样既便于管理也便于志愿者的权利在受到侵害时寻求法律救济。

任何一个志愿者，应当具有积极地向志愿者机构靠拢的自觉性，而这种自觉性来源于法律的规定。在任何需要志愿者活动的情况下，每一个公民应当具备这种意识，主动地向志愿者机构提出申请，要求登记注册。而志愿者机构也必须及时地接收这些志愿者的申请，使其在法律上具有一定的主体资格。即便是在突发情况下涌现出的志愿者，志愿者机构可对其进行事后的注册登记，补办手续，以求法律对志愿者进行保护。这样，由行政部门统一管理全国的志愿者活动，对志愿者的权利进行保护交由志愿者机构具体操作。如果立法与行政手段双管齐下，那么必将大大改善我国志愿者权利保护的现状。

社会募捐的程序规制研究[①]

——以汶川地震灾后募捐为视角

张润梅等

【内容摘要】 2008年5月12日四川汶川发生8.0级特大地震,造成了重大的人员伤亡和经济损失。灾难发生后,社会各界纷纷通过各种方式表达对灾区人民的问候和援助,除直接奔赴灾区参加救助外,更多的人以捐款捐物形式为灾区人民送去爱心,全国共接收国内外社会各界捐款760多亿元。但是,在抗震救灾募捐过程中,也有一些不法分子利用各种手段进行诈骗,亵渎了社会公众对灾区群众的同胞之情。同时,捐赠过程中的信息不公开和监督体制不完善等因素造成捐赠财产使用不透明。各种问题的出现反映了我国社会捐赠领域中有诸多不和谐的因素,需要加以规范和完善,从而以利于我国社会募捐事业的健康发展。

【关键词】 抗震救灾 社会募捐 信息公开 监督机制

前 言

2008年5月12日14点28分,四川汶川发生8.0级特大地震,造成了空前的灾难和损失。据民政部报告,截至2008年6月5日12时,汶川地震已造成69127人遇难、373612人受伤、17918人失踪,

---

① 课题负责人:张润梅,四川大学法学院2007级法理学硕士研究生。
  课题组成员:孔令兵,四川大学法学院2007级宪法与行政法学硕士研究生;王建涛,四川大学法学院2008级诉讼法学硕士研究生。

累计受灾人数达到 47510965 人，直接经济损失超过 8 千亿。

　　灾难发生后，党和政府积极行动，拨巨款用于灾民安置，同时，"一方有难，八方支援"，社会各界人士纷纷伸出援助之手，通过各种途径和方式表达了对灾区人民的问候和援助。除直接奔赴灾区参加救助外，更多的人通过捐赠为灾区送上一片爱心。中华慈善总会、中国红十字会等社会公募机构积极开展募捐活动。国务院新闻办在 2008 年 5 月 30 日举行的新闻发布会上公布：截止到 30 日中午 12 时，全国共接收国内外社会各界到账捐款和物资折款共计 352.77 亿元，其中捐款 297.49 亿元，物资折款 55.28 亿元，已向灾区拨付捐赠款物 106.72 亿元。在到账的 297.49 亿元捐款中，民政部接收的到账捐款 18.18 亿元，中国红十字会总会到账捐款 36.05 亿元，中华慈善总会到账捐款 6.81 亿元，地方各省的到账总数 214.59 亿元。①

　　面对这样一个重大的灾难，面对无数需要帮助的人民，社会各界人士都纷纷伸出援助之手。但是，在捐赠款物筹集、管理、分配等方面，仍有一些不法分子伸出了黑手。国务院新闻办 2008 年 6 月 12 日公布的关于捐赠款物审计的数据显示：截至 6 月 12 日，中央和非地震灾区接受社会各界捐赠款物共计 452.97 亿元，地震灾区实际接受捐赠款物 150.39 亿元，总额已逾 600 亿元。审计表明，接受审计的 15 个中央部门和单位接受捐赠款物 109.44 亿元。其中，民政部接受 18.57 亿元，中国红十字会总会及中国红十字基金会共接受 45.38 亿元。在 15 个中央部门的捐赠款物中，目前已拨付使用 43.46 亿元。全国各级审计机关已组织 10650 名审计人员对 19850 个部门和单位进行了审计。目前，审计尚未发现重大违法违规问题。但一些地方和部门在捐赠款物筹集、管理、分配等方面存在一些不规范问题，个别人员涉嫌违纪违规。

　　此次抗震救灾募捐募集的款物数量、捐款人数都创造了一个新的历史纪录，但是在巨额款物的管理、流通和分配过程中，由于法律规

---

① "中国红十字会介绍接受捐款情况"，载中国广播网 2008 年 05 月 30 日 http://www.sina.com.cn。

范缺失,容易出现违法违规问题。除了此次抗震救灾募捐之外,每年都有公益机构为各项公益事业募集资金,在各项资金募集过程中,已经暴露出一定的社会问题。民政部公布的我国社会募捐中存在的问题包括:接收社会捐助的主体太多;缺乏相应的法律政策规范和统一管理;社会资源无法集中对困难群体进行有效救助;个别捐赠资金没有按照捐赠人的意愿发到受助人手中,甚至出现捐赠物资被贪污、挪用或截留现象。

随着改革开放和社会主义市场经济体制的建立和运行,我国人民的生活水平有较大程度的提高,但是贫富差距也随之产生,社会中需要帮助的弱势群体还占据了一定的比例。募捐作为一项社会资源再分配的重要手段,也是社会保障工程的重要配套工程。如何发展慈善事业,有效地动员和筹措社会善款,资助社会中最需要的人,保障捐款人和受助人的利益成为慈善事业发展过程中的重要促进工程。由于目前尚没有一套完整的制度对募捐事业进行有效管理,很多捐款人无法了解自己的捐款是否真正帮助了受助人,在某种程度上影响了人们参与慈善事业的积极性。

一、课题研究背景

(一)国内外研究现状

对慈善事业的立法最早发生在英国。早在1601年,英国女王伊丽莎白一世就颁布了《慈善法》和《济贫法》,鼓励发展从事慈善救济等社会公益活动的非营利组织。美国最早的公益基金会,是延续至今的1829年英国化学家詹姆斯·史密斯设立的史密斯学会(Smithonian Institution)。慈善事业的迅速发展在20世纪以后,特别是最近的五十年间,慈善组织的活动遍及全球。西方国家对慈善组织的研究大多是在营利组织概念体系下展开的,而对非营利组织的研究主要是从20世纪70年代开始的,其中以美国约翰·霍普金斯大学的萨拉蒙教授主持的非营利组织国际比较项目最具代表性。此外,还有其他学者对慈善事业的研究:专门对本国慈善组织的设立程序、税收减免、自律等进行介绍的著作——阿德勒所著的《美国慈善法指南》；从管理学和组织学的角度对非营利组织进行研究——詹姆斯·P·盖拉特所著的《21世纪非营利组织理》，该书主要说明了使命对组织的重要性、慈善组织如何确立使命、如何制定组织的战略规划、如何开展营销和募捐、如何进行财务和人事管理等；米尔·诺顿所著的《全球筹款手册》，主要是为慈善组织提供有关筹款的实践和筹款必需的观念、技能和方法等综合知识。

国内学者对慈善事业和慈善组织的研究始于20世纪90年代。由于中国的具有现代意义的慈善事业和慈善组织发展历史比较短，所以对慈善事业和慈善组织的研究侧重于对西方慈善事业和慈善组织的介绍、中西方的比较研究以及对中国的借鉴意义，如严明复的《美国慈善事业一瞥》等。当然也有从中国实际出发，对慈善事业进行整体研究的，如郑功成等所著《中华慈善事业》，这是中国第一部慈善方面的专著，也是中国自己的学者首次对慈善事业的理论与政策进行了较为系统的研究。还有徐麟的《中国慈善事业发展研究》，该书主要从慈善组织的建设与服务、国家的政策法律支持和环境支持等方面对我国的慈善事业进行了研究。田凯的《非协调约束与组织运作——中国慈善组织与政府关系的个案研究》，主要研究了在政府的非协调约束下，慈善组织为了获得生存与发展，其组织形式与实际运作方式严重不一致的现象，即慈善组织外形化。还有其他一些学者对特定慈善组织的个案研究，如孙立平的《动员与参与第三部门募捐机制个案研究》和邓国胜的《公益项目评估——以"幸福工程"为案例》。此外，还有学者从慈善事业的发展历史方面来研究的，如王卫平、黄鸿山所著的《中国古代传统社会保障与慈善事业》和周秋光、曾桂林的《中国慈善简史》。另外，国内学术界对慈善事业和慈善组织的研究也有很大一部分是在非营利组织中进行的，如王名的《中国社团改革——从政府选择到社会选择》，主要研究了随着我国经济体制改革和社会转型，中国社团选择模式的转变；而邓国胜的《非营利组织评估》主要是根据中国的国情和非营利组织的特点，构建中国非营利组织自己的评估标准。以上所述是国内学者的专著或合著的书，但对慈善事业和慈善组织更多的研究是收录在各种期刊中的论文。比如，辛甜的

《社会网络与筹资——上海市慈善基金会个案研究》，把社会网络的理论运用到慈善筹资研究中，以上海市慈善基金会的成功运作为例说明社会网络是一种不同于经济资本的社会资本，它能为慈善组织提供各种社会支持，增加慈善组织的筹资途径和筹资能力；许琳、张晖的《关于我国公民慈善意识的调查》，通过社会调查的翔实资料，客观地反映了目前我国公民的慈善意识现状以及对慈善事业和慈善组织的认知及参与状况；杨方方的《发展慈善事业应该认识的几个基础性问题》，主要分析了影响我国慈善事业发展的因素，并从国际上慈善事业发展的轨迹认识到了我国慈善事业发展的内在规律。当然，还有许多其他作者，分别从不同的角度和层次，对我国的慈善事业和慈善组织进行了研究。

综上所述，西方学者对慈善组织的研究，是从广义上来理解慈善组织的，主要强调由没有商业动机的个人所组成的组群活动，其目的是促进自己与他人的利益，与中国学者对慈善组织的理解并不完全等同，而且西方慈善组织和我国慈善组织所面对的社会、文化、法律和政治环境也是不同的，所以他们的研究虽然对我国慈善组织的研究有一定的借鉴作用，却并不是完全适用我国的。而国内学者对慈善事业和慈善组织的研究总体上还处于起步阶段，对中国现阶段慈善事业的运作机制、慈善资源的获取与调动、慈善事业的需求与供给、慈善程序监督机制等还缺乏深入的研究。

（二）现实理论意义

1. 现实角度

2008年，是我国灾难频发的一年。从1月份的雪灾到5月份的地震，面对无数需要帮助的灾民，国内外各界人士纷纷通过各种途径和方式表达了对灾区人民的问候和援助，除直接奔赴灾区参加救助外，更多的人以捐赠形式为灾区人民送上一片爱心。中华慈善总会、中国红十字会等社会公募机构积极开展募捐活动。虽然近年来我国的公益事业有了迅速的发展，但是结果并不尽如人意。为什么慈善事业的发展与社会的需求之间有如此大的差距？从捐赠者的角度讲，除了自身的经济实力、慈善意识的限制外，最重要的一点是，公众对于慈善事业缺乏信任感。这些年来若干的实际案例，如"丽江妈妈胡曼莉案件"、"阳光母亲付广荣案件"等显示善款使用不明，甚至被挪用、贪污的案件时有发生。2002年3月由《南方周末》和香港《民报》报道的青基会违规操作的事件，一时引起了社会的广泛关注，使得13年间通过希望工程募集到20亿善款的中国青少年发展基金会的形象，在民众心中大打折扣。久而久之，公众的爱心变得更加谨慎，对于慈善事业的信任感越来越淡薄，慈善事业的发展也就丧失了原动力。一次网上调查显示，70.5%的人认为募捐缺乏透明度，并且因不信任慈善机构而怠于捐赠。公信力对慈善组织而言极为珍贵，它直接影响到慈善组织的各项能力。要加强公信力，最主要的就是要管好善款、用好善款。而保证"善款善用"、充分调动民众捐助积极性的最佳途径就是利用法律手段加强对慈善捐赠财产的监管，并建立一套相对完善的慈善捐赠程序监督机制，使得慈善事业的公信力得以建立和加强，更好地促进我国慈善事业的发展。

2. 理论角度

慈善事业是"和谐社会的润滑剂"。相对于初次分配和再分配，慈善事业属于第三次分配。关于"三次分配"的关系，一般认为"一次分配讲效率，二次分配讲公平，三次分配重协调"。2005年3月5日，温家宝总理在政府工作报告中提出"支持发展慈善事业"，这是多年来"慈善事业"这一概念首次出现在政府工作报告上。党的十六届四中全会首次提出了发展慈善事业，提出要"健全社会保险、社会救助、社会福利和慈善事业相衔接的社会保障体系"，"要坚持最广泛最充分地调动一切积极因素，不断提高构建社会主义和谐社会的能力"。由此来看，在和谐社会的建设进程中，大力发展慈善事业是不可或缺的部分。一方面，随着国民经济的快速发展，人民生活水平的不断提高，物质生活的丰富与节余使得"慈善"成为可能。另一方面，经济发展所带来的两极分化和贫富差距；民众，特别是穷苦民众抵御风险的能力极差，任何意外事故或自然灾害都可能使他们本已艰难的生活雪上加霜。此时，慈善捐助便成了缓解社会矛盾，构建和谐社会的必需。同时，建立程序监督机制是促进慈善事业不断向前发展的内在动力。从法律的角度来说,程序具有独立价值,其功能是确保实现正义。正当程序的建立和遵守是实现公平正义的前提和重要保障。程序的外在表现形式是规则约束,相关活动只有在程序的框架下运作方能实现经济、便捷的目标。慈善事业中的程序监督机制缺失的现象是当今慈善事业面临困境的根本性制度原因。唯有从源头上解决程序性问题,建立慈善捐赠的程序监督机制,当今慈善界面临的"慈善不足"现象才能迎刃而解。

二、框架:相关法律法规

(一)《公益事业捐赠法》

1999年6月28日第九届全国人民代表大会常务委员会第十次会议通过的《中华人民共和国公益事业捐赠法》,对公益事业捐赠和受赠过程、优惠措施和法律责任等方面的问题进行了较为系统的规定。下面摘录部分条款。

第二条　自然人、法人或者其他组织自愿无偿向依法成立的公益性社会团体和公益性非营利的事业单位捐赠财产,用于公益事业的,适用本法。

第十条　公益性社会团体和公益性非营利的事业单位可以依照本法接受捐赠。本法所称公益性社会团体是指依法成立的,以发展公益事业为宗旨的基金会、慈善组织等社会团体。

本法所称公益性非营利的事业单位是指依法成立的,从事公益事业的不以营利为目的的教育机构、科学研究机构、医疗卫生机构、社会公共文化机构、社会公共体育机构和社会福利机构等。

第十一条　在发生自然灾害时或者境外捐赠人要求县级以上人民政府及其部门作为受赠人时,县级以上人民政府及其部门可以接受捐赠,并依照本法的有关规定对捐赠财产进行管理。

县级以上人民政府及其部门可以将受赠财产转交公益性社会团体或者公益性非营利的事业单位;也可以按照捐赠人的意愿分发或者兴办公益事业,但是不得以本机关为受益对象。

第十六条　受赠人接受捐赠后,应当向捐赠人出具合法、有效的收据，将受赠财产登记造册，妥善保管。

第二十二条 受赠人应当公开接受捐赠的情况和受赠财产的使用、管理情况，接受社会监督。

第二十四条 公司和其他企业依照本法的规定捐赠财产用于公益事业，依照法律、行政法规的规定享受企业所得税方面的优惠。

第二十五条 自然人和个体工商户依照本法的规定捐赠财产用于公益事业，依照法律、行政法规的规定享受个人所得税方面的优惠。

（二）《救灾捐赠管理办法》

民政部于公布于2008年4月28日公布了《救灾捐赠管理办法》。此办法在《公益事业捐赠法》的基础上，对救灾捐赠过程中的相关事项进行了规定。下面摘录部分条款。

第二条 在发生自然灾害时，救灾募捐主体开展募捐活动，以及自然人、法人或者其他组织向救灾捐赠受赠人捐赠财产，用于支援灾区、帮助灾民的，适用本办法。

本办法所称救灾募捐主体是指在县级以上人民政府民政部门登记的具有救灾宗旨的公募基金会。

第三条 本办法所称救灾捐赠受赠人包括：（一）县级以上人民政府民政部门及其委托的社会捐助接收机构；（二）经县级以上人民政府民政部门认定的具有救灾宗旨的公益性民间组织；（三）法律、行政法规规定的其他组织。

第六条 国务院民政部门负责管理全国救灾捐赠工作。

县级以上地方人民政府民政部门负责管理本行政区域内的救灾捐赠工作。

第二十六条 县级以上人民政府民政部门根据灾情和灾区实际需求，可以统筹平衡和统一调拨分配救灾捐赠款物，并报上一级人民政府民政部门统计。

对捐赠人指定救灾捐赠款物用途或者受援地区的，应当按照捐赠人意愿使用。在捐赠款物过于集中同一地方的情况下，经捐赠人书面同意，省级以上人民政府民政部门可以调剂分配。

发放救灾捐赠款物时，应当坚持民主评议、登记造册、张榜公布、公开发放等程序,做到制度健全、账目清楚,手续完备,并向社会公布。

县级以上人民政府民政部门应当会同监察、审计等部门及时对救灾捐赠款物的使用发放情况进行监督检查。

捐赠人有权向救灾捐赠受赠人查询救灾捐赠财产的使用、管理情况,并提出意见和建议。对于捐赠人的查询,救灾捐赠受赠人应当如实答复。

(三)《汶川地震抗震救灾资金物资管理使用信息公开办法》

为了进一步加强对汶川地震抗震救灾资金和物资的管理使用,保障相关信息的公开、透明,加强社会监督,提高抗震救灾资金物资的使用效益和运行效益,民政部于2008年6月1日颁布《汶川地震抗震救灾资金物资管理使用信息公开办法》。下面摘录部分条款。

第四条 应当公开抗震救灾资金和物资管理使用信息的主体包括:(一)政府及其相关部门;(二)各级红十字会、慈善会等具有救灾宗旨的公募基金会;(三)经民政部门批准开展募捐活动的其他公募基金会;(四)向以上部门和单位移交接收捐赠的其他社会组织。

第十一条 抗震救灾资金、物资的管理使用情况要定期公开,重要事项应当随时公开。

第十四条 民政、监察、财政、审计等部门加强对抗震救灾资金和物资管理、使用公开工作的监督检查。

以上仅列举部分和本课题有关的条款,除以上法律法规之外,国务院办公厅、民政部等各部门还颁布了《民政部、财政部、住房和城乡建设部关于进一步做好汶川地震灾区救灾款物使用管理的通知》《汶川地震抗震救灾捐赠款物统计办法》《国务院办公厅关于汶川地震抗震救灾资金使用指导意见》《关于汶川地震抗震救灾捐赠资金使用有关问题的意见》等多项意见和办法。但是,由于部分指导意见仅具有临时性,对以后的社会募捐不具有法律效力,而且这些意见多是颁布在地震灾害和抗震救灾募捐之后,仅对后期救灾款物管理具有实际意义,而对募捐前期过程中的程序缺乏有效规制。

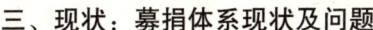

三、现状：募捐体系现状及问题

（一）募捐体系现状

课题调研过程中，通过问卷形式对部分参与捐赠的市民进行调查。此次调研共发出问卷 280 份，回收问卷 249 份，其中有效问卷 249 份。

1. 被调查者个人信息状况

249 名被调查者中，男性的比例占 54.64%，女性的比例占 45.36%。年龄方面，18 周岁以下者占 6.82%，18～35 周岁者占 34.54%，36～55 周岁占 44.18%，56 周岁以上的占 14.46%。学历方面，初中以下的占 12.90%，高中（含中专/技校）的占 19.70%，大专的占 30.50%，本科及以上的占 36.90%。月收入方面，1000 元以下的占 23.30%，1001～3000 元的占 52.60%，3001～5000 元的占 19.30%，5001～8000 元的占 3.20%，8001 元以上的占 1.60%。

2. 被调查者参与捐赠的情况

249 名被调查者在抗震救灾募捐过程中参与捐赠的情况如图 1 所示：

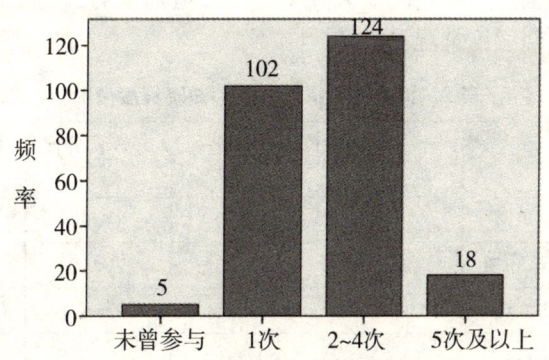

图 1　被调查者参与捐赠的情况

3. 捐赠途径

5·12特大地震灾害发生后,全国各地展开了轰轰烈烈的抗震救灾募捐活动。此次调查仅针对慈善机构、单位、社区等机构组织的募捐,而并未涉及由党中央领导下逐级上缴的"特殊党费"形式的募捐。249名被调查者的捐赠途径见表1。

表1 被调查者的捐赠途径

捐赠途径	人数	百分比(%)
学校、单位、社区等组织	201	80.70
直接和受捐助者建立联系	22	8.80
通过慈善机构、基金会等第三方机构	57	22.90
媒体个人发起倡议的捐款活动	37	14.90
其他	3	1.20

4. 捐赠者对捐款使用情况的关注程度

被调查者在捐款之后,44.98%的人会关注捐款使用情况,38.55%的人不会关注捐款使用情况,14.86%的人则表示会看情况。但是,关注捐款使用情况的人并不一定知道捐款的去向。捐赠者对捐款去向的知晓程度情况见表2。

表2 捐赠者对捐款去向的知晓程度情况

		频率	百分比(%)	有效百分比(%)	累计百分比(%)
有效数据	知道	53	21.30	21.60	21.60
	不知道	192	77.10	78.40	100.00
	总数	245	98.40	100.00	
缺失数据		4	1.60		
总数		249	100.00		

5. 捐赠者得知捐款去向的途径

根据《汶川地震抗震救灾资金物资管理使用信息公开办法》,募捐机构应当定期对募集资金使用情况进行公示。在前面得知捐款去向的捐赠者中，主要的渠道为电视、报纸和公益机构网站或搜狐等大型门户网站。其具体情况见表3。

表3 捐赠者得知捐款去向的途径

		频率	百分比（%）	有效百分比（%）	累计百分比（%）
有效数据	电视报纸	15	6.00	27.80	27.80
	公益机构网站或搜狐等大的门户网站	21	8.40	38.90	66.70
	短信提示	1	.4	1.90	68.50
	邮件提示	1	.4	1.90	70.40
	专门的简报或小册子	4	1.60	7.40	77.80
	主动联系募捐机构	12	4.80	22.20	100.00
	总数	54	21.70	100.00	
缺失数据		195	78.30		
总数		249	100.00		

6. 捐赠者不能得知捐款去向的原因

数据显示，大部分捐赠者不能得知捐款去向，而不能得知捐款去向有以下几种情况：觉得没有必要知道，此情况占总数的18.1%；募捐机构没有主动告知，此情况占49.4%；查过但没有有效渠道，此情况占10%。其具体情况见表4。

表4 捐赠者不能得知捐款去向的原因

		频率	百分比（%）	有效百分比（%）	累计百分比（%）
有效数据	觉得没有必要知道	45	18.10	23.30	23.30
	募捐机构没有主动告知	123	49.40	63.70	87.00
	查过但没有有效渠道	25	10.00	13.00	100.00
	总数	193	77.50	100.00	
缺失数据		56	22.50		
总数		249	100.00		

7. 募捐过程收据或发票开具情况

根据《公益事业捐赠法》的规定，受赠人接受捐赠后，应当向捐赠人出具合法、有效的收据，将受赠财产登记造册，妥善保管。调查中开具发票或收据的情况如图2所示。

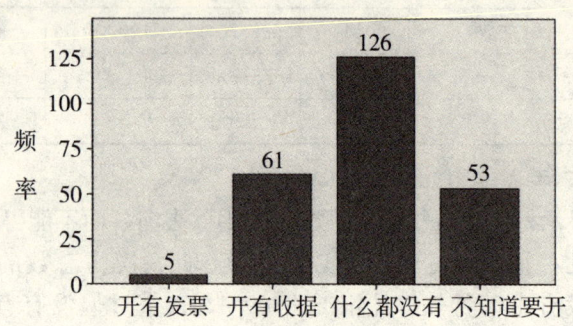

图2 收据或发票开具情况

8. 税收减免优惠政策状况

根据相关法律法规的规定，捐赠者在捐款后可以凭相关发票享受税收减免优惠。实践中更多的税收减免优惠均是针对捐赠数额较大的企业。由于调查的对象仅针对参与捐赠的个人，被调查者中享受税收优惠政策的人仅仅占少数，249名被调查者享受税收减免优惠政策情况如图3所示。

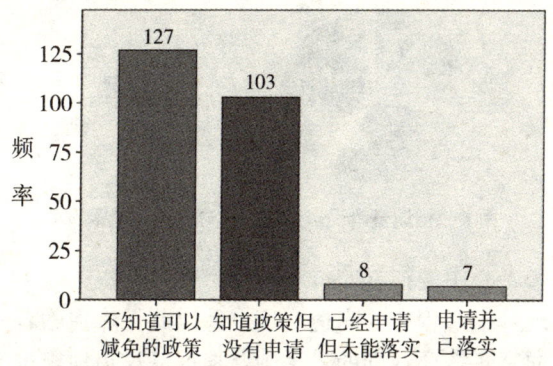

图3 被调查者享受税收减免优惠政策情况

9. 影响捐赠者捐款的主要因素

面对层出不穷的募捐形式和随处可见的募捐箱,很多爱心人士都会有一丝犹豫。经济实力、捐款渠道、捐款便利程度、募捐方的透明度等因素对被调查者的影响见表5。

表5 影响捐赠者捐款的主要因素

影响捐款的因素	人数	百分比(%)
经济实力	94	37.80
不知道捐款渠道	43	17.30
捐款组织者提供的便利程度	25	10.00
募捐方的透明度	205	82.30
随大流,看别人怎么做	41	16.50
其他	3	1.20

10. 资金使用不透明对捐赠者的影响

募捐方对资金使用的透明度是对捐赠者影响较大的原因。此原因对捐赠者产生的影响体现在这些方面:可能严重打击捐赠者的积极性,也可能影响其捐款的数额或者捐款的次数。被调查者受资金使用不透明的影响情况如图 4 所示。

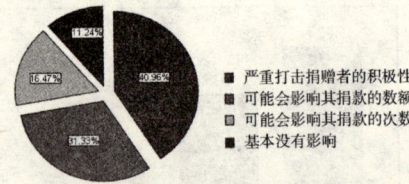

图 4　被调查者受资金使用不透明的影响情况

11. 捐赠者心中的捐款监督者

为了实现募捐过程中的高透明度，并以此保障捐赠者的利益，使捐赠资金流向真正需要帮助的人手中，根据《汶川地震抗震救灾资金物资管理使用信息公开办法》的规定，民政、监察、财政、审计等部门加强对抗震救灾资金和物资管理、使用及公开工作的监督检查。由于此项规定出现在募捐工作进行到一定程度之后，仅对财产募集后期管理、使用过程发挥作用，且此办法仅针对汶川地震抗震救灾，对以后的社会募捐过程不具有法律效力。在被调查者眼中，捐赠者、募捐方、政府部门和媒体等社会力量相比较，政府部门和媒体等社会力量成为更受欢迎的监督力量，其中赞成政府部门监督的人数比例达到了45.78%。捐赠者对监督单位的意向情况如图 5 所示。

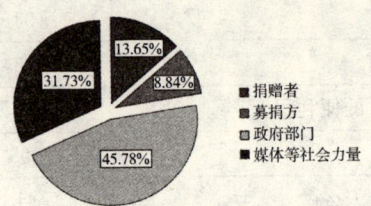

图 5　捐赠者对监督单位的意向情况

12. 捐赠者对目前慈善事业的期望和建议

被调查者对我国慈善事业的期望和建议中，对募捐组织账目透明和公开一项成为捐赠者中呼声最高的期望。其具体情况见表 6。

表6 被调查者对目前慈善事业的期望和建议

期望和建议	人数	百分比（%）
募捐组织账目透明，向社会公开	230	92.40
让捐赠者对受捐赠者的基本情况有直观印象	119	47.80
募捐项目更有系统、有计划、更持久	81	32.50
捐款途径更畅通、更方便	51	20.50
捐款形式更新颖、更有趣，能吸引大家的注意	30	12.00
募捐法律法规等制度更加完善，并建立和完善激励机制	88	35.30

（二）募捐中存在的问题

在课题调研过程中，通过电话、邮件和当面访谈等方式对四川省民政厅、四川省红十字会和四川省慈善总会等部门进行了访谈，同时对参与募捐的四川大学校工会的募捐工作情况进行了了解。在访谈过程中，笔者了解到当前我国社会募捐呈现出一个大体上较为有序、小范围会出现无序的现状。其中，问题主要体现在以下几方面。

1. 募捐主体

根据《公益事业捐赠法》的规定：公益性社会团体和公益性非营利的事业单位可以依法接受捐赠。在发生自然灾害时或者境外捐赠人要求县级以上人民政府及其部门作为受赠人时，县级以上人民政府及其部门可以接受捐赠。根据《救灾捐赠管理办法》的规定："救灾捐赠受赠人包括：（一）县级以上人民政府民政部门及其委托的社会捐助接收机构；（二）经县级以上人民政府民政部门认定的具有救灾宗旨的公益性民间组织；（三）法律、行政法规规定的其他组织。"

由于有了"法律、行政法规规定的其他组织"这样一条兜底条款，而且法律、行政法规并没有对"其他组织"进行规定，正是这样一个法律规定的疏漏之处，给了不法分子钻空子的机会。在地震灾害发生之后的一段时间里，大街小巷随处可见的是打着"抗震救灾"旗号的募捐箱，由于电视、网络等媒体对灾区的报道让全国人民沉浸在悲痛之中，人们看见募捐箱的时候一般不会审查募捐主体的身份是否合法就会毫不犹豫地献出一份爱心。据四川省民政厅救灾处一位负责人介绍,他们在救灾募捐过程中也曾发现存在违法募捐行为,但是由于法律规定的缺失,不能对此类行为进行有效处罚。

2. 募捐程序

现代社会通讯手段越来越发达,社会募捐除了募捐箱之外,还有网上银行、转账汇款、手机短信等各种方便快捷的方式。通过网上银行、转账汇款、手机短信等非实体方式捐赠,都可以通过银行系统、邮局系统、电信系统的信息查到捐赠情况,更有利于加强资金流通过程中的透明度。募捐箱募集款项过程中,民政部门、红十字会等专门机构设立的募捐箱,会在现场由专人负责按照捐赠人意愿出具专门收据或发票,对不愿意透露姓名的人士则以爱心人士名义出具发票。每日对募集资金进行开箱清点时,应由民政部门或红十字会等机构的人员、抗震救灾志愿者、银行工作人员等三方人员在场的情况下,由银行工作人员对钱物进行清点备案。同时,四川省民政厅会将每日捐款统计情况通过网站进行公示,四川省红十字会则将每日明细表和定向捐赠资金进行公示,四川省慈善总会按照捐赠数额对捐款明细分类进行公示,对捐款接收和使用情况也进行公示。在民政部、中国红十字会和中华慈善总会等网站上,也设有对接收捐赠款物及其使用情况的公示和捐赠信息的查询等。

民政部、中国红十字会和中华慈善总会等机构的募捐过程较为规范,因为他们有一套较为完整的规章制度。但是,在抗震救灾募捐过程中,由于募捐主体管理的混乱,导致募捐过程中出现一些问题。各级学校、单位、社区都在辖区内进行了各种形式的募捐,而四川大学这样一个人数众多、机构复杂的事业单位,在募捐过程中除了由校工会负责管理的募捐箱以外,还有各学院和各机关在师生中募捐。学校募捐点会对前来捐款捐物的师生登记姓名,不愿意透露姓名的师生则作为匿名捐赠的爱心人士。各学院募捐点通常仅仅统计所得总数而将其上报学校。由于这一部分款项经过了"捐赠者——各学院或机关——校工会——省慈善总会和教育基金"多个环节,中间会出现多少的误差尚不明确。在一些管理不是特别规范的中小学校,甚至曾经出现过一些令人心寒的募捐闹剧。

3. 激励机制

虽然法律上规定对公益事业捐款的单位和个人可以享受所得税的优惠，但由于力度不够，使得税收减免这样一个激励机制不能得到有效运作。从捐款数额来说，为捐赠事业作出较大贡献的是各类企业，享受所得税减免的也正是广大爱心企业。个人捐赠者由于对税收优惠政策不了解而根本没有申请减税的意识，或者由于对减税申报程序不了解或者虽然了解程序却嫌麻烦而不去申请。

四、展望：制度构建与完善

汶川大地震对全国乃至全世界人民的爱心进行了一场大的考验，实践证明这场爱心考验中爱心人士取得了优异的成绩。《民政部公告第135号——汶川特大地震救灾捐赠款物及使用情况公告》公示情况如下：全国共接收国内外社会各界捐赠款物760.22亿元，其中"特殊党费"97.30亿元，其他捐款555.82亿元，物资折价107.10亿元。非灾区省份、新疆生产建设兵团及有关机构共接收捐赠款物635.26亿元，已向灾区拨付、使用捐赠款物351.13亿元，其中捐款274.19亿元，物资折价76.94亿元。四川、甘肃、陕西、重庆、云南等5个受灾省市直接接收捐赠款物合计124.96亿元，其中捐款94.80亿元，物资折价30.16亿元。①

在全国上下延续爱心、情系灾区、万众一心、同舟共济地支持灾后重建事业之时，一些不法分子利用网络、短信、假冒身份等形式进行捐款诈骗，甚至一小部分人贪污、挪用捐赠财产，亵渎社会公众对灾区人民的同胞之情，也严重破坏了和谐的社会氛围。因此，政府应当采取多种措施，加强对社会募捐的规范与管理，使其沿着健康轨道有序地发展。

（一）立法规范

我国现有的与社会募捐事业相关的法律法规主要有《公益事业捐

---

① 中华人民共和国民政部网站，http://www.mca.gov.cn/article/zwgk/tzl/200903/20090300028395.shtml。

赠法》《民法通则》和《救灾捐赠管理办法》等，对社会募捐问题进行了一定的规范，但是，由于《公益事业捐赠法》颁布至今已有十年之久，社会的巨大变化使其已经不能适应现在社会的发展，而《救灾捐赠管理办法》由民政部颁布，其效力等级较低。因此，现在急需一套完善的法律对社会募捐这一重要社会保障工程进行规范。除了制定新的法律之外，修改《公益事业捐赠法》也不失为一个良策。在制定或修改之后，新的法律应当对社会募捐这一特殊的民事法律行为进行全面调整：第一，应该对募捐主体的地位及其设立程序统一规定。自此，非法定募捐主体不得自行向公众募捐。第二，募捐理由也应由法律统一规定。此处可以用列举或者排除法确定可募捐事项范围或禁止募捐事项范围。第三，募捐程序的规范与管理。募捐过程中的规范与管理可以体现在事前申报登记、事中监督、事后审查等方面。

(二) 信息公开

立法上对募捐程序的规范与管理应当包括信息公开，此处专门进行讨论是因为其对募捐过程极为重要，这一点在前文调研数据中可见。信息公开除了按照法律规定公开所得款项总数、款项的使用和结余情况外，还应设置供捐赠者和公众进行查询的公开渠道，实现社会募捐的阳光工程。此外，在公开并供公众查询之前，首先募捐主体应向捐赠者开具专门的发票或收据。在目前的募捐体系下，学校、单位或社区在募捐过程中并未给捐赠人提供收据，而仅仅在学校、单位或社区将捐赠资金转交民政部门或慈善总会等机构时，由该机构向其开具载有总数额的发票或收据。开具发票或收据是社会募捐阳光工程的第一步，也是极为重要的一步。

(三) 监督机制

我国现行法律体系下对社会募捐的监督采取多主体模式。政府、民政、财政、审计等部门都负有监督责任，正是由于多重监督主体的现象存在，使得在实践中监督不能落到实处，监督责任变成一种权力寻租行为。前文调查显示，政府部门和媒体等社会力量是捐赠者眼中最好的募捐监督者。虽然现行法律体系下政府部门和媒体都有权对社会募捐进行监督，但是由于政府部门的监督存在一定缺失，而在信息不完全公开的情况下，媒体等社会力量不能发挥有效作用。因此，社会募捐监督机制仍然应采取多主体的监督模式，但是应增加监督主体，包括政府的民政、财税、审计、监察等部门和媒体、社会公众等多主体的监督。

（四）公众意识

调查结果显示，被调查者中不知道税收减免优惠政策的人数占了总数的51%，不知道要开发票或收据的人数占了21%，不会关注捐款使用情况的人数占了33.85%。这样一组数据说明了社会公众对社会募捐相关法律了解甚少，而且由于媒体宣传时更多的是为了激起人们的爱心和同情，并未从捐赠者角度宣传对募捐的监督和捐赠者应享受的税收减免等问题，很多捐赠者只希望能捐出一份爱心求一份心安，并不会关注捐款中自身权利及资金使用问题。因此，在以后的社会募捐宣传过程中，应当提高公众在社会募捐中的主人翁意识，使捐赠者在捐赠过程中注重发票或收据的索取，并加强对捐赠过程的监督。

结 语

我国现在处于从传统社会向现代社会转型的重要历史时期，经济体制改革的深化带来相应的制度变迁，社会改革逐步全面启动，法治建设正在积极推进。社会转型使国家与社会关系发生改变，我国的社会转型和体制转轨为公益事业的发展提供了巨大的发展空间。借鉴西方理论，未来环境的变化及我国国情的把握，未来良好和谐的国家与社会关系应该是相互独立又彼此依赖、相互制约又相互合作。社会募捐作为慈善事业的重要组成部分，成为社会保障体系的重要工程。社会募捐事业的有序发展，需要社会的多元主体对其监督，也需要政府有关部门转变职能，加强监督。

附录 I　问卷样本

社会捐赠监督机制调查问卷

尊敬的女士/先生：

您好！感谢您在百忙之中抽空协助我们完成这次调查。5·12 汶川大地震发生之后，社会各界都积极伸出了援助之手，中国红十字会、中华慈善总会、民政部等各级募捐机构纷纷组织各种募捐。为了深入了解募捐过程中的详细情况，本课题组在四川大学法律适用问题研究中心的领导下开展本次调查，希望得到您的支持。我们将严格遵照我国社会调查的有关规定，对您的信息严格保密。

第一部分　个人信息

1. 您的性别：①□男性　　　②□女性
2. 您的年龄：①□18 岁以下 ②□ 19～35 岁　③□36～55 岁 ④□56 岁以上
3. 您的学历：①□初中以下 ②□高中（含中专/技校）③□大专 ④□本科及以上
4. 您的月收入：①□1000 元以下　②□1001～3000 元　③□3001～5000 元　④□5001～8000 元　⑤□8001 元以上
5. 您的职业：①□公务员　②□事业单位职员　③□企业管理层　④□企业其他职员　⑤□私营企业主　⑥□个体工商户　⑦□自由职业者　⑧□农民　⑨□学生　⑩□军人　⑪□离退休人员　⑫□失业人员　⑬□其他

第二部分　主体问卷

1. 在地震灾后募捐活动中，您是否曾参与捐赠？
①□未曾参与 ②□ 1 次　③□2～4 次　④□5 次及以上
2. 您通过哪种途径进行捐赠？（多选）
①□学校、单位、社区等组织的捐款捐物　②□直接和受捐助者建立联系（如结对捐助等）　③□通过慈善机构、基金会等第三方机构　④□媒体、个人发起倡议的捐款活动　⑤□其

他_____

3. 如果捐款,您是否关注捐款的使用情况?

①□会　②□不会　③□看情况

4. 您是否知道捐款的去向(捐款使用情况)?

①□知道　②□不知道(跳至第6题)

5. 您是通过何种方式得知捐款去向?

①□电视或报纸　②□公益机构网站或搜狐等大的门户网站　③□短信提示　④□邮件提示　⑤□专门的简报或小册子　⑥□主动联系募捐机构

6. 您不知道捐款去向的原因?

①□觉得没有必要知道　②□募捐机构没有主动告知　③□查过但没有有效渠道

7. 您捐款后,募捐单位是否开有发票或收据?

①□开有发票　②□开有收据　③□什么都没有　④□不知道要开

8. 您捐赠后是否享受到国家规定的税收减免优惠政策?

①□不知道可以减免的政策　　②□知道政策但没有申请
③□已经申请但未能落实　　　④□申请并已落实

9. 您认为影响您捐款的主要原因是什么?(多选)

①□经济实力还不够　②□不知道捐款的渠道　③□捐款组织者提供的便利程度不够　④□担心第三方的透明程度,对钱物的用途不放心　⑤□随大流,看别人怎么做　⑥□其他_____

10. 您认为资金使用的不透明对您捐款有什么影响?

①□严重打击捐款的积极性　　②□可能会影响捐款数额
③□可能影响捐款次数　　　　④□基本没有影响

11. 您觉得应该由哪个单位对捐款过程进行监管?

①□捐款人　②□募捐方自己　③□政府部门　④□媒体等社会力量

12. 您对目前的慈善事业有什么期望和建议?(多选)

①□募捐组织账目透明,向公众公开

②□让捐款人对受捐者个人的基本情况有一个直观的印象

③□捐款项目更有系统、有计划、更持久

④□捐款途径更畅通、更方便

⑤□捐款形式更新颖、更有趣，能引起大家的关注

⑥□募捐法规制度更加完善，对捐赠数量达到一定标准的单位或个人有所激励

建议_____

问卷结束，再次感谢您的支持与帮助

附录Ⅱ 调查问卷结果统计

一、基本信息

1. 性别：

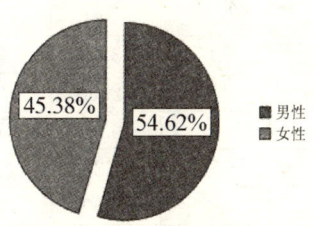

图1 性别比例情况

2. 年龄：

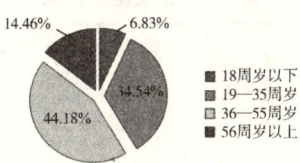

图2 年龄比例情况

3. 学历：

表1 学历比例情况

		频率	百分比（%）	有效百分比（%）	累计百分比（%）
有效数据	初中以下	32	12.90	12.90	12.90
	高中（含中专/技校）	49	19.70	19.70	32.50
	大专	76	30.50	30.50	63.10
	本科及以上	92	36.90	36.90	100.00
	总数	249	100.00	100.00	

4. 月收入：

表2　月收入及比例情况

	月收入/元	频率	百分比（%）	有效百分比（%）	累计百分比（%）
有效数据	≤1000	58	23.30	23.30	23.30
	1001~3000	131	52.60	52.60	75.90
	3001~5000	48	19.30	19.30	95.20
	5001~8000	8	3.20	3.20	98.40
	≥8001	4	1.60	1.60	100.00
	总数	249	100.00	100.00	

5. 职业：

表3　职业及比例情况

	职业	频率	百分比（%）	有效百分比（%）	累计百分比（%）
有效数据	公务员	14	5.60	5.60	5.60
	军人	2	.80	.80	6.40
	离退休人员	28	11.20	11.20	17.70
	失业人员	5	2.00	2.00	19.70
	其他	5	2.00	2.00	21.70
	事业单位职员	38	15.30	15.30	36.90
	企业管理层	18	7.20	7.20	44.20
	企业其他职员	38	15.30	15.30	59.40
	私营企业主	11	4.40	4.40	63.90
	个体工商户	22	8.80	8.80	72.70
	自由职业者	24	9.60	9.60	82.30
	农民	6	2.40	2.40	84.70
	学生	38	15.30	15.30	100.00
	总数	249	100.00	100.00	

二、主体问卷

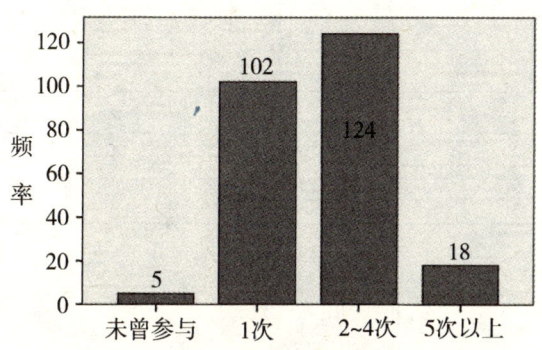

图1 参与捐赠次数

表1 捐赠的途径

通过哪种途径进行捐赠	人数	百分比（%）
学校、单位、社区等组织	201	80.7
直接和受捐助者建立联系	22	8.8
通过慈善机构基金会等第三方机构	57	22.9
媒体个人发起倡议的捐款活动	37	14.9
其他	3	1.2

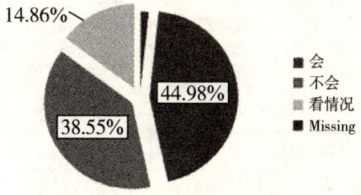

图2 对捐款的使用关注度

表2 捐款去向关注度

		频率	百分比（%）	有效百分比（%）	累计百分比（%）
有效数据	知道	53	21.3	21.6	21.6
	不知道	192	77.1	78.4	100.0
	总数	245	98.4	100.0	
缺失数据		4	1.6		
总数		249	100.0		

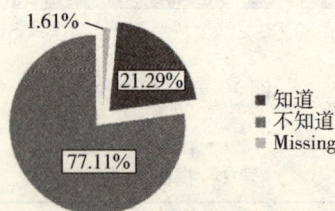

图3 捐款去向关注度

表3 捐款去向信息来源

		频率	百分比（%）	有效百分比（%）	累计百分比（%）
有效数据	电视报纸	15	6.0	27.8	27.8
	公益机构网站或搜狐等大的门户网站	21	8.4	38.9	66.7
	短信提示	1	.4	1.9	68.5
	邮件提示	1	.4	1.9	70.4
	专门的简报或小册子	4	1.6	7.4	77.8
	主动联系募捐机构	12	4.8	22.2	100.0
	总数	54	21.7	100.0	
缺失数据		195	78.3		
总数		249	100.0		

表 4　不知道捐款去向的原因

		频率	百分比（%）	有效百分比（%）	累计百分比（%）
有效数据	觉得没有必要知道	45	18.1	23.3	23.3
	募捐机构未主动告知	123	49.4	63.7	87.0
	查过但没有有效渠道	25	10.0	13.0	100.0
	总数	193	77.5	100.0	
缺失数据			56	22.5	
总数		249	100.0		

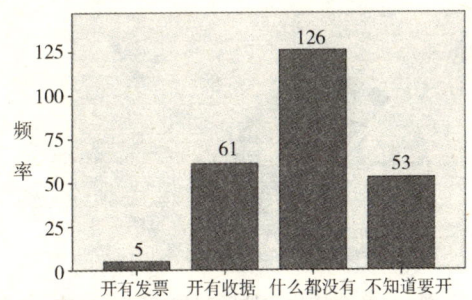

图 4　募捐单位是否开有发票或收据

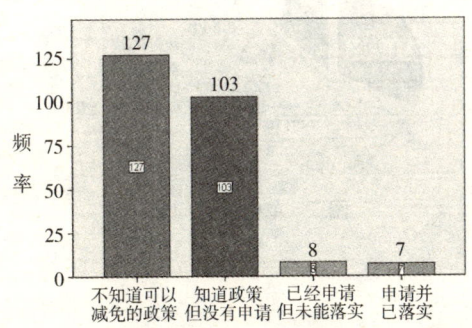

图 5　是否享受税收优惠

表5 影响捐款人捐款的主要原因

	人数	百分比（%）
经济实力	94	37.8
不知道捐款渠道	43	17.3
捐款组织者提供的便利程度	25	10.0
募捐方的透明度	205	82.3
随大流，看别人怎么做	41	16.5
其他	3	1.2

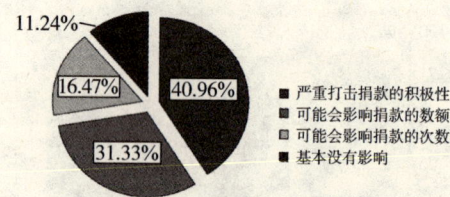

图6 资金使用不透明对您捐款的影响

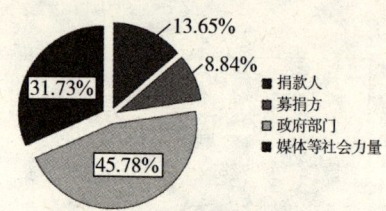

图7 单位监督问题

表 6　您对目前的慈善事业有什么期望和建议

	人数	百分比（%）
募捐组织账目透明，向社会公开	230	92.40
让捐款人对受捐赠者的基本情况有直观印象	119	47.80
募捐项目更有系统、有计划、更持久	81	32.50
捐款途径更畅通、更方便	51	20.50
捐款形式更新颖、更有趣、能吸引大家的注意	30	12.00
募捐法律法规等制度更加完善，建立和完善激励机制	88	35.30

政府灾后重建规划和灾民意愿与《城乡规划法》协调机制研究[①]

——以都江堰市玉堂镇石牛村为视角

尹 俊等

【内容摘要】 针对协调机制的特点,以房屋重建这一灾后重建中极具代表性的内容为切入点,采用抽样调查与深度访问相结合的田野考查方式,通过对重灾区都江堰市玉堂镇石牛村的实证调研,收集灾民意愿、当地灾后重建的规划情况以及规划中对灾民意愿的考虑和采纳等状况。根据当地地理位置、当地政府的重建规划以及当地受灾群众的意愿等资料进行综合分析,运用博弈论及法学和行政管理学理论,探讨政府灾后重建和灾民意愿与《城乡规划法》的协调机制。

【关键词】 政府灾后重建规划 灾民意愿 《城乡规划法》 博弈论 协调机制

一、调查方法简述

本次调查的主要内容是灾区群众对房屋重建的意愿以及当地政府的重建规划方案与灾区群众意愿协调的情况;并在此基础上,以小见大,深入挖掘,力求使据此得出的二者协调机制适用的地域性和时间性进一步拓宽,最终在灾后重建的规划工作以及落实规划的工作中,

---

[①] 课题负责人:尹俊,四川大学法学院2007级国际法硕士研究生;
课题组成员:欧超男,四川大学法学院2007级经济法硕士研究生;张泽军,四川大学法学院2007级国际法硕士研究生;赵薇,四川大学法学院2007级国际法硕士研究生;石煜,四川大学公共管理学院2008级行政管理学硕士研究生。

政府灾后重建规划和灾民意愿与《城乡规划法》协调机制研究

协调机制皆能发挥其应有的作用。

针对这一调研任务,我们认真分析客观条件,决定选取本次地震灾区——都江堰市玉堂镇石牛村为研究样本地。这样选择的原因在于:首先,该区域距离成都较近,交通各方面比较便利,便于课题组成员多次调研以及研究的后续跟踪;其次,该区域处于城乡结合部,在城市规划中具有一定的代表性,研究的样本便于分析和总结;最后,该区域群众多为农民,民风较为淳朴,收集到的信息真实性及可信度等均较高。对于田野考察而言,这样的社会环境更有利于还原社会的现实状况。

我们于 2009 年 2 月 29 日深入该区域作抽样调查之前的小范围的预调查。课题组成员与玉堂镇的政府部门负责人、石牛村当地的部分村民均有较为深入的访谈,初步了解到该区域的地理环境、受灾状况和重建进程等情况,并对该村的人口构成以及原居住地等情况进行了了解。在预调查获得的信息的基础上,设计了"政府灾后重建规划与灾民意愿与《城乡规划法》协调机制研究"的调查问卷,并准备了一些深度访问的问题。2009 年 3 月 21 日,课题组成员再次来到都江堰市玉堂镇石牛村,开始抽样调查和深度访问相结合的田野考察。当地不少居民对课题组考察的目的和课题组成员的身份产生了怀疑;并且在填写调查问卷中,有不少群众以"不识字"等借口为由拒绝自己执笔在问卷上留下笔迹,要求课题组成员代笔;更有少数群众坚持自己口述,要求课题组成员只在白纸上记录,而不要在问卷上勾画。针对这些情况,课题组成员及时调整调查方式,除了耐心解释,继续协助群众完成抽样调查的问卷外,还采用深度访问的形式,以求了解更多问卷未涉及的实际情况。在口头访问中,课题组成员做笔记,而受灾群众也普遍接受这种方式。

在调查中,课题组发现群众和当地政府相互之间的不信任状况十分严重。一方面,群众怀疑课题组成员的身份为政府工作人员,甚至有些群众坚决只进行口述,而不愿落笔留下自己的笔迹或是任何他们认为有可能暴露自己身份的痕迹。即使进行法律问题咨询也至多只愿留下姓名,准确的住址、身份证号码、联系方式等信息均不愿留下。

用部分群众的话来说，就是"不敢留，怕枪打出头鸟"。另一方面，部分政府工作人员将群众的这些表现归纳为"信口雌黄，不用负责"的表现。这种双方互不信任的状况，对于双方在灾后重建规划过程中的沟通谅解、互助互赢有很大的影响，同时也是难以突破的障碍。

二、石牛村灾后重建规划与灾民意愿调查情况

（一）地理位置及城镇概况

都江堰市以著名的都江堰水利工程而得名，位于成都平原西北边缘，距成都市 48 km，东西宽 54 km，南北长 68 km，地跨川西龙门山地带和成都平原岷江冲积扇扇顶部位。都江堰市境内地势西北高，东南低，市辖 17 个镇，本次调研的玉堂镇就是属于其中之一。岷江和金马河将都江堰市分为东西两部分，东部为中心城区。玉堂镇位于都江堰市西北部，东临岷江和金马河，西环都汶高速，背靠著名的赵公山，并且地处国道 213 线与省道大三线之交点，是进出阿坝藏族羌族自治州的咽喉，通往青城山、黄龙、九寨、四姑娘山黄金旅游热线的重要节点。全镇辖区面积 50 余平方公里，林地面积 36.5 平方公里，耕地面积 5936 亩，人口接近 2 万人，其中城市人口约 4000 人，辖 12 个村，1 个居委会，103 个农业社。玉堂镇属亚热带湿润性气候，土地肥沃、气候温和、特产丰富。主要粮油作物有水稻、玉米、小麦、油菜；农副土特产品有猕猴桃、秋淡菜、川芎、花卉盆景、黄柏、杜仲、厚朴等。石牛村位于玉堂镇的东北方，背靠赵公山，面朝金马河。由于靠近山区一带，地势比较高，能够使用的土地面积较少，人口的密集度不高，在统规统建和城市化的过程中，人们的生活方式渐渐发生了改变。全村有 5 个大队，其中 3 个沿都汶高速路分布，由于靠近城镇的主城区，因而饮水或青少年入学等都比较方便；另外 2 个大队人口稀少，散居于赵公山上，饮用水主要来源于山中泉水，青少年上学较远。地震对整个村的环境破坏比较严重。就房屋而言，散居于赵公山中的村民，多数房屋倒塌，不可修复；而居于都汶高速公路边的居民房屋，损毁情况相较而言稍轻微。就饮用水而言，赵公山中的居民原有的泉水源被地震破坏，饮用水成为其灾后原址重

建中的最大问题。地震后，石牛村自家房屋损毁无法入住的村民被安排住在靠赵公山山麓搭建的临和苑临时板房安置点中居住。村民会在适于耕种的时间回自己的责任地进行耕种，而适龄青少年也转入安置点附近的学校就读。

（二）玉堂镇地震后的重建规划

在5·12汶川大地震中，玉堂镇整体受灾比较严重，在中央的高度重视、社会各界的广泛帮助下，玉堂镇镇政府已经基本妥善解决了受灾群众当前的住宿等生活问题。虽然地震对玉堂镇整体破坏比较大，玉堂镇镇政府有关人员表示，这并不影响玉堂镇原有的城乡统筹一体化的规划蓝图，玉堂镇的城市规划方案大致保持不变，只是在部分区域考虑到防灾抗震的需要，而有所微调。玉堂镇镇政府提出在灾后重建过程中坚持三个原则：一是坚持原有规划方案不变继续推进，这是因为地震前所进行的项目有了一定基础，这一基础在地震中并没有遭到大的破坏，所以说地震对规划方案并没有太大影响；二是坚持原有普查资料为依据，不会因为地震对群众房屋的损害，而在重建过程中减少对其房屋补贴，仍然按照地震前的普查资料为依据，保障灾区群众的利益；三是与群众意见相统一，尽量满足群众意愿。灾后重建也是灾区人民自己重建家园的过程，玉堂镇镇政府十分重视灾区群众对灾区重建中的意见。玉堂镇镇政府按照中央、省、市以及都江堰市委市政府的要求和部署，结合玉堂镇实际，制定灾区重建、城乡统筹一体规划。

1. 工作思路及目标

镇政府严格按照中央提出"生产发展、生活宽裕、乡风文明、村容整洁、管理民主"的新农村建设要求及市委市政府对西区发展的总体部署，打造高品位城市西区和建设社会主义新农村示范镇。玉堂镇镇政府有关人员表示，在灾后重建过程当中首先要强化队伍建设：一是进一步抓领导班子观念更新，使之从实际出发，勇于变革不合时宜的规定和束缚，以科学发展观创造性地开展工作；二是抓机关干部的业务技能和法律法规等知识的学习培训，增强面对面做群众工作的能力和处理突发问题的能力；三是抓村组干部队伍的教育管理。

玉堂镇面积50余平方公里，辖12个村，1个居委会。作为正在加速建设的城市西区和国际化生态社区，按照推进社会主义新农村建设，突出特色是基础、科学规划是龙头的理念，切实转变农村生产方式，合理调整农村产业结构，加快农业适度规模经营调整，引导农民自愿有偿参与各种形式的土地经营权流转。每个村新培育规模以上农业产业化项目（龙头企业）不少于2个，力争体现一村一品、一村一色、一村一业。加快各类农村专业协会和合作经济组织的建立，每个村新建一定规模的经济合作组织在1个以上，对农户的带动面达80%以上；加快农村新型集体经济发展步伐，狠抓基础设施建设，狠抓项目支撑，全面启动休闲旅游产业开发、紧紧围绕打造都江堰市"中国西部休闲度假第一城"目标，积极促进以经都和蓝光两个五星级酒店建设为重点的旅游接待配套设施建设，全面提高旅游接待档次。结合大青城优势，积极做好赵公山的财神文化开发。对农民集中安置小区商铺按其功能进行适度集中，引进有实力、有特色的餐饮和娱乐企业，形成最具餐饮、休闲等地方文化特色的集中区。

2. 具体规划措施

镇政府将玉堂镇新农村建设分为城市规划区和城市规划区外两部分一并进行统一规划。7.68平方公里的城市规划区突出区域山水特色，定位为以高尚居住为主体，集休闲旅游、生态商务的花园式驻留性国际化生态社区为一体，展示一流的"城市新区"形象；城市规划区外切实注重土地资源的有效利用和生态环境保护，以建设原生态自然村落为定位，彰显高品位城市西区生态特色。当前许多项目正在建设，这其中包括了中信集团的4200亩土地整理和开发项目，新加坡、万科集团的2400亩土地整理和开发项目，还包括五星级酒店、2400亩地的高尔夫球场等旅游配套设施的建设。玉堂镇镇政府也对项目规划和项目进展积极地展开了广泛的宣传。

玉堂镇根据石牛村所处的片区——赵公山环区，将于灾后重建中打造"财神古镇"，并兴建多处乡村酒店，借助赵公山旅游资源打造高水准的国际级旅游度假项目。根据规划，"财神古镇"将作为赵公山的一个崭新景点，提炼赵公山财神文化和道家文化的理念，打造一个崭新的旅游新村，以多个三合院和四合院的穿插组合，加上传统村寨的曲折街巷，形成一个既饱含古寨风情又富有财富文化的特色村寨，形似中国千百年来传统的货币形式——铜币。村寨的总平面布局还类似道家文化的八卦图案，暗含了阴阳平衡、天地人合、吉祥圆满的美好寓意。另外，玉堂镇正在新建一个熊猫基地，预计下半年就能够将成都熊猫基地的部分熊猫迁到此地放养。在白马村与风歧村间的周围将建一个占地2400亩的高尔夫球场，打造高水平的高级旅游休闲配套设施，并建立一个大型美术馆，着力发展文化产业。而玉堂镇南面则规划建立一个3000亩的农业观光带，把农业与旅游业充分结合，增加农民收入。

（三）抽样调查问卷的数据分析

在本次调研的过程中，设计了题目为"政府灾后重建规划与灾民意愿与《城乡规划法》协调机制研究"的调查问卷（问卷样本附后）。问卷内容主要以房屋重建这一灾后重建中极具代表性的部分为切入点，通过实地调研，收集灾区灾民意愿，了解当地灾后重建的规划情况以及规划中对灾民意愿的考虑和采纳情况。全问卷分为两大部分，共4页。第一部分是调查问卷的封面信和指导语，为第一页；第二部分是问卷的问题部分，为第二页至第四页。问卷的问题部分又按形式分为个人背景资料（第二页）、封闭式问题（第二页至第四页）、开放式问题（第四页）。问卷内容涉及法律法规、政府管理以及受灾民众意愿三大部分。

该抽样调查是以都江堰市玉堂镇石牛村的村民为对象，在临和苑临时板房安置点完成的。共计发出问卷180份，收回147份，回收率达到81.7%。在这147份问卷中，合格的问卷有113份，合格率达到76.9%。

本次接受调查的为受灾群众，都为汉族，年龄大于20岁小于50的占90%，文化程度达到中学的占85.7%，小学的占14.3%。

问卷中针对法律法规的数据反映出受灾民众都认为需要了解灾后重建的法规，而了解这些法律法规的群众占62.5%。政府在当地进行法律法规的宣传讲解得到了62.5%的群众认可，群众了解的方式主要是25%通过媒体、25%通过公告栏、37.5%通过工作人员口头传达、50%通过文件传达,可见文件传达是政府最常用的方式。而对于《城乡规划法》,被调查群众75%都不了解这部法律,但是87.5%的灾民认为实施《城乡规划法》的过程中应当征求灾民意愿。在问到他们认为可以反映意见、表达意愿的方式时,62.5%群众认为可以通过媒体和民意调查,50%的群众认为可以通过书信上访和交流会,12.5%的群众认为可以通过代表反映和政府公开电话,另25%的群众认为无法反映意见。而对于无障碍反映意见的方式,50%的群众认为是媒体,37.5%的群众认为是民意调查,25%的群众认为是政府公开电话,12.5%的群众认为是书信上访,从这些数据可以看出,群众认为最有用的反映意见的方式是通过媒体的方式。

问卷中的重建规划部分,85.7%的群众表示希望参与到灾后重建的规划中,而参与过灾后重建规划的群众只占14.5%。87.7%的群众认为政府应该向民众公布重建计划,而71.4%的群众都表示没有见过公布的重建计划。政府公布重建计划的方式主要是公告栏、工作人员口头传达,但是群众认为了解信息和反映意见的渠道是媒体,看来在信息传达渠道上,政府还需要扩宽。受灾群众都很愿意与政府进行沟通,他们沟通的方式,50%的群众认为可以通过媒体、民意调查和书信上访,12%的群众认为可以通过代表反映、政府公开电话和口头反映。可以看出媒体这一种媒介在政府和群众沟通中的重要作用,应该在认识到媒体的积极和消极作用的前提下,加强对媒体的有效利用,重视对《城市规划法》等法律法规的宣传,才能使政府依法进行的行为得到群众的认同。

(四)受灾群众对政府重建规划的意愿

多数受灾群众的整体意愿是希望政府一切以人民利益为重,让老百姓过上幸福的生活;而具体意愿则是群众认为政府在重建规划中和重建过程中的各种行为缺乏透明度,且用于重建的各项开支、赔付的执行和中央规定有不一致之处;政府的各种行政行为没有公开,灾区群众对重建费用的开支的去向不了解,不能有效监督。大部分群众认为应该多加强沟通,政府工作人员应该多深入基层了解民意,应该对中央的文件进行宣传，并且将文件实施到位。

受灾群众对中央政府的救灾政策以及实际措施普遍表示满意，但对在灾后重建规划中政府的某些工作表达了自己的意见以及担忧：

1. 政府的重建规划方案并未充分向受灾群众进行宣传，大部分的群众只了解与自己利益密切相关的区域内的规划；但是对于整个城市的定位、建设以及后续发展知之甚少。群众要求政府进一步加大信息公开力度，透明行政，依法行政；通过各种渠道宣传政府的灾后重建规划，畅通渠道保证民声、民意能到达政策决策者。

2. 受灾群众对重建规划中生活条件的要求。当前石牛村民住在板房当中，村民对板房的卫生，以及夏天炎热等问题非常担忧，而且当前石牛村受灾群众每人每月发一百元的生活补助，但是每月要交水电费、卫生费用等，从地震后到现在受灾群众在板房住宿是全部免费的。但据受灾群众反映，政府即将对板房每人每月征收30元的使用费，多数群众对此表示强烈不满。因此，群众普遍要求在重建中，政府需要综合考虑村民们今后的生活条件、生活支出成本以及生活便利等方面的情况。

3. 对地震中自己房屋损坏，在地震重建过程中政府对原有房屋补偿，受灾群众希望政府能够以原有的房屋面积作为将来房屋补贴的数据。据对玉堂镇镇政府相关负责人的深度访问，这一标准正是该镇政府坚持的重建规划三项原则之一。

4. 对于在地震中，部分学校受损比较严重的问题，受灾群众希望政府在学校重建过程中能够起到主要的、有效的监督作用：包括在建筑发包过程中，选择高水平的建筑公司；在建筑公司施工过程中，政府即时监督建筑施工过程中的质量。学校建筑质量必须是最优秀的。

5. 希望政府指导、扶助菜农、果农对果蔬棚架的恢复重建，提高抗灾能力。果农、菜农自建的瓜棚菜架，大都因陋就简，抗灾能力很差，此次地震灾害，造成棚架几乎全部倒塌，严重影响了瓜果蔬菜的生产。因此，需要政府予以大力扶持，帮助其恢复重建，尤其是重点瓜果基地、蔬菜基地，关系到城镇居民的"菜篮子"问题，必须引起高度重视。群众普遍希望政府相关部门指导果农、菜农改进棚架搭建技术、提高材质,增强抗灾减灾能力。

6. 希望政府督促保险公司认真搞好理赔,尽快落实资金赔偿到位。保险公司是商业性企业,保险合同条款复杂,一般老百姓难以弄懂,再加上理赔手续复杂,程序繁琐,使老百姓望而生畏。为了确保老百姓尽快获得合法的足额的赔偿,受灾群众各级政府应介入保险理赔中,督促保险公司全力认真搞好理赔,尽快赔付到位,以便群众有充裕的资金重建生产。

三、博弈矩形的重建协调机制分析

本文中涉及的整个博弈是建立在政府依法规划、依法行政的前提之下,所谓的合作是指政府和受灾群众之间如果不能达成意见一致,则整个规划方案无法实施。于整个博弈而言就是博弈失败。博弈矩形仅选择具有代表性的情况进行分析:即政府所进行的重建规划,对政府和受灾群众而言,其利益(纯利益,即收入减去成本)的获得都并非是即时的,而是在一定的时间内慢慢进行累积的;政府并未进行重建规划,而由受灾群众自行选择房屋重建地点和重建方式,对政府和受灾群众而言,其利益的获得具有现时性。

根据以上的原因,设置条件为:受灾群众:长期利益为 $A1/$年,短期利益在一年内全部获得为 $B1$;政府:长期利益为 $A2/$年,短期利益在一年内全部获得为 $B2$。设 $B1>2A1$,$B2>2A2$,且 $B1 \leqslant 3A1$,$B2 \leqslant 3A2$;即实行远景规划的第三年开始,长期利益开始大于没有规划进行重建而获得短期利益。而当双方选择不一致时,由于重建无法通过双方协商进行,则双方得益皆为 0。那么在这三年内,以年为时间单位,政府和受灾群众的纯策略非合作的博弈矩形为:

第一年

		政	府
		长期利益	短期利益
受灾群众	长期利益	A1　　A2	0　　0
	短期利益	0　　0	B1　　B2

在第一年中，受灾群众和政府各自的优势策略分别是什么呢？对受灾群众而言，选择遵从政府的重建规划而进行房屋的重建其收益是 A1，而政府不进行重建规划，任由受灾群众自行选择重建，则群众得益为 B1。由题设可知：B1>2A1→B1>A1；故对受灾群众，B1 是其优势策略。对政府而言，其进行灾后重建规划的得益 A2 小于其不对群众的灾后重建进行统一规划的得益 B2，即对政府，B2 是其优势策略。因此，此处的纳什均衡为横线勾画出的方格。

第二年

		政	府
		长期利益	短期利益
受灾群众	长期利益	2A1　　2A2	0　　0
	短期利益	0　　0	B1　　B2

时间累计二年，由第一年的博弈矩形的分析，可知此时政府的优势策略仍是 B2；而受灾群众的优势策略仍是 B1，此时的纳什均衡也同第一年的情况一致。

第三年

		政 府	
		长期利益	短期利益
受灾群众	长期利益	3A2 3A1	0 0
	短期利益	0 0	B2 B1

时间累计三年的博弈矩形的分析，仍需要从双方的相对优势策略入手，进而找到此矩形的纳什均衡。此时，由于重建规划的作用逐渐显现，因此受灾群众和政府可持续的收入也在继续。对受灾群众，其由于遵从政府的重建规划，其三年累积的得益为3A1，而如果其自行安排重建的话，由于没有前瞻性和全局性的考虑，其在重建中的得益仍为一次性的，即B1。由题设条件可知，3A1≥B1，则在三年后，受灾群众的优势策略变为3A1，即接受政府的重建规划方案；对政府，按照其全局性的重建规划而建设的规范化、专业化的城镇为其财政带来持续性收入3A2，不对群众进行规划，任由其自由重建，政府的得益为单一的B2。题设中有3A2≥B2，因此站在三年的时间长度上分析，政府在面临是否推行统一的重建规划方案的选择时，成功推行重建规划是其优势策略。因此在这种情况下，双方的纳什均衡是用横线标出的部分。

综合分析三个博弈矩形可知，此时的政府和受灾群众的利益博弈会因为时间长度的不同而导致不同的纳什均衡。在长期利益累计值小于短期利益的时间长度段，选择短期的利益是政府和群众双方的优势策略；在长期利益累计值大于或等于短期利益的时间长度段，选择长期的利益是政府和群众双方的优势策略。这样的结论是建立于数据可控的环境独立的模型之上，在现实社会中，城镇的竞争力来源于其可持续发展潜力，因此长期性、全局性的考虑在城镇建设规划中是相当重要的内容和指导思想。在这样的背景下，政府自然会更多地考虑经济、文化、社会发展的长期效益性。集中使用国家和上级政府所下拨的资金支持,抓住机遇,进行可持续发展的建设,更是许多受灾城镇政府灾后重建的工作思路。因此,第三个博弈矩形中表明的状况相对而言是最为接近实际情形的。

从以上三个博弈矩形的分析可以看出,出于城市发展和经济建设的目的而制定的重建规划的方案为政府和当地群众所带来的经济效益需要随着时间的推移方可显现。通过规划的城镇重建而带来的经济效益具有可持续性的特征,但是对于这种性质的经济效益的理解和预测不仅是普通群众也是部分政府的领导干部缺乏的。根据对当地村组干部和村民的深入访谈的内容进行分析,发现在进行灾后重建时,着眼于眼前利益,图方便省事的观念在基层干部群众中普遍存在。他们多认为维持现状或就在原地重建房屋省事、省力、省钱;而搬到新的住宅地,适应较为费时,搬家费用成本高,且涉及拆迁、安置等事项,相对较为麻烦。因此在政府进行重建规划的公示或者按规划进行迁移、安置时遭遇的阻力也相对加大。在调查中发现,就受灾群众个体而言,容易缺乏全局性和前瞻性,因此不免蒙蔽于唾手可得的经济利益;对于整个城镇的后续建设和后续发展,多数人抱有"事不关己,高高挂起"的态度,认为那是政府的工作,自己不需要了解也不想了解;而其最为关心的是眼前能拿到手的政府的"赔偿"(多数群众使用的是"赔偿"而非"救济款项")。

政府在宣传重建规划方案,希望得到受灾群众的理解和支持时,不能只停留在政策需要,或者城镇发展的需要;而需要深入浅出地向群众解释规划重建和自由重建与短期利益和长期利益的关系;随着时间的推移和延续,怎样的选择才是他们的优势策略,怎样的选择才能在和政府合作的博弈中得到较好的经济利益,对政府和受灾群众而言才是双赢的局面。这样的宣传,既从群众切身利益出发又能尊重事实,从而也才能保证政府规划方案的顺利实施,使受灾群众安居乐业。

四、政府—民众沟通机制与公信力的建立

政府—民众协调机制建立的关键在于政府—民众沟通机制的建

立。调查反映，该地区政府与民众之间在一定程度上缺乏必要的信任。另一方面，政府对于法律法规和政策的宣传在形式上是无可厚非的，但是民众对其的接受却十分有限。从中直接或间接地反映了以下几点问题：

1. 政府在宣传时是否对所宣传的材料进行了详细的解释。
2. 政府在宣传时是否告之群众相关的利害关系。
3. 民众不注重政府的宣传，是长期以来所形成的习惯。
4. 民众在对所宣传材料理解有限的前提下，无法分辨其中所含的利益关系。
5. 该地区的公信力存在一定问题。

要解决上述问题，政府于群众之间的良好的沟通是关键。考虑到当地实际的情况，即当地平均文化水平偏低，特做出以下几点建议：

1. 加强教育投入，通过定期/不定期培训提高该地区文化水平。
2. 宣传通过多渠道、多方式（广播、书面、会议等）进行，保证宣传的到位。
3. 宣传时进行必要的解释，阐述清楚所宣传内容的利害关系，对于与民众利益相关的条款进行特别说明。
4. 宣传时避免说大话，说套话，注意重点。对所宣传内容进行重新编排，做到通俗易懂，避免照本宣科。
5. 设立多渠道民众反馈机制（上访、书信、公开电话等），并将反馈问题与处理过程及结果公开。
6. 设立政府监督与透明政务机制，公开政府信息、工作流程、人员编制、各类款项使用情况等，同时邀请民众参与政府决策过程。
7. 尝试建立政务综合处理中心，整合政务流程，进行一站式服务，方便民众。
8. 尝试建立分阶宣传模式，即在民众中寻找文化水平较高、理解能力较强的协调人员，并对之进行分级，形成金字塔形宣传路线，以分级民众代表形式进行双向信息交流。
9. 政府应是依法行政的政府。在任何行为中，政府都应当根据宪法、法律、法规以及法律精神来为人民服务，避免文件和领导讲话大于法的现象，使人们形成对法律和制度的信仰，通过法律和制度来体现政府的诚信。

10. 政府需要做到言而有信，政策相对稳定，果断、及时地回应民众的要求。

11. 政府应是以公民为本位的服务型政府。政府必须以公共利益最大化为追求目标，努力提高政府部门服务质量和效率，自觉高效地为公民提供公共物品和公共服务。

良好的政府—民众沟通渠道与政府公信力的建立，能够简化社会复杂性，维持稳定的社会秩序。在民众的监督下，公开透明的行政过程，以及民众意愿的及时反馈和处理能够增强政府与民众间的相互信任。同时，基于依法执政的原因，也可以为当地政府带来连续的合法性基础。再则，通过高效方便的政务处理过程，加强民众对政府的信心，并合理地向服务型政府转变。

结　语

调研中出现的各种问题都有一定的社会代表性，且这些问题的出现都有一定的社会背景。因此研究分析这些问题，不能仅仅停留于问题表面和问题本身，需要深入现实社会中，了解各种社会现象的本质矛盾，并且需要有范围有限定的将各地的这些矛盾进行相似性比较，这样才能抓住问题的实质，才能从整体上把握解决问题的方法和机制。石牛村作为中国西部一个普通的村落，既有其自身特点又有中国农村的共通性，因此在研究中注意把握共性也注意区分特性，而形成的解决机制可以说更适用于中国西部农村。此外，虽然本次调研针对的是政府的地震灾后重建规划和受灾群众的意愿之间的协调问题，但是其中反映出的问题和矛盾则不限于出现震后的规划，也出现在许多城乡一体化的建设规划过程中，因此，第四部分提出的协调机制同样也可以在某些程序微调后，适用于其他类型的建设规划中。这也就达到了实证研究"以小见大，以浅见深"的研究目的和研究任务。

附录 I

政府灾后重建规划与灾民意愿与《城乡规划法》协调机制研究调查问卷

被访者你好！

  感谢你参与政府灾后重建规划与灾民意愿与《城乡规划法》协调机制研究的问卷调查。本调查主要是以房屋重建中具有代表性的部分为切入点，通过对重灾区的实证调研，收集灾民意愿，了解当地灾后重建的规划情况以及规划中对灾民意愿的考虑和采纳等状况。该调查的成果将用于帮助完善重灾区政府重建规划和灾民意愿的协调。该调查内容将仅用于学术研究，涉及隐私资料将不会对外公布，请按实际情况放心填写。

  谢谢你的参与！

四川大学政府灾后重建规划与灾民意愿与
《城乡规划法》协调机制研究研究组
2009 年 1 月

说　明

(1) 请你特别注意每个问题的填写规定，并按每题要求在相应的答案的数字前打（√）。
(2) 请留意该题后说明，不要混淆单选题和多选题。若有一个问题未按规定回答或遗漏未填，整个问卷即废卷。
(3) 开放式问题请自由回答，如空格不够，请另纸附上。
(4) 问卷中有不清楚之处，请向调查员咨询。

调查员：

问卷完成时间：

附录Ⅱ

政府灾后重建规划与灾民意愿与《城乡规划法》协调机制研究调查问卷

A. 概况

A1. 性质：1. 政府工作人员　2. 村工作人员　3. 受灾民众

A2. 性别：1. 男　2. 女

A3. 年龄：1. 小于20岁　2. 大于20小于50岁　3. 大于50岁

A4. 婚姻状况：1. 已婚　2. 未婚

A5. 民族：1. 汉族　2. 少数民族

A6. 文化程度：1. 小学及小学以下　2. 中学　3. 大学及大学以上

B. 法律法规

B1. 你认为受灾民众是否需要了解灾后重建的适用法规？

1. 是　　　　2. 否

B2. 你认为是否需要有相应的法规限定政府在灾后重建中的行为？

1. 是　　　　2. 否

B3. 你是否了解灾后重建的适用法规？

1. 是　　　　2. 否

B4. 你所在地政府是否对灾后重建的适用法规进行过宣传讲解？（选择"是"请做B5，B6题，选择否请跳过B5，B6题，从B7题继续）

1. 是　　　　2. 否

B5. 你所在地政府宣传讲解灾后重建的适用法规所采用的渠道是？（可多选）

1. 媒体　2. 公告栏　3. 工作人员口头传达　4. 文件传达　5. 其他

B6. 你认为你所在地政府对灾后重建的适用法规的宣传讲解？（单选）

1. 非常好　2. 比较好　3. 比较差　4. 很差

B7. 你是否了解《城乡规划法》？

1. 是　　　　2. 否

B8. 在制定《城乡规划法》前，你是否接受过相关人员的采访和调查？

1. 是　　　　2. 否

B9. 在颁布《城乡规划法》后，你是否对其中的条款存在意见？（选择"是"请做 B10 题，选择否请跳过 B10 题，从 B11 题继续）

1. 是　　　　2. 否

B10. 你的主要意见是：_____

_____

B11. 你认为可以反映意见的方式是？（可多选）

1. 媒体　2. 通过代表反映　3. 民意调查　4. 交流会　5. 书信上访　6. 政府公开电话　7. 口头反映　8. 其他　9. 无法反映

B12. 你认为你可以无障碍反映意见的途径是：（可多选）

1. 媒体　2. 通过代表反映　3. 民意调查　4. 交流会　5. 书信上访　6. 政府公开电话　7. 口头反映　8. 其他　9. 无法反映

B13. 你认为在实施《城乡规划法》的过程中是否需要征求灾民意愿？

1. 是　　　　2. 否

C. 政府管理

C1. 你是否希望自己能参与灾后重建的规划？

1. 是　　　　2. 否

C2. 你是否参与过灾后重建的规划？

1. 是　　　　2. 否

C3. 你认为灾后重建的首要任务是什么？（单选）

1. 灾民居住点的重建　2. 灾区经济的恢复　3. 灾区公共设施

的恢复

C4. 你认为政府制定灾后重建计划时是否需要进行民意调查？

1. 是　　　　2. 否

C5. 你所在地的灾后重建在进行前/进行时是否做过民意调查？（选择"是"请做C6题，选择否请跳过C6题，从C7题继续）

1. 是　　　　2. 否

C6. 你所在地的民意调查的调查方式是？（可多选）

1. 问卷调查　2. 访谈　3. 交流会　4. 代表统一反映　5. 其他

C7. 你认为政府在进行灾后重建时是否需要向民众公布重建计划？

1. 是　　　　2. 否

C8. 你所在地政府在进行灾后重建时是否向民众公布过重建计划？（选择"是"请做C9题，选择否请跳过C9题，从C10题继续）

1. 是　　　　2. 否

C9. 你所在地政府是通过什么渠道公布重建计划的？（可多选）

1. 媒体　2. 公告栏　3. 工作人员口头传达　4. 文件传达　5. 其他

C10. 你是否了解你所在地的灾后重建计划？

1. 是　　　　2. 否

C11. 你居住所在地的灾后重建工作是否是在有计划地进行？

1. 是　　　　2. 否

C12. 你对政府目前的灾后重建的实施力度是否满意？

1. 是　　　　2. 否

C13. 你所在地的受灾民众是否愿意就其意愿与政府沟通？

1. 是　　　　2. 否

C14. 你所在地的民众与政府的主要沟通渠道是什么？（可多选）

1. 媒体　2. 通过代表反映　3. 民意调查　4. 交流会　5. 书信上访　6. 政府公开电话　7. 口头反映　8. 其他　9. 无法反映

C15. 你认为你所在地的民众与政府沟通的渠道是否畅通？

1. 是   2. 否

C16. 你认为你所在地政府的灾后重建计划是否符合民意？（单选）

1. 非常符合 2. 比较符合 3. 不太符合 4. 完全不符合

总体而言，你认为你所在地政府在灾后重建过程中与民众的沟通力度如何？（C17－C19题，单选）

C17. 灾后重建计划制定时：

1. 非常好 2. 比较好 3. 比较差 4. 很差

C18. 灾后重建的过程中：

1. 非常好 2. 比较好 3. 比较差 4. 很差

C19. 当政府规划与民众意愿有冲突时：

1. 非常好 2. 比较好 3. 比较差 4. 很差

C20. 你所在地政府在实施灾后重建的过程中是否遭遇过民众阻挠？

1. 是   2. 否

C21. 如果你所在地政府在实施灾后重建的过程中遭遇民众阻挠，其原因是_____

_____

C22. 如果你所在地政府在实施灾后重建的过程中遭遇民众阻挠，你认为最好的解决方式是_____

_____

D. 受灾民众意愿

D1. 你认为政府在灾后重建中最重要的目标是什么？

_____

D2. 你认为受灾民众最大的意愿是什么？

_____

D3. 你认为在本次灾后重建过程中政府与受灾民众分歧最大的

地方是什么？为什么会有分歧？

_____

D4. 你认为政府应该如何才能保证和受灾民众意愿高度的统一？

_____

D5. 请描述在本次灾后重建工作中政府做得较好的地方

_____

D6. 请描述在本次灾后重建工作中政府做得不足的地方

_____

全卷结束，谢谢你的参与

紧急状态下公民基本权利的克减与保障机制研究[①]

王圆圆

【内容摘要】 本文首先对何谓紧急状态进行了定义，厘清了相关的概念的内涵与外延。综合社会风险与不安定因素加大的现实情况，对紧急状态持广义的理解态度。通过对紧急状态下国内外立法及国际条约中有关公民权利与政治权利克减的规定比较分析，不断求索紧急状态下我国公民权利克减所依据的原则及限制性条件，进而提出紧急状态下公民权利克减的保障机制的建议。

【关键词】 紧急状态 公民基本权利 克减 保障机制

一、绪论

（一）选题依据

近年来，我国多次发生重大突发性危机事件的紧急情况，尤其是2008年的5·12汶川大地震，所带来的伤痛久久不能平复。还有2003年上半年的特大非典型肺炎（SARS）疫情，短期内蔓延全国26个省、市、自治区，3000多人患病，600多人死亡；2004年年初开始的禽流感动物疫情，全国10多个省、市、自治区的近50个地区发生疫情，紧急捕杀数百万只家禽。同时，各种特大自然灾害不断。经过1998年长江特大洪灾后，又发生了2003年的淮河流域特大洪灾；新疆巴楚、伽师、伊犁昭苏和云南楚雄大姚的6级以上大地震。作为紧急事件多发的我国，必须重视各类紧急事件，研究紧急状态下

---

① 课题负责人：王圆圆，四川大学法学院2007级刑法学硕士研究生。

的法律以及紧急状态下的公民权利和权利保障。

（二）选题目的和意义

紧急状态是危及一个国家正常的宪法和法律秩序，对人民的生命和财产安全构成严重威胁的正在发生的或者是迫在眉睫的危险事态。从各国立法来看，紧急状态大致包括以下几种情况：一是各类自然灾害，包括地震、火山爆发、泥石流、飓风、海啸、森林火灾、洪水、干旱、冰雹等；二是各种传染性疾病，包括鼠疫、天花、霍乱、艾滋病、非典型性肺炎、艾博拉病毒、流行性感冒病毒等；[①] 三是各类人为因素制造的灾害，包括战争、骚乱、暴动、恐怖袭击、大量绑架人质、爆炸、决水、投毒、计算机病毒、核泄漏、科研实验事故、国家考试泄密等；四是各种经济灾害，如金融危机、经济危机等。在紧急状态时期，一方面国家紧急权力相对需要集中和扩大，而公民在平时所享有的某些权利则要受到一定的限制；另一方面也必须防止因国家紧急权力的强化而导致权力被滥用，尽可能最大限度地保障公民的权利。

紧急状态下对化解危机和保障人权的问题，必须慎重行事，宪政主义和法治主义理念要求国家："在平常时期要坚持法治原则，尊重和保障人权，在紧急状态时期也应如此，坚持依法处理各种重大突发事件。"[②] 在此理念的指导下努力寻求一种新的公民基本权利与国家权力的平衡机制，期望达到最终双赢的结局。然而，坚持这样的目标非常艰难，人们常常将紧急状态下公民的基本权利称为"刀尖上的舞蹈"。

总结各国立法对紧急状态下公民权利限制[③]的规定，一般而言，其范围大多包括：人身自由或财产自由，居住和迁徙自由，住宅不受侵犯，通信、言论、出版、结社自由，集会、游行、示威自由，不受

---

① 党忠民：《"非典"与法制——关于制定紧急状态法的思考》，载《天津市政法管理干部学院学报》，2004年第1期。

② 国际法学协会：《紧急状态对人权的影响》(state of Emergency: Their Impact On Human rights, a study prepared by the International Commission, Geneva, 1983, p 413.)。

③ 韩大元：《比较宪法学》，高等教育出版社2003年版，第75页。

强制劳动或强迫劳动,从事职业权,经营权,罢工权等。关于在紧急状态下不可克减的权利一般包括:生命权,不受奴役权,人道待遇权,免受溯及既往法律约束的权利,良性和宗教自由的权利等一些基本的公民权利。在我国由于紧急状态法制的不足,紧急状态的法制化,尤其是在紧急状态下如何保障公民权利,成为研究的热点问题。该问题的研究在推进我国宪政建设中,具有十分重要的实践意义。

本文主要阐述了紧急状态以及紧急状态下的公民权利及其保障,以及紧急状态制度下如何处理好保障公民权利的问题。

二、紧急状态概述及其法律体系的构成

(一)紧急状态概述

研究紧急状态下公民权利及其保障,首先要解决的问题就是紧急状态的概念以及它与其他相关概念的区别,这对了解紧急状态下公民权利及其保障,确定国家公权力与公民私权利的关系,保障公民的权利,有着极其重要的意义。

1. 紧急状态的概念

紧急状态(State Emergency)起源于中世纪法国"三十年战争"时的"围场状态",[①] 但是当时的学者并未对此有过多的论述。资产阶级启蒙思想家洛克提出了"自然状态"和"战争状态"[②],但是并未对"紧急状态"进行阐述。同时期的各国宪法也未对紧急状态制度做出规定。到了19世纪,一些国家的宪法中开始对紧急状态进行规定,如1848年普鲁士宪法第63条以及1889年日本明治宪法第8条等都出现了"紧急命令权"的称谓。从19世纪末到20世纪初,人类社会先后经历了"一战"、1918年大流感、全球经济"大萧条"和"二战",当时各国政府在危急关头频频发布紧急措施法令,采取紧急措施,以国家的行政力量干预经济、社会等各个方面。在这一时期,

---

[①] 北京大学法学百科全书编委会:《北京大学法学百科全书——宪法学行政法学》,北京大学出版社2000年版,第244页。

[②] [英]洛克:《政府论(下篇)》,商务印书馆1964年版,第5~16页。

各国宪法对于行政权力予以扩张,并增加了"紧急状态"制度,如巴西宪法第 5 章、印度宪法第 18 编以及巴基斯坦宪法第 10 编都对"紧急状态"给予专门规定。在 20 世纪,许多国家不仅在宪法中规定了紧急状态制度,有些国家还制定了紧急状态法典。如 1920 年英国颁布的《紧急状态权力法》、1954 年法国颁布的《紧急状态法》以及 1976 年美国颁布的《全国紧急状态法》等。如今,将紧急状态制度纳入法治轨道以成为现代法治的重要标志。

由于世界各国对于国家在社会动乱或者自然灾害引发的特殊的社会状态下使用了不同的称谓,这给研究、借鉴带来了相当的困难。因此,在这里有必要采用一个比较统一的法律术语界定这一特殊的社会状态。确定这一法律术语应从三个方面考虑:一是这一法律术语应当具有法律意义,符合法律术语的特征,具备成为法律概念的要求;二是这一法律术语应当能够覆盖"特殊的社会状态"的主要内容;三是其能应用于未来社会,具有一定的适应能力。苏联在制定《苏联紧急状态法律制度法》的过程中,苏联内务部研究所的教授、法学博士尹格·米哈依洛夫卡娅认为:"制定这项法律首先应该确定一个明确的法律术语,有人称紧急状态,也有人谓之戒严、戒严状态、特别状态等等。苏联应采用紧急状态这一术语,并使之法律化、明确化。"[①]本文亦采用紧急状态的提法。

国外对紧急状态的定义较有代表性的主要有以下三种:一是"危机状态"。紧急状态是指一种重大突发性事件在一定范围和时间内形成的危机状态,这种危机状态对社会秩序与生命安全构成极大威胁和损害,阻止了国家机关正常行使权力,必须采取特殊措施才能遏制威胁,恢复秩序。二是"临时措施"。苏联于 1990 年通过的《苏维埃社会主义共和国联盟关于紧急状态法律制度的法律》中规定,紧急状态是在发生自然灾害、重大事故或惨祸、流行病、兽疫以及发生大规模骚乱时,为了确保苏联人民的安全,根据苏联宪法和本法宣布的临时

[①] 马怀德:《应急反应的法学思考——"非典"法律问题研究》,中国政法大学出版社 2004 年版,第 3 页。

措施。三是"危机局势"。欧洲人权委员会、欧洲人权法院以及国际劳工公约都是采用"危机局势"来界定紧急状态的。其中,欧洲人权委员会对"公共紧急状态(Public Emergency)"的解释是,必须是现实的、迫在眉睫的;其影响必须波及整个国家;全社会正常生活的继续必须受到威胁;危机或危险必须是异常的,以至于采取公约关于维护公共安全、卫生和秩序所允许的正常措施或限制办法已明显不足以控制局势。欧洲人权法院对"公共紧急状态"的定义是:一种特别的、迫在眉睫的危机或危机局势,影响全体公民,并对整个社会的正常生活构成威胁。国际劳工公约规定,禁止"强迫或强制劳动不包括在紧急情况下所要求的工作或服务,紧急情况是指发生战争、灾难或有危险的灾害,诸如火灾、洪水、饥荒、地震、凶猛的流行病或动物流行病、动物和昆虫或植物害虫的袭击。总的来说是指将威胁全部或部分居民的生存或健康的局势。"①

我国有的学者将紧急状态定义为"非法秩序",紧急状态是一种具有危险度的非法之社会秩序。它是一种非正常的社会秩序,与正常状态相比,其最大的特点为紧急状态是一种不为社会行为规则所肯定的社会秩序,或叫做非法秩序。②还有的学者将其定义为"非常措施",紧急状态是指统治阶级在国家安全和统治秩序处于危险状态时所采取的一种非常措施。于安教授在其执笔的《中华人民共和国紧急状态法》清华大学专家意见稿中这样理解紧急状态:"突然发生下列公共安全事件,即严重危及全国或者省、直辖市、自治区局部地区的人民生命安全、社会安全和秩序、国家安全和制度,不采取特别应急法律措施不足以控制和消除严重社会危害和威胁,国家依照宪法和本法实行紧急状态。"③

综上所述,紧急状态是指突发事件(非战争因素)所引发的公共危机,在常规法律手段无法解决之际,由国家宣布后按照特别程序,

---

① 莫纪宏、徐高:《紧急状态法学》,中国公安大学出版社1992年版,第82页。
② 莫纪宏、徐高:《紧急状态法学》,中国公安大学出版社1992年版,第87~88页。
③ 清华大学公共管理学院编:《紧急状态立法研究资料》,2004年8月。

运用国家权力解决公共危机的状态。它的本质是法律状态，是针对严重混乱的社会状况而宣布的非常宪法状态，而非单纯的事实状态。

2. 紧急状态的法律特征

紧急状态的内涵决定了紧急状态的特征。紧急状态作为一种危机性与非法性并存的社会状态，具有如下几个法律特征：

第一，现实的或即将发生的危机冲击了社会的正常秩序。紧急事件必须是客观存在的、现实的和不以人的意志为转移的，而不是存在于紧急状态宣布者的主观想象中的危险情况。紧急事件包含这样一个事实：紧急状态的存在，不管其来源于人为的活动，还是来源于不可抗力的意外事件，它都必须是现实或者肯定要发生的紧急事件。紧急状态作为一种非常的社会秩序，必须具有危险性。它的出现，致使正常的社会关系的运作机制遭到破坏，人民的生命财产等基本权利受到侵害。在某个地区甚至整个国家一旦爆发紧急事件，对于人民的生命、财产都将造成严重损失，有时甚至是毁灭性、不可挽回的损失。

第二，采取常规的法律手段已经无法消除危机，必须采取紧急对抗措施。紧急状态的出现往往突如其来，猝不及防，短时间内给社会带来巨大的灾难，导致国家政权机关无法正常行使管理社会的职能，常规管理手段失去效果。为了迅速恢复正常的社会秩序，减少因紧急状态而造成的损失，必须采取特别的紧急对抗措施消除紧急事件，否则就不是法律意义上的紧急状态。

第三，紧急状态须经过合法程序确认与宣布。紧急状态既是事实状态更是法律状态，① 未经过合法程序确认的紧急状态可能是客观存在的。因为处于紧急危险威胁的是多数人，每个人对于紧急危险的感受和认识是不一样的，做出的判断也不相同。因此，虽然所有的个体都可自己评价、判断紧急状态的产生，但只有经过法律规定的权威机关给予的确认才是判断紧急状态的标准。同时，这种权威机关必须是由法律明确授权的。

紧急状态确认后必须依照法定程序宣布产生，未经宣布的紧急状

---

① 韩大元、莫于川：《应急法制论》，法律出版社 2005 年版，第 47 页。

态不发生法律效力。紧急状态一经宣布，会直接影响到人民生命财产的安全和个别人的切身利益。因此，紧急状态必须由权威机关依照法定程序宣布，其他一切国家机关宣布进入紧急状态的命令都不具备法律效力。对于紧急状态宣布前已经存在的紧急事件，依照相关法律的规定，如果法律规定对其有追溯力的，那么紧急状态的宣布也涉及相应的紧急事件。在紧急事件发生时，由于情况紧急没有经过法定程序宣布，相关机关就采取了紧急对抗措施，这些措施应由有权宣布紧急状态的权威机关依照法定程序对其追认。

3. 紧急状态与相似概念的界分

（1）紧急状态与戒严。紧急状态与戒严是两个互相区别又互为联系的概念。戒严是指国家在战争、叛乱、骚乱或严重自然灾害等紧急情况下，为保证国家安全，维护社会秩序，依照宪法及戒严法的有关规定，在全国或某一地区宣布采取一种严格的警戒措施，① 如增设警卫、加强警戒、组织巡逻搜查和实行新闻、交通管制等。我国《戒严法》在总则第 2 条中规定："在发生严重危及国家的统一、安全或者社会公共安全的动乱、暴乱或者严重骚乱，不采取非常措施不足以维护社会秩序、保护人民的安全和财产安全的紧急状态时，国家可以决定实行戒严。"并具体规定了发布戒严令、做出特别的戒严规定和采取必要的戒严措施等。可见，戒严作为一种警戒措施，是宪法和法律赋予政府的一种处理紧急事件的具体行政行为。而紧急状态是一种危机状态，是社会秩序的一种非正常状态。当国家安全和社会秩序处于危险的紧急情况下，政府采取包括使用国家权力所能使用的一切力量处置紧急情况，旨在结束危机。紧急状态适用的范围比戒严更宽，能够采取的措施比戒严更多，只有在紧急状态到了极其严重的情况下才可实施戒严，它是应对严重紧急状态的一种对抗措施。

（2）紧急状态与战争状态。紧急状态与战争状态之间存在一种包含与被包含的关系。战争状态是指国家在面临战争威胁或与另一交战主体处于交战情况下实行的一种法律制度，在本质上说就是一种特殊

---

① 胡鹰：《论戒严立法》，载《法律与实践》1990 年第 1 期。

类型的紧急状态,也可以说战争状态是一种危机局势最严重的紧急状态。国家一旦进入战争状态,就会因为其涉及面非常广,而对国家经济、社会秩序和全体公民的人身财产安全等都具有重大影响。国家在对抗战争状态时需要采取特殊的对抗措施,如我国现行《宪法》规定全国人民代表大会"决定战争与和平的问题",全国人民代表大会常务委员会"在全国人民代表大会闭会期间,如果遇到国家遭受武装侵犯或者必须履行国际间共同防止侵略的条约的情况,决定战争状态的宣布";"决定全国总动员或者局部动员"。可见,战争状态就是紧急状态的一种。不过,由于战争状态是最严重的紧急状态,世界各国一般都对其做出了特殊的规定,以专门的法律制度进行调整。

(3) 紧急状态与军事管制。军事管制与戒严一样,它们都是政府应对紧急状态的一种紧急措施。军事管制是指由军队对指定地区、行业系统或单位进行管理和控制,其目的是维护社会秩序,保证战争或生产、工作等的顺利进行。① 可见,军事管制最大的特点就是一切国家机关的职权由军事机关代行,军事机关掌握宪法和法律规定的国家权力,由军事机关全权指挥、统一协调和调遣。另外,军事管制作为应对紧急状态的一种紧急措施,一般用于发生暴力革命导致政权更迭的初期。

(二) 我国紧急状态法律体系及具体内容

我国目前的紧急状态的立法比较分散,没有像美国、英国、俄罗斯那样通过《紧急状态法》来统领紧急状态制度,也没有像《土耳其宪法》那样对紧急状态通过加以分类来规定不同的紧急措施和紧急状态的法律制度。目前我国的紧急状态的法律体系主要是由以下几个方面的法律制度构成的。

1. 现行宪法的相关规定

2004年3月的宪法修正案将现行《宪法》第62条、第80条和第89条关于全国人民代表大会常务委员会、国务院有权依据宪法规定决定戒严,国家主席有权依据宪法规定发布戒严令的规定修改为全

---

① 莫纪宏、徐高:《紧急状态法学》,中国公安大学出版社1992年版,第176页。

国人民代表大会常务委员会、国务院有权依据宪法决定进入紧急状态，国家主席有权依据宪法宣布进入紧急状态。① 紧急状态入宪，不仅仅只是将"戒严"改为"紧急状态"的词语修改问题，更重要的是这种修改确立了一项基本的宪法原则；紧急状态入宪，弥补了原来宪法所规定的戒严制度对国家机关行使紧急权力规范不到位的缺陷，比较全面地将国家机关行使国家权力的行为纳入宪法的调整范围，也就是说，国家机关不仅在平常时期，而且在紧急时期也要按照宪法所赋予的国家权力行使紧急权力。由此体现了宪法的根本法特征，强化了宪法作为根本法的法律权威和突出了以宪法为核心的"依宪治国"的现代法治精神的要求。②

2. 紧急状态法

目前我国紧急状态法正在制定中，虽然《紧急状态法》尚未出台。但是，在其他一些相关法律、法规和我国加入的国际法中则有所规定，从学理上亦可以将其视为我国紧急状态法律体系的重要组成部分。因而，紧急状态法是以下列形式存在的：

（1）明确规定紧急状态的法律制度。《中华人民共和国香港特别行政区基本法》第18条第4款规定：全国人民代表大会常务委员会决定宣布战争状态或因香港特别行政区内发生香港特别行政区不能控制的危及国家统一或安全的动乱而决定香港特别行政区进入紧急状态，中央人民政府可发布命令将有关全国性法律在香港特别行政区实施。《中华人民共和国澳门特别行政区基本法》第18条第4款规定：在全国人民代表大会常务委员会决定战争状态或因澳门特别行政区政府不能控制的危及国家统一或安全的动乱而决定澳门特别行政区进入紧急状态，中央人民政府可发布命令将有关全国性法律在澳门特别行政区实施。目前我国统一的法律体系中，紧急状态法律制度是直接适

---

① 杨景宇：《宪法和宪法修正案学习问答》，中国民主法制出版社2004年版，第50页。

② 莫纪宏：《完善紧急状态立法，保障公民的宪法和法律权利》，载《中国司法》2004年第2期。

用于香港和澳门特别行政区的。

(2) 确认紧急状态法律制度的存在。一些法律、法规已经涉及国家处于紧急状态情况下，如何发生相应的法律关系。例如，《中华人民共和国对外合作开采海洋石油资源条例》第 26 条规定：在战争、战争危险或其他紧急状态下，中国政府有权征购、征用外国合同者所得的和所购买的石油的一部分或全部。

(3) 我国批准和参加的国际条约或协定对紧急状态法律制度的确认。在我国批准和签署的国际条约或协定中，涉及紧急状态法律制度的达 20 多个，这些条约或协定包括《公民权利和政治权利国际公约》《中美贸易关系协定》《中日关于鼓励和相互保护投资协定》等。在这些国际条约或协定中，对紧急状态情况下有关法律关系如何处理都作了较为详细的规定。例如，《公民权利和政治权利国际公约》第二部分第 4 条讲述了在社会紧急状态下可以正式宣布克减公约义务。但应当注意的是，即使情况紧急，亦不得克减某些核心权利和义务。

3. 戒严法

2004 年的宪法修正案已经用紧急状态概念取代了戒严概念，但《中华人民共和国戒严法》中仍然使用的是"戒严"的概念。

根据《中华人民共和国戒严法》第 31 条的规定：在个别县、市的局部范围内突然发生严重骚乱，严重危及国家安全、社会公共安全和人民的生命财产安全，国家没有做出戒严决定时，当地省级人民政府报经国务院批准，可以决定并组织人民警察、人民武装警察实施交通管制和现场管制，限制人员进出管制区域，对进出管制区域人员的证件、车辆、物品进行检查，对参与骚乱的人可以强行予以驱散、强行带离现场、搜查，对组织者和拒不服从的人员可以立即予以拘留；在人民警察、人民武装警察力量还不足以维护社会秩序时，可以报请国务院向中央军事委员会提出，由中央军事委员会决定派出人民解放军协助当地人民政府恢复和维持正常社会秩序。

4. 灾害应急法

在自然灾害发生以后，往往会出现各种紧急情况，特别是一些重大的自然灾害或者人为灾害发生之后，政府必须采取一些紧急措施才能有效地控制社会局势，维护正常的社会秩序，保障国家财产和安全以及公民人身财产安全不受侵犯。因此，灾害应急作为灾害法的重要调整对象基本上都在相应的灾害法中得到了体现。有的灾害应急活动还制定了专门的灾害应急条例，如《破坏性地震应急条例》《核电厂核事故应急条例和处理规定》以及《突发公共卫生事件应急条例》等。而没有制定专门应急条例的灾害应急活动，在相关的法律、法规中也可以找到灾害应急活动的法律依据，特别是政府在灾害应急活动中可以行使的行政紧急权力以及可以采取的紧急措施。以灾害的种类来划分，目前我国的灾害应急法主要包括以下几个方面：

(1) 突发公共卫生事件应急法。《突发公共卫生事件应急条例》第1条规定：突发公共卫生事件，是指突然发生，造成或者可能造成社会公众健康严重损害的重大传染病疫情、群体性不明原因疾病、重大食物和职业中毒以及其他严重影响公众健康的事件。对于各种突发公共卫生事件，各级人民政府可以依据《突发公共卫生事件应急条例》的规定来采取各种具体的应急措施。2003年非典防治工作中最主要的法律依据就是《突发公共卫生事件应急条例》，当然还有《中华人民共和国传染病防治法》《中华人民共和国传染病防治法实施办法》等法律、法规中的相关规定。特别是在《突发公共卫生事件应急条例》出台前，传染病防治法及其实施办法中有关传染病应急工作的规定是非典防治工作的主要法律依据。

(2) 破坏性地震应急法。目前，我国破坏性地震应急工作的法律依据主要集中在《破坏性地震应急条例》中，但从法律的效力来看，《中华人民共和国防震减灾法》作为法律也为破坏性地震应急工作提供了必要的法律依据。并且，《中华人民共和国防震减灾法》晚于《破坏性地震应急条例》出台，所以《中华人民共和国防震减灾法》中关于"地震应急"的规定不仅可以较好地修正《破坏性地震应急条例》的相关规定，而且其法律的效力大于行政法规的效力。因此，《中华人民共和国防震减灾法》所确立的"地震应急制度"具有更大的权威性。

(3) 核事故应急法。我国目前关于核事故应急的法律规定主要规定在《核电厂核事故应急条例和处理规定》中，凡是涉及核电厂核事故的应急问题，都应当一律依据该条例的规定进行处理。当然，从完善核事故应急工作的需要出发，核事故应急工作的范围还应当进一步加以扩大，特别是非核电厂的核事故如何处理，也应当认真加以研究，以便于在条件成熟的时候制定统一的《核事故应急法》。

（4）防洪应急法。《中华人民共和国防洪法》和《中华人民共和国防汛条例》是目前我国防洪应急的主要法律依据。特别是《中华人民共和国防汛条例》，其中对防洪应急作了比较详细的规定。

（5）森林防火应急法。《中华人民共和国森林法》和《中华人民共和国森林防火条例》是森林防火应急工作的主要法律依据。另外，《中华人民共和国消防法》中关于消防工作的规定也适用于森林防火工作。

（6）地质灾害应急法。目前的地质灾害应急法，除了地震应急之外，像滑坡、火山喷发、沙尘暴等地质灾害应急工作，还没有制定相应的应急法律或法规。在出现上述灾害的情形下，可以视其严重程度，参照地震应急法律、法规的规定来采取相关的地质灾害应急措施。

（7）气象灾害应急法。在我国，台风是比较容易发生的气象灾害。台风来临时，我国东南沿海地区往往处于非常危急的状态。为了进一步搞好台风应急工作，除了要依据《中华人民共和国气象法》的规定搞好气象预报、预测工作外，还应当根据该法所确立的关于台风应急工作的总的指导思想采取相应的应急措施。在时机成熟时，可以出台一个由国务院发布的《台风灾害应急条例》这样的应急法规。

（8）环境灾害应急法。我国的环境灾害应急立法主要集中在环境法中。例如，《中华人民共和国环境保护法》《中华人民共和国海洋环境保护法》《中华人民共和国大气污染防治法》等对于环境灾害的应急工作有一些原则性的规定。

（9）其他性质的灾害应急法。在我国的灾害法法律体系中，还有许多法律、法规确立了对其他性质的灾害的应急制度。例如，《中华人民共和国矿山安全法》对矿山安全事故发生之后的应急工作就作了原则性规定。

总之，我国目前的灾害应急法主要是分散在不同的灾害法中的，而专门的灾害应急法却很少，只有《破坏性地震应急条例》《突发公共卫生事件应急条例》等。这样的灾害应急立法的状况，如果从应付一些常见的灾害应急工作来说，还是可以的。但是，对于那些不常见的灾害应急工作或者是当出现了灾害并发的情况时，应该如何对待，则尚需进一步完善。

三、紧急状态下国家克减公民基本权利的必要性与正当性

（一）国家克减公民权利的必要性

在现代社会，法治已成为基本的治国谋略，即使是在紧急状态时期也要有法治。而法治的真谛在于保障人权，保障基本人权不受侵犯是任何一个追求民主、法治、人权的宪政国家所必须遵循的基本原则之一。在紧急状态时期，需要对宪法所确立的某些基本人权做出一定的限制，这是由于紧急状态的特殊危险性所决定的。根据欧洲人权法院的解释，所谓"公共紧急状态"，是"一种特别的、迫在眉睫的危机或危险局势，影响全体公民，并对整个社会的正常生活构成威胁"。[①] 当这种时刻来临时，作为担负公共管理职能的政府，如果仅仅采取正常的行政措施，显然是难以维护或者恢复正常的社会秩序的。为了实现公共利益，保障全体公民的生命财产之安全，为了长远和更高的人民的整体利益，必须牺牲目前短暂的少数人或部分人的权利、自由，而赋予政府的一种集中、强化和扩大化的紧急行政权，采取高效率、迅捷的紧急对抗措施，以消除紧急危险，渡过危机，尽快恢复到正常的社会秩序。可见，紧急状态下政府采取紧急措施的正当性，正是限制公民部分基本权利的必要性之所在。从这个意义上说，政府行使紧急行政权，对公民基本权利予以限制，乃是实现公共利益所必需的。

---

① 秦平：《重大突发事件与紧急状态立法——访中国社会科学院法学研究所研究员莫纪宏》，载《法制日报》2003年5月8日。

(二) 国家克减权利的正当性

第一，这是国家的自卫权，即面对自己的生命受到威胁，国家有权采取更广泛的措施来保卫自己的生命，这当然包括对权利的克减。"在非常状态下国家是根据自我保存的权利终止法律"的。① 这同刑法中正当防卫有几分相似。

第二，正如曼弗雷德所言"国家为了避免由国际战争或内战引起的，对一般公众非常严重的无可挽回的损失，以及避免颠覆宪政秩序的企图或特别严重的自然或环境的灾难"。②

第三，国家行为在紧急状态条件下是主权行为。主权就是决定非常状态。③ 根据古典自然法的观点，每个人放弃在自然状态中的某些权利而组成国家形成主权，其目的就是更好地保护人的权利。"都是为了人民的和平、安全和公共福利。"④ 所以，国家的一切行为要受到这个最终目的的限制，否则国家就失去其存在的伦理基础。

因此，即使在紧急状态条件下，国家为了能使整个秩序得以存续，而行使较为专断的紧急权并对权利进行克减是必要的。但是，其克减权利的行为必须要受到限制，这是由国家和政府的根本目的所决定的，即人的生命、安全、财产和福利。

四、紧急状态下的公民权利

公民的权利应该包括正常状态（宪法规定）下的公民基本权利和紧急状态下的公民权利。研究紧急状态下的公民权利，必须要对宪法规定的公民基本权利加以了解。根据权利的性质可以分为不可克减的公民权利与可以适当克减与限制的公民权利。

(一) 不可限制与克减的公民权利

当主权者宣布国家进入紧急状态的时候，就意味着主权者可以根

---

① ［德］卡尔·施米特著：《政治的概念》，刘宗坤等译，上海人民出版社2003年版。
② ［奥］曼弗雷德·诺瓦特著：《民权公约评注》，毕小青、孙世彦译，生活·读书·新知三联书店2003年版。
③ ［德］卡尔·施米特著：《政治的概念》，刘宗坤等译，上海人民出版社2003年版。
④ ［英］洛克著：《政府论（下篇）》，叶启芳、翟菊农译，商务印书馆1997年版。

据情势需要克减公民权利。正如前述的那样，主权者在行使紧急权时要受到各方面的限制，其中不可克减的权利就是限制主权者的一个方面。关于哪些权利属于不可克减的权利，在国际公约和各国立法实践中所规定的并不相同。《欧洲人权公约》在第15条第2款中规定：第2条、第3条、第4条第1款和第7条为不可克减之权利。其中，第2条规定了生命权；第3条规定了免受严刑的权利，免受非人道的、卑劣的待遇和惩罚的权利；第4条第1款规定了免受奴隶制和苦役的权利；第7条规定了不受溯及既往的法律约束的自由。《美洲人权公约》在第27条第2款中列出了一个不可克减权利的广泛清单。其中包括第3条（法律人格权）、第4条（生命权）、第5条（人道待遇权）、第6条（不受奴役权）、第9条（不受溯及既往的法律约束的权力）、第12条（良心和宗教信仰自由）、第17条（家庭的权利）、第18条（姓名权）、第19条（儿童的权利）、第20条（民族的权利）以及第23条（参政权），或暂停实施为保护这些权利所必要的司法保障。这是一个前所未有的不可克减权利的清单，即使在联合国的《公民权利和政治权利国际公约》中也没有规定这么多的不可克减的权利。《公民权利和政治权利国际公约》第4条第2款中也规定了不可克减权利，它包括第6条（生命权）、第7条（不受酷刑或施加以残忍的、不人道的或侮辱性的待遇或刑罚的权利，以及未经本人同意不得施加以任何医药或科学实验的权利）、第8条（免受奴隶制和奴役的权利）、第11条（禁止债务拘禁的权利）、第15条（免受溯及既往的刑法约束的权利）、第16条（在法律面前被承认为人的权利）以及第18条（思想、良心和宗教的自由）。"锡拉库萨原则"（"Siracus Principle"）第58条除再次重申《公民权利和政治权利国际公约》中规定的权利不可克减以外，而且说明：在任何情况下，即使是宣称为了维持国家生命的目的，这些权利都不可克减。国内学者总结了世界各国立法和国际法上关于在紧急状态下包括人格、人身自由和尊严不受侵犯等10项最低人权。①

---

① 徐高、莫纪宏：《外国紧急状态法律制度》，法律出版社1994年版，第93页。

从以上的国际条约中可看出，在国际上关于在紧急状态下不可克减的权利一般包括生命权、不受奴役权、人道待遇权、免受溯及既往法律约束的权利、良心和宗教自由的权利等一些基本的人权。这些权利之所以是不可克减的，那是因为它们对于一个人的生存是根本性的。缺少了这些权利，人或者不能生存或者仅仅是国家的奴隶而非一个真正法律意义上的人，即没有自主意识的人。所以，规定何种权利为不可克减的，这对于在紧急状态情势下形成对国家紧急权的限制是必需的。

（二）可以克减的权利及克减的限制

上述的一些基本权利是绝对不能克减的。但是，这并不意味着在某个具体的紧急状态情境下其他的权利都不可以进行克减，只是这种克减要受到一系列的限制。

1. 国外相关立法比较研究

在紧急状态下，关于克减权利的种类，在各国立法实践中的规定也各不相同。例如，阿根廷限制迁徙自由；哥伦比亚克减运输和通行自由、示威权、言论自由；法国克减通行自由、出版自由权，等等。马来西亚立法中规定，可以克减的包括人身自由权等九项权利；斯里兰卡法律规定，在紧急状态期间有平等权和获得法律平等保护权等四项权利会受到限制；孟加拉国法律规定，迁徙权等六项权利可以在紧急状态情势下被中止。关于权利的克减又会引申出下面两个讨论：一是克减指"中止"权利还是指"限制"权利；二是这种在紧急状态下的克减会不会使得无效的法律复活。关于前者，实际操作中，一般倾向于限制权利的行使，而不是对权利的整体否定。巴基斯坦最高法院也认为：1973年的宪法第223条第1款没有规定中止宪法权利，只是仅仅允许立法机关在紧急状态下可以制定和基本权利不一致的法律。对于后者，则涉及这一问题：原先由于和权利相冲突而无效的法律，能否因为在紧急状态下使得这些法律重新获得效力。印度最高法院认为：在总统宣布进入紧急状态以后，其宪法第19条不能限制国家制定法律和采取应急措施的权力。但是，这不能使得在宣布紧急状态之前由于宪法禁止而无效的条款重新有效。在巴基斯坦，其最高法院也有此判例,并也有同样的观点。①

2. 我国可以克减的权利

在我国,《中华人民共和国戒严法》第13条规定中可以限制或剥夺的权利包括:①集会自由;②新闻自由;③罢工、罢市、罢课②;④通行自由;⑤通信自由。

所谓权利就是指为社会或法律所承认和支持的自主行为和控制他人行为的能力,表现在权利人身上可以为一定行为或要求他人作为、不作为,其目的是保障一定的物质利益或精神利益。一项权利通常有三项权能,即行为的可能性、请求履行与权利相关的义务的能力以及在权利受到侵害时请求追究法律责任的能力。如果一项权利缺乏其中的任何一项权能,那么这个权利都不是一项完备的权利。所以,如果法律没有规定克减权利本身而只规定了限制实现权利的手段,只会使权利成为一种没有实现可能的空权利。因此,在今天看来,我国现行的《戒严法》由于特定历史背景的影响是有不完善之处的,《戒严法》的修改势在必行,应当明确其紧急状态措施法的定位,戒严程序与时限规定,公民最低权利保障与权利救济等内容。

3. 权利克减的限制

(1) 受到"相称性"原则(又称比例原则)的限制。所谓"相称性"原则,在《公民权利和政治权利国际公约》中是指对权利的克减程度只能以紧急情势所严格要求者为限,干预的程度和措施的范围(地域范围和时间范围)与应对威胁国家生命的紧急情况的实际需要之间必须具有合理的联系。这种相称是必需的,当然这里指的是在程度上的"相称性"。"相称性"除了这些以外,还应该包括克减权利的种类与紧急状态的原因相对应。引起紧急状态有很多种原因,如战争、内乱、自然灾害和传染性疾病等。而面对每种不同原因引起的紧

---

① 韩长安、包卫星:《论紧急状态下的权利克减》,载《重庆邮电学院学报(社会科学版)》2005年第2期。

② 应当指出罢工、罢课、罢市并非我国法律所规定的权利,更不是自由,但是实践中多有发生。

急状态，克减的权利种类也不尽相同。对那些可以克减的权利，如果克减它对恢复秩序没有多大作用，那么就不需要对它们进行克减。所以，首先要分析引起紧急状态的原因，然后确定对哪些权利的克减最有利于恢复秩序，就把这些权利通过明确的规范规定下来，把对恢复秩序没有帮助的权利排除在克减的范围之外。

(2) 权利的克减要明确公布。这种公布既有利于保护民众的权利，又使得民众清楚自己的何种权利受到限制，以便更好地规范他们自己的行为，减少民众行为与国家规定相冲突的可能，免去很多混乱，这无疑有助于国家应对紧急事件。所以，国家在宣布进入紧急状态时，就应该同时宣布紧急状态的持续时间、适用范围、克减权利的种类、克减的程度等相关事项。

五、紧急状态下公民权利克减制度保障及完善①

我国应根据宪法、紧急状态法制定和完善紧急状态专门法律，从不同的方面、在特定领域建立健全紧急状态法制体系，以实现紧急状态法制的体系化和统一化。这些单行法律法规作为紧急状态法制体系的第三层面，与宪法中的紧急状态条款、紧急状态基本法共同构建成紧急状态法制体系的基本框架。

(一) 修改戒严法

戒严法过去的立法根据是宪法中的戒严条款，在宪法修正案中以紧急状态取代戒严后，戒严法应当成为紧急状态专门法，属于紧急状态特别措施法，其立法根据是宪法和紧急状态基本法，应当根据宪法和紧急状态基本法予以修正。戒严是紧急状态期间采取的最严厉措施，所以戒严法的适用范围应当受到严格限制：在发生严重危及国家的统一、安全或者社会公共安全的重大公共危机事件时，如国家动乱、暴乱或者严重骚乱，一切正常措施以及紧急状态下的一般紧急措施仍然不足以恢复、维护基本社会秩序，国家才能启动戒严法，采取

---

① 冯威、薛梅：《紧急状态法制体系构建》，载《山东大学学报》2004年第3期。

戒严措施，主要依靠警察力量，必要时动用军队力量来消除危机，应对紧急状态。

(二) 制定紧急状态下的行政协助法

行政协助指行政主体在实施行政职权过程中，基于本身的条件和公务上的需要，其他行政主体配合其实施同一行政行为或共同行政行为的法律制度。紧急状态下的行政协助法应当就紧急状态下的第一责任部门协助主体、协助条件、协助程序、协助费用、协助责任等问题做出明确规定，以确保在紧急状态下，集中一切可能的社会力量，迅速化解危机，尽快恢复社会秩序。

(三) 完善公共卫生应急法

近几年来，世界各国重大的公共卫生突发事件越来越多，将对这类事件的解决纳入法律轨道更显重要。公共卫生事件是指所有可能严重危害公众生命、健康的重大社会事件，它包括重大疫情、严重自然灾害、群体性中毒、核泄漏、核污染等。通过制定公共卫生应急法来达到如下目的：一是完善统一的公共卫生应急事件指挥系统，建立严格的突发事件防范和应急处理责任制；二是建立畅通的信息网络，在全国范围内建立健全重大、紧急疫情信息报告系统，各地建立从省到村的疫情信息网络；三是建立和完善疾病预防控制和应急救治体系；四是建立应急医疗卫生队伍，建立一支随时能够处置突发疫情的机动应急医疗卫生队伍，作为应对各类突发公共卫生事件的重要力量；五是建立公共卫生危机监测系统。

(四) 制定城市重大技术故障应急法

城市尤其是大城市在国家中的地位越来越重要，但是城市也显得越来越"脆弱"，一旦发生重大技术故障，有可能使整座城市陷入瘫痪，甚至会对一个国家的政治经济和文化事业造成严重影响。因此，应当对城市安全给予足够的重视。城市重大技术故障应急法是城市发生重大技术故障并严重影响整座城市安全时，用来解决和处理危机的法律依据。这部法律应当对什么是城市重大技术故障、如何认定重大技术故障、城市重大技术故障的预警与监测机制、城市重大技术故障发生后的紧急处理机制、国家的责任和民众的权利义务等社会问题作出规定，保障城市在发生重大技术故障后能迅速恢复正常社会秩序。

（五）制定并完善反恐怖法

恐怖主义正在威胁着每一个国家，许多国家已通过单行的反恐怖法，以打击恐怖主义，保障国民的生命财产安全。以美国为例，"9·11"恐怖袭击发生后，布什政府通过《国土安全法》强化对反恐的统一领导。在我国，对于"东突"、"藏青会"等恐怖主义的威胁不可忽视，必须尽快立法，将"反恐"纳入法治的轨道。反恐怖法应当对恐怖主义活动的定义、反恐机构、对恐怖分子可以采取的强制措施、对恐怖分子的特殊拘留和逮捕程序等作出特别规定。

（六）金融危机防范与应急法

在全球化趋势日益加剧的今天，世界经济联系越来越紧密，金融市场至为脆弱，任何一种意外事件都可能导致一国金融市场崩溃，甚而波及他国，带来世界范围的经济灾难。因此，必须通过法律手段来防范和化解可能面临的金融危机。金融危机防范与应急法应当就金融危机的构成、金融危机的监测预警机制以及危机暴发前的国家干预机制、危机过程中国家可以采取的特别干预措施等作出规定。

以 5·12 汶川大地震为背景看突发公共卫生事件应急管理[①]

伍长康等

【内容摘要】 突如其来的 5·12 汶川大地震,带来无限的伤痛,但同时也引起了对突发公共卫生事件应急管理的关注。突发公共卫生事件对人类生命安全和社会经济发展构成了极大威胁,是公共安全管理的一项重要研究内容。我国一方面要面对来自突发公共卫生事件的巨大潜在威胁,另一方面要加强应对能力。本文通过以 5·12 汶川大地震为背景来反思我国突发公共卫生事件应急管理的现状及问题,并针对我国突发公共卫生事件管理体系的完善提出一些具有操作性的建议。

【关键词】 汶川大地震 突发公共卫生事件 应急管理 完善

一、引 言

在汶川大地震中,面对众多受伤的灾民,以及大灾之后随之而来的疫情的危险,我国政府和国内外众多救灾力量都集中精力于灾区的医疗救治和卫生防疫工作,他们在灾区第一线以及众多灾民聚居区设立医疗点,救治灾民,发放药品,大批的治疗和防疫的药品发放到了灾民的手中。可是,其中也出现了药品发放混乱、卫生防疫制度不完备等问题。为应对突发公共卫生事件,四川省卫生厅于 2008 年 6 月

---

① 课题负责人:伍长康,四川大学法学院副教授;
  课题组成员:卢洋希、向敏、张雪竹,四川大学法学院 2006 级本科生。

建立并启动了覆盖重灾区18个县的疫情防御应急体系，其中一个重要的环节便是医疗卫生系统对重大疫情的防治工作，内容包括披露地震灾区的疫情和传染疾病的传播信息、在受灾地区免费发放药品、建立定点医疗卫生站、扩充医疗设备以应对重大疫情等。事实证明，我国非常有必要建立突发公共卫生事件应急管理体系，并将其上升为法律规范，为我国以后应对各种突发的公共卫生事件提供规范性的模式，有法可依地应对各种突发的公共卫生事件，维护广大民众的切身利益。

（一）突发公共卫生事件的界定及特征

各种突发性公共卫生事件是当今世界各国普遍面临的问题。而我国的公共卫生突发事件也频频发生，例如：1988年上海甲肝大流行，1998年山西朔州发生用甲醇勾兑白酒中毒事件，2002年南京食物中毒事件，2003年"SARS"的暴发和肆虐，之后的禽流感病毒蔓延，直至2008年的"汶川大地震"的灾区防疫等。一方面，世界卫生组织（WHO）于2005年5月23日第58届世界卫生大会通过了新的《国际卫生条例》，以便于利用全球资源应对突发公共卫生事件；另一方面，也给我国应对突发公共卫生事件带来了挑战。十一届全国人大第一次会议明确把"加强应急体系和机制建设，提高预防和处置突发事件的能力，加强对现代条件下自然灾害特点和规律的研究，提高防灾减灾能力"，作为2008年工作目标。居安思危，防患于未然，预防突发公共卫生事件，是当今政府何等重要的大事。

如此关系重大的突发公共卫生事件到底该如何界定呢？各国对此的理解有所差异，医学界和法学界对"突发公共卫生事件"概念的认识也因立足点和侧重点的不同而有所不同。下面就简单介绍几种主要的概念界定。

法学界一般认为，"突发公共事件（Public Emergency）是指在政府公共管理领域所遭遇的一种将会对人身、财产或环境等带来损害的非正常状态，需要政府部门以超越常规的程序迅速做出决断，并通过调集额外的资源等方法进行有效应对才能摆脱的一系列事件。突发公共事件的表现形式多种多样，涉及面也极为广泛，从大的方面可以分成自然灾害、事故灾害、公共卫生事件和社会安全事件等四个大类"。① 而认为其中的"突发公共卫生事件"是指突然发生、造成或者可能造成社会公众健康严重损害的重大传染病疫情、群体性不明原因疾病、重大食物和职业中毒以及其他严重影响公众健康的事件,其决策正确与否直接关系到人民群众的健康和生命安全。②

对于"突发公共卫生事件",我国 2003 年 5 月 9 日由国务院公布并施行的《突发公卫生事件应急条例》的第 2 条做出了较准确的法学定义:突发公共卫生事件是指突然发生、造成或可能造成社会公众健康严重损害的重大传染病疫情、群体性不明原因疾病、重大食物和职业中毒以及其他严重影响公众健康的事件。

而要判断一事件是否为突发公共事件,可以从以下特征进行判断:一是突发性。突发公共事件爆发的时间、规模、发展态势和危害程度等,往往突如其来,出乎意料,且爆发后其破坏能量迅速释放,并呈快速蔓延之势。二是公共性。突发公共事件的影响和涉及主体具有公共性,因为迅速传播引起公众的关注,成为公共热点并造成公共损失、公众心理恐慌和社会秩序混乱。三是不确定性。突发公共事件发生的原因、变化趋势、负面影响、造成的后果等都无规则,瞬息万变,难以准确预测和把握。四是危害性。不论什么性质和规模的突发公共事件,都必然不同程度地给社会造成破坏、混乱和恐慌,损失和危害无可估量,而且可能引发次生或衍生危害,导致更大的损失。五是信息的有限性。由于突发公共事件的随机性和不确定性,很多信息是随着事态的发展而演变的,而时间的紧迫性,使得决策者掌握的信息不全面,得到的信息不及时,并且在信息的反馈和处理过程中,准确性和有效性难以保证,信息显得尤为珍贵。③

---

① 姚国章:《典型国家突发公共事件应急管理体系及其借鉴》,载《南京审计学院学报》2006 年第 2 期。

② 杨一风、范晨芳、曹广文:《危机管理在中国公共卫生突发事件应急反应中的应用》,载《第二军医大学学报》2004 年第 25 期。

③ 文敬峰:《浅析法治框架内提升处置突发公共事件的能力》,载《吉林公安高等专科学校学报》2009 年第 2 期。

（二）课题研究的背景及意义

近年来，随着 SARS、禽流感以及三鹿奶粉等突发公共卫生事件的频频发生，公共卫生危机给中国敲响了警钟，加之汶川大地震的发生，抗震救灾和防疫减灾对突发公共卫生事件的政府应急管理提出了更高的要求。各级政府已越来越认识到，提高政府应急管理能力迫在眉睫。而制定突发公共卫生事件应急预案和建立突发公共卫生事件的应急管理体制更是具有重要意义。

因为突发性公共卫生事件具有意外性、突发性、群体危害性等特点，对公众健康和社会的稳定造成极大影响。突发公共卫生事件对人类生命安全和社会经济发展构成了极大威胁，是公共安全管理的一项重要研究内容。因此，20 世纪 70 年代以来，建立突发公共卫生事件应急管理体制和应急救援体系受到国际社会普遍重视，我国政府也于 2003 年 5 月 9 日制定颁布了《突发公共卫生事件应急条例》，并陆续颁布实施了相关专项应急预案，将应急预案作为突发公共卫生事件应急处理的必要措施。但是，就我国目前的情况而言："我国一方面要面对来自突发公共卫生事件的巨大潜在威胁，另一方面本身又不具备强大的应对能力。"[①] 而我国目前仅有《突发公共卫生事件应急条例》这样一个行政法规，显然不足以支撑起整个突发公共卫生事件应急管理体制和应急救援体系。因此，在我国开展突发公共卫生事件研究，探讨突发公共卫生事件应对机制的内涵，借鉴发达国家应对突发公共卫生事件的经验，提出加强我国突发公共卫生事件应对能力的建议就显得尤为重要。而本课题的研究，希望能为我国突发公共卫生事件应急管理体制和应急救援体系的建立略尽绵薄之力。

[①] 雷芝樱：《突发公共卫生事件应急机制及对策管理研究》，载《预防医学论坛》2008 年第 10 期。

二、以 5·12 汶川大地震为背景探讨突发公共卫生事件应急管理的现状及其分析

（一）突发公共卫生事件应急管理的实践

5·12 汶川大地震发生后一个月，重灾区已有 30 余万人注射了传染病应急疫苗，为灾后有效控制传染病的发生打下了基础，并采取手机报送的方式第一时间将当地的疫情控制情况向有关部门报送。此外，北川、映秀等 18 个县镇的重灾区分别建立了疫情实验室，如果有传染病报送情况，就会马上得到就地检测。为了有效控制疫情的发生，四川向重灾区的 18 个县的乡、村一级派遣了医疗组和卫生员，空降了一部分防疫人员到一些因道路断裂而无法进入的乡村，并且储备了上万张病床和几万件传染病救治药品，专门用于收治和治疗传染病人。同时，四川省指定了 26 家传染病收治医院，专门收治传染病人，这些医院分布在重灾区和成都市。据了解，从 2008 年 6 月上旬开始，四川省就针对重灾区和可能暴发传染病疫情地区的医疗机构组织了应急演练。①

（二）突发公共卫生事件应急管理的体制与法规支持

1. 制度上的支持

目前我国是以卫生部建立的卫生应急办公室（即突发公共卫生事件应急指挥中心）为中心，并在全国 27 个省、自治区、直辖市卫生厅局设立了卫生应急办公室。卫生应急办公室是卫生部于 2004 年 3 月开始组建的。其主要职责是：依法组织协调有关突发公共卫生事件应急处理工作，负责卫生应急处理相关法律法规起草，拟订应急处理方针、政策措施，组建监测和预警系统，制定突发公共卫生事件应急预案，组织预案培训和演练，培训公共卫生和医疗救助专业人员，指导各地实施突发公共卫生事件预案，帮助和指导各地应对其他经常性突发事件的伤病救治工作，承办救灾、反恐、中毒、放射事故等重大

---

① "川建立疫情防御应急体系有效控制灾后传染病事件发生"，载新华网 2008 年 6 月 30 日，http://news.xinhuanet.com/newscenter/2008-06/30/content_8466759.htm。

安全事件中公共卫生的组织协调和重大人员伤亡事件紧急医疗救护工作。

5·12 汶川大地震后,党中央、国务院成立了抗震救灾指挥部。针对因地震引发的公共卫生突发事件,四川省卫生厅于 6 月份启动了疫情防疫应急体系。

2. 法规上的支持

目前,我国对突发公共卫生事件的应急管理没有制定法律层面的规范性文件,而只有国务院于 2003 年依照《中华人民共和国传染病防治法》和其他有关法律的相关规定,在总结前阶段防治非典型肺炎工作实践经验的基础上,制定的行政法规《突发公共卫生事件应急条例》。同时,一些地方政府也颁布了其配套的实施办法,以进一步细化应急对策。

5·12 地震以后,四川省为防止震后出现大的疫情,四川省卫生厅迅速制定了《四川省地震灾后卫生应急预案》《四川省关于地震灾区重大传染病疫情应急处理预案》等 4 个相应的预案。

(三) 突发公共卫生事件应急管理过程中存在的主要问题

1. 突发公共卫生事件应急管理立法技术不完善

立法是一门科学,是运用一定技术进行的活动。而立法技术是指立法主体在立法过程中采取的如何使所立之法臻于完善的技术性规则,或者说是制定和变动规范性文件活动中的操作技巧和方法。[1] 任何国家或立法主体要使所立之法能有效地发挥作用,以使立法臻于自己满意的程度就必须重视立法技术。因为不重视立法技术的话,立法就会缺乏科学性和合理性,就会出现很多问题。"无论对立法技术的内涵和外延怎样界定,法的结构营造技术和法的语言表述技术都是无可置疑地属于立法技术的范畴。它们是立法活动中所需经常运用的技术,也是特别重要的立法技术。"[2] 立法技术的内容包括法律的内容的确定和表达技术。法律内容的确定技术,也可以说是法律起草的实

---

[1] 张文显:《法理学》,高等教育出版社、北京大学出版社 2007 年版,第 226 页。
[2] 周旺生:《立法论》,北京大学出版社 1994 年版,第 183 页。

体技术，它是指立法中把什么样的内容确定为法律，以及如何来规定这些内容；法律内容的表述技术包括立法的思想表述技术和法的语言表述技术。① 从目前关于突发公共卫生事件的相关规范来看，立法技术上存在的主要问题有以下几个：

第一，法律规定不具有普适性。以《突发公共卫生事件应急条例》为例，其是在抗击"非典"之际紧急制定的，为严格依法防治"非典"工作提供了更具有可操作性的法律依据，使政府及其各有关部门的职责有了明确的规定，有利于调动全社会一切力量，充分发挥社区和群众的积极性。它具有很明确的针对性，而对于其他类型的突发公共卫生事件不具有普适性。5·12汶川大地震后，因为地震而有可能引发的大规模的传染疾病的风险又和非典时期的客观环境不同，此时需要更多的是疾病的预防，因而应急机制设立的侧重点不同。

第二，缺乏行之有效的配套措施。虽然针对《突发公共卫生事件应急条例》，没有全国范围内的配套实施办法，但一些地方针对该行政法规出台了实施办法，只是规定过于笼统，使得这部法规在操作上有很大的难度，很难落到实处。

第三，法律结构有交叉重复。国务院的应急条例和地方的实施办法，在内容上有交叉重复的，地方的实施办法并没有很好地结合地方处理以往突发公共卫生事件的经验教训和地方特色，反而在一些内容中有重复阐述应急条例内容之嫌。

第四，部分法律责任规定没有量化，不够具体明确。部分规定对政府相关职能部门及其工作人员，在应急管理过程中因过错或重大过失造成损失的，要承担法律责任，在特定的情形下甚至承担刑事责任，但对问责机制中的责任形式、责任大小、免责事由等未做出明确的规定。

第五，相关规范性文件的位阶过低，缺乏一部全国范围内统一、高效的法律规范。目前效力最高的规范是国务院出台的行政法规《突

---

① 孙书妍：《立法技术与法律的有效性——以就业促进法为例》，载《人大研究》2008年第6期。

以5·12汶川大地震为背景看突发公共卫生事件应急管理

发公共卫生事件应急条例》,众所周知,突发公共卫生事件造成的损害和引发的关注已经非常大了,突发公共卫生事件的应急管理已经是一个国家确保其国民安全的重要保障,因此亟待一部更为细化、科学和具有更高位阶效力的法律出台。

2. 政府相关职能部门及其工作人员在突发公共卫生事件应急管理中的主体意识较薄弱

根据《突发公共卫生事件应急条例》的第三条和第四条的规定,突发公共卫生事件的应急管理主体是政府部门以及卫生部门等行政机关。实施应急管理是行政机关履行公共管理职能的一部分,同时是其利用各种社会资源进行社会事务管理的行政职权的一个重要体现。

然而,在地震发生一周年之际到地震受灾较为严重的都江堰,在安置板房内随机采访了一些灾民,其普遍反映到相关单位对预防重大疫情的重视不够,当问及其对发放的药品的看法时,都希望能够得到更多的消毒水等药品以备不时之需。另外,卫生部门的危机意识和忧患意识还不够强,思想观念、工作重点、工作方式等还不适应有效应对突发公共卫生事件的需要;应对突发事件的宣传教育不够广泛深入,人民群众缺乏有效防范的知识,容易产生恐慌心理。

3. 应急指挥系统有待完善

针对突发公共卫生事件,通常是发生突发事件以后而设立的一个临时的应急指挥中心,并没有一个相对常设的机构来对突发公共卫生事件进行检测、预防和控制,这样的临时性机构对突发公共卫生事件的快速、有效反应和相关措施的出台,无疑是不利的。5·12汶川大地震以后,国务院成立了抗灾救灾指挥部,该指挥部是临时组合的指挥系统,从领导者、决策者到最后的施行者的关系如何协调和处置,采取何种决策机制,是民主集中制还是高层统一独立决策,系统内是以技术人员为主还是以管理人员为主等都需要较为完善的规范。同时,医疗卫生资源条块分割,有效的信息沟通与协调机制不健全,有的地方政府不能统一协调指挥,难以有效整合资源。[①] 此时,更需要

---

① 载人民网,2004年4月12日。

一个强而有力的指挥中心,对较大范围内的资源有清晰地掌握和很强的驾驭能力。

4. 信息公开不足

在我国以往处置突发公共事件时,一般的做法是采用领导挂帅,及时组织人、财、物和深入现场进行处理。而对社会公众则采取保密措施,对事件的前因后果及善后情况不加报道,基本态度是突发公共事件政府积极处理,社会公众无须告知。① 重大传染病疫情信息报告网络不健全,疫情报告缺乏顺畅渠道,执行疫情的收集、分析、报告和通报制度不严格,政府及有关部门难以及时准确地掌握疫情。另外,就应急处理的过程中的相关信息公开也不够透彻,对应急处理方案、各个阶段的成效和不足、社会公众就此突发公共事件处理的信息等内容的公开程度不够。

汶川大地震以后,社会各界对灾区的灾后重建以及重大疫情的防治给予了极大的关注,同时需要政府相关职能部门对灾区有无重大疫情,以及为防治疫情采取的相关对策给予及时、全面的披露。在此次调研中,就灾区的药品发放情况走访了都江堰的一些受灾群众,其反映较为强烈的一个问题便是对发放药品的数量、时间、过期或剩余药品的处置等相关信息了解程度不够,而他们也需要了解此类问题的相关信息。

此外,在突发公共卫生事件应急管理中还存在应急处理人才储备不健全、应急医疗救治能力不足、对以往应急处理后的经验教训的总结不足等问题。

三、对完善我国突发公共卫生事件管理的思考

(一) 完善有关突发公共卫生事件应急管理的法律法规

法律是公共行政管理的最高准则。突发公共卫生事件不仅是公共卫生问题,也是社会问题。通过制定和完善突发公共卫生事件的法律

---

① 《应急指挥系统建设的误区与不足》,载平顶山市人民政府网 2007 年 8 月 13 日,http://www.pds.cn。

体系，不但有利于各部门间的通力合作和社会资源的整合，而且能够对突发公共卫生事件的有效防治和应对提供法律保障。

随着《传染病防治法》《食品卫生法》《职业病防治法》等多部关于卫生方面的法律，以及国务院30余个关于卫生方面的行政法规和卫生部400多个部门规章的发布，我国已初步建立起了具有中国特色的卫生执法监督法律体系，对规范我国卫生领域的监督管理，推动卫生事业的健康发展起了积极的作用。尤其是《突发公共卫生事件应急条例》的出台，明确了政府运作的法定程序和规范，凸显了政府依法行政的意识。但同时也暴露出当前我国卫生法律体系中存在的缺陷和不足，需要尽快完善公共应急法律规范，确保公民权利获得更有效的法律保护。

近年来，各种突发公共卫生事件频频发生，有关应急管理的实践活动也日益增多，人们更加充分地认识到应急管理法制化的重要性，并逐步开始了对此的思考。突发公共卫生事件应急管理的法制化是指对国家紧急状态下的各方权利和应急管理制度进行宪法和基本法的调整。不仅需要一部基本法性质的《突发公共卫生应急法》，还需要一些配套的法律法规来共同构成完整的突发公共卫生事件应急管理的法律体系。

1. 建议制定《突发公共卫生应急法》

立法机构可以在参照历年来应对公共卫生事件中出台的相关管理办法或规章的实施情况下，在充分借鉴各方应急管理实践中的宝贵经验和国外相关的立法规定的基础上，着手制定适合我国国情的《突发公共卫生应急法》（以下简称《应急法》），针对各类突发公共卫生事件中所共同涉及的问题进行分类翔实的规定，为我国的突发公共卫生事件的应急管理提供一个更加科学、权威的法律依据。

在《应急法》中，具体包括相关概念的界定、应急管理的预警机制、启动机制、运行机制、监督问责机制及其他（如应急状态下的简化程序、各项应急活动的应急标准、信息公开等）相关内容的具体规定，以基本法律的方式去明确突发公共卫生事件应急的整体框架。尤其应在现有的责任机制基础上进一步细化，明确参与应急管理各方的责任形式、责任大小、免责事由、问责情形以及责任的追究机构等。

2. 完善突发公共卫生事件应急管理的相关配套法律法规

在《应急法》奠定的应急管理基调的基础上，国务院各部委以及地方各级政府职能部门应根据各自《应急法》实施过程中的具体情形有针对性地对业务范围内的应急实践活动制定相应的部门规章或地方行政法规。但在这一层次的立法活动中，不能仅仅是对《应急法》精神的简单重申或照搬，而应切实地根据"地方特色"从完善立法、严格执法、强化监督、落实责任、依法救济等环节入手有针对性地制定《应急法》的实施细则，以期让《应急法》能更贴切地落实到全国各个地方的突发公共事件应急管理实践活动中去，从而在整体上形成一个中央与地方对接、基本法律与规章制度相配合的完整庞大且充满生机的应急管理体系。

3. 关注社会动向，及时更新法律法规

社会是发展的，不断有新生的事物去影响着公共卫生安全。立法机构应密切关注各方动向，及时制定针对各种影响公共卫生安全因素的应对措施，或将在突发公共卫生事件应急处理过程中的宝贵经验第一时间以司法解释或修订法律等方式补充进法律法规，形成资源共享的良性循环平台。

(二) 完善突发公共卫生事件应急管理的制度设计，形成一个涵盖事前、事中和事后的完整应急机制

突发公共卫生事件的应急管理在实践中多是政府相关职能部门依职权进行的社会管理，更多的是零散的管理政策等，由于各地情况的不同，不同的地方政府出台的应急管理相关措施也存在较大的差异，使得突发公共卫生事件应急管理出现各自为政、不成体系的局面，而这一混乱局面显然不利于我国进行全局性的应对突发公共卫生事件，保障国家及国民的相关权益。因此，我国有必要从多次应急处理实践中积累的宝贵经验出发，通过相应的立法技术，将其上升为基本法律层面的规范性文件，并制定位阶较低的相应配套实施细则，形成一套涵盖事前、事中和事后的完整应急机制，使突发公共卫生事件的应急管理能有一个普适性的调整规则，更好地指导应急管理实践。

以 5·12 汶川大地震为背景看突发公共卫生事件应急管理

1. 建立健全事前应急机制

（1）物资储备。如果事先在物资上有充足准备，将有助于从容应对紧急事件，最大可能地减小损失。完善应急物资储备制度，应以整合药品资源为前提，逐步实现各种战略性医药产品的国家储备，分门别类地建立危机管理物资目录，以便关键时刻实现对物资的有效调动。对于生产周期较长的产品，由国家进行宏观调控、战略储备；而生产周期较短的产品，可由国家进行统一部署、定点协作，保证一旦需要可以得到快速供应、快速调拨。而对于这些药品需要有专门的政府部门对其进行检测，因此具备这一职能的药监部门需要对市场中物资目录上的战略药品进行不定期的质量检测。将危机管理的预算纳入药监部门的预算体系之中，保证危机事件发生时有足够的资金保障应急工作的顺利进行。

（2）专业人才储备。突发公共卫生事件的应急管理是一个技术性很强的工作，要求有比较丰富的专业知识和现场处理能力的专业人才来从事。这些绝对不是一时一事能解决的问题，需要长期不断的学习与培训，并在实践中不断地进行经验总结。突发公共卫生事件应急管理涉及的专业领域非常广泛，包括流行病学在内的医学各个学科，包括药理、药效、药剂、制药在内的药学各个学科以及经济学、社会学、心理学等各个领域。因此，整合全系统和社会专业人才资源，建立应对突发公共卫生事件应急管理的专家人才系统是进行有效应急管理的必然要求。此人才系统的职能包括：参与科学决策支持系统的建立和危机评估、为危机事件的应急处置提供决策咨询和技术顾问援助、对相关人员进行培训和指导。此人才系统的储备建设需要充分利用现有的医疗救治体系，根据突发公共卫生事件的性质不同，以多学科、多领域的专业人才组成不同的快速反应的专业医疗救治队伍。这些专业人士平时可以分散在各个医疗单位，遇到突发公共卫生事件时，迅速集结，投入工作，既节约了成本，又保证了专家临床实践经验的丰富和积累。

（3）定期演练，强化应急意识。公共卫生管理机构平时要注重对相关专业人才的培养，并适时进行必要的应急处理演练。出现突发公共卫生事件时做到招之即来、来之能战、战之能胜。

(4) 设立应急管理的常设和非常设组织。在国务院和省级政府内建立常设应急事务机构和非常设机构，并用法律明确其法律地位、组成机构、权限、职责等。常设机构需要同卫生、防疫、检疫、公安、安全等多个部门进行沟通，其职责是组织各领域专家对各种紧急事件进行长效研究，有针对性地开展防灾应急预备的各项工作，对公众进行全面有效的紧急事件应急自救常识的宣传，做好日常应急机制有关模式的研究和资料的搜集、整理工作，负责危机的评估和反馈，以及监督检查和指导相关部门加强应急准备建设，对突发公共卫生事件的事态发展进行分析并展开调查，判定事态性质和等级，提出是否启动和启动何种等级紧急程序的建议，以及在紧急状态下承担应急指挥的职责。能很好地贯彻"防重于治"的指导思想，保证应急事件处理工作的连续性和快速性，弥补启动紧急状态程序的提请机构缺位的问题。其具体事项包括信息采集和通报系统、防灾应急预备机制和以研究制订应急预案为主要内容的技术支持系统。非常设机构顾名思义就是有机构存在，但平时不运作，只在常设机构发出启动信息后启动，以完成常设机构所不能完成的工作和任务。

(5) 加强防灾自救常识的宣传。在突发公共卫生事件尚未发生之前，就加强对各种突发事件的应急自救常识进行系统而全面的宣传，以便更好地应对突发公共卫生事件；同时，保证在突发公共卫生事件发生时尽可能地减少因为处理或救助不当而造成的损失；更为重要的是，让公众在危机到来时，能保持冷静，避免因恐慌而引起的社会秩序的混乱。

2. 完善事中应急管理措施

(1) 完善突发公共卫生事件应急管理指挥、决策系统，增强政府相关职能部门的应急管理主体意识，保证应急管理组织的整体战斗力和执行力，实现有效的宏观调控。例如，成立应急救灾指挥委员会，其应在危机事件发生时能迅速到位，积极有效地应对危机事件，并由组织领导、专业技术、公关、法律、财务、后勤等人员和新闻发言人组成。根据各个层级的不同情况，指挥领导机构可以是常设的或非常设的。

(2) 完善突发公共卫生事件应急管理信息系统,实现内部、外部的有效沟通和资源的高效配置。危机沟通是危机管理的重要内容,贯穿于危机管理的全过程,是危机管理的生命线和中枢神经。危机沟通包括外部沟通和内部沟通两部分:第一,外部沟通。它是指政府与公众、政府与新闻媒介、政府各部门等主体之间,如何建立有效的外部沟通机制。首先,建立新闻发言人制度,通过直观、人性化的方式,向媒体和社会公众传达事件的即时信息,如政府态度、已采取措施和解决的程度,以实现公众的知情权,同时可以对政府职能部门行使公共管理职权的监督。其次,允许新闻媒体对突发公共卫生事件进行追踪报道,同时建立新闻报道事后责任追究制度,引导媒体全面、客观、准确地进行报道,这样有利于避免和减少猜测性、歪曲性报道甚至流言蜚语的传播。再次,药监部门还要密切关注和正确把握包括新闻舆论、社会舆论、专家舆论在内的舆论导向,及时纠正或做出回应。最后,危机处理完毕后,还应大力开展正面宣传活动,将应急管理部门处理危机的正确态度、有力措施、整改方案大力宣传出去,为其塑造良好形象。[①] 第二,内部沟通。它可以通过加强应急处理机制中的部门内部合作得以解决。各参与单位应充分应用系统平台,并建立各部门、各单位的统一信息交流渠道,保持信息系统的畅通,提高相互间的交流与合作,不断增进相互的了解和默契,避免因为消息闭塞而造成的损失或延误。

3. 重视事后总结环节

(1) 危机后,要进行必要的修复与管理。突发公共卫生事件是一种危机,对社会和人们的心理会造成很大的伤害。尽管危机过去了,但人们在心理上不可能马上恢复,包括事件的受害者和参与突发应急事件处理的相关人员。利用电视、网络、广播等方式将突发公共卫生事件处理信息告知社会公众,请心理专家对心理上受到影响的医生进

[①] 李香玉、陈滨:《试论药品监管系统公共危机管理体系的构建》,载《中国药事》2009年第1期。

行治疗①。

（2）总结危机处理过程中的成绩和失误。对突发公共卫生事件产生的原因、过程进行反思，发现原来的运行机制中可能存在的问题。而对于在突发公共卫生事件中暴露出来的问题，必须进行及时彻底的改进，以避免酿成新的危机。

（3）兑现奖惩制度，为以后应急事件处理工作的顺利高效的开展奠定基础。

（4）为救灾中宝贵经验和教训的总结提供平台，实现社会对突发公共卫生事件管理经验的积累和共享。

结　语

每一次突发公共卫生事件的发生，对我国的公共卫生事业的发展都是一次促进。5·12汶川大地震除了带来伤痛，也敲响了反思我国在突发公共卫生事件应急管理中存在的缺陷和不足的警钟。对此，我们应当作出自己的一些思考。

关于整个应急体制的完善还有很长的路要走，但我们坚信通过大家的共同关注、共同努力，突发公共卫生事件应急管理体制将逐步得到完善。

---

① 王健、陈秋霖、李卫平：《突发公共卫生事件应急机制的建立》，载《医院管理论坛》2003年第5期。

城乡一体化背景下成都震后农村联建房模式研究

李 悦 等

【内容摘要】 汶川大地震后的灾区房屋重建中,"联建"作为一种重要方式受到社会各界的广泛关注。然而,以往的立法缺位与实践中的不规范操作都使得这一方式在受到追捧的同时举步维艰,政府的红头文件仍不能彻底打消投资者及各方的疑虑。本文拟从灾后重建中联建房模式的可行性出发,在界定联建房的内涵与类型基础之上,通过与国外模式的横向对比和对小产权房的厘清中,初步探究联建房制度的完善之路径。

【关键词】 联建房 公屋 组屋 小产权房

引 言

安居乐业,长养子孙,天下晏然,皆归心于我矣。
——《后汉书·仲长统传》

带给中国人太多伤痛和感动的汶川大地震已经过去一年了,在党中央、国务院以及灾区各级党委、政府的带领下,灾后重建工作有条

---

① 课题负责人:李悦,四川大学法学院 2007 级国际法硕士研究生;
课题组成员:史溢帆,四川大学法学院 2007 级诉讼法硕士研究生;张予馨,四川大学法学院 2007 级刑法学硕士研究生;张书颖,四川大学法学院 2007 级经济法硕士研究生。

不紊、迅速高效地展开着，灾区社会秩序日趋稳定，受灾群众得到妥善安置，灾区经济发展正重新起航，重建蓝图逐步展现。在住房重建、基础设施重建和产业重建三大项目齐头并进中，关系民生的住房重建尤其受到了人们的关注。在政府提出的原址重建（包括自建和引入社会资金联建）、统规自建、统规统建、自愿异地安置、社会资金开发重建等住房重建方式中，联建方式因其法律关系的复杂性尤其引人关注。本文拟就灾后重建及城乡一体化的大背景探讨农村联建房相关的若干问题。

一、联建房的概念界定与特征

（一）联建房的概念

1. 概念界定

"联建房"概念因此次灾后重建而凸显出来，其实，"联建"一词并非新鲜概念，早在1995年建设部出台的《城市房地产转让管理规定》中就已经出现，而在现实生活实践中更是由来已久。

一般来讲，实践中有三种广义上的联建方式：第一种是单纯的土地使用权的转让，如企业搬迁改造、部队土地转让等都属于此种情况；第二种是项目转让，即土地使用权和项目开发建设权一并转让；第三种是联营性质的联建，即由一方出土地，他方出资金，双方共同投资、共担风险、共享利益。建设部《城市房地产转让管理规定》第三条规定："本规定所称房地产转让，是指房地产权利人通过买卖、赠与或者其他合法方式将其房地产转移给他人的行为。主要包括下列行为：（一）以房地产作价入股、与他人成立企业法人，房地产权属发生变更的；（二）一方提供土地使用权，另一方或者多方提供资金，合资、合作开发经营房地产，而使房地产权属发生变更的。"可见，规范中所谓的"联建"就是指一方提供土地使用权，他方提供资金，进行合作建房，并对建成后的房地产共同经营管理或进行利益分配的行为。

通常所说的联建协议、合作开发合同、联合开发合同都属于联建合同，也都是采纳了狭义上联建的概念（以下如无特殊说明，"联建"

均为狭义概念）。

2. 特征分析

从概念的界定不难发现：首先，联建即属于《民法通则》规定的法人联营，具有主体特定性的特征——联合开发双方中必须有一方以上具备房地产开发资质。最高人民法院《关于审理涉及国有土地使用权合同纠纷案件适用法律问题的解释》第十五条规定：合作开发房地产，至少一方当事人必须具备房地产开发的资格；否则，联建合同被认定为无效。《房地产开发经营管理条例》中更是对设立房地产开发企业限定了较高条件，目的皆在确保进入该领域公司具有相应的开发能力。其次，法人联营贯彻责、权、利统一的原则。所谓的责权利统一，是从合同中双方当事人的地位角度而言的，是指从宏观上看双方权利和义务相统一，并非指在开发的任何环节双方当事人都必须均等的付出和收益。而且，联建这种法人联营所涉及的不仅仅是合作双方的关系，还有联合体与政府主管部门的关系以及联合体与其他单位和个人的关系，可谓错综复杂，从而使得联建问题在实践中操作起来显得参差不齐，难以驾驭。

3. 风险防范

联建问题本身的错综复杂，加之立法层面缺乏对联建房的相关法律规范，因而在实践操作中联建这种房地产开发方式存在着不小的风险。由于联建投入资金多，投入期限长，因而对投资方和出土地方双方都是一种风险承担和考验。在总体上，对于出土地方而言，可能因投资方投资资金不能到位，并占据土地不肯退出而使前期投资处于停滞，而且各种合同都是以出土地方的名义签订的，收款发票也是以出土地方的名义出具的，尽管实践中是由投资方操作，但如果因合同发生纠纷，仍需由出土地方承担责任；对于投资方而言，由于土地使用权在出土地方名下，可能因土地被抵押或被抵债、房屋被出土地方单方销售等原因而受到损失。因此具体来讲，从联建主体的确定、联建合同的签订以及土地使用权和建设项目相关证书的变更登记等各个环节，都存在不规范、权责不清晰之处，格外需要双方明晰权责，做好法律风险防范。尤其需要提及的是关于联建合同的效力，具体的则要因土地使用权取得方式及土地性质不同而不同。如果出土地方的土地使用权是出让取得的，在出土地方取得国有土地使用证的前提下，双方办理了土地使用权变更登记，合同即刻生效；如果土地使用权是划拨取得的，则签订的联建合同须经政府批准，办理联建审批手续，并由投资方办理土地使用权出让手续，否则合同无效。

（二）灾后重建背景下的联建房模式

1. 特殊背景下形成的政策突破

"联建房"这一名词广泛受到关注，是在汶川大地震之后的住房重建中。其后的大背景包括两个层面的内容：其一，作为统筹城乡综改试验区，成都市在地权改革上原本就获得了更大的空间；其二，一场地震巨灾，数以万计的人们失去了自己的家园，民生乃国家社会之本，如何让灾区百姓早日安居，完成住房重建的重任，这也让成都面临着更急迫的来自民间的变革需求。显然，在庞大的灾后重建资金需求面前，仅仅依靠政府的力量是不够的，鼓励社会闲散资金、企业、个人参与到灾后重建中显得尤其重要，联建房因此变得广受瞩目。

成都市和都江堰市等地的政府相继出台了若干项决议与文件，除进一步规范各种重建方式、明确重建中的相关法律问题外，更是推出了一系列优惠政策，旨在确保住房重建有序展开，鼓励社会资金对灾区重建的投入。然而，让投资者望而却步的并不是政策的鼓励力度，而是联建房本身所存在的一些法律问题。如果事先没有予以明晰，那么当救灾的激情逐渐消散，留下的便不是重建后的愉快和合作的欣喜，而是一个问题重重的维权真空区。

正如灾后重建早期频频见诸报纸杂志的报道所言，投资者虽有着十二分的投资热情参与到灾后联建中，也并非农民的真诚不能打动人，而是权利没有保障的投资总是令人顾虑重重。因为早在20世纪80年代出台的《土地管理法》中就提出，我国将实行最严格的土地管理制度。目前，中国还没有建立起一套非常完善、跟市场经济完全接轨的土地管理制度。其中有三个制度基本没有建立起来：一是明晰的产权制度，无论是国有土地还是集体土地；二是利用经济手段对土地资源调整的补偿制度；三是对土地资源使用管理的责任体系。而在这三个制度中，处于逻辑起点的是土地产权制度。依据我国的《土地管理法》《物权法》等法律法规，农村的宅基地只能供农民使用，城镇居民不允许在农民的宅基地上建房，同时宅基地上的建房必须符合统一标准，宅基地上建房的用途原则上只能用作农民住房。而牵涉广泛的联建房问题将这个法律缺口尤其凸显了出来，即政策的松口出现在"成统筹〔2008〕93号"文《关于重灾区农户灾毁住房联建等有关事项的通知》中。在这份众所期待的文件中，对农村集体性质土地产权的规定做了如下极富意义的突破："农户与联建方共同向市（县）国土资源局提出土地登记申请，市（县）国土资源局对农户的原宅基地使用证进行变更，为农户自住用地发放集体建设用地使用证，土地用途为住宅；为联建方使用的剩余集体建设用地发放集体建设用地使用证，土地用途为非住宅（包括商业、旅游业、服务业等），土地使用年限参照国有建设用地出让年限或自行协商确定。"这意味着投资者所担心的产权问题不复存在了——两张产权证，面积分割清晰，但事实上又是共同使用同一地块。借着这种类似于"一国两制"的巧妙方式，成都市在农村集体土地产权问题上取得了突破。

2. 灾区重建中的联建房模式

根据成都市以及都江堰市等地在灾后所出台的一系列重建政策可知，联建房是指在保证集体建设用地总量不变和耕地不减少的前提下，受灾农户通过对自己的宅基地的部分出让或出租，吸引投资人参与建房，双方对建成后的房地产共同经营管理或进行利益分配。目前联建方式主要有三种：一种是单户联建，一种是原地联建，一种是多户共同联建。具体看来，第一种情形是指房屋所有权归农户所有，由政府确权发证，投资人只享有除农民自住部分以外的房屋使用权，重建投资就相当于租金，联建协议由公证部门公证（这是政策松口之前较为广泛的联建模式）。第二种情形是第一种类型基础上的权利延伸，指双方可向有关部门提交联建协议、身份证、户口簿及申请等相关资料办理土地证，即投资人亦可独立拥有"非住宅"的土地证。第三种情形则是先由村集体对农户的宅基地进行统一整理，留足农民自住部分后，其余的转为集体建设用地，集体建设用地的使用权是可以流转的,即投资人和村集体签订流转协议,收益用于为农民建房。也就是说,投资人可以取得"房屋所有权"和"集体土地使用权""双证",并可以流通、买卖,这就杜绝了令投资人诚惶诚恐的"小产权房"的产生。

目前,在灾区重建中所实行的联建程序也较为简单。第一步,产权确定。成都市委统筹城乡工作委员会、成都市国土资源局联合发出的《关于重灾区农户灾毁住房联建等有关事项的通知》中规定:农户与联建方共同向市(县)国土资源局提出土地登记申请;市(县)国土资源局对农户的原宅基地使用证进行变更,为农户自住用地发放集体建设用地使用证,土地用途为住宅;为联建方使用的剩余集体建设用地发放集体建设用地使用证,土地用途为非住宅(包括商业、旅游业、服务业等),土地使用年限参照国有建设用地出让年限或自行协商确定。第二步,原址联建步骤。例如,都江堰市国土局关于《宅基地联建办理用地手续的相关事项》中确定了联建步骤:农户向国土部门申请确权颁证,依法取得《集体土地使用证》;对宅基地进行地质灾害评估;农户向村民小组提出联建申请,将宅基地自用部分扣除后剩余的集体建设用地,交由本经济组织统一进行流转;农户和联建方共同向规划部门提出申请规划许可及规划条件;农户、村民小组、联建方就流转面积、价格等协调一致后,由村民小组与联建方签订集体建设用地使用权出让合同;按相关规定施工报建后施工建设;竣工后,国土局综合科为农户进行变更登记,为联建方颁发"集体土地使用权证"。整个流程简单明了,易于操作。

二、联建房制度的可行性论证

在解决无钱购房人员的住房问题方面,国内外已有一些成功经验可以参考,其中以香港的公屋和新加坡的组屋最具代表性,在学界呼声颇高。

(一)香港公屋制度与震后灾区建房的非契合性

"公屋"是由香港房屋委员会或香港房屋协会兴建的公共房屋,让无钱购房者以非常低廉的价格租住或购买的一种公共福利政策。香港政府干预房市，兴建公营房屋，最初是为了应对突如其来的危机，安抚灾民。随着数十年大型公营房屋计划的开展，香港政府通过兴建公营房屋，收取低廉租金，安置了大量低收入者，克服了庞大的房屋短缺问题，为绝大多数有居住需求的人士提供了合宜的居所。因此，不少学者建议参照香港公屋模式解决灾区房屋重建问题，但香港公屋的实施环境与地震灾区的环境有着很大不同，无法简单复制。

第一，运营与管理的专业化是香港公屋计划成功的基本前提。自开始兴建公屋以来，就有相应机构专门负责公屋事宜。香港房委会根据房屋条例成立，具有深厚专业管理知识，负责统筹所有政府公屋供应、编配和管理事务。而此次灾区重建工作十分紧急，短时间内无法组织和培养出如此专业的管理机构。况且受灾地区大都在偏远农村，地广人稀，散居于各处，亦无法实行高度的统一管理协调。

第二，充足稳定的资金安排是公营房屋发展的必要条件。修建及管理公屋的资金来源主要有三部分，一是政府财政拨款；二是公屋周围的附属商业设施及非住宅设施的租金收入；三是发展房地产信托基金。但此次赈灾中，受灾面积广，人口多，政府财政难撑；灾区地处山区，周围没有繁华的附属商业设施可以开发；内地的金融业发展本身就相对滞后，又适逢金融危机，金融产业萧条，经济落后。另外，偏远山区的农民住房更无发展房地产信托基金的可能，如果效仿香港公屋制度，资金问题无从解决。

从以上分析不难看出，香港公屋制度也许对城市廉租房建设有所帮助，但与震后灾区房屋重建相去甚远。

（二）新加坡组屋制度与震后灾区建房的非契合性

新加坡"公共组屋"是指由政府兴建供居民购买或租用的公共住房。目前，85％的公民住进了政府建造的"公共组屋"，从根本上解决了低收入人群的住房问题。其特点如下：

一是有权威而科学的住房发展规划。新加坡对国土面积功能的区分非常严格，从20世纪60年代中期至今，尽管发展速度非常之快，可始终没有突破国土总面积功能区分的比例，居民居住的房屋占地仍控制在国土面积的15％以内。在住房建设发展上，坚持政府主导与市场相结合，以政府主导为主的方针。居住在由建屋发展局建设的"组屋"中的人口，占到全新加坡总人口的83%，且"组屋"的建设标准也是随着居民的生活水平的提升而不断提高。

二是有足够的政府经费投入。新加坡政府为解决居民住房，实现"居者有其屋计划"的目标，投入了大量的财力。政府财力既要承担居民住宅区的公共配套建设，还要担负"组屋"的维修与定期翻新。建屋局每年的赤字都由政府资金填补，国民住屋计划占政府常年预算拨款的3.8%。到目前为止，政府补贴住房建设的资金总额为138.42亿新元。在必要的时候经过批准，建屋发展局还可发行中期债券，来资助住屋发展计划的实施。

三是有详尽的配套保障政策。新加坡的住房保障实行的是出售与出租并举的模式，其中出售又分为完全市场化的私人开发商开发的公寓和建屋发展局组织建设的福利型组屋。组屋住房供应的主体，政府不仅为符合购买组屋的居民提供抵押融资贷款，而且对低收入家庭在购买标准条件内的第一套组屋时除了享受规定的房屋津贴外，还可获得额外的购屋津贴。无论是承租或是购买组屋，都有着极其严格的操作性强的条件限制和完备的退出机制。

就我国目前灾区的情况而言，一方面灾民无家可归，建房迫在眉睫，刻不容缓，政府没有时间做具体详尽的规划和政策保障；另一方面政府财政经费有限，无力承担灾区房屋的全部建造费用；灾区地处偏远农村，没有大规模商业开发潜力和融资机会，只能更多依赖社会私人资源，互帮互助，互惠互利。不难看出，新加坡组屋制度对我国经济适用房制度的完善有所裨益，对于震后灾区重建而言难以直接套用。

综上所述，由于实际情况的差异，无论是香港的公屋还是新加坡的组屋，都不能直接作为良药引入，否则只会造成南橘北枳的后果。具体情况具体分析，此次地震灾区的农民建房问题还必须结合灾区实情另辟蹊径，找出可行之路。

联建房在此情形下应运而生。

（三）联建房政策的紧迫性

"5·12"大地震造成的损害触目惊心，山河改观，房屋倒塌，数万灾民无家可归。据成都市建委村镇处处长李世庆向记者透露，地震后，仅成都就有 20 多万农户需要重建永久性住房。如果以户均 20 万元计算，仅此一项，投资就将超过 400 亿元。而更不要说都江堰、德阳、绵阳、汶川等受灾更为严重的地区。对于正需巨额重建资金的成都来说，这不是个小数目。虽然政府统一配置了板房，使得灾民暂时得以栖身，但毕竟不是长久之计。鼓励灾民振作起来，重建家园迫在眉睫。要重建，首要问题就是资金，灾民没钱，政府缺钱，便只能向社会融资。要想成功融资，就得让投资者有利可图，房屋的产权及利益应当在土地提供方和资金投入方之间如何分割共享？如何在农村灾民的住房需求与开发商利益追逐之间寻求平衡？这一系列问题都亟须联合建房政策予以规制。

（四）联建房政策的可行性

农民有地无钱，土地本身不能变现，无钱就不能盖房，灾民们空守土地，依然无家可归。投资方有钱无地，尽管许多人基于开发餐饮娱乐或休闲度假等意图希望到农村去买房，但苦于农村土地流转的限制，疑虑重重，望而却步。

如今国家针对灾区特殊情况，放宽政策，成都市在 2008 年 8 月 7 日下发的《关于加快灾后城乡住房重建工作的实施意见》中明确，重灾市县符合规划原址重建和集中自建的受灾农户，可使用合法取得的宅基地，引入社会资金联合重建住房。同时，农村集体建设用地使用权和房屋产权可以依法流转。经确权、登记的集体建设用地，可以转让、出租、抵押、作价入股和合作等方式流转使用。这意味着成都的受灾农户可以用自家的宅基地吸引社会资金，联合重建永久性房屋，联建双方都有权分户申请办理农村集体建设用地使用证和农村房屋所有权证；办理的"两证"可自由流转。根据相关规定，双方资金与产权的具体交换比例由出地方与出资方平等自由协商。政策对产权分割给予了原则性的保障，解决了后顾之忧，使得开发商和农户都可以在政策框架下，放心地谈判。

如此一来，实行联建可以最大限度地达到共赢。对国家而言，在成都市城乡一体化背景下，联建可实现城乡互动、城乡统筹、逐步减小城乡差距，实现城乡居民资源共享；同时联建能很好解决农村灾后建房资金压力，能换来良好的居所，联建还可带动当地群众就业和农副产品销售等。对联建方来说，可以比城里土地低的价格获得一定的土地使用权，建好房屋后可用于居住，同时可以享受到土地增值所带来的收益；也可用于休闲，联建方在节假日时到自己修建的联建房休闲居住，平时可委托农户代为管理；还可用于创业，联建方利用农户宅基地开办农家乐，租赁宅基地周围的农用地种植花卉苗木，既发展乡村旅游，又带动区域经济发展。对采取联建的农户来说，可以节省一些灾后重建的费用；若帮助联建方管理房屋，可获得管理收益；若出租林地、田地给联建方可获得租金收益；若是旅游点，可出售农家饭菜，农产品，开旅店等获得收入。此举可谓一举三得，利国利民。

三、联建房的性质——从"小产权房"的对比角度观察

（一）联建房与小产权房

1. 什么是小产权房？

所谓小产权房屋，严格讲并非一个法律上的概念，它只是人们在社会实践中形成的一种约定俗成的称谓，指在农民集体土地上，由享有该土地所有权的乡（镇）政府或村委会单独开发或联合房地产开发企业联合开发建设，并由乡（镇）政府或村委会制作房屋权属证书的房屋。这种房屋权属证书没有房管部门盖章，仅有乡（镇）政府或村委会的盖章以证明其权属，故又称之为乡产权。

2. 购买小产权房的风险

第一，法律风险。前面已经详细论述了由于乡产权房的特殊法律属性，使得乡产权房的流通转让存在很多的限制，因为乡产权房只具备了普通商品房的使用性质，但不具备普通商品房的法律性质，其并不是商品房。所以，法律法规的相关规定和制度表明乡产权房是无法律效力的，人民法院也不能适用商品房买卖的法律规定及司法解释处理涉乡产权房的案件，购房人的权益很难得到维护。同时，由于购

买乡产权房的合同是无效的，因此根据法律规定购房人只能要求开发商退还购房款并按银行同期贷款利率支付利息等。但是根据目前已有的案例来看如果购房人明知所购房屋是乡产权房仍然购买的，由于己方有过错，可能人民法院就不会支持其要求赔偿损失的请求。而且即使开发商违约，由于合同无效，购买人的权利将无法得到保障。由于乡产权房不受法律认可，也不用在房管部门备案，不在政府机构监管范围内，因此在使用房屋的过程中，如果遇到一些房屋质量问题、公共设施维护问题，其救济途径就非常有限。

第二，政策风险。购买的是在建乡产权房，购房人与开发商签订合同并交付房款后，如果相关部门整顿乡产权房的建设项目，可能就会导致部分项目停建甚至被强迫拆除。那么，结果只能是购房人找开发商索要购房款，购房人就可能面临既无法取得房屋，又不能及时索回房款的尴尬境地。另外，购房后如果遇到国家征地拆迁，由于乡产权房没有国家认可的合法产权，购房人并非合法的产权人，所以其很可能无法得到对产权进行的拆迁补偿，而作为实际使用人所得到的拆迁补偿与产权补偿相比是微乎其微的。

第三，乡产权房屋的开发建设还没有明确的规定加以约束，开发建设的监管同样存在缺位。而乡产权房屋的开发得不到银行贷款支持，开发过程中其大量的开发资金没有政府和银行进行监管，主要依靠开发商自律进行开发建设，一旦开发单位的资金或其他环节出现问题，极有可能变成烂尾工程。如果是将购房资金预交给没有任何资质和监管的开发单位，对购房者而言，开发商资金是否按时到位，是否能够按质按时的交付房屋，均存在很大风险。同时，开发单位没有资质，房屋质量和房屋售后保修难以保证，入住后物业管理也极易出现问题。

第四，由于所购乡产权房得不到法律的认可和保护，没有得到国家房地产主管部门的批准，无法办理合法的产权手续，购买后也不能合法转让过户。同时对房屋的保值和升值也有很大影响。

（二）官方对于"联建房"与"小产权房"区别的阐述

先梳理一下官方对于两者关系的态度。2008年12月20日，成

都市房管局和国土局就"小产权房"与"联建房"的区别和是否能办产权证等问题作出了如下解释:

灾后农村联建住房与"小产权房"的区别在于:

第一,灾后农村联建住房是针对地震灾毁户特殊群体解决无资金住房重建的政策,是政府对灾毁农户的关心和扶持。而"小产权房"是国家三令五申明文禁止的建设行为。

第二,灾后农村联建住房使用的土地是集体经济组织内的现有集体建设用地,即使有的置换占用了耕地都是将原宅基地进行了还耕,是在严格保护耕地前提下,落实了耕地占补平衡。而"小产权房"所用土地大多是耕地和基本农田。

第三,灾后农村联建住房是通过规划审批后进行的修建。而"小产权房"是不符合土地利用总体规划和城市总体规划的建设。

第四,灾后农村联建住房是按农村农房审批程序和要求办理审批和报建手续,是合法的建设。而"小产权房"是没有通过审批和报建,是违法的建设。

第五,灾后农村联建住房农户所居住房屋的性质为住宅,联建投资者所取得房屋的性质为非住宅。而"小产权房"是私自在进行房地产开发,或以产权式酒店等为名,是事实的房地产开发。

第六,灾后农村联建住房是可以办理土地和房屋产权证的,投资者的利益能得到保证。而"小产权房"是无法完善产权手续的,投资者的利益得不到保证。

这样的解释能否站得住脚,还有待进一步讨论。但至少从这6点官方的阐述可以发现一些问题:

首先,可以明确"联建"这种土地使用制度的变通仅仅限于震后灾区范围内特殊的环境,即其在适用的时间、空间上都有特殊限定,并非是一种能在全国范围内推广和鼓励的土地使用方式。"将灾区作为农村土地制度改革试点"一类的说法也很难站得住脚,毕竟这样的政策是在百年难得一遇的大灾难背景之下为解决灾民紧迫的住房、资金需求而不得已的仓促举动,不应被上升到任何本应"深思熟虑"的试点层面上。

其次，这六点表面上看似为联建房与小产权房在严格划分楚河汉界，证明联建房合法而小产权房违法，其实只要细读深究就不难看出里面有很多问题。譬如说第一点、第三点、第四点、第六点等好几个看似不同的论点，其实其论证依据都是建立在一个既成论点的基础上——联建房是合法的，而小产权房是违法的。因为一个合法一个违法，所以一个被政府支持而另一个不被支持；因为一个合法一个违法，所以一个需要被审批监控而另一个没有；因为一个合法一个违法，所以一个能取得产权证明而另一个不能取得。这就涉及一个逻辑上"循环论证"的问题了——用一个有待被论证的结论去论证问题。这样的论据是否有说服力，是否真正反映出了两者的区别，答案是显而易见的。

再次，这六点之中，第二点和第五点相对其他而言算是较为深层次地涉及了问题的本质，就是关于占用土地的性质问题以及土地的使用方式问题。但是，第二点的解释着实很难讲通。从对都江堰市青城镇几大联建房盛行的村落进行走访的情况以及笔者手里所搜集到的政府对于如何实施联建的政策法规来看，联建房占用的并非一开始就是集体土地建设用地，而是农民的宅基地。只是在房屋建成以后，在保证了农民的基本住房要求之后，将剩余的宅基地通过相关地方政府的审批才转变为了集体土地建设用地，使得其跨越了宅基地诸多"死"的限制，而借用集体土地建设用地的壳转变成了无名却有实的商业用地。国务院三令五申要求限制卡紧"建设用地"的规模，就是担心这种无限制的扩张会不断变相蚕食农村集体土地，但这种联建房却是相当名正言顺地打着"建设用地"的旗号行"商业用地"之实。同时，如果改革过程政府过度行政主导，就很难不去担心土地流转特别是集体建设用地流转的过程可能会变成对农民权利的一种新的剥夺方式；改革可能导致土地非农化失控，尤其需要担心的是地方政府为了短期和局部利益肆意扩大建设用地规模，进而加剧耕地短缺矛盾，危及粮食安全。相信至少在这一点上，无法将联建房和小产权房区分开来。另外，第五点也较为模糊。前段时间新闻上炒得火热的"一房两证"一例中，都江堰市大观镇茶坪村村民王正良，与联建方成都市民邓小林联建的房屋总投资 100 余万元，占用宅基地确权面积为 1.45 亩。其中，王正良自身使用的 0.6 亩土地为长期使用，取得两层砖混楼房面积约 220 平方米；联建者邓小林取得集体建设用地使用面积为 0.85 亩，并修建旅游性质房屋约 268 平方米，使用年限为 40 年。在王正良持有的土地证上，其中"地类（用途）"栏填写的是"农村宅基地"，"使用权类型"栏填写的是"批准拨用宅基地"；而在邓小林持有的土地证上，"地类（用途）"栏填写的是"住宿餐饮用地"，"使用权类型"栏填写的是"出让"。这里使用年限仅为 40 年，而且用于旅游性质的房屋，还能说它只是自住用房而非商业性住房吗？

（三）"联建房"与"小产权房"

以都江堰市为例，2009 年 8 月都江堰市政府下达的《关于扶持居民安居置业促进房地产业发展的意见》（以下简称《意见》）中，便鼓励社会力量参与灾后重建。在整个成都地区，联建还包括彭州、崇州、大邑和邛崃等地。《意见》指出，到 2009 年 12 月 31 日前，城镇规划区以外集体经济组织可以引进社会资金（企业或个人）实施统规自建安置点基础设施配套建设，并将原受灾毁损房屋宅基地还耕，节约的集体建设用地（指标）经验收后，可在项目区范围内按规划通过集体建设用地流转方式取得，用于旅游、服务、商业和工业等项目。社会投资者与农户联建，房管部门办理分割农村房屋产权或办理房屋共有产权。通过联建，农户解决了重建资金问题，联建方得以投资，地方旅游产业得到发展。那么，联建房与通常所说的小产权房，究竟有什么不同呢？为什么联建房就可以上市交易而小产权房就不可以呢？

2008 年 1 月 8 日国务院发布的《国务院办公厅关于严格执行有关农村集体建设用地法律和政策的通知》中规定：乡镇企业、乡（镇）村公共设施和公益事业建设、农村村民住宅等三类乡（镇）村建设可以使用农民集体所有土地。对这三类用地的范围，法律和政策都有准确界定，必须严格执行。乡镇企业必须是农村集体经济组织或者农民投资为主，在乡镇（包括所辖村）举办的承担支援农业义务的企业。要严禁以兴办"乡镇企业"、"乡（镇）村公共设施和公益事业建设"为名,非法占用(租用)农民集体所有土地进行非农业建设。农村住宅用地只能分配给本村村民,城镇居民不得到农村购买宅基地、农民住宅或"小产权房"。单位和个人不得非法租用、占用农民集体所有土地搞房地产开发。农村村民一户只能拥有一处宅基地,其面积不得超过省、自治区、直辖市规定的标准。农村村民出卖、出租住房后,再申请宅基地的,不予批准。也即只有"必须是农村集体经济组织或者农民投资为主,在乡镇(包括所辖村)举办的承担支援农业义务的企业"的乡镇企业、乡(镇)村公共设施和公益事业建设才能和农村农民住宅享有同等地位——享有集体土地使用权,城镇居民或者不符合标准的企业都不能擅自侵占农用土地。

然而在5·12汶川大地震后,成都市先后出台了46号文件和93号文件,以"联建房"形式推进了灾区集体建设土地流转。46号文件明确允许社会资金参与开发重建,这一措施被称为城乡"联建房"。这一政策在尊重农民意愿的基础上,允许自由选择,可以是集体合作或个人洽商。按照重建规划,经三分之二以上的村民同意,由集体经济组织对建设用地进行综合整理,集中使用;也可以引入社会资金进行综合整理和产业开发。文件在第四部分提出,"要推动已登记发证的农村集体建设用地房屋的依法流转;受灾农村地区范围内合法取得并经确权、登记的集体建设用地,可以转让、出租、抵押、作价入股和合作等方式流转使用"。而93号文件《关于重灾区农户灾毁住房联建等有关事项的通知》对划分农村集体性质土地产权有了具体的规定:农户与联建方共同提出土地登记申请,国土资源局对农户的原宅基地使用证进行变更,为农户自住用地发放集体建设用地使用证,土地用途为住宅;为联建方使用的剩余集体建设用地发放集体建设用地使用证,土地用途为非住宅,土地使用年限参照国有建设用地出让年限或自行协商确定。根据93号文件,灾区农户可以由原来的宅基地使用证变更为住宅用途的集体建设用地使用权证,并且根据46号文件,"受灾农村地区范围内合法取得并经确权、登记的集体建设用地,可以转让、出租、抵押、作价入股和合作等方式流转使用",这就意味着许可了农户拥有的集体建设用地使用权的合法流转。但为了防止农村集体经济组织和房地产商利用该规定大肆炒卖宅基地，违法利用农村宅基地进行房地产开发，宅基地的流转一直都是半封闭式的，即只能在集体经济内部转让。而这一将土地使用权证变更的规定，实质上是通过合法方式规避了宅基地不能随意流转的限制。"农户自住用地发放土地用途为住宅的集体建设用地使用证，联建方发放土地用途为非住宅集体建设用地使用证"，这就意味着联建方可以获得集体建设用地非住宅用途的使用证，为城市居民到农村购买住宅提供了可能，而依法取得房产证和土地使用证，并因为与国务院2004年规定"禁止城镇居民在农村购置宅基地"不违背，所以城市居民则完全可以取得非住宅用途的土地使用证而修建住房。这为城市居民合法购置小产权房提供了"合法途径"，并与"小产权房"没有质的区别。

综上所述，此类联建房和小产权房在实质上基本是相同的，而在法律上与宪法、物权法相违背，但国家欲借助民间资金重建灾区、特殊时期的特殊需要，政府使用了行政手段赋予其在行政层面的合法性。

联建房是一种极具探索意义的临时政策，特别是在基于对于我国现行土地流转制度的合理性质疑的基础上，以及在对于社会资金流动的导向作用方面更是意义非常。宅基地——农村集体建设用地——国有土地这样一个转化流程也正是为以后能彻底放活农村的土地寻找合法化的依据。而且，当此种转换被纳入合法的统筹规划以后，的确可以将以前总在暗中操作而无法规范的小产权房修建问题放到阳光下，接受政府的规制监督，这样反而会更有利于土地的安全。在接下来的论述里将为这种新政策提出一些建议，尝试着去构建一个更为合理、合法的土地制度。

四、完善"联建房"制度的建议

鉴于上文从各方面对联建房进行的分析、对比，并对联建房现阶段所存在的问题做出了阐述，因此给出以下建议：

第一，政府应加强对"联建房"前期的统筹规划，加强对耕地的保护。联建房既然被纳入合法范畴，那就必须要接受政府部门的严格监管和统一规划。怎么建，建哪里，双方对土地的分配比例，这一系列问题除了要考虑农民自身的个人意愿以外，政府也一定要进行有效的指导和帮助，切实从大局的利益去考虑和安排。一切都要建立在充分满足了农民基本的住宅要求和生存需要的前提下，才考虑帮助其与联建方进行利益博弈。

第二，政府应充分发挥在"联建房"建设过程中的协调、监督作用，保障双方特别是农民的合法利益，而不应自联建房审批下来之后就撒手不管。因为作为较为弱势一方的农民在面对具有强大资金实力的开发商时，精明的"城里人"还是相对强势。联建过程中，对于合同履行程度以及后期利益分配的执行情况等，政府部门都应当继续进行追踪跟进。出现纠纷之后，政府一定要能及时出面解决，本着和谐、顾全大局的思想协调矛盾、解决矛盾，保护双方的合法权益，特别是农民的合法权益。

第三，政府应加强对"联建房"中转化为集体建设用地部分的管理，加强其后续流转过程中的税收、用途等各方面的监管。第93号文件《关于重灾区农户灾毁住房联建等有关事项的通知》对划分农村集体性质土地产权有了具体的规定：农户与联建方共同提出土地登记申请，国土资源局对农户的原宅基地使用证进行变更，为农户自住用地发放集体建设用地使用证，土地用途为住宅；为联建方使用的剩余集体建设用地发放集体建设用地使用证，土地用途为非住宅，土地使用年限参照国有建设用地出让年限或自行协商确定。这个政策的出台相当于原本一块完整的宅基地切割成了两块：一块是农民自住用的宅基地，另一块是建立在集体建设用地上的非住宅，还规定了使用年限。从实质上看，这块被分割出来的土地几乎与任意流通的国有土地无异，但毕竟它的基础不是国有土地，而是受到诸多限制的集体建设用地，那它就应该受到集体建设用地的使用性质、流转等各方面的限制，当其被纳入国有土地范畴的时候，也必须依照相关的法律法规缴纳相应的土地税费，政府应该在这类土地的后续监管上加大力度，杜绝借"联建"之名"明修栈道，暗度陈仓"而逃避高额的土地税费，损害国家利益的行为。

第四,政府自身要加强自律,强化相关监督制衡机构的职能,减少寻租空间,防止出现官商勾结而侵害农民合法权益的行为,防止出现只为眼前、个人利益而牺牲长远和大局利益的行为。在这场博弈中,农民仍然是属于相对信息不对称、眼光有限、资本相对较弱的群体,很多时候他们都只能借助政府的指导和帮助来维护自己的合法权益、长远利益。此时,如果政府不够明智,目光短浅,腐败寻租,就很有可能极大地威胁农民的权益、国家的利益。没有制衡必然滋生腐败,在联建的过程中相关的监督部门如国土资源部等直属部门一定要加强对各级政府的监管。

第五,加快相关法律的修改调整,赋予联建房合法性基础。我国现行《土地管理法》第63条规定,农民集体所有的土地使用权不得出让、转让或者出租用于非农业建设。灾区农村灾后重建的大量安置房,虽然农民合法拥有土地证与产权证,但是对于城市购买者,这种房屋从严格的法律意义上来讲,还是属于"小产权"的范畴。如果相关法律不能尽快调整修改的话,联建的行为就是违宪、违法的行为。如果国家能在相关法律上予以放开,实现宅基地与集体建设用地无障碍流转,将农村资源变为资本,集体建设用地与宅基地最终实现流转,那么对于我国农村经济和房地产市场,将会产生一系列积极深远的影响。

附录Ⅰ:

"城乡一体化"背景下成都震后农村联建房模式研究问卷调查分析报告

调查问卷发放范围:都江堰市青城山镇的味江村、泰安村、石桥村、大观镇茶坪村。本课题组一共发放问卷100份,回收100份,有效问卷96份。

问卷填写时间:2009年1月16日。

1. 您是:

　　A. 农户　　　　　　B. 资金投入方(包括有意向)

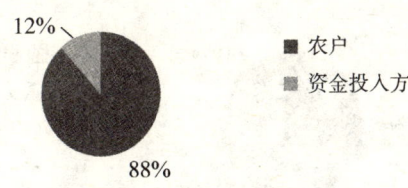

图1　受调查者身份

被调查者为当地的农户以及联建房的投资者。在随机的问卷发放中,他们的比例为88%、12%,如图1所示。大部分村民现在仍然居住在板房中,期盼着他们的新房早日完工。部分村镇的联建房协议已经签订,但并未动工兴建。

2. 您是否知道"联建房"是什么?

　　A. 不知道　　　　　B. 知道

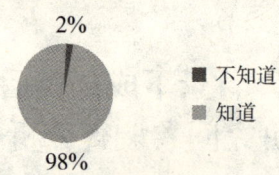

图2　您是否知道"联建房"

民生问题之根本乃吃穿住行,让居者有其屋,这在灾后的灾区是头等大事。绝大部分的民众都知道"联建房"这一概念的存在,只有极个别的农村的老人不知道,其比例如图2所示。可见,联建房模式在都江堰市青城山镇已经做了宣传,并得到各方关注。

3. 您的房屋在地震中是否受损:(第一题选A答案者回答)

A. 完全损毁　B. 严重受损　C. 轻微受损　D. 安然无恙

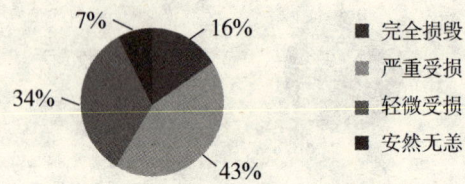

图3　地震中房屋受损程度

在受调查的农户中,大部分人的房屋都在5·12地震中受到了不同程度的毁坏,受损程度严重的占到了55%以上的比重,如图3所示。可见,地震给青城山镇带来了严重的后果。村民们提到地震依然心有余悸,并表示想尽快地住上安全的新房,恢复安居乐业的生活。

4. 您是否愿意接受"联建"这种方式:

A. 很欢迎　　　　　B. 无所谓　　　　　C. 反对

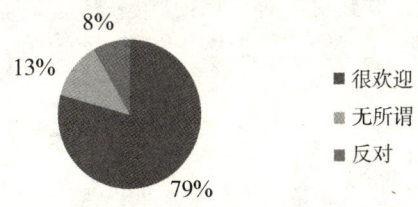

图4 对"联建"方式的支持度

对于联建房,大部分的村民和所有的投资者都表示非常支持,支持者占绝大多数,投资者或者有投资意向者都表示非常支持这种方式。只有8位村民表示不愿意联建,但因为是村上的统一规划,所以没办法才接受,其反对的原因是自己的宅基地因此变小了。对"联建"方式的支持度,如图4所示。

5. 您接受"联建"这种方式的主要决定因素是:(第一题选A答案者回答)

　　A. 建房资金短缺　　　B. 土地闲置,用于投资
　　C. 听政府的　　　　　D. 村里大家都这样

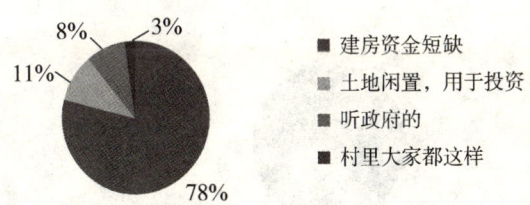

图5 农户接受联建方式的主要原因

在调查结果中发现,受调查的85名农户中,因为资金短缺,无钱建房而接受联建方式的占了78%,有67人。但是,也发现小部分农户并不是主动接受这样的方式,而是因为地方政府的组织或者是由于从众心理才接受联建房。农户接受联建方式的主要原因,如图5所示。

6. 您看好灾区联建房的哪一点：（第一题选 B 答案者回答）
   A. 山水风情，适宜居住　　B. 价格便宜的乡间别墅，用于投资
   C. 支援灾区

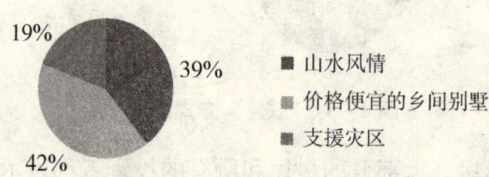

图6　投资者看好联建房的原因

一大部分投资方或者有意向投资者都看好了都江堰的地理优势，参与联建的主要目的是用于投资：房地产、农家乐、建厂等方式的投资。相对于城市里高昂的地价，他们认为在青城山脚下，同样的资金应该可以得到更大的回报，同时还能够帮助灾民安居。也有39%的投资者看上了都江堰的青山绿水，希望能在那里找到一个脱离喧嚣都市的静谧之所。投资者看好联建房的原因，如图6所示。

7. 联建能承受的最高价格范围？（第一题选 B 答案者回答）
   A. 30万　　　　　　　B. 80万　　　　　　　C. 更多

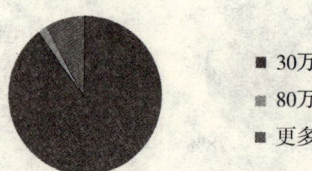

图7　联建能承受的价钱范围

大部分接受调查的私人投资者（或有意向的私人投资者）表示愿意在30万之内投资联建房；作为统筹统建方式联建的投资方，因为是大规模的统一建设，所以愿意投入更多的资金。如图7所示。

8. 您是如何获知"联建房"政策消息的：
   A. 地方政府宣传　　　　B. 媒体宣传

C. 朋友介绍　　　D. 不知道

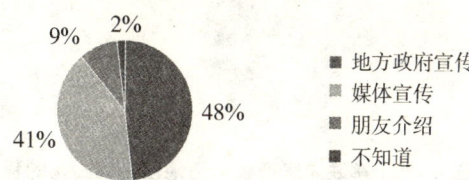

图8　获知"联建房"政策消息的途径

在调研中发现，地方政府对联建房方式进行了大力的宣传，除了鼓励农户自建外，对联建方式重建给予了大力度的宣传，因为大部分农户都是从这个途径知道了联建的政策信息；媒体在联建政策宣传上也给予了大力的支持，投资者（或有意向投资者）大多通过这一方式获知联建房方面的政策信息。如图8所示。

9. 您对联建房的相关法规政策的了解程度：
   A. 完全不知道　　　B. 有一定了解　　　C. 非常了解

图9　对联建房的相关法规政策的了解程度

调查的结果显示，因为政府和媒体的宣传，大部分农户都对联建房的相关法规政策有粗浅的了解；但也有极个别农户完全不知道相关的政策，在询问中他们表示，是村组织在代办一切事宜，所以自己并不懂相关的法规政策。相对而言，投资方（或有意向投资者）则均表示有主动去学习过联建房的相关法规政策，因此大多都自认为很了解相关信息。如图9所示。

10. 您是否知道联建房的房屋产权和土地使用权的归属？
    A. 很清楚　　　　B. 了解一点　　　C. 不知道

图10　了解联建房产权和土地使用权归属的程度

这一问题是上个问题的具体延续，从调研所得到的数据和具体的个体采访中看出，其实大多数农户都对联建房最后的产权和土地使用权一知半解，很多都表示只知道大概的分配，但具体的产权和土地使用权分配如何操作都不知道；投资方（有意向投资者）则更为详细了解了相关的权益分配。从此处可以看出，农户对自身的权益保护意识不足，可以预见，这是以后产生纠纷的隐患之一。如图10所示。

11. 您认为在联建过程中，哪一方占据了主导地位：
A. 农户　　　　　　B. 投资方　　　　　C. 村民自治组织

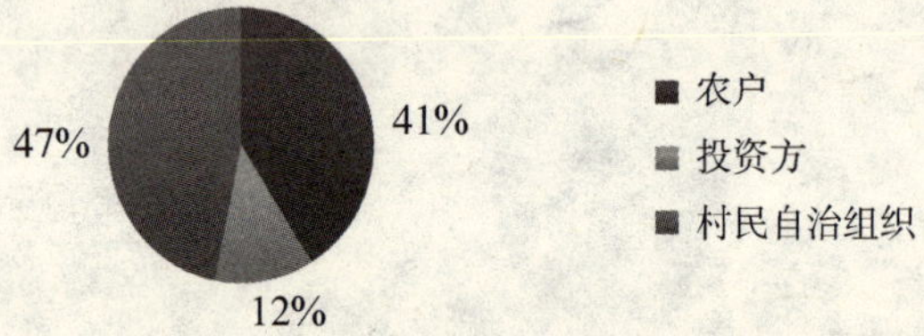

图11　联建过程中占主导地位

数据显示，认为农户和村民自治组织在联建过程中起主导地位的占绝大部分，如图11所示。受采访的投资方（或有投资意向者）表示，在协议联建的过程中，多为农户联合谈判，故他们并未占到优势地位，反而一些农户"漫天要价"，导致联建协议无法达成。从另一方面反映出村委会等组织在灾后重建的过程中，抓住了主动权。

12. 您认为灾区联建房的模式是否可以推广：
A. 是　　　　　　B. 否　　　　　　C. 不知道

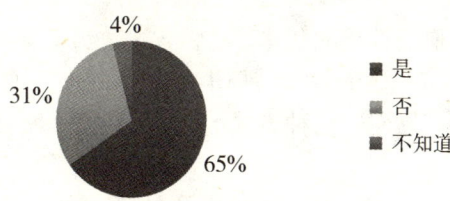

图 12　联建房的模式是否可以推广

大部分受访者认为联建房模式是一种双赢的模式，可以推广，也应当推广。但是也有 31% 的受访者认为，这个模式还是有些不成熟的地方，或是有风险，因此现在不可以推广开去。如图 12 所示。联建方式，现在在政策上仍是支持灾区重建的一种特事特办，在法规政策上只允许在灾区的特定范围内适用，可见该模式是否有推广的必要性和可能性，有待进一步研究讨论。

附录Ⅱ：问卷样本

调查问卷

您好！由于我们需要了解一下灾区联建房的实施情况，所以需要您的协助，感谢您在百忙中完成我们的问卷！

调查地点：_____

1. 您是：
   A. 农户　　　　　B. 资金投入方
2. 您是否知道"联建房"：
   A. 不知道　　　　B. 听说过　　　　　　　C. 很了解
3. 您的房屋在地震中是否受损：（第一题选 A 答案者回答）
   A. 完全损毁　　　B. 严重受损　　　　　　C. 轻微受损
   D. 安然无恙

4. 您是如何获知"联建房"政策消息的:

A. 地方政府宣传　　B. 媒体宣传　　　　C. 朋友介绍

D. 不知道

5. 您是否愿意接受"联建"这种方式:

A. 很欢迎　　　　B. 无所谓　　　　　C. 反对

6. 您接受"联建"这种方式的主要决定因素是:(第一题选 A 答案者回答)

A. 建房资金短缺　B. 土地闲置,用于投资　C. 听政府的

D. 村里大家都这样

7. 您看好灾区联建房的哪一点:(第一题选 B 答案者回答)

A. 山水风情　　　B. 价格便宜的乡间别墅　C. 支援灾区

8. 联建能承受的最高价格范围?(第一题选 B 答案者回答)

A. 30 万　　　　B. 80 万　　　　　C. 更多

9. 您对联建房的相关法规政策的了解程度:

A. 完全不知道　　B. 有一定了解　　　C. 非常了解

11. 您认为与联建有关的法规政策是否已经完善:

A. 是　　　　　　B. 否　　　　　　　C. 不知道

12. 您是否知道联建房的房屋产权和土地使用权的归属?

A. 知道　　　　　B. 不知道

13. 您认为在联建过程中,哪一方占据了主导地位:

A. 农户　　　　　B. 投资方　　　　　C. 村集体组织

14. 您认为灾区联建房的模式是否应当推广:

A. 是　　　　　　B. 否　　　　　　　C. 不知道

再次感谢您在百忙中填写我们的问卷!

城乡一体化背景下成都市"联建房"法律问题研究[①]

万广军等

【内容摘要】 统筹城乡发展、地震灾后重建的需要和宅基地流转受限的现实使得成都市"联建房"应运而生。从表面看,"联建房"政策是为解决农民灾后住房重建的资金来源问题;但从更深层意义看,该政策是政府以制度供给方式支持地震灾后重建的重要举措,实现了灾后重建与宅基地流转的结合;通过"联建"程序的设计,"联建房"政策避免了与现行土地法律制度的冲突,实现了在制度约束条件下的效率最大化;并且,"联建房"政策与成都市统筹城乡综合配套改革的目标相符。在实施过程中,仍应通过制度创新来提升"联建房"政策的法律效力层次,明确"联建"合同的法律性质,保证制度实施效果。

【关键词】 统筹城乡发展 联建房 集体建设用地 制度创新

引 言

所谓的"联建"是指农民提供土地使用权,合作方提供资金,进行合作建房,并对建成后的房地产共同经营管理或进行利益分配的行为。成都市作为国家级统筹城乡配套改革试验区,"联建"是其进行

---

① 课题负责人:万广军,四川大学经济学院 2008 级法经济学博士研究生,郑州轻工业学院政法学院讲师;
  课题组成员:刁其怀、钟凯,四川大学经济学院 2008 级法经济学博士研究生。

集体建设用地流转制度创新的有益探索,是成都市以制度供给方式支持地震灾后重建的重要举措。成都市《集体建设用地使用权流转管理办法(试行)》、中共成都市委统筹城乡工作委员会和成都市国土资源局《关于重灾区农户灾毁住房联建等有关事项的通知》和都江堰市《关于扶持居民安居置业促进房地产业发展的意见》等措施的出台都是集体建设用地流转制度创新的集中表现。从表面看,成都市"联建房"政策是为解决农民灾后住房重建的资金来源问题;从更深层意义看,其实质是对集体建设用地使用权(包括宅基地使用权)流转的探索,对该问题的研究具有重要的理论及现实意义。

一、成都市"联建房"政策背景分析

(一)城乡一体化的要求

党的十六大提出统筹城乡经济社会发展,建设现代化农业,发展农村经济,增加农民收入,是全面建设小康社会的重大任务。按照这一指导思想,成都市从2003年开始在全市实施统筹城乡经济社会发展,推进城乡一体化,以一体化的发展路径来破解城乡"二元"结构。① 城乡一体化的要旨就是要创新制度设计,打破计划经济体制下城乡分治的制度性障碍,促进要素流转,体现市场配置资源的基础性作用。统筹城乡经济社会发展,推进城乡一体化是新形势下解决"三农问题"的根本途径,② 是我国当前城市化发展的有效途径,是社会主义新农村建设的目标和方向。成都市目前推行的"三个集中"和城乡统筹规划与机构改革和体制创新是城乡一体化的成功实践,使成都市走上了经济社会又快又好发展的轨道,为我国各级地方党委和政府实施城乡统筹、落实科学发展观和建设社会主义新农村提供了很好的

---

① 2006年以来,成都市政府出台了40多个文件,对城乡管理体制进行了改革,建立了城乡一体化的管理体制,成立了执法监督局,加强了农村规划和管理;将市农牧局、农机局合并,成立了市农委;五城区撤销农业局、畜牧局、农机局,合并成立城乡一体化局;远郊区(市)县将原来的农业局、畜牧局、农机局等机构合并,成立了农业发展局。

② 成都市[2004]7号文件《中共成都市委、成都市人民政府关于统筹城乡经济社会发展,推进城乡一体化的意见》。

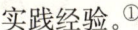

实践经验。①

城乡一体化是从经济发展规律和生产力合理布局角度出发，统一布局城乡经济，加强城乡之间的经济交流与协作，使城乡生产力优化分工、协调发展，以取得最佳的经济效益。2007年6月，成都市获批为全国统筹城乡综合配套改革试验区。此后，成都市政府相继出台一系列文件，核心指向是解决城乡二元结构，加速城乡一体化进程，推进"三个集中"，即工业向园区集中，土地向规模经营集中，农民向城镇集中，构成了成都城乡一体化发展道路的具体实践路线。

(二) 宅基地流转的法律限制

从相关土地法律规定可以看出，农村的宅基地只能供农民使用，城镇居民不允许在农民的宅基地上建房。近年来，国家强调要严格执行城镇居民不能在农村购买和违法建造住宅的规定。对城镇居民在农村购买和违法建造住宅申请宅基地使用权登记的，不予受理。最高人民法院在全国民事审判座谈会上也表示，我国现有的法律包括《物权法》都没有对是否允许城镇居民在农村购买宅基地或者房屋作出明确的规定，因此就得适用国家的政策。根据国家政策，人民法院不应支持城镇居民在农村购买宅基地或者房屋的诉讼请求。对此，人民法院对由此产生的房屋和宅基地买卖合同纠纷一般是认定为无效的。

1998年以后，新出台的土地管理政策不再强调农村集体土地必须转为国有，但并未明确新的合法流转路径，一些地方进行了大胆的改革试验。例如，成都市就出台了一系列有针对性的地方政府规章和其他规范性文件，②对集体建设用地流转作出了细致规定，规定集体建设用地可以进入市场公开出让，宅基地也可在一定条件下通过联营、出租等方式流转，但仍禁止城镇居民在农村购置宅基地。

---

① 向春玲：《成都市城乡一体化实践的几点思考》，载《城乡建设》2006年第11期，第61页。

② 2004年2月，成都市出台《关于统筹城乡经济社会发展推进城乡一体化的意见》，随后陆续发布了50多个配套文件。2007年7月，成都市国土资源局出台《成都市集体建设用地使用权流转管理办法（试行）》。

(三) 地震灾后重建的客观需要

据统计,汶川大地震中倒塌和损毁的房屋,仅四川省就有 400 万间,甘肃省约 40 万间,陕西省约 30 万间。因此,灾后面临的一个重要问题是,如何安置灾民并重建家园。经验表明,住房安置和食物供应是救灾工作的"重中之重",解决不好,会引发严重的社会动荡,造成更大的社会危害。居有其屋在灾年是紧要问题,在平常是重要问题。国际社会有一个"住房保障"理念,有些国家或地区还以法律形式,将灾民住宅权保障写入整体住宅政策。近年来,印度洋海啸、美国的"卡特里娜"和"维尔玛"飓风、南亚大地震等,造成近 20 万人死亡,200 万人无家可归。在灾害救济中,住房无一例外是保障的重点。例如,美国在"维尔玛"飓风后,政府即拆除了部分毁坏的公共住宅,同时命令房屋发展部门重新开放一些公共住宅,并重建所有拆掉的公共住房。①

5·12 汶川大地震发生后,经过大灾的农民有宅基地但无资金,仅靠政府有限的财政能力根本无力完成灾后重建的艰巨任务。成都市政府指导灾后重建的推荐房型示意图显示:一座 159 平方米的藏羌风格房屋的占地 140 平方米,坝区造价为 159000 元,山区造价为 190800 元;一座川西风格的 180 平方米的民居,坝区造价为 180000 元,山区造价为 216000 元。为了灾后重建,国家给每户受灾农民补偿 2 万元(中央政府 1 万元,地方财政支出 1 万元),但要建成永久性住房,至少需 8 万元左右。据计算,如果全部是统规统建安置灾民,都江堰市需要 200 亿资金,这对年财政收入 30 亿的都江堰市来说简直是个天文数字。② 为了渡过这个难关,一个有效的筹资途径是动员社会闲散资金与灾区农民合作联建新居,为受灾农民解困,为政府分忧。③

---

① 余少祥:《抗震救灾与住房保障》,载《环球法律评论》2008 年第 4 期,第 125 页。
② 姜洪桥:《都江堰土改:行政破了法律的局》,载《经济观察报》2008 年 9 月 22 日,第 15 版。
③ 吴鹏:《借力联建房:成都探路宅基地"流转"》,载《21 世纪经济报道》2008 年 9 月 18 日,第 6 版。

陈武元教授自灾后不久就开始进行社会调查，呼吁政府在大灾面前放宽政策。引进社会资金，合建房屋由农户与投资方采取自愿协商的办法进行，建筑用地原则上不超过村社核定的宅基地面积，房屋设计符合防震要求，产权分割双方协商，政府给予办理房屋产权证。联建房屋并非小产权，受法律保护，产权可以出租、转让和抵押。房屋使用年限由合建双方约定。为了避免建成后遇到重大建设项目而拆迁，因此建前的选址要经规划部门核定。经核定后建成的房屋，遇到重大项目建设确定需要进行拆迁的，只要有房屋产权证，就应获得相应的补偿。针对灾后重建中存在的巨大的资金缺口和宅基地不能流转的矛盾，还有学者提出利用地方政府掌握的户口审批权，"逆向"推进城乡一体化，即"卖农村户口"，以此吸引城市资本参与灾后重建，解决地震后农村房屋建设的资金缺口。①

灾后农村受损房屋重建问题，关系到灾区农民的生活，也关系到灾区社会的稳定，更直接影响政府灾后重建的效果。因此，出台系列文件加速农村土地改革，鼓励和引入社会力量参与灾后重建，成为政府加快灾后农村住房重建的一项重要举措。本着更好更快地按照政策和灾民意愿做好灾后重建安置工作的原则，2008年6月4日国务院通过了《汶川地震灾后恢复重建条例》，四川省人民政府出台了《关于支持汶川地震灾后恢复重建政策措施的意见》，2008年8月7日成都市政府下发了《关于加快灾后城乡住房重建工作的实施意见》，中共成都市委统筹城乡工作委员会和成都市国土资源局于2008年9月12日联合发出了《关于重灾区农户灾毁住房联建等有关事项的通知》（成统筹〔2008〕93号，以下简称《联建通知》），允许通过出让宅基地使用权，吸引投资人建房，然后按照协议分配最后的房产。"联建"方式成为都江堰、彭州、崇州、大邑和邛崃等地农民灾后住房重建的一种主要模式，灾后农村住房建设（联建）政策咨询会以及"联建超

---

① 牛建国、常倜：《试论"非转农"在解决地震建设资金缺口依法推进城乡一体化工作中的作用》，载法律图书馆 http://www.law-lib.com/lw/lw_view.asp?no=9390。

市"的出现更是使"联建房"成为全社会关注的热点。①《联建通知》下发后,很多城市居民与农户签订了联建协议。

大多数研究者认为,"联建房"政策是成都市政府在灾后农村损毁房重建中所作的全新探索,是灾后重建机制的创新。首先,在地震灾区实行联建住房,既可以达到联建方和农民的双赢,又可以保护耕地,实现农民向城镇集中的"城乡一体化"目标。其次,将统筹城乡综合配套改革试验区建设与灾后重建工作有机结合起来,用统筹城乡的理念和办法,积极探索,大胆创新,开展以农村集体建设用地融资参与灾后农房重建,有效地推进了灾后农村重建工作。再次,城市文明进入农村,这是统筹城乡发展的必经之路,更是解决"三农"问题的有效途径。"联建房"政策使得城市资金到农村参与重建,带来了农村群众生产、生活方式的转变。最后,借助"联建房"政策实现了农村土地产权制度的改革,体现了统筹城乡发展最核心的意义,即让农民产权能够资本化,影响深远。

也有学者对"联建房"表达了自己的困惑,指出随着联建项目日益增值,纠纷必然产生并诉至法院。在现有法律框架下,法院通常会认定联建协议无效,并且判定不动产归农民所有,而农民则被要求返还联建款。履行这一判决,只能对建筑物进行拍卖,考虑到农村的特定风俗,这些案件将难以善终,会产生历史遗留问题。也有学者认为,集体建设用地流转的过程可能会变成对农民权利的一种新的剥夺方式,"联建房"政策可能导致土地非农化失控,加剧耕地短缺矛盾,危及粮食安全。

从世界范围看,许多发达国家的住宅开发模式比较多元,都曾经或者还在支持民间建房活动。工业化最早的英国早在 1844 年就成立了全国性的住房协会,以指导和实施合作建房,1962 年更进一步出台了《建房社团法》,以法律的形式支持、规范大规模的合作建房运动。作为老牌的福利型国家,瑞典在 20 世纪 20 年代就成立了住房合作社,后来形成了储蓄、融资、建设一体化的全国性组织,由其开发

---

① 2008 年 8 月 30 日,都江堰市青城山镇召开联建房咨询会。

的住宅面积占全国总量的比例相当高。另外,日本政府对于地方社团建房,也在税费上给予特殊优惠。德国有 30.9% 的新建住宅是住宅合作社建造的。安居是灾后重建的第一要务,日本是世界上自然灾害多发国家之一,在灾后住房重建方面的理论研究比较深入,也积累了丰富的灾后住房重建实践经验,日本推行自助、公助、互助相结合的住房重建机制。通过完善的立法和健全的体制对受灾者住房重建予以补助,支持受灾群众自建住房。这种以地方为主体、自下而上的灾后住房重建体系与我国有所区别,但有很多值得借鉴之处。

二、成都市"联建房"所处制度环境分析

(一)成都市"联建房"的法律性质

要正确理解和适用成都市"联建"政策,就必须准确定位"联建房"的法律性质。房屋联建是指一方提供国有或集体所有土地使用权,他方提供资金,双方合作建房,提供土地使用权方或分得部分房产或分得一定数额金钱的情形。但无论出于什么目的,也无论双方是否成立企业及如何分成,提供土地使用权的一方将其提供的土地使用权资本化后,才能够分得相应的房产或金钱。因此,必然会有部分房产所有权或土地使用权的权属发生改变。建设部《城市房地产转让管理规定》第三条规定:"本规定所称房地产转让,是指房地产权利人通过买卖、赠与或者其他合法方式将其房地产转移给他人的行为。前款所称其他合法方式,主要包括下列行为:(一)以房地产作价入股、与他人成立企业法人,房地产权属发生变更的;(二)一方提供土地使用权,另一方或者多方提供资金,合资、合作开发经营房地产,而使房地产权属发生变更的……"

可见,房地产"联建"实际上是一种房地产转让的行为。农村集体所有的土地使用权也是如此。现实中,不少农村集体组织虽与他人进行所谓"联建",但得到一笔钱后即撒手不管,并不参与建设、开发、使用房屋的过程。事实上,这是一种变相的买卖、租赁土地。国务院在《关于制止买卖、租赁土地的通知》中就指出:"近年来,一些农村社队、国家企事业单位等,违反国家法律规定,买卖、租赁集

体所有的和国家所有土地的情况不断发生。把土地当做商品买卖、租赁，捞取大量钱款和物资。有的私下议定条件，以租赁、买卖房屋的方式，租赁、买卖良亩菜地，或者采取'联合建房、厂、仓库'等方式，达到侵占土地的目的。这是严重违反宪法的行为。"

企业职工集资建房的土地是单位自有划拨地，依法享受免交土地出让金、减免市政建设配套税费等优惠，可以参加集资建房的单位限定为企业中职工住房条件较差、企业自己有存量土地且符合城市规划的集资建房单位，这类住房在一定的时间内不得向社会出售。

个人集资建房也称个人合作建房，使用的是出让地、商品房用地，通过土地使用权的"招、拍、挂"获得，缴纳出让金和税费，这是个人集资建房与其他国家福利性质的房屋的最根本区别。拿地后或自组房地产公司或委托房地产公司，按房地产开发程序建造，各环节与商品房的建设程序一致，完全通过市场方式解决。房屋取得房屋所有权证和土地使用权证，可以与商品房一样依法转让。房地产高价暴利是催生个人合作建房的社会经济基础，政府对中低收入人群的安居权保障的缺失是个人集资建房的现实基础；建设用地使用权市场化是个人集资建房的市场基础。①

经济适用住房，是指政府提供政策优惠，限定建设标准、供应对象、上市条件和销售价格，具有保障性质的政策性商品住房。经济适用住房建设用地，实行行政划拨方式供应。经济适用住房的价格实行保本微利原则，建设和经营中的行政事业性收费，减半征收小区外基础设施建设费用，由政府负担。

安居房，是国家为解决城市居民及国有大中型企业职工的住房困难，改善居民的住房条件而实施的一项措施。安居房建设用地由划拨土地使用权的方式供应。建设用地费用只包括征用土地补偿费和拆迁安置补助费。市政配套费由地方在市政建设计划中安排住宅小区内的配套，属经营性配套的，其配套费用由经营者负担；非经营性配套的，由政府、企业、购房人共同承担。个人购买的安居住房一般若干

---

① 王珊：《个人合作建房的探讨与研究》，载《建筑经济》2007年第7期，第198页。

年后才可以依法进入市场转让,在补交土地使用权出让金或所含土地收益和按规定交纳有关税费后,收入归个人所有。

住宅合作社,是经市县人民政府房地产行政主管部门批准,由城市居民、职工为改善自身住房条件而自愿参加,具有法人资格,不以盈利为目的公益性合作经济组织。凡具有城镇正式户口,家庭为中低收入并愿意改善居住条件的居民户,均可以自愿申请加入住宅合作社。国家组织住宅合作社的目的是为了鼓励城镇职工、居民投资合作建造住宅,解决城镇居民住房困难,改善居住条件。其用地仍然是划拨建设用地,国家减免税费。合作住宅不得向社会出租、出售。

"小产权"房,是指在农村集体土地上建设的房屋,因未缴纳土地出让金等费用,其产权证不是由国家房管部门颁发,而是由乡政府或村委会颁发,所以又称乡产权房。所谓"小产权"实质是无产权,不具有房屋占有、使用、处分、收益等权利。在现有法律框架下,乡镇一级政府根本无权颁发房屋产权证,建在集体土地上的房屋,由乡镇政府颁发的权属证书不是真正法律意义上的产权证,得不到任何产权保障。①

为了调动民间参与震后重建的积极性,《联建通知》允许地震重灾区农户与城镇居民以协议形式联合建设房屋,对联建的房屋中属于农民的部分办理住宅产权证,对于联建方则将土地用途规定为非住宅(包括商业、旅游业、服务业等)。有人说,这是成都市政府借灾后重

---

① 1982年5月14日,国务院公布《国家建设征用土地条例》;1997年5月18日,中共中央、国务院颁布《中共中央国务院关于进一步加强土地管理切实保护耕地的通知》(中发〔1997〕11号);1999年,国务院办公厅发布的《关于加强土地转让管理严禁炒卖土地的通知》第2条;2004年12月年,国务院颁布《关于深化改革严格土地管理决定的通知》(国发〔2004〕28号文件);2004年,国土资源部印发《关于加强农村宅基地管理的意见》的通知(国土资发〔2004〕234号);2005年中共中央、国务院颁布《关于进一步加强农村工作提高农业综合生产能力若干政策的意见》(中发〔2005〕1号文件);2006年,国务院颁布《关于加强土地调控有关问题的通知》(国发〔2006〕31号文件);2006年,国土资源部发布《关于坚持依法依规管理集约用地,支持社会主义新农村建设的通知》(52号文件);2007年,国务院办公厅发布《国务院办公厅关于严格执行有关农村集体建设用地法律和政策的通知》;2007年6月18日,建设部发布《关于购买新建商品房的风险提示》;2008年1月8日,国务院办公厅发布《关于严格执行有关农村集体建设用地法律和政策的通知》;2008年7月8日,国土资源部《关于进一步加快宅基地使用权登记发证工作的通知》(国土资发〔2008〕146号)。

建变相推行与以前在城乡一体化过程中曾经实施但被中央政府叫停过的政策,是地方政府挟抗震救灾的民意对中央政府的"讹诈"。但在联建过程中,农民在宅基地建设的住宅只要没有超过规定的标准自无不妥。成都市"联建房"不同于"合作住宅",① 也不同于集资建房、经济适用住房、安居房,② 更不同于小产权房。成都市"联建房"是指在"城乡一体化"背景下,为尽快恢复灾后农村受损房屋重建,在地震重灾区以试点方式进行的由农民提供宅基地,联建方提供资金建成的房屋,建成后由双方共同经营管理或进行利益分配。成都市"联建房"是国土资源及统筹城乡建设管理等行政部门,围绕集体建设用地使用权,为解决灾后重建客观需要与现行法律制度限制宅基地流转这一矛盾而进行的有益尝试,在一定程度上带有集体建设用地使用权制度创新的意义。

(二)成都市"联建"政策评介

地震发生后,从中央到地方出台了一系列文件,旨在促进灾后重建的措施,③ 其主要目的是支持地震重灾区农户住房重建,方式是农户使用宅基地引入社会资金联合重建住房和农户使用宅基地融资重建住房。农户使用宅基地联合重建的前提条件是,宅基地使用权必须是合法取得并已办理土地登记。

但是,房屋"联建"必然导致宅基地使用权的权属发生改变,而这种结果等于允许城镇居民在农村购置宅基地。为此,《联建通知》在引入社会资金联合重建灾毁住房的程序中进行了变通性处理,以避免和法律的强制性规定相冲突。引入社会资金联合重建灾毁住房的具

---

① 1992年2月,由国务院住房制度改革领导小组、建设部、国家税务局发布的《城镇住宅合作社管理暂行办法》(1992) 67号。

② 2004年4月13日,由建设部、国家发改委、国土资源部、人民银行发布的《经济适用住房管理办法》。

③ 国务院《关于汶川地震灾后恢复重建条例》、四川省人民政府《关于支持汶川地震灾后恢复重建政策措施的意见》、成都市《进一步改革完善农村土地和房屋产权制度的意见》、《成都市人民政府关于坚持统筹城乡发展加快灾后农村住房重建的意见》、《关于重灾区农户灾毁住房联建等有关事项的通知》。

体程序是：第一，农户向所在的集体经济组织提出联合建房申请，经集体经济组织同意后，可将其合法取得的宅基地扣除自住用地后剩余的集体建设用地，交由农村集体经济组织进行流转。第二，农户及农村集体经济组织按照《城乡规划法》的相关规定，向市（县）规划管理部门提出用地规划申请，由市（县）规划管理部门审核后出具相应的建设规划许可意见及规划用地条件。农户自住用地的土地性质确定为住宅，扣除自住用地后剩余的集体建设用地的土地性质按规划许可用途确定为非住宅（包括商业、旅游业、服务业等）。第三，农户、农村集体经济组织与联建方依据规划许可意见及规划用地条件，就集体建设用地流转的面积、价格等协商一致后，由农村集体经济组织与联建方签订集体建设用地使用权出让合同。第四，农户与联建方按规划许可意见及规划用地条件和流转合同实施联合建设。第五，农户与联建方共同向市（县）国土资源局提出土地登记申请，市（县）国土资源局对农户的原宅基地使用证进行变更，为农户自住用地发放集体建设用地使用证，土地用途为住宅；为联建方使用的剩余集体建设用地发放集体建设用地使用证，土地用途为非住宅（包括商业、旅游业、服务业等）。土地使用年限参照国有建设用地出让年限，或者自行协商确定。

  这样就把宅基地的流转变成了集体建设用地的流转，城镇居民在农村取得的便不是宅基地使用权，而是集体建设用地使用权。这种迂回措施一方面导致了农户、联建方和集体经济组织之间关系的混乱，使得联建合同的性质和当事人及其权利义务模糊不清，为日后纠纷的产生埋下隐患。另一方面，也体现了地方政府政策制定者的智慧，使《联建通知》避免了违反上位法的尴尬："在中央控制程度较大的情况下，地方政府的制度创新会受到较大约束，这迫使其采取一种比较隐蔽的方式来帮助民间的制度创新。由于微观主体与地方政府之间存在很多的利益共同点，地方政府就有可能对微观主体的制度创新活动给于鼓励和秘密支持,从而实现制度创新。"① 两张产权证,面积分割清晰,但在事实上又是共同使用同一地块。借着这种类似于"一国两制"的巧妙方式,成都市在农村集体土地产权问题上取得了突破。《联建通知》的出台,使得集体性质的土地和国有土地一样,同地同权,农民借此分享了成都市作为"综改"试验区的改革成果。

(三)集体建设用地流转的相关规定

1. 法律规定②

我国实行最严格的土地管理制度,集体建设用地问题主要体现在《宪法》《民法通则》《物权法》《土地管理法》《城市房地产管理法》《农村土地承包法》等法律及国务院和有关部委的规章中,并且多为刚性规定,任何单位和个人进行建设,需要使用土地的,必须依法申请使用国有土地。建设占用土地,涉及农用地转为建设用地的,应当办理农用地转用审批手续。农村的宅基地只能供农民使用,城镇居民不允许在农民的宅基地上建房。我国尚未建立起一套跟市场经济完全接轨的土地管理法律规范,现有的土地制度也严重制约了城乡统筹发展,禁锢了农村土地的活力发挥。

2. 中央政策与部门规章

近年来,国家强调要严格执行城镇居民不能在农村购买和违法建造住宅的规定。对城镇居民在农村购买和违法建造住宅申请宅基地使用权登记的,不予受理。最高人民法院在全国民事审判座谈会上表示,我国现有的法律包括物权法都没有对是否允许城镇居民在农村购买宅基地或者房屋作出明确的规定,因此就得适用国家的政策。根据国家政策,人民法院不应支持城镇居民要求在农村购买宅基地或者房屋的诉讼请求。对此,人民法院对由此产生的房屋和宅基地买卖合同纠纷一般是认定无效的。法律对农村土地限定了"三种用途",即兴

---

① 张谋贵:《小岗村改革的制度经济学解释》,载《经济理论与经济管理》2008年第8期,第43页。

② 《宪法》第10条第4款;《城市房地产管理法》第9条;《物权法》第151条;《土地管理法》第43、44、60、61、62、63条。

办乡镇企业、村民建设住宅和兴建乡（镇）村公共设施和公益事业。国务院对此也三令五申，还严格规定了乡镇企业的范围、宅基地的使用条件，而联建并不属于规定的"三种用途"。法院通常会认定联建协议违反国家法律强制性规定而判定其无效。根据法律规定，因无效协议取得的财产各自返还或者作价补偿，因为联建工程在农民的宅基地上进行，不动产按法律规定应归属农民所有，而农民则被判决返还联建款。幸运的联建方或许能够取回投资成本，而不幸的则可能血本无归。因为农村宅基地使用权只能在限定的范围内流转。说到底，即使联建方胜诉，也很难执行。

3. 地方创新试点①

1998年后，新出台的土地管理政策不再强调农村集体土地必须转为国有，但并未明确新的合法流转路径。一些地方进行了大胆的改革试验，出台了一系列有针对性的地方政府规章和其他规范性文件。这些立法探索对在国家立法层面上健全集体建设用地制度具有参考意义，其中《广东省集体建设用地使用权流转管理办法》最为典型和最具有借鉴价值。该办法以政府规章形式将集体建设用地流转主要行为与基本关系纳入了规范调整范畴，内容涵盖集体建设用地流转范围、对象条件、方式与程序、流转期限、政府监管机制与方式及法律责任等诸方面。从2005年10月1日起，广东省内所有农村集体建设用地无须经过国有征收程序，可以直接进入土地二级市场参与流转，与国有建设用地"同地、同权、同价"。该办法是具有示范意义的土地制

---

① 1995年《苏州市农村集体建设用地使用权流转管理暂行办法》；1998年，江苏昆山通过复垦获得一些非农建设用地的"额度"，土地转让权不全归集体所有，形成"昆山模式"；1999年，国土资源部批准浙江湖州市、安徽芜湖市进行集体建设用地流转试验。芜湖市出台《芜湖市农民集体建设用地使用权的流转管理办法》和《芜湖市农民集体建设用地使用权的流转实施细则》；北京市的《北京市农民集体建设用地流转试点办法》；辽宁省大连市的《大连市集体建设用地使用权流转管理暂行办法》；2003年，广东省发布《关于试行农村集体建设用地使用权流转的通知》，2005年颁布的《广东省集体建设用地使用权流转管理办法》；2006年10月，石家庄市修订《城市房屋权属登记管理条例》；2007年，国家设立重庆、成都先行先试城乡统筹，2007年《成都市集体建设用地使用权流转管理办法（试行）》（2007第296号文）对集体建设用地以及城镇建设用地给予了同等地位。

度创新,广东因此成为全国第一个在全省范围内推行集体建设用地使用权流转的省份。

依照相关土地法律法规,2004年2月成都市委、市政府出台了《关于统筹城乡经济社会发展推进城乡一体化的意见》,随后陆续发布了50多个配套文件,但执行这些文件的副作用是造成大量"小产权"房。2007年7月,成都市国土资源局出台了《成都市集体建设用地使用权流转管理办法(试行)》,对集体建设用地流转程序、范围、方式、年限及限制等方面作出了较为细致的规定,规定集体建设用地可以进入市场公开出让,宅基地也可在一定条件下通过联营、出租等方式流转,集体土地流转方式向自由流转靠拢。2008年2月,成都市又出台了2008年1号文件,即《中共成都市委、成都市人民政府关于加强耕地保护,进一步改革完善农村土地和房屋产权制度的意见》。该文件提出要明确农村房屋产权,确认农村房屋所有权,核发房屋所有权证。

(四)集体建设用地制度变迁

从集体建设用地制度的变迁可看出我国立法对集体建设用地的基本态度:

第一,无论立法层面还是政策层面,对集体土地作为建设用地都采取严格控制态度,严格禁止集体建设用地规避法律、私下流转的行为。

第二,以下四种情况是集体土地作为建设用地严格控制下的例外,依照《土地管理法》第43条之规定,经依法批准可使用农村集体建设用地的有以下三种情况:一是兴办乡镇企业;二是村民建设住宅;三是乡(镇)村公共设施和公益事业建设。另根据《物权法》第183条,乡镇、村企业的建设用地使用权不得单独抵押。以乡镇、村企业的厂房等建筑物抵押的,其占用范围内的建设用地使用权一并抵押,从而间接实现使用集体建设用地的效果。

第三,涉及农用地转为建设用地的,视不同情况分别由国务院、省、自治区、直辖市人民政府和市、县人民政府批准。

第四,我国集体建设用地问题历时20多年,经过多次讨论,集体建设用地依然没能实现自由流转。过去20多年的改革，在土地政策和土地法方面走过的路程可以简单概括为：土地制度上的二元结构没有变，一是国家所有，二是集体所有，在二元结构不变的情况下，从可承包到可出让再到可入股，还是呈现了一种逐渐放松规制和多元化运行的机制。其实对这样的变化，社会态度和社会认知是从反对到接受再到普遍推行，甚至通过立法建制加以保障。①

第五，农地改革确实带来了很多生机和创造，但也带来了很多无序化，所以集体建设用地制度的改革的路径和程序也要理性化，也需要规范化。

我国集体土地制度变迁的过程表明，农地制度创新源泉来自于基层和民众之中，② 所以集体建设用地改革可以通过地方局部试点，积累经验并加以完善后再在更大范围乃至全国范围内加以推行，这是制度创新最佳的路径选择，成本最低，风险最小。③

三、成都市"联建房"政策的法经济学分析

法经济学是一门运用经济学的有关理论、方法，分析法学理论和法律现象的交叉学科。其理论的核心是：一切立法、司法、执法以及整个法律制度都起着分配稀缺资源的作用，故所有法律活动都要以资源的有效配置和合理利用，即效率最大化为目的。法经济学的研究基础是方法论个人主义假定，研究对象是有理性的个人，并由此假定集体行为是其中个人选择的结果。从经济学意义上讲，一种产权结构是否有效率，主要看它是否能够为在它支配下的人们提供将外部性较大

---

① 江平、莫于川：《土地流转制度创新六人谈——重庆土地新政争议引出的思考讨论》，载《河南省政法管理干部学院学报》2007年第6期，第33页。

② 土地承包做法在凤阳、土地出让在深圳推出都是这样进行的。

③ 2007年7月12日，国土资源部在新闻发布会上说，对于农村集体建设用地的流转问题，国土资源部自1999年开始，就在全国不同地方开展了农村集体所有建设用地使用权流转的试验、试点，现在正在不断地总结经验，在适当的时机再提交国家立法机构，通过立法来解决。

地内在化的激励。① 把握"联建房"产生的制度原因，按照效率标准完善立法。"联建房"就是政府、联建方和农民在现有法律框架下理性选择的结果

（一）成都市"联建房"政策是集体建设用地制度的创新

我国尚未建立起一套跟市场经济完全接轨的土地管理法律规范，现有的土地制度也严重制约了城乡统筹发展，禁锢了农村土地的活力发挥。宅基地只能供农民使用，城镇居民不允许在农民的宅基地上建房。近年来，国家强调要严格执行城镇居民不能在农村购买和违法建造住宅的规定。

"联建房"政策之所以引起关注，就因为该政策触碰了"宅基地流转"这一敏感话题。从表面看，成都市"联建房"政策是为解决农民灾后住房重建的资金来源问题，好像是地震灾害催生了成都市"联建房"政策。实则不然，因为从更深层意义看，成都市"联建房"政策的实质是在进行集体建设用地使用权（包括宅基地使用权）流转的探索，该探索历经了一个渐进的发展过程。2004年2月，成都市委、市政府出台了《关于统筹城乡经济社会发展推进城乡一体化的意见》，随后陆续发布了50多个配套文件，但执行这些文件的副作用是造成大量"小产权"房。2007年7月，成都市国土资源局出台了《成都市集体建设用地使用权流转管理办法（试行）》，对集体建设用地流转程序、范围、方式、年限及限制等方面作出了较为细致的规定，规定集体建设用地可以进入市场公开出让，宅基地也可在一定条件下通过联营、出租等方式流转，集体土地流转方式向自由流转靠拢。所以，"联建房"政策的出台并非偶然，是在原有集体建设用地使用权流转办法的基础上更进一步。总之，《联建通知》是政府从制度供给层面支持地震重灾区农户住房重建的举措。成都市"联建房"政策是集体建设用地（包括宅基地）使用权制度方面的积极创新，从经济学角度看是有效率的。该政策的实施可以为在全国范围内进行集体建设用地制度改革和城乡一体化建设积累经验。围绕该问题的研究也可达到为

---

① 曲振涛：《法经济学》，中国发展出版社2005年5月版，第114页。

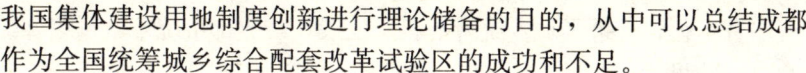

我国集体建设用地制度创新进行理论储备的目的，从中可以总结成都作为全国统筹城乡综合配套改革试验区的成功和不足。

（二）成都市"联建房"政策实现了制度约束条件下的效益最大化

"联建"模式使得政府、农村、农户实现多赢，其收益来自于制度创新，现有的集体建设用地（包括宅基地）制度外存在外部利润，制度变迁模型的基本假定是：制度变迁的诱致因素在于主体期望获取最大的潜在利润。所谓"潜在利润"就是"外部利润"，是一种在已有的制度安排结构中无法获取的利润。① 在城乡一体化和灾后重建需求背景下，政府通过改革现行集体建设用地制度，创制针对重灾区农户的"联建"模式，将外部利润内在化，该过程实际上就是一个集体建设用地制度创新的过程。成都市"联建房"政策的经济意义，在于它体现了灾后重建与集体建设用地流转的有机结合，既有效推进了灾后农村受损房屋重建，又创新了集体建设用地制度，政府通过制度供给，实现约束条件下的效益最大化。

（三）成都市"联建房"政策符合成都市统筹城乡发展的目标

成都市从 2004 年开始着力推进城乡一体化，并将其作为促进城乡统筹发展、打破城乡"二元"结构、实现社会和谐稳定的重要手段。尤其是在 2007 年 6 月获批全国统筹城乡综合配套改革试验区后，政府相继出台一系列文件，打破计划经济下城乡分治的制度性障碍，促进要素流转，以城乡统筹的发展路径来破解"二元"结构。成都市所推行的"三个集中"和城乡统筹规划与机构改革、体制创新是城乡一体化的成功实践。② 《联建通知》由中共成都市委统筹城乡工作委员会和成都市国土资源局联合发出，使得"联建"方式本身就包含了城乡统筹的思想。"联建房"政策完善了农村产权制度，推动了农村

---

① 卢现祥：《西方新制度经济学》（修订版），中国发展出版社 2006 年 7 月版，第 95 页。

② 向春玲：《成都市城乡一体化实践的几点思考》，载《城乡建设》2006 年第 11 期，第 61 页。

资产资本化,促进了城乡统筹与科学发展,与成都市统筹城乡综合配套改革的目标相符。

(四)成都市"联建房"政策为引入社会资本促进灾后全面重建提供借鉴

新农村建设与城乡一体化发展,需要政府作为主要的推动者,同时也需要引入市场机制。政府在公共产品提供和基础设施建设的过程中,必然存在相当大的资金缺口。解决的办法在于资金供给方面:一方面是加快工业发展,通过发展获取资金;另一方面是通过市场机制,尽可能地引入民间资本。[①]"联建房"政策更进一步的意义在于:"搞好农房建设只是灾区重建的一个部分,但是它提示了灾后重建中解决资金来源的崭新思路。"[②]

四、成都市"联建房"政策的实施与完善

灾后农村受损房屋重建问题,关系到灾区房屋受损农民的生活,也关系到灾区社会的稳定,更直接影响到政府灾后重建的效果。因此,加速农村土地改革、鼓励和引入社会力量参与灾后重建,成为政府加快灾后农村住房重建的一项重要举措。其中,《联建通知》允许通过出让宅基地使用权,吸引投资人建房,然后按照"联建"合同分配最后的房产。"联建"方式也因此成为都江堰、彭州、崇州、大邑和邛崃等地农民灾后住房重建的一种主要模式,灾后"联建政策咨询会"以及"联建超市"的出现更是使"联建房"成为全社会关注的热点。无疑,成都市"联建房"政策有力推进了成都市城乡一体化和灾后重建的进程,但在相关配套措施和细节设计上尚有许多问题需要完善。

(一)关于"联建"合同的性质

根据《联建通知》的规定,其"联建"程序的要求是:第一,农

[①] 郁建兴、王诗宗:《统筹城乡发展与地方政府——基于浙江省长兴县的研究》,载《公共管理学报》2006年第3期,第18页。

[②] 李新平:《创新——破解重建难题的金钥匙》,载《成都日报》2008年10月16日。

户的联合建房申请经所在集体经济组织同意后,将其合法取得的宅基地扣除自住用地后剩余的集体建设用地交由农村集体经济组织进行流转;第二,由农户及农村集体经济组织依法向市(县)规划管理部门提出用地规划申请;第三,农户、农村集体经济组织与联建方就"联建"事宜协商一致;第四,农村集体经济组织与联建方签订集体建设用地使用权出让合同;第五,由农户与联建方按规划许可意见及规划用地条件和流转合同实施联合建设;第六,由农户与联建方共同向市(县)国土资源局提出。该规定使"联建"合同的性质变得扑朔迷离,"联建"合同到底是双方合同还是三方合同?按照《联建通知》的规定,农户既是联合建房的申请主体,又是联建合同的协商主体,还是联建合同的履行主体和土地登记的申请主体,但唯独不是联建合同的签订主体,而农村集体经济组织的出现就是为了签订一个自己既不享有权利也不承担义务的联建合同。出现这种现象的根本原因在于我国法律对宅基地流转的限制,《联建通知》为规避相关法律、法规和政策的禁止性规定,力求做到约束条件下的效益最大化,才会出现合同性质和合同当事人不明确的现象,这一漏洞将为日后联建合同的全面、适当履行埋下隐患。

(二)关于"联建房"政策的效力

指导灾后重建的法律文件包括国务院、国土资源部、四川省人民政府出台的相关规定。成都市"联建房"的主要依据是成都市《关于加快灾后城乡住房重建工作的实施意见》、《联建通知》等法律文件,在法律位阶上属于政府规章。这样就带来了如下一些问题:一是《联建通知》适用范围小,"联建"政策只对成都市下辖的都江堰市、彭州市、崇州市、大邑县、邛崃市这几个地震灾区有效,而对其他地震灾区不适用,政策覆盖面窄。二是适用对象特定,有些农民的宅基地因地震灾害使土地地理特征改变,无法或不适宜再作为宅基地使用,宅基地使用权消灭,对其更应在灾后住房重建上给予支持,而《联建通知》没有作出相关考虑。按照《物权法》规定,对宅基地因地震原因灭失的,应当重新分配宅基地。同时对已经登记的宅基地使用权消灭的,应及时办理注销登记。由于"联建"政策的实施,形成了事实上的城市居民可以拥有农村宅基地使用权,突破了法律的规定,可能引起灾区住房一般性受损的只需加固维修而不用重建的村民,甚至非灾区村民效仿,造成变相将宅基地出卖给城镇居民的情况发生。[①] 三是《联建通知》效力等级低,并且与现行《土地管理法》、《城市房地产管理法》之间存在矛盾和冲突,一旦"联建房"合作方之间出现纠纷,双方将会选择对自己有利的法律依据,根据我国土地法律法规,宅基地使用权是不能在农村和城镇居民间流转的,而法院在适用法律时,当然会坚持上位法优于下位法的原则,从而造成对联建方不利的后果。

根据《立法法》规定,地方性法规可以就下列事项作出规定:为执行法律、行政法规的规定,需要根据本行政区域的实际情况作出具体规定的事项;属于地方性事务的,就需要制定地方性法规的事项。因此,通过由成都市人民代表大会及其常务委员会或由四川省人民代表大会及其常务委员会制定地方性法规的方式来作出具体规定。这样一来,既可以提升"联建"政策的效力层次,又配套国务院《汶川地震灾后恢复重建条例》的实施,从而推动成都市统筹城乡发展和灾后重建。

(三) 关于"联建"政策的完善

"联建"政策对于灾后住房重建的作用是明显的,但不可忽视的一个问题是,联建方作为理性的"经济人",之所以参与联建,主要原因是看中联建房所在地的旅游资源优势,其投资是以获取收益为目的的,即便是为个人居住和休闲,地理位置相对较好的宅基地更易获得联建投资方的认可。因此,地震灾区宅基地区位优势相对明显的农户更容易达成联建协议,实现住房灾后重建,而宅基地位置不好的农户则无法因联建政策而获益。因此,在联建政策实施过程中,在保持联建方基本权利(如宅基地使用权、联建房房屋所有权等)一致的前提下,可以将宅基地区位条件作为享受联建政策待遇的依据。对区位

---

① 何进平:《汶川地震灾后住房重建难题及救助体制的创新》,载《云南师范大学学报》(哲学社会科学版) 2008 年第 6 期,第 60 页。

条件较差的宅基地，可以允许参与联建的投资方享有一定的补贴、减免税或其他可以采用的行政优惠，以吸引联建方促进地震灾区灾后住房重建的全面推进。

　　《联建通知》只有区区 500 多字，涵盖联建目的、条件、程序、管理等内容，自然很难细化和明确。因此，在具体实践中需要进一步完善联建政策。首先，要统筹城乡经济社会发展，明晰集体土地产权关系，维护集体土地权利人的合法权益，做好集体土地所有权和集体建设用地使用权确权登记。其次，做好联建规划工作，加强集体建设用地使用权流转资金的管理，加强"联建房"质量监管，"联建房"应达到《四川省农村居住建筑抗震设计技术导则》（2008 年修订版）和《四川农村居住建筑抗震设防构造图集》的相关技术要求。最后，明确"联建房"使用宅基地的年限和宅基地使用权房屋产权归属；明确联建合同法律性质以及联建风险分担和利润分配等问题，增强政策的可操作性和可预期性，保证制度实施效果。

城乡一体化背景下成都市"联建房"法律问题研究[①]

石婧雪等

【内容摘要】 "联建房"是在5·12汶川大地震灾后重建中的创新举措,其目的在于引入社会资金,帮助灾区农民重建家园,并结合"增减挂钩"和"土地综合整理"等土地政策,间接促进"城乡一体化"的建立和集体建设用地的流转。"联建房"的重建形式旨在为以后的城乡一体化建设探索可行的道路,并提供一定的实践平台。但在现有的法律法规的框架下,应该加强农民和联建方的权益保护,土地管理部门应该建立更明确、通畅的农民反映相关问题的途径,监督村小组干部在联建中的职务行为;同时,明确集体建设用地到期可续期制度,保护集体建设用地的期限利益等,使联建房政策更具合法性和实用性。

【关键词】 联建房 集体建设用地流转 城乡一体化

前 言

"联建房"是在5·12汶川大地震灾后重建中的创新举措,其目的是引入社会资金,帮助灾区农民重建家园,并结合"增减挂钩"和

---

① 课题负责人:石婧雪,四川大学法学院2007级民商法硕士研究生;
课题组成员:谢鸥、赵清新,四川大学法学院2007级民商法硕士研究生;王韦玮,四川大学经济学院2006级土地资源管理学硕士研究生;崔玮,四川大学法学院2007级诉讼法硕士研究生。

土地综合整理等土地政策，间接促进"城乡一体化"的建立和集体建设用地的流转。学界对于"联建房"的关注部分停留在城市联建房的法律研究上，较少结合汶川地震等现实事件研究相关法律的规制与运用，因而切实需要对城乡一体化背景下成都"联建房"法律规制进行针对性研究，以解决现实操作中存在的问题。

本文通过在理论上确认"联建房"及其配套政策的合法性，探讨联建双方的法律权益保护，并对"联建房"政策的修改进行展望，结合我国经济发展的实际情况，对"联建房"的应用范围进行了合理建议。

一、"联建房"及集体建设用地流转和"城乡一体化"的政策背景

（一）中共中央国务院关于集体建设用地流转的政策

随着我国改革开放的深入，经济发展速度加快，城乡差距逐步缩小，农村进城务工的人员人数逐年递增，城镇用地需求量增加，使得城市向农村扩张、"城乡一体化"成为必然选择，集体建设用地流转解禁迫在眉睫。2004年，国务院《关于深化改革严格土地管理的决定》（国发〔2004〕28号）明确提出："鼓励农村建设用地整理，城镇建设用地增加要与农村建设用地减少相挂钩。"2005年10月，国土资源部相应出台《关于规范城镇建设用地增加与农村建设用地减少相挂钩试点工作的意见》。该意见指出："城镇建设用地增加与农村建设用地减少相挂钩的试点，是指依据土地利用总体规划，将若干拟复垦为耕地的农村建设用地地块（即拆旧地块）和拟用于城镇建设的地块（即建新地块）共同组成建新拆旧项目区（以下简称项目区），通过建新拆旧和土地复垦，最终实现项目区内建设用地总量不增加，耕地面积不减少、质量不降低，用地布局更合理的土地整理工作。挂钩试点工作必须贯彻落实严格保护耕地特别是基本农田、促进建设用地节约集约利用的总要求。"广东省、四川省、安徽省等成为首批集体建设用地流转试点省。

2008年10月召开的十七届三中全会，实际上已将集体建设用地

的口子放开了,《中共中央关于推进农村改革发展若干重大问题的决定》提出要逐步建立城乡统一流转的集体建设用地市场,这就是所谓的同证同权,为加大城乡一体化、集体建设用地流转提供了强大的政策支持。

2009年3月,国土资源部出台了《城乡建设用地增减挂钩试点管理办法》,提出挂钩试点应当具备一定经济实力且建设用地供需矛盾突出、农村建设用地整理复垦潜力较大。在该办法出台之前,广东省率先出台了《广东省集体建设用地使用权流转管理办法》,规定集体建设用地的流转必须获得市县人民政府的批准文件。《广东省顺德市集体所有建设用地使用流转管理暂行办法》规定了集体建设用地的流转程序:政府审批、集体经济组织同意流转、流转双方的证明文件、流转合同、有效身份证明文件、报镇区土地管理机构审查、市规划局办理。《丹灶镇土地资源管理的暂行规定》规定了具体的流转手续:提出申请、相关部门预审、流转方用地申请、政府颁发用地批准文件。而安徽省则采用严格审批制,《安徽省集体建设用地有偿使用和使用权流转试行办法》规定建设用地使用权转让、抵押、出租要报愿行政主管部门批准。在广东省只需登记即可。①

(二)成都市关于集体建设用地流转的政策

2008年3月,成都市作为四川省集体建设用地流转的试点地区,颁布了《成都市集体建设用地使用权流转管理暂行办法》,依据《国务院关于深化改革严格土地管理的决定》和《中共成都市委成都市人民政府关于加强耕地保护进一步改革完善农村土地和房屋产权制度的意见(试行)》等法律、法规和文件规定,集体建设用地在符合规划,保持土地所有权不变的前提下,实行使用权有偿、有限期流转。该规定允许集体建设用地流转采用出让、出租〔作价(出资)入股、联营视同出让〕、转让、转租和抵押等形式,并且集体建设用地使用权可以采取协议、招标、拍卖或者挂牌等方式流转,即集体建设用地用于工业、商业、旅游业、服务业等经营性用途以及有两个以上意向用地

---

① 韩松:《集体建设用地市场配置的法律问题》,载《中国法学》,2008年第3期。

者的，应当进入土地有形市场采取招标、拍卖或者挂牌等方式公开交易。该《办法》还规定集体建设用地的用途只能是用于工业、商业、旅游业、服务业、建设农民住房、农村集体经济组织租赁性经营房屋，并且集体建设用地使用权初次流转最高年限不得超过同用途国有土地使用权出让最高年限，再次流转年限不得超过初次流转合同约定年限的剩余年限。

（三）关于5·12汶川地震后灾区重建与"联建房"政策

在5·12汶川大地震后，为帮助灾区农民重建家园，国务院颁布的《汶川地震灾后恢复重建条例》确立了自力更生、国家支持、社会帮扶的方针。2008年6月30日成都市政府随即颁发了46号文件《关于坚持统筹城乡发展加快灾后农村住房重建的意见》，明确允许社会资金参与开发重建，这一措施被称为城乡"联建房"。这一政策在尊重农民意愿的基础上，允许自由选择，可以是集体合作或个人洽商。按照重建规划，经三分之二以上的村民同意，由集体经济组织对建设用地进行综合整理，集中使用；也可引入社会资金进行综合整理和产业开发。文件在第四部分提出，"要推动已登记发证的农村集体建设用地和房屋的依法流转；受灾农村地区范围内合法取得并经确权、登记的集体建设用地，可以转让、出租、抵押、作价入股和合作等方式流转使用"[①]。

而成都市国土资源局颁发的成统筹93号文件《关于重灾区农户灾毁住房联建等有关事项的通知》对划分农村集体性质土地产权有了具体的规定：农户与联建方共同提出土地登记申请，国土资源局对农户的原宅基地使用证进行变更，为农户自住用地发放集体建设用地使用证，土地用途为住宅；为联建方使用的剩余集体建设用地发放集体建设用地使用证，土地用途为非住宅，土地使用年限参照国有建设用地出让年限或自行协商确定。之后，成都市国土资源局又颁发了成国土资发332号文件《成都市国土资源局关于支持灾后农村住房重建的

[①] 吴鹏：《借力联建房：成都探路宅基地"流转"》，载《21世纪经济报道》，2008年9月18日第6版。

实施意见》，规定"灾区开发重建，在规划确定的集中安置点，经农村集体经济组织三分之二以上村民同意，可由集体经济组织引入社会资金参与开发重建。""集体经济组织引入社会资金参与开发重建，根据农村集体建设用地整理集中使用的有关办法立项审批实施。实施主体按规划完成集中安置点的基础设施和公共设施配套，并按人均住房建筑面积不低于35平方米的标准妥善安置农户。整理出的集体建设用地按集体建设用地使用权流转的规定办理用地手续，就地按照规划用于发展旅游业、服务业、商业和工业。确需征为国有建设用地的，应依法办理土地征收和供地手续。""农户选择开发重建后，不得再申请宅基地，原有住房予以拆除，原址宅基地复垦为耕地，原有房屋产权和宅基地使用权予以注销。"

2008年8月都江堰市政府下达的《关于扶持居民安居置业促进房地产业发展的意见》（以下简称《意见》），鼓励社会力量参与灾后重建。在整个成都地区，联建还包括彭州、崇州、大邑和邛崃等地。《意见》指出，到2009年12月31日前，城镇规划区以外集体经济组织可以引进社会资金（企业或个人）实施统规自建安置点基础设施配套建设，并将原受灾毁损房屋宅基地还耕，节约的集体建设用地（指标）经验收后，可在项目区范围内按规划通过集体建设用地流转方式取得，用于旅游、服务、商业和工业等项目。社会投资者与农户联建，房管部门办理分割农村房屋产权或办理房屋共有产权。

关于具体联建的步骤，由成都市委统筹城乡工作委员会、成都市国土资源局联合发出的《关于重灾区农户灾毁住房联建等有关事项的通知》（以下简称《通知》）中规定：农户与联建方共同向市（县）国土资源局提出土地登记申请；市（县）国土资源局对农户的原宅基地使用证进行变更，为农户自住用地发放集体建设用地使用证，土地用途为住宅；为联建方使用的剩余集体建设用地发放集体建设用地使用证，土地用途为非住宅（包括商业、旅游业、服务业等），土地使用年限参照国有建设用地出让年限或自行协商确定。

随后依据该《通知》，都江堰市国土局关于《宅基地联建办理用地手续的相关事项》中确定了联建步骤：农户向国土部门申请确权颁证,依法取得《集体土地使用证》;对宅基地进行地质灾害评估;农户向村民小组提出联建申请,将宅基地自用部分扣除后剩余的集体建设用地,交由本经济组织统一进行流转;农户和联建方共同向规划部门提出申请规划许可及规划条件;农户、村民小组、联建方就流转面积、价格等协调一致后,由村民小组与联建方签订集体建设用地使用权出让合同;按相关规定施工报建后施工建设;竣工后,国土局综合科为农户进行变更登记,为联建方颁发《集体土地使用权证》。①

例如,2008年12月22日上午,都江堰市农村产权流转服务中心,大观镇茶坪村4组村民王正良和联建户成都市民邓小林,拿到了各自的《集体土地使用证》,这标志着我国首个联建房获得土地证,从而具备了上市交易的资格。②

二、灾区联建房的性质分析

(一)城市联建房与灾区联建房的对比

在我国,"联建房"在城市房地产开发中较为普遍,一般指拥有国有土地使用权因缺乏开发资金与具有经济实力和开发资质的开发商合作而共同开发,签署联建协议以约定双方权利义务和房屋归属。学界一般将这种联建行为认定为一种类似于联营或合伙但又具有其特点的法律行为。由于联营和合伙均以实际持续经营为前提,且要求进行工商登记并具有资质,故不同于联建房以房屋建设为目的、双方无论自然人或法人组织的短期合作行为。联建是以合同为依据、以双方合意为基础,而无须获得行政许可的民事法律行为。联建行为既有合同的履行内容又涉及物权的取得,其中物权的取得应以合同约定为依据。

(二)灾区"联建房"的性质分析

在5·12汶川大地震后,为帮助农民重建家园而引入"联建房"

---

① 陈松:《原址联建先确权 剩余宅基地可流转》,载新浪网2008年10月26日,http://news.sina.com.cn/c/2008-10-26/040414630195s.shtml。

② 王颖春:《联建房破解"小产权"安置房仍待法律突围——都江堰灾后重建农村住房及用地产权问题剖析》,载《经济导报》2009年2月23日。

政策。灾区"联建房"不同于城市"联建房",灾区"联建房"仅限于被划为汶川大地震的成都市受灾地区进行联建的房屋。根据成都市国土资源局颁发的成统筹93号文件《关于重灾区农户灾毁住房联建等有关事项的通知》,灾区"联建"地仅包括都江堰市、彭州市、崇州市、大邑县、邛崃市。"联建"的方式有两种:第一,是在农民的原有宅基地上分割一部分进行联建;第二,是经过重新规划将农民集中居住后,剩余的原有宅基地登记为集体建设用地进行联建;根据都江堰市国土局关于《宅基地联建办理用地手续的相关事项》,确定了联建步骤,"联建"有三方主体,包括农民、村小组和社会联建方,联建合同的具体内容需要三方进行协商,农民与社会联建方签署房屋联建合同,村民小组与联建方签订集体建设用地使用权出让合同。在房屋建成后,"联建"的双方根据《宅基地联建办理用地手续的相关事项》取得的是不同的土地使用证,农民取得的是宅基地使用权证,用途是住宅;而联建方则取得的是集体建设用地使用权证,用途是非住宅用途即不能进行房地产开发。"联建"后的土地和房屋流转,也对联建双方做出了不同的规定:农民因为取得的是宅基地使用权证,土地与附属的房屋一同流转时,根据《土地管理法》的规定,农民一户只能拥有一处宅基地,且只能流转给本村民小组的成员;而联建方则可根据《成都市集体建设用地使用权流转管理暂行办法》将土地使用权及附着房屋设施挂牌转让、转租。

(三)灾区联建房的性质总结

结合相关法律、法规和政策文件,以及与城市"联建"行为对比,可以总结出灾区"联建房"行为的性质。在政策层面上,灾区"联建房"是5·12汶川大地震后为有力、有序、有效地积极与稳妥恢复灾区群众正常的生活、生产、学习、工作条件,促进灾区经济社会的恢复和发展的政策性产物,[①] 紧扣统筹城乡发展、"三个集中"和农村产权制度改革的要求,目的是用好用活"增减挂钩"和土地综合整理等土地政策,将集中安置住房建设成基础设施配套完善、公共

[①] 《汶川地震灾后恢复重建条例》,中华人民共和国国务院令第526号。

公益设施齐全的农村新型社区,[①] 也是中央《关于深化改革严格土地管理的决定》和十七届三中全会关于逐步建立城乡统一流转的集体建设用地市场的会议精神,以及作为试点的成都市出台的《成都市集体建设用地使用权流转管理暂行办法》相关政策的实践与延续。在法律层面上,灾区"联建房"本质是一种合同行为,取决于合同双方的合意内容,如联建房屋的具体大小、格局、联建资金投入的多少、产权的划分等;但合同中也包含了一部分要式法律行为,如土地使用权登记和房屋产权的登记;合同的履行还要取得政府相关部门的许可,根据《宅基地联建办理用地手续的相关事项》,农户和联建方需向规划部门提出申请规划许可及规划条件。灾区"联建房"涉及《民法》《物权法》《土地管理法》《城乡建设用地增减挂钩试点管理办法》《成都市集体建设用地使用权流转管理暂行办法》《关于坚持统筹城乡发展加快灾后农村住房重建的意见》《关于重灾区农户灾毁住房联建等有关事项的通知》等多个法律、法规和政策的规定,是在我国基本法律和政策框架内,在特定背景条件、特定地区适用法律法规的创新。

三、灾区"联建"双方利益保护研究

(一) 农民利益保护研究

1. "联建"对农民的有益方面

灾区"联建房"政策的初衷是帮助灾区农民重建家园。根据《成都市国土资源局关于支持灾后农村住房重建的实施意见》,"统规自建的农户由挂钩项目实施主体按每人 8000 元的标准给予统规自建补助",一户三口之家只能得到不足 3 万元的建房补助,"联建房"政策可以帮助农民引入社会资金,大大减轻农民的重建负担。依据相关政策,"联建"后农民居住的房屋,不仅依循传统的川西建筑风格,延续原有居住习惯的同时,也加强了房屋的建筑质量,除了必须达到一定抗震标准外,还要在建筑完成后接受相关部门检测,保证农民居住

[①] 《成都市国土资源局关于支持灾后农村住房重建的实施意见》,成国土资发〔2008〕332 号。

房屋的安全。

此外，通过"联建"的方式可以促进当地经济发展，以都江堰为例，"联建"的方式可以促进旅游的发展，一些农民甚至通过"联建"的方式开设农家乐，解决了就业问题。

2. "联建"中对农民利益保护的不足之处

实际操作中，农民没有完全自主选择联建的权利。根据《关于重灾区农户灾毁住房联建等有关事项的通知》和《宅基地联建办理用地手续的相关事项》，农户需要向村民小组提出联建申请，将宅基地自用部分扣除后剩余的集体建设用地，交由本经济组织统一进行流转，原因是联建需要集体建设用地使用权的出让，而作为集体建设用地所有权人的村民小组才有决定权利。而国家出台联建的政策是为了鼓励灾民通过联建的方式间接促进集体建设用地的流转，那现实中是不是只要农民提出联建的申请都会被满足呢？课题组于2008年11月底来到了都江堰大观镇茶坪村，① 参观了7户联建的试点，询问了附近的村民们对于联建的看法，除了不愿意表态的村民外，大多数村民对联建均表示很愿意，并均在积极寻找联建方。在问到7户联建试点的旁边的一户村民为什么没有进行联建，该户村民表示，虽然已和好几个联建方进行了洽谈，并与其中一个协商好了具体事宜，但向村小组进行联建申请时却遭到了否决，原因是"指标已经用完"。虽然与7户联建地只有一街之隔，但却没有受到村小组的重视，同时，来洽谈的联建方认为"地方太小，联建后不好发展"。事实上，这户人家有一个非常宽敞的农家院子，完全可以改造成符合川西民居的农家乐或乡村旅馆。虽然在地震中这户人家的房屋没有太大的损伤，无须重建，但这户人家的男主人在言谈中多少流露出没有能够搭上"联建"这趟政策快车的遗憾。

---

① 《统筹城乡发展之"大观探索"——茶坪村》："茶坪村位于大观镇青城外山中南部，面积3.5平方公里，辖区7个村民小组，全村共148户572人。'5·12'地震中有15户房屋倒塌户，81户严重受损，茶坪村选择联建的农户84户、选择原址重建的12户、选择对原有房屋进行加固维修的有52户。"载大观镇人民政府网2009年3月19日，http://dgz.djy.gov.cn/article.php?content=17398。

可见,"联建"政策的造福对象仍是有选择性的。2008年6月30日,成都市政府颁发46号文件《关于坚持统筹城乡发展加快灾后农村住房重建的意见》起,虽然是否能为联建方办理集体土地使用权证和房屋所有权证还不明朗,但一些敢于第一个吃螃蟹的农民对联建已跃跃欲试,其中大观镇茶坪村4组组长王全便成为"联建"政策实施后首家入住新居的农户。① 在两证都可颁发的政策落实后,茶坪村支部书记王正良和联建方颁发的《集体建设用地使用权证》成为了成都市"联建"第一证。当然,其中不免有树立茶坪村联建典范和领导干部带头作用的意味,而那些"联建"成功的农户,其宅基地要有较好的地理环境,或者有较强社会活动能力,才可以迅速找到联建方,并且能顺利获得村小组的同意。《成都市集体建设用地使用权流转管理暂行办法》(下简称《办法》)第15条规定:"集体土地所有者将集体建设用地使用权出让、出租、作价(出资)入股、联营和抵押的,须经村民会议三分之二以上成员或者三分之二以上村民代表的同意,涉及使用权人的须经使用权人同意。"获得村小组的同意,就意味着需要三分之二以上村小组成员的同意。而"联建"的好处显而易见,在青壮年农民进城务工,部分田地被闲置的现代农村的环境下,出让部分集体建设用地使用权收取出让费用又间接招商引资,获得三分之二以上村小组成员的同意应该是一件容易的事。根据《办法》第19条规定:"集体建设用地使用权初次流转的,集体土地所有者和土地使用者持集体土地所有证、村民会议三分之二以上成员或者三分之二以上村民代表同意流转的决议、集体建设用地使用权流转合同等资料,到土地所在地区(市)县国土资源局(分局)申请办理土地使用权登记,由登记机关颁发集体土地使用证。"这里,并没有明确土地所在地区(市)县国土资源局是否实体审查集体建设用地使用权的初次流转(如"联建"流转)决定权。根据《成都市集体土地所有权和集体建设用地使用权确权登记实施意见》的规定:"联建完成后,农户与

---

① 雷声:《四川都江堰大观镇茶坪村:一个新家的诞生》,载新华网2008年11月12日,http://news.xinhuanet.com/politics/2008-11/12/content_10344037.htm。

联建方共同向市（县）国土资源局提出土地登记申请，市（县）国土资源局依据竣工地籍调查成果，对农户的原《集体土地使用证》进行变更；为农户自住用地换发《集体土地使用证》，地类（用途）为'农村宅基地及其他'；为联建方使用的剩余集体建设用地发放《集体土地使用证》，土地用途为'非住宅'。"这意味着在"联建"过程中，国土资源局的工作重心是审查已建好的"联建房"是否符合规定，并决定是否颁发使用权证。

3. 农民利益保护的完善

在联建中，村小组作为联建中签署集体土地使用权出让合同的一方，拥有"联建"中初次审查的权力。因此，在实际操作中，村小组作为集体土地所有者，其权力的绝对性也会导致被一部分人利用的情形，比如村干部的直接否决或从中阻挠"联建"或将具有较好发展前景的联建项目指定给熟人等以权谋私的行为，特别是在村民集中居住或用剩余集体建设用地进行联建的情况中。根据《中华人民共和国土地管理法》第十六条的规定，土地使用权有争议由人民政府处理，对处理决定不服可以起诉。但"联建房"作为切实解决灾区农民住房的政策，土地管理部门应该建立更明确通畅的村民反映相关问题的途径，如建立专门处理村民反映联建问题的部门，并派专人监督村干部在联建中有没有以权谋私的行为。

（二）联建方利益保护研究

1. "联建"对联建方的有益方面

联建房的重建形式，很好地解决了政府在灾后重建中的资金不足的问题，在灾后重建这样的特殊时期，政府当然是完全鼓励和支持社会资金进入灾后重建，而联建房的形式，既解决了眼前的问题，也是在为以后的城乡一体化建设探索一条可行的道路并提供一定的实践平台。

2. "联建"中对联建方利益保护的不足之处

根据实际调研了解到的情况，这次灾后重建的联建方，多以个人名义进行出资，而这样的方式，显然表明了联建房在支持灾后重建的同时，也带有投资或自用的目的。而根据实地考察，联建房的选址以

城乡一体化背景下成都市"联建房"法律问题研究

及当地政府国土部门的相关规定政策,都印证了这种猜测。因此,对于这部分联建房,不能仅仅把它当成是一种对灾区灾民的援助和扶持,也要把它当作出资方的私人财产,因为这些私人财产从某种程度来说,还具有一定的慈善性质,对其的保护力度应该更强更个性化。在灾后重建工作结束后的相当长时期内,如何保护这一部分人的合法权益,目前还缺乏强有力的依据。

从实际经营等方面来说,政府在灾区重建时提出的各种承诺,特别是交通和治安等方面的承诺能否实现,直接决定着联建房的价值。从投资的角度来讲,联建房主要用途与旅游有关,以度假村或者农家乐的形式存在。如果交通或者治安不能达到联建方的预期,那就必然会影响其经营;如果想通过转让联建房获利,那可能性就更小了。从自住的角度来讲,联建方愿意承担工商等方面的各种税费,追求的就是一个相对高品质的居住环境。如果交通或者治安方面不甚理想,那对于投资者的初衷肯定是个不小的打击。[①]

还有更需要关注的是,联建房的集体建设用地使用权续期的问题。2008年8月,都江堰市政府在下达的《关于扶持居民安居置业促进房地产业发展的意见》中就指出:到2009年12月31日前,城镇规划区以外集体经济组织可以引进社会资金(企业或个人)实施统规自建安置点基础设施配套建设,并将原受灾毁损房屋宅基地还耕,节约的集体建设用地(指标)经验收后,可在项目区范围内按规划通过集体建设用地流转方式取得,用于旅游、服务、商业和工业等项目。社会投资者与农户联建,房管部门办理分割农村房屋产权或办理房屋共有产权。这个文件使得联建房具备了交易的条件,也赋予了联建房合法的身份。2008年12月22日上午,都江堰市农村产权流转服务中心,大观镇茶坪村4组村民王正良和联建户成都市民邓小林,拿到了各自的《集体土地使用证》,这标志着我国首个联建房获得土

[①] 黄远流、梁现瑞:《成都"联建房"观察》,载《四川日报》2008年9月4日。

地证，从而具备了上市交易的资格。① 另外，《成都市集体建设用地使用权流转管理暂行办法》第二十一条规定："集体建设用地使用权初次流转最高年限不得超过同用途国有土地使用权出让最高年限，再次流转年限不得超过初次流转合同约定年限的剩余年限。"这条规定对于联建房的可流转年限进行了规定。仅从理论上分析，联建房的法律地位是毋庸置疑的，受到的保护也是全面的。但是，因这条规定给联建房产权人的利益埋下了隐患，所以应该另外注意的是下面两条法规。《物权法》第一百四十九条规定："住宅建设用地使用权期间届满的，自动续期。非住宅建设用地使用权期间届满后的续期，依照法律规定办理。该土地上的房屋及其他不动产的归属，有约定的，按照约定；没有约定或者约定不明确的，依照法律、行政法规的规定办理。"《城市房地产管理法》第二十二条规定："土地使用权出让合同约定的使用年限届满，土地使用者需要继续使用土地的，应当至迟于届满前一年申请续期，除根据社会公共利益需要收回该幅土地的，应当予以批准。经批准准予续期的，应当重新签订土地使用权出让合同，依照规定支付土地使用权出让金。土地使用权出让合同约定的使用年限届满，土地使用者未申请续期或者虽申请续期但依照前款规定未获批准的，土地使用权由国家无偿收回。"可见，集体建设用地使用权的续期不是自动的，需要产权人向相关部门申请。如果当集体建设用地土地使用权需要续期时出了问题，那损失由谁来承担。在实际工作中，地方政府为了自己或者相关团体利益，强征强占土地的事情屡见不鲜。虽然无法在全国范围内杜绝这种现象的发生，但联建房是出现在灾后重建时的特殊产物，应当通过立法或者行政意见的形式给联建人以更多的保护。

对于联建房适当的保护，也是给国家统筹城乡综合配套改革试验区的各级政府一个正面的鼓励，促动他们在不违反法律的前提下努力开创城乡综合配套改革各项工作的新局面。因此，在处理联建房的相

---

① 《联建房破解"小产权"安置房仍待法律突围——都江堰灾后重建农村住房及用地产权问题剖析》，载《中国经济导报》2009年2月23日。

关法律问题时,应该从更高的层面来考虑。灾后重建,备受各界关注,政府适当放弃一些利益,更能彰显政府的政治智慧和执政为民的根本宗旨。

四、关于"联建房"问题的扩展

(一)联建房政策的推广

联建房是灾后重建时期的特殊产物,暂时应当限定在灾区,至多在国家统筹城乡综合配套改革试验区进行试点,其原因主要有如下两方面:

1. 财政上的损失

有关专家指出:"这个口子只能开在四川灾区,而不可能在全国放开。分税制改革以来,50%以上的税收都收归中央,如果将集体建设用地与宅基地流转放开,国家单土地出让金一项,会损失多少?各地政府财政将损失多少?据我了解,像深圳这样的地方,土地收入都超过财政收入的50%以上。这样的比例,就决定了复制的范围。"我们是赞同这种观点的。因为像深圳那样以工业和商业闻名的城市的财政收入对于土地收入都如此依赖,就更不用说几乎没有重工业,商业也只能算是西部领先的四川,其土地收入对于财政的支柱地位是显而易见的。而两会期间,中央指出,地震灾后重建仍然有8000亿缺口。如此巨大的缺口,只有靠地方政府想办法了,如果这时候再在集体建设用地流转上开口子,从短期来看,反而对灾后重建非常不利。因此,对于这个问题,还需要政府和相关专家进行更深入的调研和考察,审慎地作出评估和判断。

2. 居住配套设施的限制

抛开财政上的考虑,仅仅从集中居住的条件来说,暂时还是不成熟的。中科院地理所农业政策研究中心《农村税费改革及农村公共用品调查》的调研报告显示,四川地区,特别是川西和川北地区的地理结构特殊,主要是通过"红层找水"的方式掘井,一口井所能供给的农户很少。因此,四川地区的农村,特别是山区的农村,历来没有集中居住的习惯和条件,而如果为了联建而铺设自来水管道,成本太高,反而成了画蛇添足之举。因此联建房即使要推广,也应当是在能够解决饮水和农业用水的前提之下进行,在成都平原或者一些江河沿岸发达地区进行推广应该更为合适。

(二) 法律法规的修改与完善

《物权法》在第151条规定,"集体所有的土地作为建设用地的,应当依照土地管理法等法律规定办理"。《物权法》所调整的农村土地流转的对象仅限于土地承包经营权的流转,且其流转不得改变承包土地的农业用途,对于集体非农建设用地流转问题则无具体规制。①《土地管理法》第43条:"任何单位和个人进行建设,需要使用土地的,必须依法申请使用国有土地;但是,兴办乡镇企业和村民建设住宅经依法批准使用本集体经济组织农民集体所有的土地的,或者乡(镇)村公共设施和公益事业建设经依法批准使用农民集体所有的土地的除外。"第63条规定:"农民集体所有的土地的使用权不得出让、转让或者出租用于非农业建设;但是,符合土地利用总体规划并依法取得建设用地的企业,因破产、兼并等情形致使土地使用权依法发生转移的除外。"根据《土地管理法》,我国关于集体建设土地的使用和流转有两个限制:第一,集体建设用地的用途仅限于集体经济组织内部成员兴办乡镇企业、村民建设住宅以及公共设施和公益事业建设。第二,在集体建设用地流转的过程中其基本用途(非农业建设)不得改变,仅有一个例外,即企业破产、兼并等情形导致土地使用权依法发生转移。在这种情况下,集体建设用地的使用主体可以为组织成员外的其他公民和组织。

这种关于集体建设用地过于僵硬的规定,在实践中早已被打破,在国土资源部的批准下,全国各地特别是经济较发达的沿海地区都陆续出台本省集体建设用地流转的办法,如《广东省集体建设用地使用权流转管理办法》就规定了本省集体建设用地详细的流转步骤,以及流转后产权证的办理方法。虽然这些试点省市的流转办法正面促进了

---

① 王权典:《农村集体建设用地流转的法律障碍及变革创新》,载《法学杂志》2008年第4期。

集体建设用地的流转以及"城乡一体化"的进程，但省市政府的规章办法毕竟是地方性规章，不能与上位法律相抵触，但一些"办法"的规定显然已经超前于上位的法律规定了。

1988年修改的《土地管理法》第2条规定："国有土地和集体土地的使用权可以依法转让。土地使用权的转让办法，由国务院另行规定。"虽然现行《土地管理法》（2004年修改）已去掉了这一规定，但现行《土地管理法》第5条规定："国务院土地行政管理部门统一负责全国土地的管理和监督工作。"国务院应该对集体土地流转制定相关的法规。但事实上，国务院仅出台了《城镇国有土地使用权出让和转让的暂行条例》，关于集体土地流转的规定则为空白。所以，成都市的"联建房"政策与集体建设土地流转的相关条例是建立在一个不太稳固的政策平台上的，只有国务院尽快出台相应的规定才能更好地促进"联建房"政策的实施与集体建设用地的流转。

此外，《土地管理法》新的修改意见稿已经出台，其中关于集体建设用地流转的规定有："依法取得的农村集体建设用地使用权，经所在地县级人民政府批准，可以出让、租赁、入股、作价出资等方式，用于非公益性项目，但土地利用总体规划确定的城镇建设用地范围内的农村集体建设用地使用权，非因企业破产、兼并等情形不得转让。""集体建设用地使用权出让、租赁的收益归拥有集体土地所有权的农民集体所有；集体建设用地使用权转让和转租的收益，归原集体建设用地使用权人；出让、租赁合同另有约定的，依照约定。""集体建设用地有偿使用收益中集体所有部分的使用方向、用途以及使用收益分配，将由集体成员约定，使用情况应当向集体成员公开"。① 新的修改意见稿中几个创新点可以更好地支持"联建房"政策的施行：第一，取消了集体建设用地不能用于非农建设的限制，为联建方进行工业、商业、旅游业、服务业的发展提供了法律支持；第二，明确了集体建设用地使用权初次转让和流转的收益归属，保护了联建中村集

---

① 慈冰：《新土改部分放权集体用地，小产权房转正破灭》，载新浪网2009年3月20日，http://finance.sina.com.cn/roll/20090320/20566005291.shtml。

体和农民的合法权益;第三,规定了集体建设用地初次转让的收益的用途和分配,保护了集体成员的收益权和知情权。

五、项目的实证意义

从 2008 年 6 月联建房出台至今已近一年时间。该政策受到了广泛的关注。虽然也有学者质疑联建房政策的合法性,但是随着相关政策的出台,联建房已不再处于法律阴影地带,而是在法律框架内的创新,并在实践操作中初步趋于合理化。但是,"联建房"是在汶川大地震这样的特殊环境下产生的或为响应中央"纳入社会资金帮助灾区重建"的精神,是带有抚恤灾民性质的政策。作为一种适应性的突发产物,必然没有经过科学、完善的准备与调研,只能一边摸索一边完善。

而在联建房政策实行至今,也切实使农民享受到了实惠。王全作为地震灾区农民成功引进外来资金联建住房的第一人在 2008 年 10 月底便搬进了抗八级地震的"别墅"样式的联建房。搬进房后,王全对前来采访的记者说:"如果没有联建政策,10 年都修不起这样好的房子,现在没出一分钱,就住进'别墅'了。"① 同是"联建"试点的味江村 12 组全组整合零星集体建设用地 23.9 亩与来自北京的投资商合作,其中 3.9 亩为村民集中修建每人 40 平方米装修好的轻钢结构花园洋房,剩余 20 亩由投资商开发旅游休闲项目"青城顶尚"。投资商还出资配套水电气、光纤、道路等基础设施。村长宋宏伟认为,联建带来的是产业转型,给味江村 12 组创造了新的发展机会。依靠旅游产业是青城后山周边农村的最好选择。② 而青城山大观镇倾力打造的"欧式旅游休闲小镇"方案已经出炉,将利用大观农房联建的成

---

① 《免费住"别墅"他还创造了历史》,载 http://www.djyl14.com/new/ShowNews473.aspx,2009 年 4 月 26 日。
② 谢佳君:《味江村:引资联建 房子有了赚钱机会也多了》,载新浪网 2009 年 4 月 29 日:http://news.sina.com.cn/c/2009-04-29/033515543039s.shtml。

果,着手打造乡村家庭连锁客栈,创建乡村风情特色旅游名镇。①

2009年5月1日,四川震后首个乡村连锁客栈近日在都江堰市大观镇茶坪村开门迎客,预计到年底,还将有近百家农户加入连锁客栈,提供500间标准客房,接纳能力过千人,逐步形成乡村旅游的规模优势。②

据此,"联建房"政策已经从之前的帮助灾区农民恢复生产生活的政策转为帮助灾区产业转型、发展旅游经济的政策。各个试点村镇都在借势联建房大力发展乡村旅游,以此带动当地经济的发展。

目前都江堰城区的灾后重建还处于初期阶段,都江堰的旅游市场还远远没有复苏,市内旅游带动联建房的旅游业还不够成熟,加之成都至都江堰的轻轨即将运行,更多的旅游者很可能是在游玩都江堰和青城山等景点后,当日即返回成都。在外部经济不景气、城镇灾后重建还未完成的大环境下,"联建房"试点区发展旅游业只有更多地依靠自身发展,努力完善配套设施,加大宣传,相关政府部门也应提供资金和政策帮助,保障投资人能获得资金回报。

最后,在半年的项目研究中,笔者还感受到:第一,农民始终是弱势群体,在大灾大难面前应该更多地关注他们,引入政策资金帮助他们渡过难关。"联建房"政策只解决了地震中一小部分农户的住房和生活,③还有更多农户依靠自救或社会的援助才能重建家园。第二,历史告诉我们土地改革只有自上而下才行得通。从中央精神到法律政策的配套再到地方的实践才是涉及土地问题改革的根本方法。"联建房"政策虽然符合"城乡一体化"的大方针,但其也走过了法律的灰色地带才寻求到在法律框架内的政策实施途径。正是由于"联建房"政策是特殊背景下的产物,因而要将其推广,只能期待《土地管理法》的修改,才能使"联建房"政策真正走向合法化、规范化。

---

① 李庆:《都江堰大观镇"欧式旅游休闲"方案造高尔夫之镇》,载《天府早报》2009年4月28日。

② 刘海:《四川震后首个乡村连锁客栈开门迎客》,载《新华网》,2009年5月3日,http://news.qq.com/a/20090503/000547.htm。

③ 联建农户的具体数据,依据有关部门要求,暂时不予发表。

结 语

"联建房"政策对于集体建设用地流转是一个非常有益的探索,也是在实践中认真贯彻胡锦涛同志关于集体建设用地的重要讲话精神,在充分保障农民和集体权益、不触动"耕地红线"的前提下,对利用好集体建设用地而进行的积极尝试。此举对于缓解中心城市用地紧张、深化城乡结合部综合治理,以及促进城乡一体化建设都有着非常积极的作用。特别是 5·12 汶川大地震一周年即将到来之时,"联建房"作为保护受灾农民权益的有利政策,是政府、社会对生者的关爱,亦是对死者的告慰。

救灾款物发放、分配的现状与制度完善[①]

邹沁君等

【内容摘要】 本文综合分析和概括了救灾款物发放、分配的相关立法和规章以及现状,通过走访和问卷等调研活动,亲自和受灾群众接触,进而掌握了灾民在救灾款物分配中对政府行为的意见,并通过个案分析的形式总结了救灾款物分配中存在的主要问题,为完善救灾款物发放、分配效果评价体系提供建议。

【关键词】 救灾款物 分配 效果 评价

一、完善救灾物资发放、分配制度的意义

我国是世界上自然灾害较严重的国家之一,灾难种类多,发生频率高,分布地域广,灾难损失大,每年造成全国4000多万公顷农作物受灾,受灾人口约3.5亿,灾害造成的直接损失为2000亿元左右。[②] 以汶川大地震为例,因地震(截至2008年10月8日12时)遇难69229人,受伤374643人,失踪17923人。地震造成的直接经济损失为8451亿元人民币。四川最严重,占到总损失的91.3%,甘肃

[①] 课题负责人:邹沁君,四川大学法学院2008级经济法硕士研究生;
  课题组成员:李鑫、戚竞丹、李扬琼、白宝芬、黄进、陈思亮、张海亮、姚琪,四川大学法学院2008级经济法硕士研究生。
[②] 郑永寿:《论新型救灾资金管理模式》,载《中国减灾》2005年第3期。

占到总损失的 5.8%,陕西占总损失的 2.9%。① 灾难造成的巨大损失意味着震后救援工作的艰巨性,而震后救援工作的重中之重就是救灾款物的发放、分配。

救灾款物是指对于遭受自然灾害的地区,政府用于抢救人民生命财产,保障其基本生活,重建家园的专项资金和物资。② 由于救灾款物资金数额巨大,涉及面宽,因此救灾款物的分配是社会大众尤其是灾区群众关注的焦点问题,也是政府解决受灾群众基本生活条件,维护灾区社会稳定的主要内容。综合分析和评价救灾款物的发放和分配,不仅能够对救灾款物发挥作用的价值做出判断,而且对优化和改进分配模式有着重要的意义。

第一,研究救灾款物分配制度,可以直接反映群众对政府行为的满意程度。对救灾款物分配制度的完善和评价实质上是对广大受灾地区救灾方面公共政策的决策、执行、控制等绩效进行检验。③ 在灾后对政府绩效评估是对政府公共部门的工作效率、能力、服务质量、公共责任和公众满意程度等方面的分析与评价,是公众表达利益和参与政府管理的重要途径与方法。④ 在此次课题的研究中,走访了数个受灾家庭,在对他们进行法律援助的同时,也向他们征求了救灾中关于政府行为的意见。在探索中发现,研究震后救灾款物分配制度的最好办法是实地考察灾民的家庭。在课题开展之初,笔者考虑过问卷调查和上门走访两种收集信息的方法,但随着课题的进行,发现灾民中还

---

① 《汶川地震损失统计》,载中国地震信息网 2009 年 3 月 15 日, http://www.csi.ac.cn/manage/html/4028861611c5c2ba0111c5c558b00001/index.html。国家统计局将损失指标分三类,第一类是人员伤亡问题,第二类是财产损失问题,第三类是对自然环境的破坏问题。在财产损失中,房屋的损失很大,民房和城市居民住房的损失占总损失的 27.4%。包括学校、医院和其他非住宅用房的损失占总损失的 20.4%。另外还有基础设施、道路、桥梁和其他城市基础设施的损失,占总损失的 21.9%,这三类是损失比例比较大的,70% 以上的损失是由这三方面造成的。

② 赵卫平:《救灾资金需求分析的统计分析》,载《统计与决策》1998 年第 12 期。

③ 杨屹等:《农民建房救灾资金分配效果评价指标体系的构建》,载《软科学》2006 年第 2 期。

④ 朱火弟:《政府绩效评估研究》,载《改革》2003 年第 6 期。

集中居住在灾民安置点的多是老人和小孩,对他们进行问卷调查有一定的困难。因此,笔者选择了上门走访的办法。通过两次灾民安置点的走访,在做法律援助和为灾民带去温暖的同时收集了很多灾民的意见,主要针对救灾款物的分配方法和制度。可见,对救灾款物分配制度的研究在反映民意和评价政府行为方面具有重要的意义。

第二,救灾款物的使用原则是专款专用,重点使用。专款专用原则是指救灾款物必须严格按照规定的范围使用。重点使用原则是指救灾款物要重点用于救济那些既缺粮又缺钱且无力自救的灾民贫困户、孤寡老人和受灾严重的家庭,绝不允许平均分配。因此,救灾款物的分配制度应该是一个动态的科学的体系。

第三,对救灾款物分配的研究是救灾体制改革的基本要求。救灾支出是财政支出的重要组成部分,今后救灾款物的安排将由中央财政包揽逐步变为中央与地方财政共同负担,以地方财政为主,中央财政适度补助的新格局,地方财政部门如何列出支出、分配和管好救灾款物是地方财政部门面临的一项重要任务。

第四,对救灾款物分配的研究是财政监督的基本要求。救灾款物的分配涉及面广,政策性强,不规范支出、分配和管理,政策执行稍有偏差,就会直接影响政府的形象,所以必须加强监督。目前财政部门仅仅起到出纳的作用,对救灾款物的发放程序、使用范围等缺乏有效的监督,从而难以杜绝贪污、挪用等腐败现象的发生。因此建立科学、规范和可操作性强的救灾款物分配办法势在必行。[1]

二、对救灾款物分配的相关法律法规的分析

在此部分将采用时间的顺序来分析我国在地震和救灾款物分配上的相关立法。具体分为以下几个部分。

(一)汶川大地震之前我国关于地震灾害的立法

我国关于地震灾害的相关法规,最早的是由全国人大常委会在

---

[1] 郭显光:《救灾支出分配模型及应用》,载《数量经济技术经济研究》1998年第12期,第48~51页。

1997年通过的《防震减灾法》。在《防震减灾法》下面有四个主要的行政法规,即《地震检测管理条例》《地震预报管理条例》《应急条例》《地震安全性管理》。这四个行政法规实际上就是把防震减灾的几个主要的环节完全细化了,赋予了国务院和各级人民政府在防震减灾的各个环节过程中相应的管理职权、职责。此外,还有国家地震局作出的部门规章,以及建设部下发的,如地震后地震趋势预测的规定、地震的行政复议规定、地震行政法治检测规定、地震安全评价知识管理办法,等等。这些都是国家地震局、建设部等部门根据《防震减灾法》和国务院出台的四个比较重要的与防震减灾相关的行政法规而出台的相应的部委规章。部委规章也是非常细的,完全把抗震救灾和防震减灾整个活动纳入到了行政法的轨道,是非常全面的。从地方性法规这个角度来看,目前大概有26个省、自治区和直辖市制定了防震减灾的法规。①

实际上,从政府如何组织应对突发公共事件的应急工作到如何处置应急之后的一系列法律问题,均无法由单一的政府行政管理方式来解决,政府需要转型,需要着重发展公共服务和救灾应急的功能。从2005年年底开始,国务院以及各地地方政府开始重视、研究如何建立应对突发公共事件的办法,这个启动过程是在2004年初由国务院法制办开始的。2006年1月8日国务院公布了国家对突发公共事件的总体预案,使抗震救灾到了有法可依的时代。

(二)汶川大地震发生后中央和地方制定的法规和规章

纵观各部门在汶川地震之后出台的规章,不难看出处理此类问题的原则有以下几个:

1. 国家级

(1)组织性、规范性原则。救灾捐赠工作由民政部门发挥统一组织作用。对境外捐赠的款物,由民政部代表国务院归口管理,统一平

---

① 《法律专家谈汶川地震后政府信息公开》,载《北大法律信息网》2009年3月15日,http://www.chinalawinfo.com/fldt/flzt_article.asp?id={0B4F9EAB-8ECD-441F-BB34-D6EF20B4643B}。

衡。中央和国家机关有关部门、非重灾省区及全国性民间组织要将救灾捐赠的接收情况及时报民政部统计汇总，然后民政部按照国务院确定的原则，根据灾情统筹平衡，制定非定向捐赠款物分配方案。

(2) 自愿原则。任何系统开展救灾捐赠工作，都必须坚持自愿原则，不得搞行政命令、硬性摊派。监察部门要对救灾捐赠工作跟踪检查、审计，发现问题及时处理。

(3) 专款专用、集中使用、统一分配、分头实施、账目分明原则。为了管好用好救灾捐赠款物，接收救灾捐赠必须做到手续完备、专账管理、专人负责、账款相符、账目清楚。接收的每一笔捐款，都要当面点清并开具收据。

(4) 尊重意愿原则。救灾捐赠款物的使用要充分尊重和体现捐赠人的意愿。定向捐赠的款物，必须按捐赠者意愿使用；非定向捐赠的款物，除少量用于紧急转移安置灾民生活所需外，要重点用于帮助灾民重建或新建家园。

(5) 公开透明、加强监督原则。完善统计和信息公开制度，增强救灾捐赠工作透明度。审计、监察部门要对救灾捐赠工作跟踪检查、审计。公安、司法部门要坚决打击借募捐名义从事诈骗活动等违法行为。审计、财政部门要对救灾捐赠款物接收部门和单位相关工作进行跟踪检查，定期公布检查结果，发现问题及时处理。监察部门要对救灾捐赠款物的管理使用情况，以及有关部门履行监管职责的情况开展专项检查，对违纪违法的单位和个人要迅速查办，从严处理。新闻媒体要充分发挥舆论监督作用，及时披露救灾捐赠活动中的违法违规行为。救灾捐赠款物接收部门和单位要加强内部监管，建章立制，自觉接受监察、审计、财政等部门及社会的监督。

(6) 加强引导、合理有效原则。

2. 部委规章

作为国务院各部委，民政部、财政部、住房和城乡建设部也拥有面向救灾工作遵循的原则：

(1) 急事急办、特事特办原则。对于有指定用途和项目的资金，要按规定的项目和用途尽快予以落实；对于由灾区政府统筹安排使用的资金,要结合救灾工作的需要和专项资金的安排情况,拾遗补缺,保障重点,尽快安排支出项目;对于因灾害损失和补助对象等基础数据不清而暂未拨付资金的,要抓紧审核,登记造册,并据此按补助标准核拨资金;对于因政策不够细化、操作困难而影响资金拨付的,如临时生活救助等,要抓紧细化政策,尽快将补助金和救济粮发放到人、发放到户;对于救灾应急期间有关部门和单位配置设备、物资等尚未结算的支出,要抓紧审核,据实清算;对于运输、保管和发放救灾物资发生的费用,由灾区政府有关部门从财政资金和救灾捐赠资金中统筹安排。

(2) 加强管理、及时上报原则。便于进一步加强上级对下级监管力度。

3. 省级及以下的地方政府在具体实施过程中主要遵循的原则

(1) 合理、守法、公开、透明。尊重捐赠者意愿和政府引导相结合。

(2) 专户管理、专账核算。

(3) 公正透明。

三、实际情况与调查案例简析

四川汶川地震发生后,随着民政部、财政部等救灾款物主管部门根据救灾工作的需要,出台了一系列加强救灾款物管理的规章制度和管理办法;灾区各级政府也根据灾区的实际,进一步完善和细化了对救灾款物的管理,不断提高救灾款物管理使用效益;红十字会、慈善总会等接受救灾捐赠款物的主要机构,也建立了比较完善的内部制约机制,确保了救灾款物能够得到有效筹集、管理;审计监督检查部门及时介入,并且提出审计建议,使得救灾款物能够科学、合理使用。

但是,通过各级审计机关审计,发现在救灾款物管理使用中存在着一些问题:审计署2008年6月24日发布的《汶川地震抗震救灾资金物资审计情况》第2号公告中,揭示了财政安排的救灾款物管理不够规范、政策不够完善、执行不完全到位等问题;审计署2008年8月4日发布的《汶川地震抗震救灾资金物资审计情况》第3号公告中，反映了社会救灾捐赠款物结存于一些部门、单位，个别地方抗震救灾物资积压和不适用，少数地方和个别单位在发放补助时搭车收费、自行提高标准，个别地区活动板房建设与灾区实际需求衔接不够等问题；审计署在 2008 年 8 月 4 日至 10 月底的审计中，发现个别地区、单位在救灾款物管理使用中存在个别地区灾情上报不准确、少数地区救灾资金拨付和使用不及时、个别单位救灾物资管理不规范、少数单位救灾物资未按需采购且部分物资价格偏高、个别单位擅自改变救灾资金用途、部分行业募集的本系统内职工捐款大量结存等问题。针对审计发现的少数人员违法违纪问题，相关地方党委、政府和部门，迅速采取措施，追究相关人员的责任，涉嫌违法犯罪的已移交司法机关处理。

课题小组的同学在整个课题调研当中不止一次到灾区和灾民接触，调查了解课题内容，当然发现了一些与上述相似的情况。2008 年年底，课题小组跟随川达律师事务所的慰问队，带着捐赠的物资来到彭州小鱼洞镇安置点，帮助发放物资，同时进行与本课题相关的调查访问。调研人员和当地的受灾群众进行了比较深入的谈话。

在访问调查过程中了解到，元旦节前后，村民们收到了村里发放的大米、猪肉和菜油等生活用品。但是，有村民却对菜油的发放数量非常疑惑。一位姓龙的大婶称，同一个大队不同的组分到的菜油的数量是不一样的，一个组每人发了 3 斤，另一个组每人发了 2 斤 8 两，而她们组却只有 2 斤 7 两，也没有人对这样的情况做出解释。在这种情况下，政府基层管理部门有责任对款物的发放和分配标准予以公布，严防具体发放过程中的缺斤少两。

一位女性受灾户称，家里共四人居住在同一间板房，三个人睡在一张床上，虽然通过各种捐赠有了足够的被子，但却无处放置和使用，急需补充床，然而却没有给予供应。看来救灾资金购置的灾民所需物品还需及时有效。

调研当天，附近小学的小记者们热情地加入了课题调研组，给予我们积极的帮助。在随着一群小记者走了近一个小时山路后，笔者来到了地处半山腰的一户人家，这里住着一对年老的夫妇，他们对我们捐赠的棉被感到十分欣慰。老大爷完全丧失了劳动能力,老大娘声音很沙哑,他们的生活条件很差,但是他们却说他们不是低保户。他们这么困难却不是低保户,这让我们感到惊奇。后来了解到,因为地震受灾,低保户家中每人都有 200~300 元钱补助,就因为他们不是低保户,虽然房屋有毁损,生活如此困难却不能得到补助。这让我们不得不反思,救灾款物的分配与发放应该有针对性,更应该考虑灾民的实际情况。对低保户给予特别的照顾,这是合情合理的,但是有的非低保户因地震导致其遭受很大损失,也需要纳入救灾物资分配和发放的照顾之列。

如上所述,建立和完善有效可行的救灾款物发放分配系统,不仅是对现行问题的总结和思考,更会为将来发生的险情救济打下坚实的有效救援基础。在下面的篇幅中,笔者结合调研结果和相关理论知识,旨在讨论救灾款物发放制度的评价体系。

四、救灾款物发放、分配效果的评价体系

(一) 设计救灾款物发放、分配效果的评价体系的困难

有了及时准确的信息公开,不仅可以使民众始终跑在"谣言"之前,减少了怀疑和恐慌,凝聚起力量和信心,还是让民众和研究者了解救灾物资分配状况的必要手段。汶川地震中政府及救灾各方率先垂范,在抗震救灾中成功实践了 2008 年 5 月 1 日实施的《政府信息公开条例》,对地震的损失和救灾的情况都有很好的信息公开。但救灾款物的分配涉及的范围广、时间长和情况复杂,因此在救灾款物分配方面的信息公开是灾后政府行为中的一个难题。

在本文成文之际,政府还没有发布全面的救灾款物分配情况的数据,在本文中只能采取定性与定量分析相结合的办法,弥补数据缺乏之弱势。

(二) 救灾款物发放、分配效果评价体系的设计原则

在构建救灾款物分配效果的评价体系中,为了保证评价结果尽可能的客观、全面、科学,应遵循系统性、综合性、协调性、实用性、时效性等原则。

救灾款物的来源很多,依性质不同可分为:个人捐赠与组织捐

赠、现金捐赠与实物捐赠、国内捐赠与国际捐赠等。本文设计的是救灾款物分配效果的评价体系，但应该指出的是，款物来源的多元性同时决定了分配过程的多样性，应该注意到救灾款物的分配中存在的诸多问题：其一，发放主体的多样性。政府、社会团体、企业、慈善机构都可以成为广义的分配主体，因为他们都可以直接将款物送到灾民手中。其二，救灾款物分配途径的多样性。在走访灾民安置点的过程中发现，在灾民安置点每天都有救灾款物的发放。发放的主体是多样性，方式也是多样的，对象也是不同的。其三，评价标准的多样。不同群体或个人对救灾款物分配效果的评价标准是不同的。在本文中力图制定一个较全面和可行的标准。

（三）救灾款物发放、分配效果评价体系设计采用的方法

层次分析法（Analytical Hierarchy Process，简称 AHP）是美国运筹学家萨蒂（Saaty T. L.）于 20 世纪 70 年代提出的一种定性分析方法与定量分析方法相结合的多目标决策分析方法。这种分析方法的特点是将分析人员的经验判断给予量化，使目标（因素）结构复杂且缺乏必要数据的情况更为实用，是目前系统工程处理定性与定量相结合问题的比较简单易行且又行之有效的一种系统分析方法。该分析方法首先应用于能源问题，近年来在环境评价中也得到应用。

AHP 法是通过分析复杂问题所包含的因素及其相互关系，将问题分解为不同的要素，并将这些要素归并为不同的层次，从而形成多层次结构，在每一层次可按某一规定准则对该层元素进行逐对比较，建立判断的数据库。

（四）救灾款物发放、分配效果评价体系的具体设计

1. 救灾款物发放、分配效果评价体系的指标选择

在救灾款物发放、分配效果评价体系的指标结构中，依据层次分析法将评价指标分为四层：

第一层为目标层 A，即地震灾民对救灾款物的分配的社会认可程度。这层反映的是社会问题中最重要也是最根本的问题——民生。民生问题是影响社会安全和稳定的基本问题，民生问题由于它所涉及的领域特别广泛，所以在跨入规范视界中时就对研究提出了很高的要

求。不仅要在现实中解决问题,更要在解决了问题之后,还要将这个问题上升到理念和追求的高度。这主要体现在:在评价体系中融入民生的理念和追求。① 如果上升到价值的层次,那么不仅对分配行为本身,还是对救灾分配所能够促进的本身之外的价值,都是在质的规定性方面的极大提升。这样的民生价值理念追求,对当代中国的社会建设也有很大的积极意义。现在提出了建设社会主义和谐社会,而和谐社会的框架之下,民生问题的极大改善应当是一个常态。在和谐的社会环境中,只有民生问题的改善才能体现制度与社会本身的和谐。在汶川大地震这种重大的自然灾害发生后,建设和谐社会的根基是不会被动摇的,民生问题依然是社会关注的重点。因此,在汶川大地震发生后的很长一段时间里,受灾群众民生问题是衡量救灾效果的最终标准。也是基于以上的理由,将受灾群众对社会的救灾款物的分配效果的认可程度,同时也是民生问题的直接反映放在了层次分析中最核心的位置。

第二层为准则层 B,是地震灾民在价值感、公平感、信任感、和谐感等方面的认可程度。此层为不可直接测量的隐变量。价值是人类活动的基本出发点,价值分析是人类活动的基本内容,人是万物的尺度,世间万物都应受到人的评判,对分配亦不能例外。将价值感作为第二层标准的首要标准是因为价值感可以统领和总结灾民对分配效果的直接感受。在价值范畴内综合考虑公平、信任等标准形成本文评价体系的第二层,在此层是一个将民众意愿方向化的过程。

第三层为次准则层 C,是根据第二准则层展开的三级指标。此层为不可直接测量的隐变量,是在第二层标准的基础上对制度和规范层面上的评价。这种隐变量与定性结合的评价的意义在于概括性地反映群众对于制度的态度。

第四层是直接数据来源层,此层的数据来源于走访和问卷调查以及民政部门的统计数据。为了能够客观、全面地了解基层民众及救灾中行政行为的实际情况,围绕以下三个方面的内容设计了问卷调查:一是灾民对分配方法和效果的总体性的认识;二是对救灾款物分配中

---

① 李彦斌:《民生应当成为法律所追求的价值》,载《法制与经济》2008 年第 12 期。

存在的主要问题及政府行为的看法；三是对个体灾民在实际救灾款物分配中存在问题的原因及其对策认识。在问卷的基础上总结出定性的问题。① 在民政部门和社会组织公布的数据中提炼定量的规律是研究救灾款物分配效果的最佳方法。

2. 救灾款物发放、分配效果评价体系的数据处理

在以上选取的指标中，有很多是地震灾民对救灾款物分配情况的心理感受，这些内容的来源主要是问卷调查和到灾民安置点的走访和调研。将问卷调查结果用社会学的格栅获取等方法进行量化，可以在问卷信息中将受灾群众的感受分为：最差、次差、中等、较好和最好五个等级，他们分别对应 0~20 分段、21~40 分段、41~60 分段、61~80 分段和 81~100 分段五个分段。在通过以上的标准将灾民的感受数量化后，结合筛选出的中央、部委、地方和社会组织所公布的救灾款物发放的数据就可以得出通过本文设计的评价体系所统计的对救灾款物发放、分配效果的评价。

3. 在救灾款物发放、分配效果评价过程中需要注意的几个问题

（1）对研究对象的筛选。这其中既包括问卷对象的筛选又包括问卷问题的筛选。在走访灾民安置点的过程中发现留在灾民安置点生活的人多是老人、小孩以及一些劳动能力较低的人群，这就决定了调查对象是有局限性的，必须通过走访在其他地方工作生活的地震受灾群众来丰富调查对象的多样性。在同一安置区域的灾民所反映的问题，也是相对集中的。因此，如果是做广泛性的研究，那就必须注意地域性因素。

（2）对数据的筛选

在救灾过后的相当一段时间内，中央、地方、各部委和社会组织公布了一些十分庞杂的数据。在对救灾款物发放、分配效果评价过程

---

① 由于问卷法的基础是大数定律，因此要求同时发放并收回足够量的问卷，否则其精确度难以保证。由于课题时间的限制和震后灾区条件的原因，本文所进行的研究多是在方法上的。在问卷方面我们走访了十几户灾民，对这些受灾家庭的研究，我们采用的是问卷加采访的办法，以弥补问卷数量方面的缺陷。

中，就必须有选择性地进行数据统计。要判断数据的真伪，就要注意数据的出处和统计方式等问题。

（3）在走访过程中需注意的问题

在此部分，结合两次到灾民安置点调查的情况提出两个问题：一个问题是在走访过程中要尽量避免出现与被访者有利益冲突的人在场的情形，这样可以使受访者尽量给出真实的答案；另一个问题是要尽量自主选择受访对象。对这两个问题的注意都是为了使研究更具独立性。

一级指标 A	二级指标 B	三级指标 C	四级指标 D
对救灾款物分配效果的社会认可度 A	价值感 B_1	救灾款物发放的成效 C_{11}	恢复正常生活的家庭数 D_{111}
			灾民生活质量 D_{112}
		经济因素 C_{12}	政府出资 D_{121}
			社会捐助 D_{122}
	公平感 B_2	对分配规则的意见 C_{21}	对分配标准的意见 D_{211}
			公众参与办法 D_{212}
		对分配过程的感受 C_{22}	分配操作规范程度 D_{221}
			公众监督效果 D_{222}
		对分配结果的感受 C_{23}	分配结果的效用 D_{231}
			分配的透明度 D_{231}
	信任感 B_3	分配行为诚信程度 C_{31}	灾情预报准确度 D_{311}
			分配款物兑现程度 D_{312}
		分配行为工作效率 C_{32}	分配及时程度 D_{321}
			信息公开的时效性 D_{322}
		工作态度 C_{33}	政府工作质量 D_{331}
			救灾宣传工作 D_{331}
	和谐感 B_4	利益均衡 C_{41}	受灾户平衡感 D_{411}
			社会稳定程度 D_{412}
		工作协调 C_{42}	各分配渠道间的协调 D_{421}
			监督机制的协调功能 D_{422}

（五）完善救灾款物发放、分配的制度的建议

1. 救灾款物发放、分配信息公布系统的建设

救灾款物中的大部分来源于公众的捐赠，因此救灾款物发放、分配应该秉着对受灾群众和救灾款物的捐赠者负责的态度。对救灾款物发放、分配状况的评价也应从两个方向来看，一方面是宏观数据的统计、评价与信息公开，以此来确定大灾大害及救灾过程对于社会和宏观经济的影响；另一方面应该对每一个救灾款物的捐赠者和受益者负责，对一定标准以上的捐赠者应该为其发放书面或电子的有关捐赠款物去向的说明。将这两方面结合并建立信息公开系统的工作应该由国家的民政部门或新设立的独立机构来完成。完成救灾款物发放、分配信息公开任务的机构的工作是复杂的：(1) 它要有权威性，其公开的数据能够使公众及舆论信服；(2) 要有搜集和统计复杂数据的能力；(3) 要有很强的独立性，它的存在完全是为了社会公共利益，绝不能和利益相关者有任何瓜葛。

2. 救灾款物分配标准化

救灾款物分配标准需要考虑四个方面的因素：(1) 合法化，救灾款物分配标准的合法化有两个积极作用，一是合法使公众信服，二是合法使执行有强力的保障；(2) 救灾款物分配标准要易执行，分配标准要适合我国社会保障的现状，适合我国各级政府机关去执行，适合各非政府组织去适用；(3) 救灾款物分配标准要充分考虑灾民的需要，因为救灾款物分配的最大利益相关者是受灾的民众，对受灾民众需求的辨识是关键因素；(4) 救灾款物分配标准要稳定性和灵活性相结合。

3. 救灾款物分配法律化

救灾款物分配过程的复杂化，能够保障这个过程顺利、效率、公平进行的只有国家的强制力，因此救灾法律化、分配程序化势在必行。推动救灾款物分配的立法应该是多层次的：第一层是国家立法，从宏观上规定救灾款物分配与评价的原则；第二层是地方立法，各地方依照地域、财力、保障机制来制定符合地方实际情况的救灾款物分配法规；第三层是各个单位建立自己的分配办法，各个单位救灾要有针对性，建立相应救灾制度是十分必要的。

4. 建立救灾款物分配监督机制

这个机制内的成员应该是来源于各个相关利益者：政府、捐赠者、受灾群众。让各方相互协助，相互制衡，以达到监督的目的。救灾款物分配的评价主要是由救灾款物分配的监督机构来做的，在客观的评价标准建立的前提下，让制度说话，让机制独立自主的运行，使救灾款物分配透明、高效，使捐赠者的捐赠行之有效，使受灾群众生活稳定。这样，救灾款物的分配和评价以及监督就是可行的、科学的。

地震作为财产保险合同免责条款正当性研究[①]

李博文等

【内容摘要】 地震等自然灾害引发的巨灾风险问题,已成为我国经济社会发展中必须关注的重大问题。自然灾害风险如何在社会中合理分配,关乎人民群众的切身利益和社会公正问题,同时也需要保险、政府救助、社会慈善等综合的制度保障。本文以"地震作为财产保险免责条款"为核心,从法价值、实在法以及社会经济的角度,结合地震灾后的财产保险合同问题的实践状况,论证地震作为财产保险合同免责条款是否具有正当性,并为法律制度的完善提供建议。

【关键词】 财产保险 免责条款 正当性

一、概 述

《中华人民共和国保险法》第 2 条规定:"保险是指投保人根据合同约定,向保险人支付保险费,保险人对于合同约定的可能发生的事故因其发生所造成的财产损失承担赔偿保险金责任,或者当被保险人死亡、伤残、疾病或者达到合同约定的年龄、期限时承担给付保险金责任的商业保险行为。"

现代保险学者一般从两个方面来解释保险的定义:从经济角度上

---

① 课题负责人:李博文,四川大学法学院 2007 级民商法硕士研究生;
  课题组成员:曾文敏、魏敏,四川大学法学院 2007 级民商法硕士研究生;黄俊杰,四川大学法学院 2006 级本科生;王霄,四川大学法学院 2007 级法律硕士研究生;邢鑫,四川大学法学院 2007 级民商法硕士研究生;徐贤勇、高小雅,四川大学法学院 2007 级民商法硕士研究生。

说,保险是分摊意外事故损失的一种财务安排。投保人参加保险,实质上是将他的不确定的大额损失变成确定的小额支出。而保险人集中了大量同类风险,能借助大多数法则来正确预见损失的发生额,并根据保险标的的损失概率制定保险费率,通过向所有被保险人收取保险费建立保险基金,用于补偿少数被保险人遭受的意外事故损失。因此,保险是一种有效的财务安排,并体现了一定的经济关系。从法律角度来看,保险是一种合同行为,体现的是一种民事法律关系。根据合同约定,一方承担支付保险费的义务,换取另一方为其提供的经济补偿或给付的权利,这正好体现了民事法律关系的内容——主体之间的权利和义务关系。同时,保险还具有四项基本特征:一是经济性,即体现出一种经济关系,使保险经营具有商品属性;二是互助性,即一人为众,众人为一,形成经济互助关系,分担风险成本;三是法律性,即依合同定保险协议,是一种法律行为;四是科学性,即以数理计算为依据而收取保险费。其中,保险经营的科学性是代表保险存在和发展的基础。

随着经济的发展,保险的险种越来越多,所涉及的领域及具体做法也在不断扩大和发展。迄今为止,各国对保险的分类尚无统一标准,因此只能从不同的角度进行大体上的分类。例如:按保险的性质分类,可分为商业保险、社会保险和政策保险;按保险标的分类,可分为财产保险、责任保险、信用保证保险和人身保险;按保险的实施形式分类,可分为强制保险与自愿保险。

然而,我国的保险业起步较晚,从1980年恢复至今只有28年的时间,相比发达国家保险业逾百年的历史差距甚远。尽管近年来中国保险业发展速度很快,但保险深度仍不足3%,而发达国家均超过10%。这次震撼全国的四川汶川大地震,据专家估算,尽管地震损失将超过1400亿元,但保险公司掏出的赔付款不会超过10亿元。在国内,保险公司处于被保护的状态,由于担心大地震后保险公司赔不起,地震险早早就从财险合同里剔除了出来(仅个别公司个别保单将其作为附加险),而在房贷险中,由地震或次生灾害造成的财产损失从一开始就划进了免责栏。按一般逻辑,谁都是先保人身,后保财产，寿险和意外伤害险等人身险算是对地震负责的保险。但遗憾的是，四川汶川大地震重灾区保险渗透率低得可怜，估计最多只有10%的覆盖；而且即使放大到全国，人身险覆盖率平均水平也就在15%的状态。

我国是一个多地震的国家。去年发布的《国家防震减灾规划（2006—2020年）》指出，我国占全球陆地面积的7%，但20世纪全球大陆35%的7.0级以上地震发生在我国；20世纪全球因地震死亡120万人，我国占59万人。我国大陆大部分地区位于地震烈度Ⅵ度以上区域；50%的国土面积位于Ⅶ度以上的地震高烈度区域，包括23个省会城市和2/3的百万人口以上的大城市。据统计，2005年中国大陆地区发生11次地震成灾事件，共造成约208.4万人受灾，地震灾害总的直接经济损失约26.3亿元。2006年共发生5级以上地震14次，共造成大约66.7万人受灾，造成直接经济损失约8亿元。2007年共发生5级以上地震6次，造成直接经济损失30多亿元。地震发生几率较高的国家，尤其是发达国家，一般都比较重视地震保险业务的推广，如日本的房屋地震险的普及率就达到20%。而在我国，目前还没有专门的地震险主险。

地震给国家和人民的生命财产造成了巨大的损失，使我们自然会想到"保险"。地震灾害所涉及的险种，通常包括企业及家庭财产保险、工程险、农房险、人身意外险、健康险、终身寿险等。但是，由于地震所带来的损失巨大，有可能超过保险公司的承受能力，所以"地震"往往被排除在大多数财险的赔偿范围之外，即便是投保了上述险种，有可能无法获得赔偿，因为很多险种需要特别约定（支付额外的保险费，将保险责任扩展到地震）才能将地震纳入保险责任范围，方有可能获得保险赔偿。中国保险业发展到今天，在世界巨灾不断出现的现状下，应当创建自己防灾救灾的特色，建立地震救护赔偿的法案，实行全面强制地震险。

地震险属于巨灾保险制度中的一个构成部分，根据国际经验，政府通过合作设立地震保险基金，予以财政支持和提供税收方面的优惠，并再通过相关保险公司寻求风险的分摊，而非通过商业化的运作来推动地震险。而我国的地震险之所以推行不开，根源在于其商业化的运作模式。尽管我国地震灾难不断发生，但大部分不能通过保险补偿。

汶川地震再次显示出地震保险的重要性。中国需要地震险，包括设立专门的地震保险产品、地震保险基金及其他巨灾保险品种。而地震险的推广与普及，必须在政府的主导下才能真正展开，因为只有政府做后盾，保险公司才能真正"硬起腰杆"。事实上，从国际惯例来看，凡是推行地震险的国家，基本上都是政府发挥着主导作用，赋予了地震险救助的性质，使地震险在政府的支持下，发挥着整合资源，帮助民众分担风险的作用。而我国对这一制度框架其实已经确立下来，《国家防震减灾规划（2006—2020年）》指出，2006—2020年我国防震减灾的主要任务之一就是要完善地震救援救助体系，逐步建立和完善政府投入、地震灾害保险、社会捐赠相结合的多渠道灾后恢复重建与救助补偿机制。

因此，我国未来的地震保险应该在相关政府政策支持下，整合政府、社会、个人三方力量，由商业保险公司遵循市场原则，科学地承保与理赔。由于地震等巨灾损失数额巨大，只依靠财政救助和社会捐助，有一定的局限性，不足以弥补巨灾损失。通过保险机制，可以充分发挥财政投入的放大效应，从而满足快速恢复生产生活的资金需求。地震风险发生频率较低，群众投保商业险的意愿不强，同时地震造成的损失程度大，保险公司往往很难独立承担。如果完全将地震的风险由保险公司承担，那么这样的商业保险机构的经营风险就会大大增加，进而可能危及整个国家的金融秩序的稳定。因此，建立地震保险制度，必须以"有效在全社会化解地震风险，同时保证保险公司审慎经营"为基点。政府推动和政策支持是必要条件，这也是从国际国内政策性保险发展实践得出的重要结论。

二、从法律价值的角度进行分析

法律价值一直被西方法哲学视为其研究的核心问题，同时也是其他法律学科研究的重要内容。根据价值的基本概念，可以将法律价值界定为"在人(主体)与法(客体)的关系中体现出来的法律的积极意义或有用性"。①也有学者认为:"法律价值是指以人与法律即主体与客体的关系为基础,能满足人的需要,从而受到人的重视和期待的法律所应当具有的基本的存在性状、属性和作用。"②法律价值主要包括目的价值、评价标准和形式价值三大内容。法律的目的价值在法律价值体系中处于主导地位,"集中体现着法律制度的本质规定性和基本使命"③,主要体现为:公平、正义、平等、自由、安全、秩序、效率等价值;评价标准即是在法律上对各种事物进行价值判断时所应遵循的准则;形式价值即是指法律制度自身在形式上所具有的价值因素。但是,由于人类赋予法律的价值是随时代的变迁而变迁的,而并非是永恒不变的。法律价值表现为一个多元化的体系,具有多元性、历史性、序位性等特性。因此,法律价值在不同时期、不同国家所体现的内涵是不同的,以及各种具体基本价值之间的序位也有所不同,有时甚至是在同一时期的一个国家内,因基于对社会关系、法律关系、法律客体等保护的侧重点不同,也会出现基本价值之间的序位有所差异。在当今的社会主义市场经济秩序下,也应当充分地重视法律价值内部存在的一定冲突、矛盾之处,优先选取更加适合我国当前情势和具体事宜的法律价值,并适当兼顾其他法律价值的实现。尤其是在对特定重大事项的处理上,运用法律价值来进行利害关系分析,从而决定相应的解决措施是相当重要的。

面对我国四川省发生的5·12汶川特大地震灾害造成的重大人员伤亡和财产损失,以及由此所引发的财产保险争议问题,都迫切需要解决,尤其是对于地震是否可以作为保险人免于承担保险责任的免责条款问题学术界和实务界都存在较大的争议。对此,本文将从法律价值的角度(且主要着重于公平价值和效率价值)进行更进一步的分析

---

① 张文显:《法哲学范畴研究》,中国政法大学出版社2001年版,第192页。
② 胡艳秋:《浅议法律价值》,载《重庆科技学院学报(社会科学版)》2008年第11期。
③ 张文显:《法理学》,高等教育出版社、北京大学出版社1999年版,第212页。

和阐述,以求证此结论的科学性。

第一,在从法律价值角度对地震这一法律事实进行分析时,不应当仅仅局限于传统法理对事实行为、法律行为价值的抽象论证,而是应当将地震免责条款放置于我国具体的市场经济环境中来分析其公平和效率价值。传统法理在对法律事实进行价值分析和判断时,往往采用生产力标准、人道主义标准、现实主义标准、历史主义原则等评价标准,以及采取高位阶的价值优先考虑的原则来处理目的价值内部的冲突。诚然,这些评价标准的兼顾确实在理论上可以起到价值平衡、维护好各方的利益,也可以使目的价值之间常有的对立和冲突得到控制。但是,在实践中对法律现象进行价值评价却是一项极为复杂、繁琐的科学工作,很难达到理论上所要求的那种完美境界,反而对事件运作制造了一定的混乱。所以,应更多地立足于实践和具体的政治、经济环境中,具体问题,具体分析。地震作为财产保险的免责条款这一问题应当立足于现实,根据现有的法律规则来实现当前形势下所应有的公平、效率等价值。

第二,地震作为不可抗力的种类之一,根据现有的技术水平是不能预见和不能避免且不能克服的客观情况。我国在《民法通则》《合同法》中都规定了不可抗力是当事人用以免除责任的一个正当的抗辩事由,因此地震作为免责条款有其法律基础。同时,这两部法律能够在我国有效实施,并指引民商事法律关系主体的行为,这其间必然存在法律价值的因素,其中的公平、正义、效率等法律价值都得到了一定程度的体现。因此,将地震作为财产保险合同的免责事由与法律价值的实现是不矛盾的。

第三,根据"无过错无责任"的过错责任原则,不可抗力免责规则充分体现了公平原则,也是公平价值的体现。世界各国均有把不可抗力作为免责事由的做法,在罗马法中也有关于此的根本训条,即"对偶然事件谁也不能负责,偶然事件由被击中者承担"。[1]因此,应当根据这一基本原则来解决地震这一偶然事件所引发的法律责任的分担

---

[1] 崔建远:《合同法》,法律出版社1998年8月版,第219页。

问题。但处理此问题时,也应当注意"违约责任"与"不可抗力风险责任"的区别问题。有学者指出:"不可抗力风险由被击中的一方独自承担,亦即让当事人承担极端风险,而极端风险的承担则必然导致当事人利益发生严重失衡,从而产生不公平。"[①]这样的责任分配机制确实会导致地震发生之后,财产保险合同的一方当事人的责任过大,显得不公平。但从实质上看,并不会产生此学者所提到的这种严重不公平的现象,地震的受害者只是对自己所有的财产承担自然的风险和损失,这也正是物权人在享有其所有权的同时,理所当然应当承受的法律后果。而若由保险人承担地震导致的风险责任,则是毫无根据地将此项责任强加于保险人,实质上这对保险人也不公平。但是,我国可以通过设立专门的巨灾保险制度、政府救助、社会慈善等综合制度来弥补其所受的损失。

第四,地震作为财产保险的免责条款也是法律效率价值的体现,在保险制度中效率价值则具体体现为保险效率原则。虽然法律的公平是法学的永恒主题,但法律的效率价值同样有其深远的影响和意义,并且效率有着较公平、更易评判和更为稳定的评价标准。在维系基本的公平价值的基础之上,在当今的社会主义市场经济条件下还应当更多地关注效率的价值意义。同时,其也是我国构建社会主义和谐社会的应有之义。在地震灾害发生之后,势必出现大量的财产保险理赔案件,直接依据合同中相关条款的规定进行理算,决定是否给予赔偿,这将节约大量的人力、财力资源,实现资源的最大化利用,充分体现市场经济更应具有的效率。如果为了减少投保人的损失,减轻其精神痛苦,而违背合同中双方意思自治所达成的合议,排除保险公司的免责权利,这既不是公平价值的体现,更不是现代社会的法律效率价值所认可的。因此,将地震作为财产保险的免责条款也正是法律效率价值的体现,与基本的法律价值要求相吻合。

综上,地震作为财产保险的免责条款是有其存在的法律基础的,也是法律价值的体现。当然,在适用地震作为财产保险的免责条款这

---

① 罗万里:《论不可抗力的风险分配与公平原则》,载《河北法学》2000年第1期。

一基本条款的前提下,还应当注意其适用范围,并不能僵硬的适用。比如,并非所有地震都可以作为不可抗力成为免责事由,应当充分考虑其适用范围。虽然5·12汶川特大地震达到了里氏八级,具有极大的破坏力,但是"地震的烈度,是判断地震损害程度的基本参数"。①所以,应当根据国家减灾中心依据相关数据划定的极重灾区、重灾区、中度灾区、轻度灾区来决定是否适用以及怎样适用不可抗力免责规则。这样,能较好地体现法律的价值,切实解决实践中存在的问题。

三、从实在法层面看财产保险中的免责条款

有关免责条款的分类有一种分法为:格式合同中的免责条款与非格式合同中的免责条款。这是根据免责条款是否具有可协商性而做的区分。一般来说,合同中的免责条款都是经过双方当事人充分协商后订立的。但是,有些合同是一方当事人事先拟定的、未与另一方当事人进行协商的,也就是通常所讲的格式合同,如实践中保险公司提供的保险合同通常属于这种。

保险合同免责条款是指保险人在保单中规定的保险人无须对发生事故造成的损失给予赔偿或给付保险金或承担某项责任范围的条款。②保险合同中的免责条款常常规定"因下列原因所造成的损失,不论在法律上是否应由被保险人承担损失或赔偿责任,保险人均不承担赔偿责任"。其中的下列原因,保险人往往会加上不可抗力的自然灾害种类。

毋庸置疑,调整财产保险合同的相关规定在实在法层面即为我国的《民法通则》及相关解释、《合同法》及相关解释,以及专门的《保险法》及相关解释。在这些法律中,财产保险中的免责条款能否成立呢?结合本课题小组所讨论的问题,以5·12汶川大地震为背

---

① 杨立新:《地震作为民法不可抗力事由的一般影响》,载《政治与法律》2008年第8期。
② 苏号朋:《论格式合同的法律控制》,载沈四宝:《国际商法论丛》,法律出版社1999年版,第461页。

景,地震作为财产保险的免责条款是否违背《合同法》对格式条款的规定呢?

由于《民法通则》及相关解释、《合同法》及相关解释和《保险法》及相关解释的包含关系,下面将分别论述。

(一) 从《民法通则》及相关解释来看

第一,我国《民法通则》及意见没有这方面的具体规定,但有民事原则性规定,如诚实信用原则、公平原则等,并且给予了分析免责条款是否违背《合同法》对格式条款的规定的指导性意见。从这个角度看,合同条款只要不违背相关民事原则,在相关原则指导下展开就是可以成立的。具体到财产保险合同中,地震作为免责条款只要不违背这些规定就应当成立。

第二,订立合同作为一种民事法律行为,要满足《民法通则》第五十五条的规定:"民事法律行为应当具备下列条件:(一) 行为人具有相应的民事行为能力;(二) 意思表示真实;(三) 不违反法律或者社会公共利益。"把地震作为免责条款规定在财产保险合同中,就要求合同双方当事人具有相应的民事行为能力,如果这一要件不具备,下面的论证也将失去意义。在满足这一要件的前提下,再看投保人和保险人把地震作为保险免责条款是否是真实意思的表达。不管是何种性质的保险合同,大多是以格式合同的形式存在的,即保险人很清楚合同条款的内容和意思,而投保人并不一定清楚。面对这种情况,立法者也是有所考虑的,即要求保险人对有关特别的内容要清楚说明,这是法律的强制性规定,所以一旦合同订立就可以推论合同中的相关条款是当事人双方的真意表达。但是,也不排除在现实生活中盲目订立保险合同的情况,所以投保人在订立合同的过程中一定不能盲目,而保险人在作出相关说明以后最好是要有纸质证明,不然一旦出现纠纷会对己方不利。关于不违反法律或者社会公共利益这一要件,把地震作为财产保险的免责条款并不违背这一原则。保险合同属于射幸合同,那么对未来的事态发展当事人双方都是不知情的,而且也没有办法人为控制(针对本课题所讨论的地震这一自然灾害),所以将它作为格式条款中的免责内容没有违背社会公共利益的原则。因此,只要合同内容不违背法律的禁止性规定，地震作为财产保险的免责条款是成立的。

（二）从《合同法》及相关解释来看

具体到《合同法》，在十五种有名合同中并没有保险合同这一种类，但《合同法》总则部分的规定完全适用于保险合同。《合同法》第三十九条规定："采用格式条款订立合同的，提供格式条款的一方应当遵循公平原则确定当事人之间的权利和义务，并采取合理的方式提请对方注意免除或者限制其责任的条款，按照对方的要求，对该条款予以说明。"第四十条规定："格式条款具有本法第五十二条和第五十三条规定情形的，或者提供格式条款一方免除其责任、加重对方责任、排除对方主要权利的，该条款无效。"以及第四十一条、第五十二条、第五十三条都是我国《合同法》对格式条款的系统性规定。那么，地震作为财产保险的免责条款是否违背《合同法》的相关规定呢？第一，因为地震属于不可抗力，具有不可预见、不可避免的特性，根据文义解释的原则，可以很直观地排除地震作为免责条款违背了《合同法》第五十二条和第五十三条的强制性规定。第二，有关格式合同要遵守公平原则，合同双方权利义务分配在免责条款中并不会造成严重失衡，即没有排除双方的主要义务和权利。由于地震这种不可抗力本身的不确定性，任何人都无法控制，其有关说明义务的完成需要当事人尤其是保险人做好证据保留。

（三）从《保险法》及相关解释来看

《保险法》第十八条规定："保险合同中规定有关于保险人责任免除条款的，保险人在订立保险合同时应当向投保人明确说明，未明确说明的，该条款不产生效力。"

这不仅是保险人的法定义务，也是保险人及保险代理人职业道德的具体体现。

但在实践中，关于保险人怎样履行这项义务和履行的判定标准问题，在保险法中规定得不是十分明确，实务操作中也不够严密，因而纠纷不断，出现投保人埋怨保险公司对有关合同的免责条款没解释清楚，而保险公司却抱怨在诉讼中对自己已经履行该项义务的举证很难得到法院采信，从而得到对自己不利的判决。尚未实施的《最高人民法院关于审理保险纠纷案件若干问题的解释（征求意见稿）》对保险公司履行保险合同免责条款的"明确说明"义务要求比较严格，第十一条（免责条款明确说明的要求）规定："保险法第十八条中的'明确说明'是指，保险人在与投保人签订保险合同时，对于保险合同中所约定的有关保险人责任免除条款，应当在保险单上或者其他保险凭证上对有关免责条款做出能够足以引起投保人注意的提示，并且应当对有关免责条款的内容以书面或口头形式向投保人做出解释。""保险人对是否履行了明确的说明义务承担举证责任。保险合同中免责条款本身，不能证明保险人履行了说明义务。"从国内外通行的做法看，免责条款是否订入合同主要看以下两个方面：一是相对人的签字确认，以示相对人注意到该条款并与制订方达成合意。二是提请注意，即提请注意是否达到合理程度，应从文件的外形、提请注意的方式的清晰程度、提请注意的时间等几个方面判定。

综上，地震作为财产保险格式合同中的免责条款是符合法律规定的。

四、从社会经济的角度考察

在判断地震作为财产保险合同免责条款是否具有正当性时，除了根据实在法的规定和法律的价值层面来判断外，还应当根据商业上的规律来评价。而从商业上来判断也是符合法律上的效率精神的，现阶段我国的财产保险属于商业保险，商业保险公司追求的是谨慎经营和利益最大化。从社会经济角度看地震作为财产保险合同免责条款也是具有商业上的正当性的。

第一，保险公司仅仅是一个风险分散机构，它并不能消灭风险。保险的原理是保险公司接受被保险人的投保，被保险人发生损失后，通过保险公司的赔偿，被保险人的损失在整个社会中得到分散。保险公司在选择保险种类和确定保费的时候存在很大的风险，保险公司要稳健经营就必须通过精算确定保费的收入能够弥补保险赔偿的支出，通过精算认为有些险种的保费收入和赔偿支出不能平衡时，这类保险业务是不能开展的。因此，现阶段我国保险公司将地震作为财产保险合同免责条款，对地震商业险不予开展是有保险精算学依据的，具有正当性。

第二，保险公司属于金融机构，金融机构必须将谨慎经营作为自己的信条。金融机构和金融体系的稳定涉及整个国家经济的稳定发展，因此保险公司谨慎经营不仅是保险公司作为营利商人的本性，而且是对国家的整个经济发展负责，是对广大的被保险人负责。如果保险公司由于在保险种类的确定上疏于控制导致保险公司风险聚集，保险公司最后因为不能按照约定赔偿而倒闭，就会将保险公司的风险在整个社会扩散放大。20世纪90年代初期发生在美国境内的安德鲁飓风和北里奇地震，使世界63家财产保险公司破产。保险公司破产倒闭将使整个保险制度瓦解，通过保险分散社会风险的功能不复存在，这是不符合保险制度建立的初衷的。

第三，保险公司分散风险主要通过初次保险来分散，但为了使经营更加稳健安全，保险公司也经常通过再保险制度来分散风险。然而，现阶段我国的再保险制度刚刚起步并不完善，更没有具体规定地震再保险制度，由于地震风险的地域集中性和发生时间不可预测性，导致地震风险的投保只能在小的区域内具有市场。但是，这种小范围内的风险又不能通过再保险这一保险机制在社会上得到有效的分散。因此，如果商业保险机构承保了地震险，其风险就可想而知。所以，在目前我国再保险制度没有完全建立，尤其是没有地震强制再保险制度时，地震作为财产保险合同的免责条款是具有正当性的。因此，应当加快建立和完善再保险制度，尤其是规定强制再保险制度。

第四，地震作为巨灾险纳入商业保险的保险范围内，将会涉及一系列的保险精算问题。例如，离地震带远近不同发生地震灾害的几率不一样，收取的保费率也应该有差异；同一地域而建筑质量等级不同的建筑物，其因地震损毁的可能性及损失大小也不同，收取的保费率也应该不同；还有，地震是一种不可预测的自然灾害，其发生范围也不易预测，因而就造成了地震保险推广的困难，即那些明显不处于地震带的地区是没有地震保险的市场的，因此地震这种自然灾害不能像其他自然灾害那样在全国范围内通过商业保险的形式加以分散风险。可见，地震保险的市场范围是很狭小的，仅限于在那些地震带上及其附近地区才有市场，而地震带地区其地震灾害发生的频率又是及其频繁的，因此纯粹通过商业保险来分散地震风险其成本非常高，商业保险机构承担的风险十分巨大。根据世界地震多发国家的经验，还没有哪个国家是根据纯粹的商业保险来防范和化解地震风险，像日本这样的经常遭受地震侵袭的国家其地震险主要由国家建立专项的地震基金承担，而商业保险只是起辅助作用。因此，在我国专门的地震风险基金和地震风险防范体系还没有建起来时，不能盲目地推行地震保险，商业保险公司在财产保险合同中约定地震作为特定的免责条款是具有正当性的。否则会导致地震这种自然灾害的风险转移到保险经营机构，地震风险将在保险机构中迅速积聚，这将是巨大的金融隐患，严重威胁着国家的金融和经济安全。

五、结 论

综上所述，地震作为财产保险合同的免责条款，是合理、合法的，具有正当性。当然，也需要完善以下几方面规定：

第一，在财产保险合同格式文本中将地震作为免责条款，保险公司必须尽到充分提示的义务。课题组在调查中发现，很多被调查的投保人对保险公司将地震列为免赔事项表示不满，主要是因为当初在购买财产保险时保险公司并没有向投保人提醒有地震免责条款的存在。大部分被保险人都有"购买了保险就绝对安全"的心理预期，而发生地震后其损失不能得到赔偿则造成了心理上的落差，这是很多震后保险理赔纠纷发生的主要原因。

第二，我国应当尽快建立一个以政府基金为主导、商业保险为补充的地震风险防范和分散保险体系。地震险属于巨灾保险制度中的一个构成部分，根据国际经验，政府通过合作设立地震保险基金，予以财政支持和提供税收方面的优惠，并再通过相关保险公司寻求风险的分摊，而非通过商业化的运作来推动地震险。借鉴日本的做法，在一定的范围内的赔付由保险公司承担，当损失数额达到一定标准且超过了保险公司风险承受范围时,则由政府专门的地震保险基金承担赔付责任。这样既可以激发保险公司推行地震险的热情,又可以使保险公司承担的风险控制在可以承受的范围,而不至于引起金融风险;同时又通过地震险化解了地震给广大人民群众造成财产损失的风险,实现多方利益的平衡。

第三,我国应当建立和完善再保险制度,尤其是对各种巨灾险应当推行强制再保险制度。这样既可以降低保险机构的经营风险,有利于整个保险市场的稳定发展;同时,也有利于国家金融系统的稳定。我国再保险市场刚刚起步,再保费占总保费的比例还不到5%,远远低于发达国家20%的水平。再保险是一种分散保险公司金融风险的很好方式,尤其在地震险这种巨灾险中强制推行再保险制度,并在地震再保险体系中充分发挥国家地震风险基金的作用,这样才能使得地震巨灾保险的风险得到合理分配。

财产保险合同中的地震免责条款正当性研究[①]

白宝芬等

【内容摘要】 地震在财产保险合同中通常被视为不可抗力而予以免责。这一保险业的惯例在汶川大地震之后引起了社会的高度关注;社会对地震免责的声讨集中体现为这一行业惯例有违"公平原则"之嫌。本文分别从地震免责正当性的历史发展、社会依据、法律依据以及价值依据等方面对财产保险合同中的地震作为免责条款的正当性进行分析论证,指出地震免责并没有构成"显失公平",以其存在的合理性说明地震免责条款的正当性。同时,借鉴国外应对类似情况的经验,建议在我国建立巨灾保险制度,从而为更好地解决地震保险所带来的理赔纠纷以及平衡保险双方利益提供一条有效的途径。

【关键词】 地震免责 正当性 公平原则 巨灾保险

一、财产保险中地震免责条款的适用现状

(一)地震免责条款问题的缘起

5·12汶川大地震后,全国各界都投入到抗震救灾的斗争中。突如其来的特大自然灾害给人们的生命财产带来巨大的损害。在震灾所涉众多法律纠纷中,关于保险合同"地震免责条款"的效力问题,成为社会关注的热点之一。

[①] 课题负责人:白宝芬,四川大学法学院2008级经济法硕士研究生;
课题组成员:陈思亮、黄进、张海亮、李鑫、戚竞丹、李扬琼、姚琪、邹沁君,四川大学法学院2008级经济法硕士研究生。

为深入研究这一问题,我们对 45 种财险和 20 种人险的保险范围进行了统计,统计中的 18 种人身保险都未将因地震引发的保险事故列入赔偿除外责任条款。也就是说,因为地震造成的伤残、身故,寿险、意外险一般可以提供赔偿。然而,旅行社责任保险、学校责任保险,将地震列入了免赔范围,但这毕竟是少数。

而对于财产保险,统计的 45 种财险中,除去单独的地震附加险、家庭财产保险、企业财产保险外,都将地震划入免责范围。将地震作为赔偿原因的保险种类有:中国大地财产保险股份有限公司的渔船保险的全损险、综合险,沿海内河船舶全损险、一切险,海洋运输冷藏货物冷藏险、冷藏一切险,陆上运输冷藏货物保险,陆上运输货物保险的陆运险和陆运一切险,邮包险和邮包一切险,海洋运输货物保险产品的平安险、水渍险及一切险,现金保险。这次汶川大地震造成的保险纠纷主要涉及的是,在家庭财险和企业财险理赔中,对于地震免责条款的争议。

(二) 地震免责条款的历史发展

计划经济时期,我国曾是世界上地震等巨灾保险普及率最高的国家,全国企业总资产的 70%,家庭总户数的 40% 的财产都能获得地震等巨灾的保险保障。比如,1982 年 10 月 1 日,中国人民保险公司有关家庭财产保险条款中的保险责任:保险财产由于下列原因造成的损失,保险人负赔偿责任,如雷电、冰雹、雪灾、洪水、地震。但是 1993 年央行开始严控保险险种和费率,地震等巨灾的险种和条款当时被排除了。2000 年 1 月 28 日,保监会再次下文规定,各保险公司在企财险项下不得扩展地震责任,如果是事关国计民生的重大项目,必须事先报批。

保监会在当时的文件中也表达了对巨灾保险的观点:"未经批准扩展地震保险责任,致使地震风险迅速累积,严重影响了保险公司的稳健经营。鉴于地震风险属于巨灾风险,而我国尚未建立相应的风险控制制度,保监会目前正积极组织国内部分保险公司与科研单位开展地震保险课题的研究工作。"

两年后峰回路转,国务院取消了行政审批项目,地震保险不再需要报批。但多数保险公司并未大力开展巨灾险，附加地震条款的险种，费率也不低，需要再增加10%的保费。这一状况持续至今，而财产保险合同中地震作为免责条款已成为行业惯例。①

国外，巨灾保险制度在一些发展相对成熟的国家中正在发挥着巨大的作用。例如，在日本，政府在1964年新潟地震后颁布了《地震保险法》，逐步建立了由政府与商业保险公司协同合作的保险制度，而且建立了一套再保险机制。在我国的台湾地区，建立了类似日本的保险基金，该基金现在作为一个独立的财团法人，有非盈利性，但是它要受政府的监督。台湾地区的保险基金在建立之初，首先以法律使这一机制法制化，该基金要求所有从事保险业务的企业必须加入到该基金中来成立一个共保组织，但是在该基金中政府扮演了非常重要的角色；如果在发生大地震的时候，累积责任准备金不够，政府还要担保由国库提供资金偿付给投保人，从而使受损的被保险人得到补偿。

从以上渊源的发展路径来看，保险地震免责条款同样经历了计划经济时代—市场经济时代的变化痕迹。计划经济背景下的地震免责仅仅是计划体制的产物。随着体制的变化，保险业的具体制度也在发生变化，保险业逐渐进行了市场化改革。但地震仍然作为免责条款，这就催生了巨灾保险制度的建立。

（三）地震免责条款的设立目标

社会主义市场经济下的保险业已经进行了现代公司制的改造。保险公司首先是一个自负盈亏的公司，但同时也担负一定的社会责任。地震免责条款的设立直接与保险公司的自身定位相关，其设立目标有以下两个方面。

1. 满足公司自身营利的需要

作为商事主体的公司，营利是其本性，保险公司也不例外。地震等自然灾害往往作为财产保险中免责条款，均因地震造成的巨大损失必将会给保险公司带来数额不菲的理赔，而公司运营必须优先考虑

---

① "新闻1+1：震后观察——巨灾损失谁买单"，央视网2008年6月23日，http://vsearch.cctv.com/plgs_play-CCTVNEWSprog_20080623_6340503.html。

"成本—收益"问题,达到趋利避害的效果。在保险精算下,地震等作为理赔事项将意味着亏损,因而保险公司基于自利性的需要,地震被设为免责条款。

2. 避免引发行业性破产等社会问题

地震等特大自然灾害造成的保险理赔数额巨大,保险公司一般都无力支付而纷纷倒闭。例如,1992年的"安德鲁"飓风使15家美国财险公司因不堪重负而关门。地震不仅摧毁整个家园,也同时摧毁整个保业的发展,这不利于保险业的发展,并将会带来更多的社会问题。基于社会层面的考虑,保险公司设立了地震免责条款。

总之,基于公司自身盈利和保险业发展的社会利益的综合考虑,在财产保险合同中均设立了地震免责条款。

二、财产保险中地震免责条款的正当性论证

(一) 正当性的社会论据

地震的涉及面和赔偿金额超过保险公司的理赔能力。因此,如果将赔付责任仅仅附加于保险公司之上,保险公司就会面临破产的危险。

同时,我国目前巨灾风险的管理及保险承保的机制还不完善。按照目前保险公司的核算要求,保险公司只计提一般准备金,而针对巨灾的特殊准备金或总准备金却没有特别的要求。另外,一般风险的分布是均匀的,不会冲击保险公司的经营稳定性,而地震风险是集中的,会带来责任累积,这会给保险公司经营带来很大风险。保险公司日常的一般准备金或偿付准备金是无力支付巨额赔付的。

5·12汶川大地震造成了人民群众人身和财产的巨大损失,受灾人们要求能够通过保险获得赔偿,党和政府希望通过保险赔偿来分散财政的负担,保监会也相继发布有关通知,表明当保险公司与被保险人在保险合同条款方面产生争议时,应当作出有利于被保险人和受益人的解释。但是,这并不是说只要遇到财产在地震中受损或灭失就必须由保险公司赔偿。据平安保险公司的资料显示,财险赔付的记录也是一再被刷新。截至5月28日,保险业共接到地震相关的保险报案

21.7万件,初步核实,被保险房屋倒塌4.29万间,已付赔款1.35亿元。财产保险赔付中,企业财产险3964万元,家庭财产保险230万元,机动车辆保险9.1万元,货物运输保险1100万元,农业保险4.75万元。[①] 这还只是初期的损失,有些财产的损失或者说灭失会随着时间的推移而渐渐加大。同时,考虑到四川灾区还有众多水库和大坝,有国电、华电等大型企业,所以保险公司的赔付难度仍然较大。

当然,在上述所说的能够获得保险公司赔付的财产保险中,无一都购买了保险公司的附加地震保险,而这样的特殊巨灾保险的保费也是比较高的,一般都不低于10%。[②] 对于如此高的保费,很多企业都选择放弃,再加上地震发生的不确定性,更是使公司逃避购买特殊地震保险。企业都如此,更不用说个人了,购买地震保险的更是寥寥无几。根据四川彭州灾区实地调查的数据显示,也符合以上推论。随机调查了几十户灾民,仅有一户曾经购买过,但由于保费太高,最后也没有再买了,更多的是根本就不了解什么是地震保险。这样的地震保险只存在于一些大型企业、工程,所以保险公司仅仅是对这些参加地震保险的企业损失进行赔偿。虽然老百姓普遍愿意保险公司基于一般的财产保险对损失的财产进行赔偿。但是,这么大的损失强加在保险公司,不利于保险业的发展。

我国是世界上自然灾害最为严重的国家之一,灾难种类多、分布地域广、发生频率高、造成损失重。70%以上的城市、50%以上的人口分布在气象、地震、地质和海洋等自然灾害严重的地区。近15年来,由于自然灾害,我国平均每年约3亿人受灾,倒塌房屋约300万间,紧急转移安置人口约800万人,直接经济损失近2000亿元。[③] 巨灾不同于其他风险,具有波及范围广和破坏力大的特点,属于一种

---

① 国家减灾委员会抗震救灾专家组,科学技术部抗震救灾专家组:《汶川地震灾害综合分析与评估》,科学出版社2008年版。
② 1993年4月9日中国人民银行下发的《全国性保险条款及费率(国内保险部门)的通知》。
③ 谢毓寿、蔡美彪主编:《中国地震历史资料汇编》(第四卷),科学出版社1985年版。

不能简单通过商业保险来转移和管理的风险。在损失动辄数百亿的巨灾面前,市场机制是基本失灵的。所以,不能简单地理解购买了财产保险,地震受损后就理所当然由保险公司赔偿。因此,一般的财产保险合同是把地震造成的损失排除在赔付范围之外的。

(二) 正当性的法律依据

法律作为社会的稳定机制之一,其公信力对纠纷冲突的解决作用不可忽视。通过对不可抗力在合同中可约定性、格式条款的效力问题、保险合同的说明义务、公平原则等分析来看,财产保险合同中的地震免责条款具有法律上的正当性。

首先,理赔范围并非法律的强制性规定,保险合同当事人可以约定地震等为免责事项。我国《民法通则》第107条规定:"因不可抗力不能履行合同或者造成他人损害的,不承担民事责任,法律另有规定的除外。"不能想当然地根据财产保险合同的"保险"特性就认为其属于法律的例外规定,在保险事故发生时,就要承担责任。"从立法目的解释和通说来看,该法条规定的不可抗力是作为免责事由,例外排除仅限于'法律另有规定除外',而不包括合同排除,仅仅是针对侵权责任",合同当事人可以约定免责事由。对于地震等不可抗力不仅不是法律强制规定必须理赔的事项,而且是可以约定的风险事项,即不可抗力是否属于理赔范围内的事项属于当事人意思自治的范畴。

其次,保险合同作为格式合同,其免责条款的效力问题根据《合同法》第39条第1款规定:"采用格式条款订立合同的,提供格式条款的一方应当遵循公平原则确定当事人之间的权利和义务,并采取合理的方式提请对方注意免除或者限制其责任的条款,按照对方的要求,对该条款予以说明。"否则,提供格式条款一方免除其责任、加重对方责任、排除对方主要权利的,该条款无效,但这是有其适用条件限制的。《合同法》关于免除责任规定无效主要是针对不合理、不正当的免责,这是学界的通说。[①] 不能简单地以为地震免责条款属于

---

① 王竹:《保险合同地震免责条款的效力解释》,载http://www.civillaw.com.cn/article/default.asp? id=39427。

格式条款，而当然归于无效。从我国现实状况出发，在市场化背景下的财产保险合同一般会将地震等比较严重的自然灾害作为免责事由，这是有其合理的社会依据的（前面已述）。

再次，只要尽了保险合同的说明义务，保险格式合同中的免责条款就会产生相应的法律效力。根据 2009 年 2 月 28 日第十一届全国人民代表大会常务委员会第七次会议修订的《保险法》第十七条的规定："订立保险合同，采用保险人提供的格式条款的，保险人向投保人提供的投保单应当附格式条款，保险人应当向投保人说明合同的内容。对保险合同中免除保险人责任的条款，保险人在订立合同时应当在投保单、保险单或者其他保险凭证上作出足以引起投保人注意的提示，并对该条款的内容以书面或者口头形式向投保人作出明确说明；未作提示或者明确说明的，该条款不产生效力。"依照该规定，保险合同中的免责条款，只有在保险人未履行明确的说明义务时，该免责条款才不具有法律约束力，新修订的保险法更是强调对投保人知情权的维护。根据最高人民法院的司法解释，明确说明必须符合两个条件：第一，在保险单上提示投保人注意；第二，对有关免责条款的概念、内容及其法律后果等，以书面或者口头形式向投保人或其代理人作出解释，以使投保人明确该条款的真实含义和法律后果。① 在我国保险行业中，地震免责条款已成常态。在法制日益健全的今天，保险公司均应履行详尽的说明义务，这仅仅是业务技术问题，对此双方当事人都清楚。但不管怎样，都应以上述两个要件为准。

因此，依据现有的法律及其法理逻辑，地震免责条款有效。但是，学者们最大的争议来自于对民法总则公平原则的适用问题。公平原则能否成为地震免责的法律依据？下面从公平原则来分析。

1. 公平原则的含义及其在合同中的体现

公平原则是指民事主体应本着社会公认的公平观念从事民事活动，司法机关对民事纠纷行使裁判权时，也要体现社会公共道德的要

---

① 张立明：《保险合同特别约定的免责条款未明确说明的无效》，载 http://www.civillaw.com.cn/article/default.asp?id=10416。

求。公平原则作为一项重要的民事司法原则,适用于合同责任,具体体现为显失公平和情势变更制度;适用于侵权责任,具体表现为公平原则责任。在财产保险合同中,公平原则的适用问题,也就是集中于地震免责条款是否构成显失公平。

2. 现行法律的有关规定

我国现行法律中对显失公平原则作出规定的有《民法通则》《最高人民法院〈民法通则〉意见》和《合同法》。《民法通则》规定,对重大误解或显失公平的民事行为,一方当事人有权请求人民法院或仲裁机构予以变更或撤销。《民通意见》则对显失公平的认定作了司法解释,即"一方当事人利用优势或者对方没经验致使双方的权利与义务明显违反等价有偿原则的,可以认定为显失公平"。《合同法》则规定,订立合同时显失公平的,当事人一方有权请求人民法院或者仲裁机构变更或者撤销。

3. 显失公平的构成要件

对于法律意义上的显失公平,学术界一直存有争议,主要有两种意见,即客观说和主客观统一说。客观说又有两种观点:一种观点认为,判断一份合同是否显失公平,应单纯地看合同的结果是否双方当事人利益严重失衡;另一种观点认为,除存在合同结果使双方利益不平衡的前提外,还应有一方处于明显优势或对方无经验、轻率等事实。[①] 主客观统一说则认为,除以上两种客观条件存在以外,还要看合同一方是否故意利用了另一方的无经验或自己的优势。我国最高人民法院的解释是:"一方当事人利用优势或者利用对方没有经验,致使双方的权利义务明显违反公平、等价有偿原则的,可以认定为显失公平。"可见,显失公平行为须具备一定的主观和客观要件。[②] 显失公平的民事行为往往是当事人双方的权利和义务极不对等,经济利益

[①] 合同显失公平的构成要件以及法律问题,http://www.51hetongfa.cn/hetongzatan/20090302/5.html。

[②] 郭明瑞:《论合同自由原则——兼评一起保险合同纠纷案件》,载《中央政法管理干部学院学报》1997年第2期。

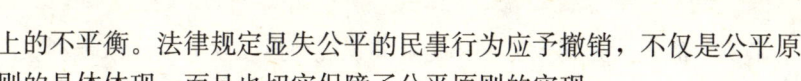

上的不平衡。法律规定显失公平的民事行为应予撤销，不仅是公平原则的具体体现，而且也切实保障了公平原则的实现。

根据实践中的具体问题来看，认定显失公平的民事行为应注意以下特点：

（1）显失公平适用于有偿民事行为。由于只有在当事人为给付与对待给付之间利益失衡的情形下才会发生显失公平，而无偿民事行为根本不存在对价问题，显失公平也就丧失了存在的基础。

（2）在行为内容上，双方当事人之间的利益关系严重违反公平原则，使得一方当事人获得暴利，同时另一方的利益因此而严重受损。

（3）造成显失公平的原因是一方当事人利用自己的优势或利用对方没有经验，即行为人有故意利用对方牟取暴利的主观心态。若无此主观要件，其行为的不利后果将依据市场经济的盈亏自负，由不利的一方自己承担。

（4）利益受损一方当事人所实施的民事行为并非其真实意愿，而是屈服了对方的优势地位，或者是缺乏经验而被人利用。

以上对显失公平构成要件的描述，并不适用于财产保险地震免责条款。

首先，我国目前并没有巨灾保险制度，在现有的制度前提下，财产保险合同一般将地震列为免责条款。这是有其合理依据的，这是因为地震的涉及面和赔偿金额超过保险公司的理赔能力。因此，作为特定的自然现象，将其作为免除责任处理，即因地震造成的财产损失，保险公司将不予理赔的做法并非不当，而且部分保险公司已经推出地震附加险，当然这需要较高的保费金额，故在一般财产保险合同上将地震列为免责条款。

其次，保险公司并没有因免责条款而获取暴利。而且从其他的相关地震险种看，地震也可以纳入理赔范围，但是需缴纳较高的保费，这也从另一方面说明了地震免责条款并未成为保险公司获取暴利的工具。

再次，对于地震问题，社会公众都有认识，并不存在因专业知识上的欠缺而完全不知晓。从现有的保险业惯例看，免责已经成为公认的事实,故保险公司没有利用专业知识优势欺骗对方而牟取暴利。法院在审理合同纠纷时必须尊重当事人的意思自治,考虑到各项原则的适用范围,而不能以其他原则否定合同自由原则,合同自由原则仍然是合同法的基本原则,不能轻易以公平原则来否定自由原则。① 总之,财产保险地震免责条款有其正当性依据。

(三) 正当性的价值依据

综上,地震免责在法律层面上很难构成"显失公平",免责几乎已经成为了保险行业的惯例。但这并不等于地震免责就完全符合"公平原则"的价值理念和社会要求,而只是满足了法律上的最低要求。"公平原则"所蕴含的内涵远远超越了这一限度,它是社会普世价值的一部分。所以仅仅从法律层面上来解释"公平原则"运用于财产保险合同中地震免责的正当性这一问题,显得不够圆满。

公平是"公正",是人们对权利和利益关系合理性的评价,公平不是一个绝对抽象的概念,它作为一种社会评价和价值判断,可以形象地概括为:"一人享有之利益应当与其他人从其活动中获得的利益相符合。"② 具体而言,保险公司收取保费,但它同样承担了参保物损毁后的赔付责任,而保险公司仅仅是把某些特殊的致害因素排除在理赔范围之外,例如地震。对这一类不可抗力所导致的巨大损失,仅由保险公司一家承担的话,它所享有的利益(即保费)与它所承担的赔付责任(即投保人的获利),这两者之间形不成合理的对比,即两者不相符,也就违背了上述公平原则的本意。所以,当地震造成严重损害后,基于普通的财产保险合同而要求保险公司承担赔付责任,从"公平"所追求的价值目标以及对"公平"的衡量角度来讲,其实是对保险公司的一种不公平。免责在"公平原则"所追求的价值理念和对"公平"衡量上体现的是一种正当性。

但是,对于那些对自己房屋、财产投保的普通民众而言,他们相

---

① 郭明瑞:《论合同自由原则——兼评一起保险合同纠纷案件》,载《中央政法管理干部学院学报》1997年第2期。

② [英]哈耶克:《自由秩序原理》,邓正来译,三联书店1997年版。

对保险公司来说始终是处于弱势地位的,也许他们从来就不知道有什么特殊的地震巨灾保险,也很难正常地了解到其适用规则,他们所理解的仅仅是为自己的房屋、财产等投保就是为了抵抗造成它们损坏、毁灭的一切风险,包括地震。从这一点来看,承认免责的正当性无疑是对投保人弱势地位的加重,而要求保险公司赔付的话又不利于保险事业的健康发展。解决这一问题的关键还是要找到一种相对平衡双方利益的机制,引入巨灾保险制度正是一条好的解决途径。

(四) 正当性的实践依据

成都市高新区法院出具了一份震后法律分析报告具有代表性,其中指出了震后财产保险问题,内容如下:现代社会,保险是分担社会风险的重要方式。在目前我国多家财产保险公司推出的保险产品中,保险条款对于"自然灾害"有着严格的界定,并不是所有自然灾害都能予以理赔,属于理赔范围的有:火灾;爆炸(不包括锅炉爆炸);雷电;飓风、台风、风暴、龙卷风;暴雨、洪水;冰雹;地崩、山崩、雪崩;火山爆发;地面下陷下沉等。不过,地震和海啸被排除在家财险的赔偿范围之外。这是由于地震的涉及面和赔偿金额超过保险公司的理赔能力,因此全国统一规定,作为特定的自然现象,将其做除外责任处理,即因地震造成的财产损失,保险公司将不予理赔。但是,目前也有个别保险公司开始探索在部分地区推出地震险,如大地保险公司。其"财产一切险"就包括地震险,但只针对涉外企业而设计,且保费非常高。个人和中资企业均没有包含地震风险的险种。高新区涉外企业多,如果投有该种险,即可依法主张保险赔偿。[①]

由此可见,法院也与大部分学者的观点类似,认为该免责条款有效。

但实际中在具体适用法律上,还是有不同的处理。对受灾情况不同的灾区,地方法院采取了不同的对待方式,即在都江堰等重灾区实行该免责条款无效,而在轻微或影响不大的地区该条款依然有效。至

---

① "想企业所需 做实司法服务 高新法院积极研究地震后企业可能面临的法律事务",http://www.courtwind.org。

于重灾区无效的法律依据多是引用公平原则,其他地方还是依据合同的约定认定该条款有效,符合免责条款的要求,不予赔偿。关于其无效性,其实较多的是受政策以及社会舆论等非法律因素的影响,最高人民法院也曾出台解释要求关注法院判决的社会影响力,此也引来颇多争议。因为公平原则作为原则适用,有其严格的适用条件;否则,易于造成司法权滥用以及道德法律化问题。总之,目前一方面基本上认同财产保险合同中约定的地震不可抗力免责条款有效;另一方面,针对重灾区实行个案解决,则免责条款不具有法律效力。至于法院适用的公平原则,有学者对此予以支持,但其合理性有所欠缺。事实上,目前在重灾区实行的赔付措施也基本集中于政府灾后重建以及包括保险公司在内的捐助,保险公司虽然也有例外的赔付,但其是基于社会影响因素,法院依据公平原则多是受外在压力影响。

1. 民众舆论

四川汶川大地震,唤起了人们心中的片片温情,社会捐助将近300亿,还有一系列的后续捐助。汶川地震增强了民族凝聚力,展现了中华民族的伟大。在爱心驱动之下,以及其强大的社会影响力,各大报纸纷纷作出倾向性报道,关于地震财产保险合同的赔偿问题,几乎步调一致地认同"地震免责条款"不免责。

2. 政府政策

在汶川地震后的5月19日,保监会召开主席办公会,主席吴定富表示,目前抗震救灾已进入关键时期,保险业要提高对灾情的认识,认真做好理赔服务,把落实保险条款与履行社会责任结合起来,切实经受住这场地震灾害的严峻考验。[①] 吴定富提出,当前保险业抗震救灾的中心任务就是做好理赔服务,维护社会稳定,帮助灾民恢复生产、生活。四川保监局也要求,对于责任明确的要快速理赔,对于责任免除的要研究通融赔付的统一口径,特事特办。按照"特事特办"原则,地震发生后保险公司快速启动救灾理赔机制,全力做好理

---

① 赵萍:《保险业"特事特办"震后已赔付1800余万》,载《21世纪经济报道》2008年5月21日。

赔工作。虽然大部分财险公司将地震列入免除条款，但是由于这次地震造成的财产损失比较大，考虑到社会影响、社会责任以及政府政策，各家公司可能会进行通融性赔付。①但他们仍希望政府事后予以补偿，在他们看来保险虽是一种福利事业，但首先要保证保险公司能够自负盈亏。这种政策同时也影响了法院的判决。

虽然震后全社会表现出积极应对的姿态，但是对于其中的具体法律问题，不能以感性代替法律。现有的制度下，应对该类问题已经捉襟见肘，正因如此才有巨灾保险建立的必要。

三、巨灾保险制度——解决财产保险中地震免责条件正当性的最佳途径

汶川大地震直接造成的经济损失达 8451 亿元，但仅获得来自保险业的赔付 18.06 亿元。②保险赔付的惨淡不言而喻，有人认为保险赔付的惨淡恰恰充分暴露了我国巨灾保险制度的严重缺位，这就是问题的关键所在。

巨灾，是指由自然灾害或人为引起的大面积的财产损失或人员失踪伤亡事件，属于发生频率较低、破坏性极强的风险。一旦巨灾发生，保险公司将面对巨额的承保。中国历来是灾害多发的国家，在联合国统计的一组数据中，20 世纪世界范围内 54 次最严重自然灾害中，有 8 次发生在中国。面对此现状，当前极有必要借鉴国外的相关经验，建立起具有我国特色的巨灾保险机制。

（一）巨灾保险的国外经验

纵观重大自然灾害多发的国家，它们为了分散风险，多根据本国的实际国情，建立一套独具特点的"巨灾保险制度"。在具体操作中多数国家都采取巨灾保险基金与巨灾再保险的模式，通过这一保险织形式在投保人、被保险人与保险人之间实现双赢，切实保障投保人与被保险人的财产利益。目前，全球有多个国家建立了巨灾保险体系基

---

① 廖颖：《保险公司谋求震后"因祸得福"》，载《投资者报》2008 年 6 月 14 日。
② 《财经网》2008 年 9 月 27 日报道。

金,实行了政府、保险公司合作分担巨灾风险的机制。最早的是日本,日本政府于1966年颁布了《地震保险法》,而后是美国,美国于1973年通过《国家洪水保险法》,法国于1982年通过了《自然灾害保险补偿法》。在日本,由非寿险保险公司共同建立的JER(日本地震保险株式会社)对保险公司进行统一管理;另外,政府也参与积累保险基金,而且所有的投资利润都会进入这个账户。北京大学中国保险与社会保障研究中心秘书长郑伟在接受某节目访谈时谈到,法国的模式可归结为企业再保险模式,通过法国国家再保险公司做巨灾这块,做自己主营业务的同时做政府再保险。美国加利福尼亚州是私有公办模式,钱是私人的,但是管理需要政府参与,包括州长要参与管理委员会。中国台湾地区是专项基金模式,类似日本,但不是设立一个地震再保险公司而是住宅地震保险基金。此外,还有土耳其的模式,采用巨灾共保体的模式。所有这些巨灾保险的构建模式都有其适用的合理性,它们的经验也就是我国在构建巨灾保险机制中可借鉴的模式。从世界范围看,巨灾保险模式主要有:完全由政府筹资并管理的巨灾保险体系;政府和保险公司共同合作的巨灾保险体系;完全商业化的巨灾保险体系。[①]

(二)巨灾保险的功能分析

突发性自然灾害所具有的不可预测性以及重大的危害性,致使各国都在不断地建立和完善本国巨灾保险体制的应有功能,以使其功能达到完善化。考察各国设立巨灾保险的目的以及巨灾保险在实践中表现出来的作用,可以把其功能归结如下:第一,维护社会秩序的功能。巨灾一旦发生,必将对公民的财产造成极大的损害。而一个社会稳定的基本条件是,人人都能够实现居者有其屋。巨灾的来临,会使大部分人的财产遭受到毁灭性的损害,这时如果其基本的生活条件都不能保证的话,社会的秩序将是无序的。而巨灾保险这一体制的建立,则可以从全局上对灾民的损失进行救济。第二,实现补偿最大化

[①] 刘正文、龚日朝:《构建和谐社会下的巨灾保险体系》,载《南华大学学报》2007年第1期。

的功能。巨灾产生的损失并不是一个保险公司或者政府能够独立负担得起的。巨灾保险体制的设立能够把各方力量凝聚在一起，从合理的体制构建中实现资源的最大化利用。在这一体制下，灾民可以实现其损失的最大化补偿。第三，精神慰藉的功能。灾害的发生不仅使很多人失去了财产，更可悲的是有些人失去了最亲的人，遭受双重打击的灾民的情绪极其低落。通过巨灾保险机制的补偿功能，可以让灾民感触到社会的关怀。第四，减轻财政负担的功能。巨灾保险体制的最终本质是通过市场机制来分散风险。这一机制多是建立在多方分担风险的基础上，比由政府独自承担巨灾损害更为合理，同时也减少了政府的财政支出。第五，增强保险公司抗风险能力的功能。巨灾保险体制把巨灾风险由不同的主体适当分担，可以改变保险公司独自承担责任所造成的内部财政危机。第六，预防功能。巨灾保险作为一种巨灾风险管理手段，其功能还应彰显在灾前的风险管理方面，即运用巨灾保险激励民众避开风险区、约束和规范风险区的开发。[1]

（三）巨灾保险的现实效能

巨灾保险机制的设立对社会产生的效应由于各个国家采取的机制模式不同而有所区别。但是，无论采取哪种模式，巨灾保险的基本目标是统一的，即维护最大多数社会成员的利益，维持社会秩序，弥补灾害给人们造成的损失。巨灾保险的现实效能最大的一个特点即是其预防功能。但是，这个功能的实现，因各国采用的模式不同而有所区别。有的国家采取全额政策性补贴，缺乏市场机制的充分参与，巨灾保险的预防功能在此的意义不是特别明显。除预防功能外，在维护社会秩序、实现补偿最大化、彰显人文关怀、减轻财政压力、激励保险公司的发展等功能方面，则均在现实中有所体现。这些功能大小主要取决于一个国家采取的模式与对待巨灾保险机制的态度。

（四）巨灾保险的本土化

鉴于其他国家的经验，巨灾保险一般由保险公司作为经营单位。

---

[1] 《中国综合性巨灾保险制度基本框架》，http://www.examda.com/bx/law/20080306/104115627.html。

保险公司作为一个以盈利为目的的企业,其首要目标就是"利润最大化",只有在不背离这一前提的情况下,才有可能考虑到社会价值的实现。由于我国当前发展巨灾保险的现实情况所致,经营巨灾保险基本处于亏损的状态。①

党中央、国务院对中国巨灾保险、再保险以及巨灾风险管理体系的建设早已提出了明确要求。国家"十一五"发展规划纲要提出,要"建立国家支持的农业和巨灾再保险体系"。《国务院关于保险业改革发展的若干意见》也强调,要"建立国家财政支持的巨灾风险保险体系"。② 2007年8月30日通过的《突发事件应对法》也明确规定,我国将建立国家财政支持的巨灾风险保险体系,并鼓励单位和公民参加保险。③ 其实,我国已经基本具有培育巨灾保险机制的环境。但是,由于政府对建立巨灾保险还不够重视,对于自己扮演的角色还没有定位准确,以致到现在还没有形成具有我国特色的巨灾保险制度。

在实践中我国的部分保险公司虽然也开展了地震附加险,但是由于地震附加险价格高、承保严格,人们的保险意识也不足,鲜有问津。5·12特大地震再次敲响了警钟,为了维护广大人民群众的利益,维持社会良性发展的秩序,应该吸取其他国家在建立巨灾保险制度中的有益经验,结合我国的国情形成一套本土化的巨灾保险制度。

四、巨灾保险制度的建设构想

通过对其他国家巨灾保险制度的了解,结合我国现实,对我国巨灾保险机制建立的基础框架提出了几点制度建设上的构想。④

---

① 杨凯、齐中英、黄凤:《我国发展巨灾保险所面临的供需不足分析及建议》,载《商业研究》2006年第6期。

② 柴化敏:《国外巨灾保险体系及其对中国的启示》,载《经济与管理》2008年第6期。

③ 《有关巨灾保险的几个问题》,http://www.sinoins.com/101288/101426/29940.html。

④ 2008年10月22日,参见"国际巨灾保险基金管理研讨会"有关内容。

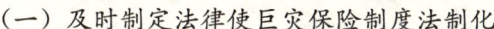

(一) 及时制定法律使巨灾保险制度法制化

结合我国当前的国情，全国人大及其常委会应该在统筹全局的基础上，制定一部在重大自然灾害发生后，保险公司应该承担多大的责任，以及其他组织及政府应该扮演何种角色的法律。由于巨灾保险存在极大的风险性，保险公司基本无法独自承担风险。因此，该法律应该对于承保巨灾保险的保险公司给予政策、财政、税收等方面的支持，对建立全国性的巨灾保险基金给予认可。

(二) 设立全国性的巨灾保险基金

通过法律赋予巨灾保险基金的设立合法化。该保险基金应该由全国人民代表大会选举各部门的相关负责人统筹全国的保险公司，并对其进行监督。同时，采取强制措施要求每个保险公司必须加入到该保险基金中来，而且必须对各自的投保户承担一定的责任。

(三) 对于保险费率、危险承担限额、再保险、理赔的制度构想

考虑到我国地域广大，以及贫富差距的现实，应该按地域位置划分为东、中、西三部分，从而分别在这三部分地区施行单一税率，简化操作程序。对于极少数特别发达地区，可以在该地区设立一个扩大性保险，以此区别于一般保险，从而加大对该地区的保险率。此外，还应考虑到大众的保险费负担能力，尽量降低保险费率。

由于巨灾导致的损害有其不确定性，对于该损失的补偿应该本着全额补偿的理念，但一次巨灾损害中有必要规定一个最高赔付限额。对于该限额的设计，应该由有关部门对于以上三个地区的不同情况，分别做出规定。如果这三个区域内的各部分总损失金额超过规定的最高金额的话，将按照一定的比例给予赔偿。对于再保险，在当前模式下应该尽量采取增加国内巨灾基金的积累，把风险的承担尽量消化在内部，保险公司、保险基金以及政府财政应该按照一定的比例分别对于风险的损失进行承担。同时，可以通过适当发行巨灾证券从国外金融市场获得部分资金，以此进一步分散风险。在理赔的制度设计上，应该设立专门的评估小组对于灾后的财产损失进行技术性估价。然后在评估的基础上，结合损失程度按照一定的比例给予相应的补偿。

(四）政策上对于巨灾保险的宣传

由于我国居民对于巨灾保险缺乏认识，所以政府应该出台相应的鼓励政策，必要的时候可以对于一定的人群强制要求其购买巨灾保险。保险公司在宣传活动中，应该充分发挥其网点多的优势，加大宣传力度。

旅游期间因地震而伤亡的民事法律责任问题研究[①]

王 霄 等

【内容摘要】 地震在传统法律责任理论里多属不可抗力的免责事由。在旅游法律关系中，旅游者与旅行社相比处于相对弱势的地位，与旅游期间吃、住、行、游、购、娱等项目的具体提供者之间又存在消费关系，因此旅行社与各服务项目的提供者之间则可能存在不真正连带责任的关系。本文以旅游者为视角，综合分析旅游期间的各种法律关系，对因地震而伤亡的情况所涉民事法律责任问题进行分析与论证。

【关键词】 旅游期间 地震 伤亡 民事法律责任

前 言

2008年5·12汶川大地震给灾区人民带来了巨大的损失和无尽的伤痛，也暴露出现行法律制度的一些不尽完善之处。四川作为一个旅游大省，其旅游业在这次大地震中蒙受了巨大的损失。痛定思痛，法律界也在努力为解决这次地震中出现的新型法律问题和曾被忽略的法律问题进行深入研究。故本课题研究具有极大的现实意义。通过大量实地走访调研以及密切关注国家、省级和市级相关政策法规的发展

[①] 课题负责人：王霄，四川大学法学院2007级民商法硕士研究生；
课题组成员：邢鑫，四川大学法学院2007级法律硕士；高小雅、徐贤勇、李博文、魏敏、曾文敏，四川大学法学院2007级民商法硕士研究生；黄俊杰，四川大学法学院2006级本科生。

进程，对旅游民事法律关系、地震相关的法律法规、人身伤亡的民事法律责任、不真正连带责任等理论问题进行梳理和研究。

中国是一个地震多发国家，同时又是一个旅游大国，但目前中国关于这种破坏性巨大的自然灾害的立法稍显苍白。2009年5月1日施行的修订后的《中华人民共和国防震减灾法》是唯一一个与地震相关的专门性法律，主要规定了政府的事前预防和灾后救济等事务，几乎不涉及民事内容；而《中华人民共和国保险法》《消费者权益保护法》和2009年1月21日通过的《旅行社条例》虽对旅游法律关系作出了较为完善的规定，却没有专门针对地震这种特殊情况下的旅游法律关系的条款。2009年4月2日国家旅游局公布的《旅行社条例实施细则》针对本次地震中伤亡游客多没有购买保险的情况作出了一条导向性规定（第40条：为减少自然灾害等意外风险给旅游者带来的损害，旅行社在招徕、接待旅游者时，可以提示旅游者购买旅游意外保险）。至截稿之日，本课题小组成员走访了成都市都江堰市人民法院、成都市中级人民法院，并访问了受灾较为严重的绵竹市、绵阳市法院网页，均未查阅到有以旅游期间因地震而伤亡提起诉讼的案例。本课题小组成员也通过各种方式向成都市内各主要旅行社相关部门咨询地震带来的旅游者伤亡的善后事宜，得到的答复多是交由保险公司处理，旅行社并不介入此中。

确实，在传统法理中，地震一直作为不可抗力而成为免除法律责任的事由，似乎可以据此而论旅游期间因地震而伤亡的后果就应该由受害者自行承担或由保险公司承担。然而，本课题小组通过分类研究后认为，地震作为致害的直接原因时，其作为不可抗力而无从找到责任主体，但当地震致害的过程中因介入了其他违法因素导致人身伤亡时，责任主体是可以追究出来的。此时，若仍以不可抗力免责，势必放过了没有完全履行义务的责任主体而对受害人极为不利。在合同关系中，地震发生时间与合同履行时间之间的先后关系也对责任归属问题有决定作用，故拟先论述旅行社和旅游服务项目提供者对旅游者应当承担的不真正连带责任，再按照传统的侵权责任和合同责任的思路来分类研究旅游期间的侵权责任以及合同责任中以地震作为人身伤亡原因的法律责任问题。在侵权责任中,着重从地震作为致害原因的因果关系的远近来进行分类研究,主要研究违章建筑、"豆腐渣建筑"及堆放物、树木等致人伤亡的归责问题以及在抢救过程中需要对旅游者进行手术而导致的伤残问题,灾后抢救伤残者的医疗事故责任问题以及灾后动物侵权和环境侵权等问题;在合同责任中,着重研究旅游合同、保险合同和运输合同中因介入了地震因素而造成伤亡的法律责任问题;同时,还简要研究旅游经营者的责任竞合问题。

一、旅游期间的基础法律关系

(一)旅游法律关系主体

国务院 2009 年新颁布的《旅行社条例》第 2 条明确规定了旅行社"是指从事招徕、组织、接待旅游者等活动,为旅游者提供相关旅游服务,开展国内旅游业务、入境旅游业务或者出境旅游业务的企业法人"。而关于旅游者的定义,则一直是旅游业界一个颇具争论的论题。本文依据《旅行社条例》,也笼统采用旅游者一词,不对其内涵外延进行讨论。旅游期间以旅行社为中介向旅游者提供吃、住、行、游、购、娱等各项服务的提供者或直接向旅游者提供上述服务的提供者,本文统称为旅游服务提供者。

(二)旅游期间的基础法律关系

因旅游法律关系主体繁多,关系繁杂,本课题小组绘制了旅游法律关系主体的法律关系图,使各主体之间的法律关系一目了然,便于阐述。

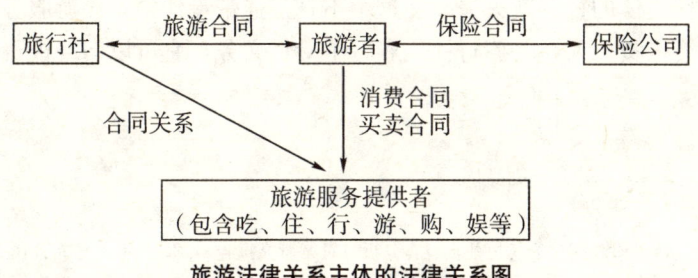

旅游法律关系主体的法律关系图

由图可见，旅游法律关系以旅游者为中心、以旅游者与旅行社之间的旅游合同为基础存在着多种法律关系。因旅游者与旅行社之间的关系是法律拟制，而这种法律拟制是不可能直接造成旅游者人身伤亡的，所以旅游期间的人身伤亡必然介入了其他实体性因素，即各旅游服务提供者提供的以实物为载体的各类服务，比如各类交通工具、饭店、旅馆、游乐场所、商场、娱乐场所的设施设备等。汶川地震致人伤亡的首要原因尤其指向了各类构筑物、建筑物和设施。① 如果各类设施设备的建设单位（包括勘察单位、设计单位、施工单位和工程监理单位等所有环节）的勘察、设计、施工、监理等不能达到国家规定的标准，此时若一概将地震作为掩盖其没有恰当履行其义务而造成人身伤亡的借口，势必对旅游者极为不利。

那么，在因旅游服务提供者提供的服务也成为旅游者人身伤亡的一个原因的时候，旅游者人身伤亡的民事责任归属及承担方式应如何确定呢？根据不真正连带责任的民法原理，旅行社因旅游合同、旅游服务提供者因各类消费合同而应当对旅游者的人身伤亡承担不真正连带责任。其中，旅行社因未提供符合旅游合同的旅游服务而对旅游者承担违约责任，旅游服务提供者对旅游者承担的则是违约责任或者侵权责任（此时属于责任竞合问题，旅游者可选择对自己有利的诉由）。旅游者可以违约为由起诉旅行社，也可以违约或侵权为由（由旅游者自行选择）起诉旅游服务提供者，或者同时起诉二者。其中，任一责任主体的履行使旅游者的权利得到完全补偿，则旅游者享有的追究另一责任主体的权利就灭失。在这个不真正连带责任中，旅游服务提供者是终极责任人，若旅行社先履行了给付义务，它可以向终极责任人追偿。

---

① 《5·12汶川地震房屋建筑震害分析与对策研究报告》，2009年4月9日在成都举行的"2009年内地与香港建筑业论坛"上由四川省内建筑、地震、国土等系统专家学者调研撰写，载成都人民广播电台网2009年4月20日，http://www.cdbs.com.cn/news/News_Content.asp?ItemID=2723。

二、侵权责任中的特殊问题

（一）特殊侵权责任概述

侵权责任的主要目的不是在于惩罚加害人，而是在于弥补受害人的损失，使之恢复到受损害以前的状态。因此，在确认因果关系时，或者说在控制因果链如何延伸时，应着眼于如何让赔偿责任合理的分担，而不该仅仅强调如何让有过错的人得到应有惩罚。

从整个旅游产业链来分析，一个完整的旅游产业链包括旅游者、旅行社、交通、酒店和景区，同时涉及吃、住、行、游、购、娱等多个环节。任何一个环节出现问题都有可能造成损失，进而引起纠纷。地震发生时，在灾区的旅游者可能处在上述一个或者一个以上的环节中受到地震突如其来的侵袭，造成或伤或亡的后果。当地震与其他原因共同造成一个损害，地震是造成损害的共同原因，或者是助成原因，或者是扩大原因，都存在一定的因果关系。对此，应当确定的规则是：由于地震原因造成的损害，免除责任，例如泥石流、塌方等等并未介入任何人为因素；非为地震原因造成的损害部分，则构成侵权责任，应当按照原因力的比例承担侵权责任。其具体的情况是：

第一，违法行为与地震共同作用构成共同原因。例如，修建建筑物和设施不符合防震抗震要求，由于地震原因与建筑质量不合格共同作用，造成损害的，违法行为人应当按照原因力的比例承担侵权责任。

第二，违法行为作为地震损害的助成原因构成共同原因。地震作为损害的主要原因，违法行为只是推进损害发生，或者是造成地震损害后果扩大，也构成侵权损害后果的共同原因。对于违法行为所起到的助成作用，应当根据原因力的比例，由违法行为人承担次要责任。

第三，违法行为造成损害后地震构成扩大损害的原因。在地震之前，已经发生侵权损害后果，由于地震又扩大了损害结果的，对于违法行为人造成的损害赔偿责任，不因地震又造成了损害后果的扩大而免除违法行为人应负的侵权责任。例如，某违法行为已经造成某房屋部分损害，应当承担侵权责任；在地震中，该房屋因地震而造成灭失,则违法行为人对其违法行为造成的房屋损害后果,自应承担侵权责任,只是由于地震造成的房屋灭失的损害后果,不应由行为人承担而已,不能免除其原来应当承担的侵权责任。

(二) 几类地震中特殊的侵权责任归责问题

1. 质量不合格构筑物、建筑物和设施致旅游者伤亡的责任问题

对于建筑物和设施的抗震设计要求,现行的是2002年1月1日开始实施的《建筑抗震设计规范》(GB50011-2001;2008年汶川地震后作了局部修订)。《最高人民法院关于审理人身损害赔偿案件适用法律若干问题的解释》第16条规定:"下列情形,适用民法通则第一百二十六条的规定,由所有人或者管理人承担赔偿责任,但能够证明自己没有过错的除外:(一)道路、桥梁、隧道等人工建造的构筑物因维护、管理瑕疵致人损害的;(二)堆放物品滚落、滑落或者堆放物倒塌致人损害的;(三)树木倾倒、折断或者果实坠落致人损害的。"前款第(一)项情形,因设计、施工缺陷造成损害的,由所有人、管理人与设计、施工单位承担连带责任。违章建筑和质量不合格的建筑,从出现之日起对旅游者的人身和财产即存在一种不应当存在的危险,这种危险是建设方、施工方等相关主体已经预见或者应该预见到的。民法设置不可抗力制度的宗旨在于排除行为人的过错。在行为人违章建造建筑物和设施或者建造质量不合格的建筑物和设施时,行为人的行为已经存在过错,并已经或应当为行为人所预见到。因此,行为人应该对违章建筑和质量不合格建筑因地震倒塌所造成的损害后果负责。当然还涉及房屋质量是否合格的证明问题,但这只是一个技术问题,可以通过现场检测与鉴定解决。堆放物如果有隐患,没有排除,由于地震的作用使隐患爆发导致旅游者伤亡,那么相关人员应当承担法律责任。《防震减灾法》第35条、第36条和第39条对此问题作出了更为明确的规定,列出了设计单位、施工单位、建设单位和工程监理单位各自的责任。此立法使得本研究结果能够得到实证法上的支撑。

2. 抢救过程中的责任问题

据南方日报、南方网新闻,2008年5月14日下午,12岁的北川

县曲山小学东学区四（3）班学生李月面对救援人员说出了这样一句话："叔叔，别锯我的腿，我宁愿自杀！"这种事情如果发生在旅游者身上，根据《民法通则》规定和人道精神，一部分经受害人同意的加害行为，并不被禁止，且不承担民事责任。如果被救援人员同意锯腿保命，则救援行为属于经同意的加害行为，犹如医生为病人切除病灶一般，救援者无须就此承担民事、刑事责任。如果被救援人员拒绝锯腿或由于客观原因不能得到被救援人员或其监护人同意，则应当适用紧急避险的规定而免责。

3. 抢救遇害者的医疗事故责任问题

地震属于紧急突发事件，医疗机构负有救死扶伤义务，这种义务为法定义务，不得以任何理由（例如治疗费用、医疗条件等）对遇害者拒绝救治。在抢险救灾中，抢险救灾医疗队以及其他担负救治地震灾害遇害者的医疗机构，由于处于紧急情形，且在医疗设施等不齐全的情况下施救，因而应当降低对医疗机构的责任要求，医疗队以及医疗机构只有在故意或者重大过失原因造成遇害者人身损害的情况下才承担医疗事故责任。

4. 地震造成环境污染致使旅游者伤亡的责任问题

在地震中，有些企业的有害物质泄漏污染环境，加重了损害，这属于《防震减灾法》中明确提及的"可能造成严重次生灾害的建筑工程"。对此，是否应当承担环境污染责任或者免责，不能一概而论，应看污染企业对于造成有害物质的泄漏是否尽到了高度注意。如果企业对于在地震中有害物质的泄漏是无法防范和无法避免的，应当按照不可抗力的规定免除企业的侵权责任。但如果企业没有尽到相应的高度注意义务，例如储存有害物质的仓库等不能达到应当具备的抗震震级要求，因此发生有害物质泄漏造成损害的，应当承担侵权责任。

5. 地震中动物致人损害的责任问题

在地震中动物致害旅游者，如果动物是因地震的异常原因而惊恐引起的，对此造成的损害，动物的所有人和饲养人因不可抗力而应当免除责任。若为流浪动物致人损害，因无法确定责任主体使得归责无从进行，这时应当由行政手段介入，即当地民政部门的社会救助应当将此损失纳入救助范围。

三、合同责任中的特殊问题

在旅游法律关系中，合同关系主要是以旅游合同为基础的由保险合同和以吃、住、行、游、购、娱为主的各类消费及服务合同构成的一个合同系列。合同责任在学理上可以分为缔约过失责任、违约责任和后合同责任。本文拟在三个主要的合同项下分别讨论各自的缔约过失责任、违约责任和后合同责任。

（一）旅游合同

旅游合同是旅游法律关系的基础，其主体具有特殊性：提供旅游服务的一方一般是从事旅游服务活动的单位，如旅行社、旅游公司等；接受服务的一方是接受旅游服务的个人或团体。根据国务院《旅行社条例》第 39 条规定，旅行社应当为旅游者提供符合保障旅游者人身、财物安全需要的服务，对可能危及旅游者人身、财产安全的事项，应当向旅游者作出真实的说明和明确的警示，并采取防止危害发生的必要措施；对旅游地可能引起旅游者误解或产生冲突的法律规定、风俗习惯、宗教信仰等，应当事先给旅游者以明确的说明和忠告。《导游人员管理条例》第 13 条、第 14 条规定，导游人员在引导旅游者旅游、游览过程中，遇有可能危及旅游者人身安全的紧急情形时，经征得多数旅游者的同意，可以调整或者变更接待计划，但是应当立即报告旅行社。导游人员在引导旅游者旅游、游览过程中，应当就可能发生危及旅游者人身、财物安全的情况，向旅游者作出真实说明和明确警示，并按照旅行社的要求采取防止危害发生的措施。可见，旅行社应保证旅游者的人身和财产安全。由于旅行社的过错造成旅游者人身损害或财产损害的，如因旅游设备不良造成的旅游者的人身损害、因保管不善造成的财产损失等，都构成违约，旅行社应当赔偿。那么，在旅游期间因发生地震而伤亡的，景区或者旅行社是否承担责任呢？

根据相关法律规定，旅行社对旅游者负有的义务主要有以下四个方面：第一，旅行社有对旅游者的风险预见义务，即旅行社是否已经预见到旅游者可能出现的意外和危险。这里的预见是指旅游者的意外和危险是完全可以预见，或者完全应当预见到的。第二，旅行社或者导游有对旅游者的风险告知义务，即旅行社是否已将可能发生意外和危险的情形告之旅游者（如果是未成年人旅游者，应当告知其法定监护人），并取得旅游者及其家属的许可或者授权。第三，旅行社（具体说应当是带团导游、地接服务者）有对旅游者的风险规避义务，即带团导游、地接服务者是否采取了相应的保障措施以尽可能避免意外和危险的发生。在带团过程中，带团导游、地接服务者是否按照旅行社接待操作规范，向每一个旅游者告知了危险的存在、应急措施、发生紧急情况下的应对处置、救护和求救方案等，这些都是积极规避意外和危险的有效措施，也是要求旅游责任免责的条件之一。第四，旅行社有对旅游者的救治义务，即旅行社在遇到旅游者出现危急的情况时，是否采取积极的救治措施以防止损害后果的扩大，包括人身损害和经济损害等。以上四个方面从学理的角度来看，也就是缔约过失责任、违约责任和后合同责任的分类。

1. 缔约过失责任

缔约过失责任的构成要件应包括四个方面：第一，信赖利益受到损害。如果没有信赖利益受到损害的事实存在，便不存在缔约过失的损害赔偿责任问题。第二，合同前义务被违反。一般认为，合同前义务是指缔约合同过程中基于诚实信用原则当事人之间应负的义务。这种义务是基于诚实信用原则而产生的法定义务。从根本上说，合同前义务是为满足相对当事人的信赖利益，旨在保护缔约中的当事人的安全并促成缔约成功。法律责任是以法律义务的存在为前提，一旦合同前义务被违反，便形成了一种责任关系。第三，缔约人在缔约之际主观有过错。缔约过失责任中的过错包括故意和过失两种心理状态。在这里着重强调这种过错是发生在缔约之际，因为这是衡量是否承担缔约过失责任的关键。第四，违反合同前义务的缔约过失行为与信赖利益的损失之间有因果关系。这就是说，有信赖利益的损失存在，并且这种损失是因缔约过失行为造成的，而不是由违约行为或侵权行为造成的。《旅行社条例》中关于旅行社向旅游者作出真实说明和明确警示义务的规定,即是明确了若旅行社有缔约过失责任则应向旅游者承担赔偿责任。汶川地震后,出现了一个新兴旅游项目——地震灾区旅游,签订这种旅游合同,旅行社所负的法律义务更大,包括缔约之际的说明和警示义务,以及旅游过程中的避险及救助义务。在这种合同的履行过程中,若发生了旅游者的伤亡,不能认为是受害人自愿而免除旅行社的责任,且不能因为地震是不可抗力而免责(在此种情况下,虽说地震仍然不可预知、不可克服、不可避免,但因为旅行社对旅游目的地目前处于地震发生性极大的状况是非常了解的,它为了追逐更大的风险利益而经营,就应该负担更大的风险)。可见,旅行社的过错责任主要体现在缔约之际。

2. 违约责任

违约责任的构成要件除了违约行为、损害事实、违约行为和损害事实之间的因果关系等基本要件外,是否要求违约人主观上有过错因归责原则的不同而有所差异,应以严格责任为主要原则以过错责任为补充原则,才能实现违约责任的法律价值。理由是:第一,违约责任作为民事责任主要具有补偿功能。为切实保护受害人的利益,使其受损害的利益能够得到尽快恢复,应强调责任的严格性。第二,严格责任对合同的履行提供了一种保障。如果将过错作为违约责任的一个要件,那么难免会形成违约者不受追究的现象。第三,严格责任进一步强化了对债权人的保护。为了公平合理起见,凡是参加经济流转关系的当事人,在因客观原因造成违约而给对方造成实际损失时,除依法可以免除责任者外,应承担违约责任。旅行社应当为旅游者提供安全的各项旅游服务,在旅游合同履行期间因地震造成人身伤亡,若直接适用严格责任,势必对旅行社不公平,因为旅游期间旅游者享受的大部分服务并不直接由旅行社提供,亦即在合同履行过程中介入了许多其他非旅行社可以控制的因素,只要旅行社提供了符合法律规定和《旅行社条例》规定的服务,就应当适用过错责任原则。

3. 后合同责任

关于后合同责任具体到旅游合同中,就是当危难情况发生时,旅行社对旅游者有采取救助等必要措施的义务,这一点法律法规已有明确规定。

(二) 保险合同

保险合同是投保人与保险人约定保险权利义务关系的协议。《旅行社条例》第 38 条规定，旅行社应当投保旅行社责任保险。旅行社在与旅游者订立旅游合同时，应当推荐旅游者购买相关的旅游者个人保险。因此，为防范和化解旅游者旅游风险，旅游者应同保险公司签订保险合同。一旦在保险合同签订后履行过程中发生保险事故，保险人就要按照保险合同支付保险金。但是不同的保险险种，其保险合同责任的承担是不同的。那么地震会涉及哪些险种呢？

现在除旅行社责任保险（该种保险虽然是强制保险，但是对地震造成的损失不承保，人们对此保险施行以来的意义与价值众说纷纭，褒贬不一）外，国内旅游保险市场上主要还有旅游意外保险、旅游救助保险、旅游人身意外伤害保险、住宿旅游者人身保险等。然而，旅游者意外险投保率和保费双双偏低。在汶川地震中滞留灾区的 1413 名上海旅游者中，也出现了一死两伤的情况。据悉，该位旅客购买的旅游者意外保险费用不到 10 元，根据投保的险种，初定赔偿金额在 12 万元左右。此外，两名分别出现骨折和骨裂伤情的旅游者，均已购买旅游意外险，将在治疗结束后向保险公司办理理赔事宜。

然而，我国旅游保险的现状和矛盾，已经严重制约了旅游业的健康发展。从最初的旅游人身意外保险到现今的旅行社责任险，似乎都陷入了尴尬的境地：一方面，旅游人身意外保险因为法理上的冲突而取消了强制投保；另一方面，旅行社责任险却因种种原因而受到冷落。现有的中国旅游保险法律制度和相关政策，已经难以适应中国旅游产业的发展和人性化和谐社会对旅游产业发展的需要，而且扭曲了正常的旅游保险法律关系，对旅游企业和旅游者都带来了制度层面的伤害，特别使地震发生后对伤亡旅游者的赔偿力所不及。针对以上问题和旅游产业发展趋势，旅游保险的改革和创新已刻不容缓：一是要完善旅行社责任险；二是要推进旅游保险市场化，丰富其他旅游保险，为旅行社责任险减负；三是要保险公司改进投保方式，提高服务水平。针对地震这种意外事件的发生，应该设立新的保险险别，以化解旅游者的旅游风险。例如，从重庆市的实践来看，"旅游综合险"品种出台将是最佳选择，其构成是："旅游综合险"＝"无过错责任险"＋"改造后的意外险"＋"其他特别条款"。其首要特点是强调旅行社无过错的情况下，旅游者也能得到必要的保险赔偿。这是旅游保险产品的增加和服务领域的延伸。

（三）消费、服务合同

旅游过程中主要涉及吃、住、行、游、购、娱等六个方面的消费和服务合同，这些合同因主体种类繁多，各自对旅游者负有的义务也不尽相同。下面主要论述运输过程中的责任问题。

根据《合同法》规定，运输合同是承运人将旅客或者货物从起运地点运输到约定地点，旅客、托运人或者收货人支付票款或者运输费用的合同。旅游者直接与运输公司签订或者委托旅行社等单位代为签订旅游运输合同后，在合同履行过程中遇到地震发生交通事故，导致人员伤亡，特别是旅游者伤亡。这对旅游者来说是致命的，这个损失谁来承担？《合同法》第302条规定，承运人应当对运输过程中旅客的伤亡承担损害赔偿责任，但伤亡是旅客自身健康原因造成的或者承运人证明伤亡是旅客故意、重大过失造成的除外。严格按照此条文来理解，地震导致旅游者伤亡，由于既非旅游者自身健康原因，也非旅游者故意与重大过失行为，那么承运人应当对运输途中旅游者的伤亡承担赔偿责任。这样又无疑加重了承运人的责任负荷。《民法通则》与《合同法》都把地震作为不可抗力看待，发生不可抗力就要免除法律责任。于是就出现法律条文之间的冲突。运输途中旅游者因地震而伤亡的，应该准用《民法通则》关于公平责任的规定，即对于损害的发生，双方当事人都没有过错的，应该由双方分担损失。只有这样才能既考虑到旅游者的损失，又兼顾到承运人的经济承受能力，比较合乎情理。另外，《合同法》第301条规定，承运人在运输过程中，应当尽力救助患有急病、分娩、遇险的旅客。如果地震发生导致旅游者受伤，承运人有条件能够救护伤者而不救护，导致伤者伤势加重、伤残或者死亡的，应当承担相应的法律责任。

四、责任竞合问题

在旅游过程中,吃、住、行、游、购、娱等消费和服务的提供者与旅游者之间一旦发生人身伤亡关系,多涉及侵权责任和合同责任的竞合问题。关于违约责任与侵权责任竞合的处理,我国《合同法》第122条采用允许竞合和选择请求权制度。受害人可从最有效地保护自己合法权益出发,来选择侵权责任还是合同责任。

五、完善旅游期间因地震而伤亡的法律建议

(一)相关建议

第一,将旅游地区各类构筑物、建筑物和设施的抗震设防情况纳入政府信息公开范围。根据2007年1月17日国务院公布的《中华人民共和国政府信息公开条例》中第9条第1项"涉及公民、法人或者其他组织切身利益的"和第2项"需要社会公众广泛知晓或者参与的"的规定,本课题小组认为,旅游地区的构筑物、建筑物和设施(包括饭店、旅馆、酒店、商场、游乐场所的设施设备等等)的抗震设防的真实信息应当包括在内,《政府信息公开条例》中并没有明确列举出该内容,但其第10条第8项"重大建设项目的批准和实施情况"应当包括这一项内容。旅游地区的各级政府信息公开部门应当把本辖区内旅游地区各类构筑物、建筑物和设施的抗震设防情况(准确地说,还应当包括震后各类构筑物、建筑物和设施的修复、改建、加固之后的抗震设防情况)纳入信息公开的范围,便于旅游法律关系主体查询到充分可靠的官方信息以作出合理的决策。

第二,旅游地区构筑物、建筑物和设施的所有权人或者经营管理者,应当将此构筑物、建筑物和设施的抗震设防等级情况等如实向有关部门备案。

1998年《中华人民共和国建筑法》、2000年国务院《建筑工程质量管理条例》、2001年《建筑工程施工质量验收统一标准 GB50300－2001》、2008年修订的《建筑工程抗震设防分类标准》和《建筑抗震设计规范》,尤其是2008年国务院专门针对汶川地震出台的《汶川地

震灾后恢复重建条例》都明确规定了构筑物、建筑物和设施应当达到国家相关抗震设防的等级要求，却没有要求旅游地区的构筑物、建筑物和设施抗震设防等级的鉴定及真实情况须向本辖区建筑行政主管部门备案。为了使上述第一条的建议能够得到实施，应当要求旅游地区构筑物、建筑物和设施的所有权人或者经营管理者，将此构筑物、建筑物和设施的抗震设防等级情况等如实向有关部门备案，以便政府信息公开。

第三，完善旅游合同的法定事项。旅行社在与旅游者签订旅游合同时，应当把向旅游者提供吃、住、行、游、购、娱等服务所使用的构筑物、建筑物和设施等的抗震设防等级及其他情况的官方证明文件作为合同副本。在上述两条建议能够得到落实的情况下，旅行社在选择与哪些旅游服务提供者签订合同时，有途径也有权利选择那些能够达到国家标准的服务提供者，从而充分保障了旅游者的知情权，为保障旅游者权益奠定一个良好的行业基础，也有利于净化和完善旅游市场。

旅游服务提供者在与旅行社签订合同的时候，应当主动提供其所使用的构筑物、建筑物和设施的抗震设防及其他情况的真实书面证明文件，而旅行社对此类证明文件应以善良管理人的心态进行形式审查。由于政府已将相关信息予以公开，旅行社也很容易确认旅游服务提供者提供的证明文件是否属实。若旅行社在此行为中尽到了善良管理人的义务，则在之后的旅游者人身伤亡事故中可以被免除责任；若旅行社没有尽到善良管理人的义务，则它应当与旅游服务提供者一起，对旅游者的人身伤亡承担不真正连带责任。

（二）其他需要说明的问题

地震突如其来，损害又相对集中，在同时发生的人身伤亡事件中，由于旅游者来自不同国家或省份、地区，因而在确定赔偿标准时可能出现"同命不同价"的尴尬状况。这个问题在研究旅游法律责任时尤显重要，而这个问题又与中国现行户籍制度，甚至国际私法、区际法律冲突密切相关。基于此，本课题小组认为，处理这个问题，还是应当以受害人住所地或经常居住地的上一年人均收入为基准进行计算，其他的医疗费用等则按照实际就医地点的标准进行计算，做到既充分保护受害人的合法利益，同时又与社会实际情况接轨。

地震受损房屋的拆迁补偿法律问题研究[①]

陈祥明等

【内容摘要】 汶川大地震的发生使当地居民的人身和财产遭受了严重的损害,房屋受损是诸多地震所致财产损失问题的重中之重。本文针对地震造成的房屋特大损害,先从法理上对拆迁补偿的最优化进行探讨,继而针对拆迁补偿过程中出现的问题进行剖析,最后结合政府灾后重建的法律法规及规划提出设立听证制度及监督机制,引进国外较成熟的巨灾保险机制,以期探讨地震中房屋受损的弥补及其制度的完善。

【关键词】 评估　听证制度　监督机制　保险机制

一、震后灾区房屋现状

在百年难遇的巨大自然灾害影响下,曾经"居者有其屋"的田园生活遭受了毁灭性的打击,房屋倒塌、人员伤亡。然而,大灾无情,人间有爱。党中央和全国各省纷纷伸出援助之手,积极投入灾后援建工作,其中国务院依据各省的经济实力,采取了"对口援建"的机制。然而,由此而引发的一系列问题便呈现在面前,房屋是否应该拆迁?拆迁补偿费用如何计算?补偿费用由谁负担?如何监督保证补偿

[①] 课题负责人:陈祥明,四川大学法学院2008级民商法硕士研究生;
课题组成员:张海亮,四川大学法学院2008级经济法硕士研究生;刘芳,四川大学法学院2008级法理学硕士研究生;耿凌燕、刘珊珊,四川大学法学院2008级诉讼法硕士研究生;文沙,四川大学法学院2008级法律硕士。

费效用最大化？由哪个主体来监督、如何监督？本文拟通过对以上问题进行初步探讨，以期能够为灾后重建提供可供参考的建议。

二、震后受损房屋拆迁的方式与补助政策

（一）受损房屋拆迁的国家政策

大地震后，国家及时出台了针对地震危害的恢复重建政策——《汶川地震灾后恢复重建条例》（以下简称《条例》）。此条例主要规范了以下内容：明确规定了汶川地震灾后恢复重建的方针，即地震灾后恢复重建应当坚持以人为本、科学规划、统筹兼顾、分步实施、自力更生、国家支援、社会帮扶的方针。恢复重建应当遵循"六个结合"的原则，即受灾地区自力更生、生产自救与国家支持、对口支援相结合，政府主导与社会参与相结合，就地恢复重建与异地新建相结合，确保质量与注重效率相结合，立足当前与兼顾长远相结合，经济社会发展与生态环境资源保护相结合。在走访的过程中，各地都在积极地按照此条例恢复重建，生产自救。

（二）受损房屋拆迁评估的标准

房屋是否需要拆迁首先需要评估，对地震灾害的调查评估是由国务院有关部门组织进行，有关部门主要是以地震局为主。地震局根据《汶川地震灾区城镇受损房屋建筑安全鉴定及修复加固拆除实施意见》（以下简称《意见》）第十条之规定进行评估，受损房屋建筑安全鉴定应当在房屋建筑安全性应急评估结论的基础上进行，具体实施规定为："1. 应急评估结论为轻微损坏的，不再进行房屋建筑安全鉴定，可直接进行修复。2. 应急评估结论为中等破坏房屋建筑，应当按照地震灾区所在地的抗震设防要求和相关技术标准、规范进行可靠性鉴定和抗震鉴定，并出具书面鉴定结论，依据鉴定结论确定加固措施。3. 应急评估结论为严重破坏的房屋建筑，应当按照标准、规范进行危房鉴定或可靠性鉴定，并出具书面鉴定结论。"鉴定结论为通过加固措施可使用的，按本条第（二）项的规定执行；鉴定结论为拆除的，按照本实施意见的规定实施。对地震中已倒塌的房屋建筑，县（市、区）建设、房地产行政主管部门应当会同国土资源管理部门进

行调查、确认,并记录存档备查。

为了规范评估鉴定的客观公正性,根据《意见》第十一条的规定,房屋所有权人对应急评估结论有异议的,应当向县(市、区)建设、房地产行政主管部门书面申请进行房屋建筑安全鉴定。对安全鉴定结论仍有异议不服的,应当向市(州)、县(市、区)建设、房地产管理部门申请复核。

(三)受损房屋拆迁的方式与补助政策

1. 受损房屋拆迁方式和补助政策

对于受损房屋的重建,国家提出了三种可行性方式,分别是原址重建、统规自建和统规统建,并对各种重建方式规定了相关的补助政策。

(1)原址重建。这种方式的资金来源是:国家按两类三档给予户均 2 万元政府补助,贷款额度最高不超过 6 万元,按照规划在原合法取得的宅基地上自建,原有房屋被拆除。这种方法的好处在于,按规划自行决定房屋层数和户型,生产半径小,生产工具和粮食存放方便,可养家禽家畜,生活方式不变,可烧柴草、煤或者沼气,可取暖或搞农家乐。其缺点在于需要自筹部分资金。

(2)统规自建。这种方式国家按两类三档给予户均 2 万元政府补助,贷款额度最高不超过 6 万元,按统一规划,自行或委托建设,宅基地面积为 30 平方米/户,原房屋的使用权注销,拆除原房屋,原房屋的所有权也注销。此种方法的优点在于:给予每人 8000 元的城乡统筹补助,单家独院,统一风格设计,可一次性设计,分期建设;部分建房用地涉及土地权属的调整;基础设施按 2 万元/户的标准统筹于公共基础设施配套建设,生活环境变好,生活方式有变化,采用集中供水方式的需要交水费,可联建搞农家乐,原宅基地自行复垦为耕地。离包产田较近,生产工具和粮食存放也比较方便。其缺点在于需要自筹部分资金,需要改变生产方式。

(3)统规统建。将补助的户均 2 万元政府补助资金等额交项目实施的主体,统一规划,统一建设,原房屋的使用权注销,原房屋拆除,原房屋的所有权也注销,原宅基地自行复垦为耕地。此种方法和其他方法相比，其优点是：不再缴纳其他建房费，直接入住；建筑面积为 35 平方米/人，每个点位的规模为 50~250 户；生活环境变好。但是，按这种方式建设的房屋没有单独的院坝，建筑为多层，建设用地涉及土地权属调整，按标准配套基础设施；改变了生产方式，生产工具和粮食存放方式发生变化，生活方式与过去相比可能变化大，需缴纳水费、物管费等费用，无独立的宅基地，无自己建房空间。

以上三种方式虽然各有优点，但应尽可能地使资源得到优化配置，同时还应考虑建设风格的多样性，符合当地的风俗习惯与民族习惯。

(4) 其他方式。原有房屋没有受到完全破坏，经过鉴定后还能加固使用的，维修加固即可。例如，《汶川地震灾区城镇受损房屋建筑安全鉴定及修复加固拆除实施意见》第十条规定："受损房屋建筑安全鉴定应当在房屋建筑安全性应急评估结论的基础上进行；应急评估结论为轻微损坏的，不再进行房屋建筑安全鉴定，可直接进行修复。"

2. 房屋设计原则

房屋设计不仅要考虑重建地区的地理因素，如山区、丘陵或其他地形的影响，又要考虑到社会因素，如民族习惯或者风俗习惯等。同时，还要考虑到农村家庭不同的人口构成特点。房屋设计要按照"经济、安全、美观、实用、体现特色"的原则和节约土地的要求，精心设计多种风格和多种户型，并做到功能齐全、布局合理、分区明确，建筑色彩与地方环境相协调，突出乡土特色。房屋设计要出尽可能多的方案，以供用户选择。

对于农村永久性住房的选址，要选择水源充足、水质好、便于排水、通风的地方。避开河洪、山洪、泥石流、滑坡、地质断裂等灾害影响地区。并且要尽可能建在荒地、薄地上，不占或少占耕地、林地、牧地，要与城镇有较好交通联系，供电、供水等基础设施较完备的地区，以及有利于生产、生活，与生产劳动联系方便，且有适宜的卫生条件和建设条件的地方。不能选在位于历史遗迹保护区、风景名胜区的核心区、自然保护区、水源保护区，还要避开有开发价值的矿藏区和历史文化保护区。

如果老百姓不满意,要自主设计的,必须坚持谁设计谁负责,其建筑必须体现民族建筑的特点,在确保安全前提下,设计要尽量降低成本,就地取材,因地制宜。房屋设计要充分考虑农民开展生产经营活动的需要。重点区域和交通、旅游环线这些集中发展区,必须严格按规划设计的民族风貌建设。散居点在能避开自然灾害的前提下,尊重老百姓的意愿,力争体现浓郁民族特色,有较好居住环境,要依托地形散居,同时注重与新农村建设标准相结合。

三、拆迁补偿过程中存在的诸多问题的考量

(一) 公共利益与个人利益的冲突

在灾区调研的过程中,遇到了这样的问题,有些居民不愿意搬迁,只想在原址上重新建立家园,这与集体搬迁的规划有很大的冲突。有的居民可能会在经过说服后同意搬迁,但仍有不同意搬迁的居民,这就形成了类似于"钉子户"式的现象。但是,此"钉子户"非彼钉子户,他们只是本着对家的眷念而不舍得离去。这种情况下,就产生了个人利益和公共利益相冲突的情形,怎么解决呢?或许强制的行政力量可以解决这个问题,但是很明显,在这里不适用强制力量,大地震已经给失去亲人失去家园的人们以沉重的打击,不能再给他们雪上加霜。虽然当个人利益与公共利益相冲突时,应当优先保护公共利益,①但同时也要遵循《中华人民共和国宪法》第十三条规定:"公民的合法的私有财产不受侵犯。""国家依照法律规定保护公民的私有财产权和继承权。"以及《中华人民共和国物权法》第四条规定:"国家、集体、私人的物权和其他权利人的物权受法律保护,任何单位和个人不得侵犯。"

公共利益是更大的私人合法利益的集合。而且,《中华人民共和国宪法》第十三条第二款规定:"国家为了公共利益的需要,可以依照法律规定对公民的私有财产实行征收或者征用并给予补偿。"在重建过程中遇到这样的问题,不仅仅要考虑到公共利益,也要考虑到国

---

① 丽岩:《公共利益服从的博弈分析》,载《法学》2004 年第 10 期,第 39 页。

家对此地区的规划设计是否合理,是否符合科学发展的要求,如果前两项条件合理,需要在考虑到个人利益的前提下,遵循法律、法规以及规章政策。各个职能部门尤其是村民委员会、街道居民委员会应充分发挥作用,对征地房屋拆迁过程中被拆迁群众提及的其他有关问题,各职能部门在其职责范围内要积极地予以解决,从而减少房屋拆迁阻力。而基层干部在对拆迁户进行思想工作时方式多样,具有针对性和实效性,往往能够起到积极作用。① 总之,以做群众工作为主,不适用强制拆迁。

(二) 拆迁与补偿的财政基金合理使用问题

为了保证地震灾后恢复重建资金的有效筹集,加大对地震灾后恢复重建的政策扶持力度,《条例》对恢复重建资金的筹集方式、建立恢复重建基金、严格对捐赠款物使用的监督、鼓励社会投资、优惠政策等都作了具体规定。

在调研的过程中,了解到震后房屋拆迁补偿的财政来源主要是国家财政拨款、地方财政拨款以及社会捐助金。国家拨款有专门的机关负责,但是社会捐助的善款却没有专门的组织来监督,这就可能产生一系列的问题,如资金的流失、善款遭到侵吞以及空口捐款等问题。

从制度安排的角度考虑,确实可以借鉴日本阪神地震的经验,设立重建基金,最好有一个杠杆放大效应。日本阪神灾区重建基金,政府出资 1 亿日元,作为基本资金,吸引了约 50 亿日元的投资资金,共计 51 亿日元。这个重建基金实际上就是把财政拨付和社会捐助的款项,包括外国的一些捐助集中起来,根据重建规划来有效使用。阪神地震重建基金主要用于五类:第一,协助地震灾民建立稳定的生活,促进其健康与福利;第二,房屋重建的支持项目(包括为地震灾民重建住宅);第三,促进工业恢复与重建(包括受损中小企业的补贴);第四,援助教育和文化复苏(帮助重建学校);第五,使受灾地

---

① 王才亮:《农村征地拆迁纠纷处理实务》,法律出版社 2006 年版。

区迅速恢复的其他活动（包括纪念地震的活动等）。①

我国也可以设立专门的抗震救灾基金会。首先，由国家派出专人组成工作小组，对资金的用途根据各地的受灾情况，进行科学的分配，充分发挥市场资源配置作用，使资金得到充分的利用。其次，工作小组还必须对资金的使用进行严格的监管，资金使用者对于资金的使用情况必须进行详尽的说明，杜绝资金浪费和腐败现象。另外，国家审计部门要全程对资金的使用情况进行审计监督，建立举报制度，鼓励针对违规使用资金的情况进行举报，从而达到合理使用资金的目的。对于资金的使用，一定要形成制度化的规定，只有这样才能真正做到按法律规定利用重建资金，即便出现纠纷，也有章可循、有法可依。

（三）古文物建筑面临两难选择

震后国家明确要求受灾害严重的文物单位自查灾情，然后再派专家组调研，专家组需要提出检查报告和应急措施；对于受损的馆藏文物，要求尽快制定修复计划，在做好抗震自救的同时，积极开展互助活动。对于受损文物单位，首先是加强对受损严重的文物保护单位监测设备的配备，并聘请专业技术人员长期监测，取得测量数据，为下一步抢险维修提供可靠的科学依据；其次是在专家评估的基础上，根据文物保护单位的受损程度，尽快编制文物保护规划和文物保护方案，及时列入抢修计划，尽快开展抢修工程；对于部分震后存在安全隐患的库藏文物，将实行集中存放，加强文物防震科学研究，确保陈列展厅的文物安全。

在走访调研的过程中，看到很多古文物建筑受到毁灭性的破坏，恢复原貌几乎不可能，在这种情况下，对于古文物建筑，进行恢复原状或者进行修葺是一项艰难的工程，因此可以将受损文物保持现状的前提下加以科学的清理或改造。原因在于：首先，对文物的重新修葺已无可能，如果修葺非但不能恢复其历史价值，反而会使其受到更大

---

① ［日］内阁府编：《灾后恢复与重建实施手册》，中国劳动社会保障出版社2008年8月版。

的破坏。其次,对文物恢复原貌的造价太高,一方面巨额的资金难以筹集,另一方面,恢复原状的造价已经远远高于其文物价值,造成资源浪费。再次,将文物保持现状,使其在不失文物原有历史价值的前提下,同时带有地震灾害教育的价值。

(四)农村拆迁与城镇拆迁补偿差异之困惑

农村集体土地上的房屋拆迁,应当适用《土地管理法》以及《土地管理法实施条例》的规定进行,而城市房屋,拆迁安置补偿适用《城市房屋拆迁管理条例》进行。《土地管理法》第四十七条规定:"征收土地的,按照被征收土地的原用途给予补偿。"

征收耕地的补偿费用包括土地补偿费、安置补助费以及土地上的附着物和青苗的补偿费。征收耕地的土地补偿费,为该耕地被征收前三年平均年产值的六至十倍。征收耕地的安置补助费,按照需要安置的农业人口数计算。需要安置的农业人口数,按照被征收的耕地数量除以征地前被征收单位平均每人占有耕地的数量计算。每一个需要安置的农业人口的安置补助费标准,为该耕地被征收前三年平均年产值的四至六倍。但是,每公顷被征收耕地的安置补助费,最高不得超过被征收前三年平均年产值的十五倍。征收其他土地的土地补偿费和安置补助费标准,由省、自治区、直辖市参照征收耕地的土地补偿费和安置补助费的标准规定。被征收土地上的附着物和青苗的补偿标准,由省、自治区、直辖市规定。

征收城市郊区的菜地,用地单位应当按照国家有关规定缴纳新菜地开发建设基金。依照《土地管理法》第四十七条第二款的规定支付土地补偿费和安置补助费,尚不能使需要安置的农民保持原有生活水平的,经省、自治区、直辖市人民政府批准,可以增加安置补助费。但是,土地补偿费和安置补助费的总和不得超过土地被征收前三年平均年产值的三十倍。国务院根据社会、经济发展水平,在特殊情况下,可以提高征收耕地的土地补偿费和安置补助费的标准。第四十八条规定:"征地补偿安置方案确定后,有关地方人民政府应当公告,并听取被征地的农村集体经济组织和农民的意见。"

城市房屋拆迁安置补偿适用《城市房屋拆迁管理条例》。《城市房屋拆迁管理条例》第二十二条规定:"拆迁人应当依照本条例规定,对被拆迁人给予补偿。拆除违章建筑和超过批准期限的临时建筑,不予补偿;拆除未超过批准期限的临时建筑,应当给予适当补偿。"第二十三条规定:"拆迁补偿的方式可以实行货币补偿,也可以实行房屋产权调换。"除本条例第二十五条第二款、第二十七条第二款规定的外,被拆迁人可以选择拆迁补偿方式。第二十四条规定:"货币补偿的金额,根据被拆迁房屋的区位、用途、建筑面积等因素,以房地产市场评估价格确定。具体办法由省、自治区、直辖市人民政府制定。"第二十五条规定:"实行房屋产权调换的,拆迁人与被拆迁人应当依照本条例第二十四条的规定,计算被拆迁房屋的补偿金额和所调换房屋的价格,结清产权调换的差价。拆迁非公益事业房屋的附属物,不作产权调换,由拆迁人给予货币补偿。"第三十一条规定:"拆迁人应当对被拆迁人或者房屋承租人支付搬迁补助费。在过渡期限内,被拆迁人或者房屋承租人自行安排住处的,拆迁人应当支付临时安置补助费;被拆迁人或者房屋承租人使用拆迁人提供的周转房的,拆迁人不支付临时安置补助费。搬迁补助费和临时安置补助费的标准,由省、自治区、直辖市人民政府规定。"

同样是公民为什么补偿的标准存在差异呢?如果补偿存在差异,就会产生不平等,这与我国法律面前人人平等的精神是相悖的。这不利于公民权益的保护,同时也不利于我国法律的发展进步。因此,拆迁补偿要实现城乡统一,不应存在差异,避免类似于"同命不同价"的现象出现。

(五)建设用地使用权期限计算的问题

大地震不仅仅对房屋有所影响,同时产生基于房屋灭失导致相关土地产权变更的法律问题,如受损严重的不适宜原地重建的地区,异地重建后,原房屋的所有权和土地使用权是否因此而消失?用户在新建房屋上是否取得房屋所有权和土地使用权?对此有专门规定,2008年5月26日,成都市发布《成都市人民政府关于做好都江堰市城镇居民住房灾毁救助安置工作的意见》规定,对因地震毁坏的私房,政府宣布将采取住房实物救助或货币救助两种方式。自愿申请并接受住房实物救助或货币救助的，原房屋产权、土地使用权自行废止。农民可以通过承包取得原土地的使用权，原土地可视情况归置为耕地或建设用地。在建设用地使用权转变的过程中，尚涉及另一个问题，即新的建设用地使用权的期限是延续以前的期限，还是重新计算的问题。有人认为，需按原建设用地使用权延续期限，其理由在于新建设用地的使用权是基于旧权利所得，因此需要继续计算期限。但是，这种观点确有不妥。《成都市人民政府关于做好都江堰市城镇居民住房灾毁救助安置工作的意见》规定："自愿申请并接受住房实物救助或货币救助的，原房屋产权、土地使用权自行废止。"同时，《中华人民共和国物权法》也对建筑物作了规定，即建筑物因不可抗力毁灭，其权利也自行终止。在国家的扶持下，居民在新的区域建造房屋，此房屋所有权的客体是全新的，其权利也应该是全新的，基于新的客体取得的权利的期限也应该是全新的，因此应该重新计算土地使用权的期限。

（六）租赁住户的权益保障问题

《中华人民共和国合同法》第二百三十一条规定："因不可归责于承租人的事由，致使租赁物部分或者全部毁损、灭失的，承租人可以要求减少租金或者不支付租金；因租赁物部分或者全部毁损、灭失，致使不能实现合同目的的，承租人可以解除合同。"由此可见，房屋灭失的租赁合同自动终止。在都江堰市的走访中遇到一位居民，相比那些有产权证有当地户口的居民，在都江堰居住了19年的外乡人徐少玉显得更加无助。徐少玉于1989年来到都江堰创业，在这里租房开了4处私人旅馆，其中两家旅馆的租期是10年。然而，一场地震下来，徐少玉的4处旅馆有两处倒塌，两处成为危房。对于既没有本地户口又没有房屋产权的徐少玉，曾去过无数次登记点询问，但针对她这类房屋租赁者来说，政府还没有出台任何补偿办法。

对于此类长期租赁房屋居住的公民，政府应当给予适当的补偿。对于生活在本地一定年限以上的租赁户，比方说长期依靠租房而在本市居住10年或者15年的居民，应当参照本地居民补偿的标准来给予他们补偿，这样才能更好地保障租赁人的利益；另外一个重要原因是，长期租赁房屋的公民对本地经济发展以及其他方面的发展作出了很大贡献,因此应当参照本地居民补偿的标准对长期租赁的外地人给予适当补偿。

(七)拆迁标准制定参与权的保护

唐山大地震后,由于市场配置资源的功能未得以发挥,而在重建过程中的浪费现象普遍存在;统一重建导致了建筑风貌单一呆板;户均面积过小,只能满足基本居住功能,不能适应灾后小康生活的要求(户均仅44平方米);人均基础设施占有水平较低,文化、体育、卫生等必要的公用设施配套不足,影响生活质量的提高;由于采用政府包揽建造住房,建筑形式、类型单一,各类道路较为狭窄,不能适应城市的发展。

震后拆迁与重建要充分考虑科学发展的因素,同时也要充分考虑民众的需求。那么,如何做到这些呢?这就需要有被拆迁房屋的用户参与到重建政策的制定中。① 同时,灾区重建监督也需要灾区人民的参与,这样才有利于制度的透明化。因此,应该选一些群众代表参与到拆迁、补助发放以及重建政策的制定过程中来,制定尽可能合理化、科学化及人性化的方案。要在重建中保护好公民的参与权与知情权。②

四、拆迁与补偿的理论研究

(一)拆迁与补偿的法律原则

1. 保护当事人利益原则

在拆迁的过程中要切实保护当事人的利益,因为重建过程中的所有工作都是围绕当事人的利益开展的。工作中产生的任何损害当事人利益的情形,都是与工作的初衷相背离的。同时必须严格遵守《物权法》中关于尊重与保护个人财产。这不仅仅是一种社会良知,更是号召全体民众自力更生,以自己的双手重建家园的基础性工作。只有在尊重灾区人民的财产所有权,保护灾区人民的切身利益,才能促使他

---

① 钱欣:《浅谈城市更新中的公众参与问题》,载《城市问题》2001年第2期。
② 赵正群:《得知权理念及其在我国的初步实践》,载《中国法学》2001年第3期。

们成为成熟的重建主人,重建工作才能高效率地开展,重建规划才能得到有效的落实,才能在重建过程中避免浪费。只有切实地贯彻了当事人利益保护原则,才能更好地开展工作,才能切实地在保障当事人利益的基础上展开灾后重建。从而达到恢复灾区人民生活秩序,并且健康发展的目的。

2. 鉴定必要原则

一栋房屋是需要修葺,还是需要重建,需要对其进行必要的质量和技术鉴定,才能决定该如何处置。对于存在争议的房屋,需要对其进行鉴定,确定其受损程度,为可能出现的争议提供解决依据。因此,必须贯彻鉴定必要的原则,只有经过鉴定才能确定房屋是否需要拆迁,拆迁的必要性多大,也只有经过鉴定才能更好地保护灾区人民的利益,避免浪费现象,要通过鉴定做出就地重建或者异地重建的合理性分析。同时,应对受灾地区的生态因素进行鉴定,从各个方面来切实保护人民的利益。

3. 拆迁必要原则

震后国家确立了两种重建模式,分别是异地重建和原地重建。在异地重建中会产生拆迁必要与否的问题。首先,要充分考虑到是否必须进行拆迁,全面考虑原地重建或异地重建的可操作性、可行性和科学性,通过对异地重建的科学性和可操作性分析,决定是否有必要进行拆迁。其次,拆迁还必须要考虑到异地重建的代价,如果拆迁的代价远远大于原地重建,那拆迁是没有必要的。第三,要考虑到拆迁对于民族的区域发展是否有影响,如果足以改变一个民族的生活习惯,那么拆迁是没有必要的。另外还需要考虑到是否会对生态产生破坏,以及拆迁后可能会遇到的社会矛盾。总之,对于拆迁,必须要进行科学的调查研究分析,尽最大可能做到确实需要拆迁方拆迁。

(二)拆迁补偿过程中听证制度的引进

听证,其本意原为在诉讼上听取对方当事人的意见的制度。这一制度来源于英国法中的"自然公正原则",后来逐渐适用到行政领域。从目前各国听证制度来看,其适用范围有不断扩大之势。听证程序的目的主要是弄清事实、发现真相,给予当事人就重要的事实表达意见

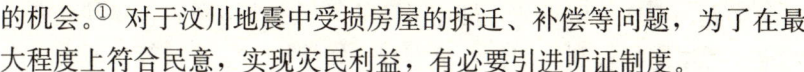

的机会。① 对于汶川地震中受损房屋的拆迁、补偿等问题，为了在最大程度上符合民意，实现灾民利益，有必要引进听证制度。

然而，我国听证制度还有很多不足，在此有针对性地提出以下建议：

第一，针对主持拆迁补偿听证的人员如何确定问题，是否应该由行政机构内部的法制机构负责？应排除听证人员内部化的做法，通过投票的方式由毫无利益牵涉的完全中立人来主持听证会。同时，要赋予主持人一定的"裁判权"，杜绝行政长官"未听而决"的不合理做法，保持"听审"与"决断"的直接性，以免损害灾民的权利。

第二，对于拆迁补偿听证过程中形成的听证记录，应该作为具有法律约束力的证据而被有权机关决议所采纳；如果当事各方因为该拆迁补偿听证记录的效力问题或者对于有关机关做出的决议不服的，司法裁判机关应该在庭审的过程中确认拆迁补偿听证笔录的法律效力，从而弥补实体法上的缺陷，从司法自由裁量的角度体现出法律的公平公正。② 从而在制度上保证灾民听证过程的真实性。

第三，在震后对灾区拆迁补偿的听证中应该增加专家的比例，对于专家的遴选，应该不以行政机关的"聘任"作为专家参加听证程序的必须步骤，放宽对于专家进入拆迁补偿听证程序的资格审查。对于其他不同利益的代表，只要与其利益有关联性，原则上不应该拒绝其参见听证程序。在尊重法治的前提下，充分保障弱势群体的利益。③

第四，为了杜绝相对各方信息不对称的状况，拆迁补偿听证会应该在召开以前尽量合理的时间内，向全社会或者在利益相关人最集中的地区进行公告；对听证过程中，各方的意见与观点进行分类总结，对影响力所及的区域进行公告，必要的时候可以在全国范围内进行公告。

---

① 彭宗超：《听证制度——透明决策与公共治理》，清华大学出版社2004年版，第58页。
② 王彦：《适用听证程序的司法审查》，载《东北财经大学学报》2008年第6期。
③ 彭宗超：《听证制度——透明决策与公共治理》，清华大学出版社2004年版，第58页。

第五，拆迁补偿听证人员在听证的过程中应该预先告知其享有的约定或者法定的权利，例如，抗辩权、知情权、陈述权等，最大程度减少听证人员对于听证程序正式性所具有的畏惧感。

（三）实现补偿安置司法化

要用法律的方法全面保障灾后重建的拆迁与补偿，实现灾后重建拆迁与补偿的司法化，无论是在鉴定房屋受损，还是事实拆迁或是进行补助，都必须在贯彻法律法规以及行政规章的前提下进行，依法重建、阳光重建、依法鉴定、依法拆迁以及依法补偿，做到任何事情都是按法律的原则，在法律的精神指导下进行。

各级监察机关是受损房屋拆除工作的监督部门，对工作人员在工作中玩忽职守、滥用职权、徇私舞弊的，给予行政处分；对构成犯罪的，依法移送司法机关追究刑事责任。将灾区重建拆迁与补偿工作上升到法的高度，意味着灾区重建拆迁与补偿工作就是一种硬性规定，不按照重建条例规定进行重建，那就是一种违法行为，是要负法律责任的。

（四）建立拆迁监督机制

震后重建资金的使用一定要公开透明，《条例》中规定了非常好的监督管理机制，如地震灾区的各级人民政府在确定地震灾后恢复重建资金和物资分配方案、房屋分配方案前，应当先行调查，经民主评议后予以公布。《条例》还明确了地震灾区的各级人民政府应当定期公布地震灾后恢复重建资金和物资的来源、数量、发放和使用情况，接受社会监督。在施工建设方面，《条例》要求设计单位按照抗震设防要求和工程建设强制性标准进行抗震设计，施工单位、建设单位、工程监理单位均应按照施工图设计文件和工程建设强制性标准进行施工建设，对施工质量承担监理责任。

（五）最大程度维护灾民利益的巨灾保险机制的借鉴

汶川大地震引起了人们对于保险业的极大关注。当前我国在发生突发性的巨大自然灾害时缺少相关的保险机制对于遭受损害的灾民进行救济，仅靠政府或者社会福利机构的救济已经远远不能弥补巨灾所导致的财产损害。在国外针对巨灾造成的损害，已经建立了相应的

"巨灾保险机制"，其以保险基金为主导。鉴于我国当前的国情，也应该在结合国情的前提下，可以借鉴国外经验建立巨灾保险机制。

第一，继续优化以政府引导、以保险公司为主导的附加险。我国的有些保险公司已经在经营各种巨灾的附加险业务，然而由于巨灾本身具有的难以预测、损害性大、投保率低等特点，使得保险公司一般不愿意对此险种承保。如果发生重大的自然灾害，保险公司一般都将其列为责任免除的事由排除其责任。这样对于震后重建就会出现资金困难的局面。

附加险的设立不仅要承担巨灾造成的损害，而且在经营的过程中要投入人力物力，但是该险种由于投保人意识不强，很少有人问津，即使问津也因保费过高而不愿投保。所有这些导致保险公司对于巨灾附加险相对的冷淡。因此，政府应该在这一方面加强宏观调控的力度，引导投保人进行投保，与保险公司一同联手加大宣传力度，同时降低保费。对于西部欠发达的地区，应该设置更低的保费。对于东部或者西部的一些大型公司，强制其投保。只有这样才能保障在巨灾后更好、更快地进行恢复重建，以及减少损失。

第二，设立由政府主导的保险基金。保险基金的设立应该由政府统一管理，并由全国人大颁布专门的法律予以规制，从而确立其地位的合法性。政府在加强监管的过程中，应该吸引保险公司作为再承保人，以此来分担风险责任。对于该基金的设立，应区分全国统筹与地方统筹两个部分，由各地方按照中央的指示，结合本地的情况，确立最优的地方性基金制度。通过建立适合本国国情的保险基金制度，可以更好地发挥政府的主导作用，以此来弥补保险公司附加险的不足。

总之，通过保险来分担巨大灾害造成的损失，尽最大能力使灾害降低到最低程度，使得灾后重建工作得到顺利完成。这样才能更好地保障人民的利益，保障社会的稳定发展，保证和谐社会的建立。

涉灾犯罪之对策及刑法运用思考

向朝阳[①] 贺洪波[②]

【内容摘要】 5·12汶川地震后,刑事法律运用主要面临以下几个重要问题:涉灾犯罪的界定、划分及发生原因问题,地震之后的刑事对策问题,涉灾犯罪中的社会危害性和人身危险性问题,避震自保犯罪中的期待可能性适用问题,以及量刑和行刑中对抗震救灾立功表现的考量问题,本文拟对上述问题作简单的探讨。

【关键词】 汶川地震 涉灾犯罪 刑事对策 期待可能性 立功

引 言

2008年5月12日14时28分,四川发生了举世震惊的5·12汶川大地震。这是四川有史以来最大的一次地震,也是新中国成立以来最大的一次地震,其破坏性之大、持续时间之强、影响范围之广,实属罕见。地震发生后,不但在瞬间造成了自然人文景观的极大改观,而且直接造成了极其惨重的人员伤亡和极其严重的财产破坏,社会生产生活秩序也在瞬间遭到极其严重的破坏。在地震发生后的一定时间内,即大地震刚刚发生,同时较大余震又频繁发生的这段时间里,面临的最紧迫的任务是抢救人命、搜索生还者、救治受伤者、安顿灾民和保障他们的基本生存生活条件。当大地震过去,较大余震基本平息

---

① 向朝阳,四川大学法学院教授。
② 贺洪波,四川大学法律适用研究中心助理研究员。

之后，国家和社会面临的主要任务是灾区的恢复重建。刑事法律作为社会的重要保障，不但在平时要发挥重要作用，而且在抗震救灾中更要发挥其应有的作用。地震发生后抗震救灾中出现的新情况使刑事法面临新的重要课题。本文拟对涉灾犯罪的界定、划分及原因，地震灾后的刑事对策以及地震灾后刑事司法实践中的几个重要问题进行探讨，以期对抗震救灾等应急状态下的刑事法治研究和建设有所裨益。

一、涉灾犯罪的界定、划分

本文的涉灾犯罪特指涉及地震灾害的犯罪，是抗震救灾过程中发生的一系列与地震因素有一定关联的犯罪，这种关联使这种犯罪具有与平时该罪不同的特征。要有效地应对这类犯罪，更好地发挥刑事法律保障公民人身财产安全，维护社会秩序的作用，就必须首先认识涉灾犯罪。

（一）涉灾犯罪的界定

整个抗震救灾期间大致可以分为两个阶段：一是紧急救援期，二是灾后重建期。紧急救援期是指主震发生到较大余震基本平息的这段时期，此时主震刚刚发生，较大余震不断，人们的生命财产处于极其危险的境地需要紧急救援。灾后重建期是指较大余震已经基本平息到灾后重建基本结束这段时期，该段时期内较大余震已经基本平息，较小余震逐渐趋于消退或者完全结束，人们的生命财产安全基本不再面临来自地震的直接威胁，社会面临的主要任务是恢复重建。

涉灾犯罪，是指在抗震救灾过程中，利用地震带来的直接破坏性因素或者抗震救灾的社会状况、情势、条件等实施的一类犯罪。认识涉灾犯罪必须从以下几个方面进行把握。

首先，从时间上看，涉灾犯罪是发生在地震之后的一定时间范围内，即抗震救灾期间。整个抗震救灾期间分为紧急救援期和灾后重建期。在地震以前发生的犯罪，不能称作涉灾犯罪；在灾后重建结束以后发生的犯罪，也不能称作涉灾犯罪。在地震前，没有发生地震灾害，犯罪也无所谓涉灾不涉灾；在灾后重建结束以后，地震灾害因素已经基本或者完全消除，也就不存在涉灾的问题。

其次,从空间上看,涉灾犯罪主要是发生在地震灾区[①],同时也可发生在非地震灾区。地震灾害主要是直接对地震灾区的自然人文景观和社会秩序造成破坏,因此在地震灾区可资利用的涉灾犯罪有利因素最为直接、最为充分。比如,地震发生后,灾区人们紧急逃生而暂时放弃财物给各种盗窃带来可乘之机;灾区人们在户外躲避地震降低了防护能力给抢夺抢劫制造了机会。但同时,又由于现代社会通讯和交通的发达、抗震救灾的全社会参与以及持续时间长,地震灾害的影响早已超出了灾区的范围。地震发生后,抗震救灾中各个环节的涉灾因素既可能为灾区的犯罪分子所利用,也可以为非灾区的犯罪分子所利用。比如,由于通信以及网络的发达,利用手机和网络谣传虚假地震恐怖消息;利用手机和网络谎称自己是灾民捏造地震受灾信息,利用社会同情和良知诈骗钱物,这些行为既可以发生在灾区,也可以发生在非灾区。在抗震救灾环节中,由于全国是一个统一开放的大市场,倒卖救灾帐篷可以发生在灾区也可以在非灾区发生;在全国统一领导的多层级的行政管理体制下,个别官员贪污抗震救灾物款和医药的行为也既可以发生在灾区又可以发生在非灾区,等等。

再次,从地震因素与涉灾犯罪行为的关联上看,地震因素[②]在涉灾犯罪中发挥了积极作用。发挥积极作用是指地震因素为犯罪提供了便利条件,促进了犯罪的实施和完成。区分涉灾案件与非涉灾案件一个重要方面就是要考察地震因素与犯罪之间的关联。如果地震因素在犯罪中没有发挥积极作用,没有为犯罪提供便利条件,这样的犯罪就不是涉灾犯罪。尤其要注意,不能把发生在地震时期地震灾区的一切犯罪都当做涉灾犯罪。

最后,从涉灾犯罪行为人主观心态上看,是积极主动利用地震灾害因素。涉灾犯罪中,一方面地震因素为涉灾犯罪提供了便利条件,

---

① 地震灾区,主要是指主震区以及主震区周边一定范围内受地震灾害影响较为严重的地区。

② 地震因素,是指上文"地震带来的直接破坏性因素或者抗震救灾的社会状况、情势、条件等"因素。

另一方面行为人必须积极主动利用这一因素。如果行为人主观上没有积极主动地利用这一因素的意图，客观上并没有积极主动实施利用的行为，地震因素仅仅在犯罪中客观上发挥了积极作用，那么这样的犯罪也不能当做涉灾犯罪。① 界定涉灾犯罪主要是为了确立打击重点，涉灾犯罪主要针对的是主观恶性比较大、积极利用地震因素趁机作案的故意犯罪，过失犯罪不能划为涉灾犯罪。

（二）涉灾犯罪的划分

涉灾犯罪是利用地震因素实施的犯罪。地震发生后，地震造成的直接破坏性因素可以为涉灾犯罪提供便利条件，同时抗震救灾的社会情势、环节、条件也可能作为涉灾犯罪的有利条件而被加以利用。根据利用地震因素的不同，实践中涉灾犯罪可以分为以下两类：一是利用地震直接破坏性因素的涉灾犯罪；二是利用抗震救灾因素作为犯罪有利条件的涉灾犯罪。

1. 利用地震直接破坏性因素的犯罪

这是指直接利用地震带来的巨大破坏性实施的犯罪。这类犯罪主要表现有：

（1）盗窃行为。主要表现为趁灾后人们在外躲避地震无人看管财产或者放松了警惕而实施盗窃行为。2008年5月12日下午14时28分，西安一犯罪嫌疑人利用地震发生后，网吧收银台无人看管的情况，将网吧的营业款6000余元盗走。② 5月16日，北川前线指挥部负责安保的一位警察介绍，警方抓获了30多名冒充志愿者的盗窃人员。③

（2）抢劫、强奸行为。四川崇州市法院宣判了一起涉灾抢劫、强

---

① 参阅后文"避灾自保犯罪"与"涉灾犯罪"的区别。
② 陈楠、吴卫红：《地震后盗窃网吧营业款犯罪嫌疑人梁某被刑拘》，载《西安晚报》，2008年5月19日。
③ 李松、黄洁：《全国各地严打借灾大发"国难财"的违法犯罪活动》，http://www.chinapeace.org.cn/pabb/2008-05/21/content_46745.htm，中国平安网，访问时间2009年2月4日。

奸案,四川郫县法院宣判了一起涉灾强奸案。①

(3) 编造、故意传播虚假恐怖信息行为。主要表现为通过互联网和手机群发传播谣言,特点是速度快,影响面广。地震发生后,涉灾谣言四起,由于政府反应及时,大多数谣言并没造成严重后果,行为人大多受到行政处罚,截至 5 月 17 日,公安机关共侦破网上造谣类案件 35 起,抓获犯罪嫌疑人 35 人,其中治安拘留 11 人,训诫 24 人。② 由于个别传谣者传播的谣言在社会上造成恶劣影响,因而受到了刑事处罚。例如,陕西一大学生在网络上虚传地震信息被以编造、故意传播虚假恐怖信息罪判处有期徒刑一年零六个月。③

(4) 拐卖行为。5 月 16 日,四川江油市公安局成功破获了一起涉嫌潜入灾区拐卖儿童案。④

2. 利用抗震救灾因素的犯罪

这是指地震发生后,利用全社会抗震救灾的社会情势、环节、条件等,在抗震救灾的过程中实施的犯罪。例如,利用社会对灾区的同情实施诈骗、非法经营救灾物资、贪污救灾物资等。其主要表现有:

(1) 诈骗行为。如采取冒充红十字会人员或者谎称自己是灾民,利用计算机网络或者短信的方式让受骗群众向自己的账号里汇款。例如,5 月 16 日,四川省泸州市公安机关抓获了在网上发帖"求助",并公布了自己的邮政储蓄卡号的犯罪嫌疑人谢某。⑤ 5 月 17 日,河南省公安机关抓获了入侵湖南红十字会官方网站篡改募捐账号的犯罪嫌

---

① 参见王鑫:《四川宣判震灾期间强奸抢劫案件》,载《人民法院报》,http://rmfyb.chinacourt.org/public/detail.php?id=122186,访问时间 2009 年 2 月 4 日。

② 李美琪:《公安部披露 35 起网上借地震造谣案》,载《检察日报》,2008 年 5 月 19 日。

③ 岳红革、王淑珍、任刚、史茂芹:《网上诈称要地震,判刑!》,载《检察日报》,2008 年 8 月 30 日。

④ 《6 人涉嫌潜入灾区拐婴儿被江油警方抓获》,http://news.sohu.com/20080524/n257056529.shtml,搜狐网,访问时间 2009 年 2 月 4 日。

⑤ 李美琪:《公安部披露 35 起网上借地震造谣案》,载《检察日报》,2008 年 5 月 19 日。

疑人海某。①

（2）非法经营行为。检察日报7月8日报道，倒卖救灾专用帐篷的数名犯罪嫌疑人，因涉嫌非法经营罪被四川省成都市检察院依法批准逮捕。②

（3）贪污行为。汶川地震发生后，时任广元市元坝区中医院副院长的伏某，因侵吞救灾药品，被法院以贪污罪判处其有期徒刑7年。③

这种分类的意义主要在于，各种涉灾犯罪在不同时期表现不一样，明确各自特点才能明确防控和打击的重点。在地震刚刚发生，余震不断的紧急救援时期，涉灾犯罪主要表现为直接利用地震破坏性因素，实施着侵犯灾区灾民的人身、财产的犯罪，如盗窃、抢劫、强奸、拐卖等行为。但是随着抗震救灾的展开和不断深入，地震直接破坏因素逐渐减弱和消除，利用此因素实施的犯罪就越来越少。当然，实践中地震一发生抗震救灾活动也就随即展开，针对抗震救灾活动的犯罪也随之产生。这类犯罪不仅仅在紧急救援时期比较突出，而且会伴随着整个抗震救灾的始终。因此，在地震刚刚发生，余震不断的紧急救援期，一方面要重点打击直接利用地震破坏性因素实施的侵害灾区灾民人身、财产权利和破坏社会秩序的犯罪；另一方面，也要重点打击利用抗震救灾因素实施的犯罪。到了较大余震基本平息，而进入灾后重建时期后，打击的重点就主要是利用抗震救灾因素实施的犯罪。

二、地震灾后之刑事问题

地震发生后，党和国家以及相关职能部门针对涉灾犯罪迅速地采

---

① 李松、黄洁：《全国各地严打借灾大发"国难财"的违法犯罪活动》，http://www.chinapeace.org.cn/pabb/2008-05/21/content_46745.htm，中国平安网，访问时间2009年2月4日。

② 谷萍、成侦：《倒卖救灾专用帐篷牟利》，载《检察日报》，2008年7月8日。

③ 参见《医院副院长侵吞抗震救灾药品受严惩》，载《人民法院报》，http://rmfyb.chinacourt.org/public/detail.php?id=122573，访问时间2009年2月4日。

取了"从重从快"的对策。5月13日,中央政法委发出通知,要求对那些趁灾盗窃、抢劫、破坏抗震救灾物资设备等案件,快侦快破快诉快判。5月13日,最高人民法院发出通知,要求对发生在地震等重大灾害地区的抢劫、盗窃、诈骗、销售假冒伪劣商品等案件要依法从严惩处,并在法定期限内,从速立案、从速审理、从速宣判。5月14日,最高人民法院首次就贯彻执行宽严相济刑事政策问题公开新原则:严惩严重刑事犯罪,必须突出重点,依法进行,必须确保做到严之有据、严之有理、严之有度、严之有效。要切实做到"宽以济严","严以济宽",确保"宽严相济",注意做到具体分析、区别对待,严中有宽、宽以济严、宽中有严、严以济宽。5月23日,中央政法委下发通知,要求严厉打击盗窃、抢劫、哄抢救灾物资、囤积居奇、哄抬物价等扰乱和破坏灾区市场秩序,以赈灾募捐名义诈骗钱财,散布传播各种谣言、制造社会恐慌等违法犯罪活动。5月26日,最高人民法院发布《最高人民法院关于依法做好抗震救灾期间审判工作切实维护灾区社会稳定的通知》,要求严格贯彻宽严相济的刑事政策,注意区分性质不同的违法犯罪行为,坚持特殊时期、特殊案件、特殊办理的方针,对那些严重危害抗震救灾和灾后重建工作的犯罪行为,要在法定期限内快审、快判,对抗震救灾和灾后重建期间发生的严重损害公民人身财产和扰乱抗震救灾社会秩序的七大类犯罪行为应依法从重处罚。① 6月6日,公安部专门下发通知,要求各级公安机关要重点打击事关灾区人民生命财产安全、事关市场经济秩序、事关

---

① 最高人民法院通知中从重处罚的七类犯罪:1. 盗窃、抢夺、抢劫、故意毁坏用于抗震救灾的物资、设备设施,以及以赈灾募捐名义进行诈骗、敛取钱财,拐卖灾区孤残儿童、妇女等犯罪行为。2. 为牟取暴利,囤积居奇、哄抬物价、非法经营、强迫交易等严重扰乱灾区市场秩序,影响灾区人民群众正常生产生活的犯罪行为。3. 故意编造、传播、散布不利于灾区稳定的虚假、恐怖信息,严重影响抗震救灾和灾后重建工作开展的妨害公务、聚众扰乱社会秩序、公共场所秩序、交通秩序,聚众冲击国家机关等犯罪行为。4. 在灾区生产、销售或者以赈灾名义故意向灾区提供伪劣产品、有毒有害食品、假药劣药等犯罪行为。5. 国家工作人员贪污、挪用抗震救灾款物,滥用职权或玩忽职守危害抗震救灾和灾后重建工作顺利进行,严重损害党和国家形象的犯罪行为。6. 破坏电力、交通、通讯等公共设施的犯罪行为。7. 妨害传染病防治等危害公共卫生的犯罪行为。

灾后重建的四类案件。① 通过党和国家以及相关职能部门在短时间内所下发的一系列文件可以看出，针对涉灾犯罪的处理采取的是"从重从快"政策。

（一）涉灾犯罪"从重从快"

对地震后的涉灾犯罪采取"从重从快"处理的政策，主要有以下几点原因：

第一，宽严相济的刑事政策要求对涉案犯罪"从重从快"处理。宽严相济是我国在维护社会治安的长期实践中形成的基本刑事政策。"严"，就是要毫不动摇地坚持"严打"方针，集中力量依法严厉打击严重刑事犯罪。对危害国家安全犯罪、黑社会性质组织犯罪、严重暴力犯罪以及严重影响人民群众安全感的多发性犯罪，必须从严打击，决不手软。"宽"，就是要坚持区别对待，应依法从宽的就要从宽处理。对情节轻微、主观恶性不大的犯罪人员，尽可能给他们改过自新的机会，依法从轻减轻处罚。对未成年犯罪人，可依法判处缓刑、运用减刑或假释等措施，进行教育、感化、挽救。积极探索因民事纠纷激化形成的刑事案件的处理办法，尽可能依法减少刑事处罚数量。② 该刑事政策贯彻了"轻轻重重，以轻为主"的思想。"轻轻"即轻者更轻，对轻微犯罪的处理比以往更轻；"重重"即重者从重，对严重犯罪的处理比以往更重。该刑事政策要求根据不同时期的社会治安形势，因时因地制宜，有重点有区分地打击各类刑事案件。

宽严相济刑事政策要求对涉灾犯罪采取"从重"的处理。宽严相济刑事政策中"严"是专门针对严重危害人民生命财产安全，严重破

---

① 公安机关要求重点打击的四类案件：一是生产销售假冒伪劣药品、医疗器材、食品、农资等严重危害广大人民群众生命、健康的犯罪活动；二是囤积居奇、哄抬物价、利用救灾物资牟取暴利等严重扰乱市场秩序的非法经营、强迫交易犯罪活动；三是挪用救灾、抢险、救济等款物，以及职务侵占、挪用资金等严重危害抗震救灾和灾后重建顺利进行的犯罪活动；四是借赈灾、募捐、灾后重建等名义进行的诈骗、合同诈骗、非法集资等犯罪活动。

② 罗干：《政法机关在构建和谐社会中担负重大历史使命和政治责任》，载《求是》，2007年第3期。

坏社会秩序的犯罪。在抗震救灾时期，利用地震因素带来的作案便利实施的犯罪行为，比平常该行为具有更大的社会危害性。比如在地震后的紧急救援时期，不少灾民失去了亲人、家园和财产，或者自身也严重受伤，同时还受到余震的不断袭扰，全社会都笼罩在一种悲痛和恐惧之中，而犯罪分子趁机实施犯罪，无异于是雪上加霜，落井下石。这时犯罪分子的轻微举动，也会引发极大的愤慨，社会受伤脆弱的心灵对犯罪的容忍度将会降低。在抗震救灾过程中针对抗震救灾物资的犯罪可能严重危及灾民的基本生存和生活保障，对于灾民的关系甚大。恐怖信息的谣传更加会加剧群众的恐慌和社会的不安。涉灾犯罪会分散整个社会抗震救灾的精力，阻碍抗震救灾的顺利进行。这一切都表明，特定时空下的涉灾犯罪的社会危害性远大于平常。因此，对涉灾犯罪应当严厉打击，从重处罚。

从重处理仅仅是打击力度方面的要求，这只是"严"的一个方面；而"从快"是处理时间和频度方面的要求。只有"从重"和"从快"二者相互结合，才能全面地体现"严"的要求。"从快"处理，快侦快诉快审快判，尽量缩短个案处理时间，尽量在较短时间里对于各种涉灾犯罪迅速、果断地频频重拳出击，才能形成严厉打击涉灾犯罪的高压态势，形成迅速荡平涉灾犯罪的强大攻势，震慑涉灾犯罪分子，使之不敢轻举妄动。如果个案侦诉审判时间过长，那么在较长时间内社会不仅既处于地震灾后的悲痛和余震不断的恐慌状态，同时还将处于来自犯罪袭扰的不安状态。这势必不能在短时间内迅速扭转局势，打击犯罪分子的嚣张气焰，从而放纵犯罪分子，不利于安定人心、稳定社会。

第二，刑事司法传统习惯要求对涉灾犯罪"从重从快"处理。中国古代"刑罚世轻世重"的传统就是指根据不同时期犯罪的不同情况，制定出不同轻重的刑罚，使其符合于各个不同时期同犯罪作斗争的实际需要；正确执行轻重不同的刑罚，才能有区别有分析地去适当用刑，以保障社会的安全稳定。近年来我国在社会治安形势严峻的时候，通常采取"严打"的政策，针对特定的严重犯罪采取"从重"严厉打击的方针。① 在地震发生以后，社会处于抗震救灾的紧张情形下更需要对社会秩序的强力维护，同时地震后所面临的严峻的抗震救灾社会形势，与严打所面临的严峻社会治安形势也具有一定相似性。因此，"从重"处理涉灾犯罪有其必要性。

　　针对特定时期的特殊案件在我国有"从快"处理的传统。我国清代的热审制度，就是一种在特殊时期快审、快判的司法制度。该制度的适用，主要是由于夏季来临监狱里人满为患导致管理上诸多的负担和困难，为了节约司法成本和集中精力处理大案要案，从而对笞杖这样的轻刑案件采取快审、快判的一种处理措施。在抗震救灾的状况下，特别是紧急救援时期，人力、物力、财力等资源紧张的情况下，为了节约社会成本，采取快侦快诉快审快判政策不能不说是与传统习惯有某种程度的暗合。

　　第三，民心情感要求对涉灾犯罪"从重从快"处理。大地震发生后，灾区哀鸿遍野，全国痛悼，人们的心灵受到极大的重创，此时社会治安变得极其脆弱。在此时，哪怕是一些细微的涉灾犯罪举动，也可能触动人们敏感的神经，带给人们远大于平常的伤害和愤怒，因此人们自然会希望对这些趁灾作案的犯罪分子要从重处理。只有对涉灾犯罪从重处理，才能够平息人们的愤怒和安慰本已严重受伤的心灵。

　　抗震救灾的非常时期人们也要求对涉灾案件"从快"处理。在地震发生后的特定时期，社会秩序遭到严重破坏，一方面遭遇来自地震的伤害同时处于余震的恐慌状态，另一方面还面临抗震救灾的紧迫任

---

① 从1983年9月开始，我国始终处于"严打"之中，前后开展过三次大规模的"严打"运动：第一次从1983年9月至1987年1月。这次"严打"将杀人、强奸、抢劫、爆炸、流氓、致人重伤或者死亡、拐卖人口，非法制造、买卖、运输或者盗窃、抢夺枪支、弹药、爆炸物，组织反动会道门，引诱、容留、强迫妇女卖淫，传授犯罪方法等危害社会治安的犯罪确定为打击重点。第二次从1996年4月至1997年2月，打击重点为杀人、抢劫、强奸等严重暴力犯罪、流氓犯罪，以及涉枪犯罪、毒品犯罪、流氓恶势力犯罪、黑社会性质的犯罪等严重刑事犯罪。第三次从2001年4月开始，为期两年，将带黑社会性质的团伙犯罪、流氓恶势力犯罪，以及爆炸、杀人、抢劫、绑架等严重暴力犯罪和盗窃犯罪等严重影响群众安全的多发性犯罪确定为重点打击对象。见陈兴良：《刑事法治视野中的刑事政策》，载《江苏社会科学》2004年第5期。

务。对人命的抢救需要及时,对灾民的救助需要及时,对社会稳定的维护需要及时。人们渴望安定有序的社会秩序,渴望及时消除灾害带来的不利影响。只有对涉灾犯罪的迅速处理才能尽快稳定民心,扭转和稳定局势,更好地抗震救灾。

第四,刑罚的经济性考虑要求对涉灾犯罪"从重从快"处理。对涉灾犯罪"从重"处理,可以起到"杀一儆百"的威慑作用。严厉的刑罚可以使犯罪分子,伏法认罪,使其不敢再犯,同时对于潜在的犯罪分子,或者准备效仿的犯罪分子起到威慑作用,使其放弃作案企图,遵纪守法,从而以少量的刑罚起到预防和减少犯罪的作用。通过对一定涉灾犯罪的从重处理,防止了更多涉灾犯罪的发生,符合刑罚经济性的考虑。

涉灾犯罪"从快"处理,也有利于震慑和遏制犯罪,节约司法成本支援抗震救灾。贝卡利亚说:"我说刑罚的及时性是比较有益的,这是因为犯罪与刑罚之间的时间隔得越短,在人们心中犯罪与刑罚这两个概念的关系就越突出、约持续,因而人们就很自然地把犯罪看做起因,把刑罚看做不可缺少的必然结果。"[①] 在抗震救灾时期,特别是紧急救援时期对涉灾犯罪迅速高效地处理,会更加有助于在社会上形成一种打压犯罪的高压态势,起到强烈震慑和遏制犯罪的效果。同时特大地震发生后,全社会急需要大量的人力、物力、财力等资源进行抗震救灾,抗震救灾成了此时的第一大要务。快侦快破快诉快判可以节约有限的人力、物力等资源,使之尽快地投入到抗震救灾中去。那些不需要关押、不需要判罪的犯罪人员尽早回到社会,不仅可减少看管关押的成本,而且有助于增加抗震救灾力量,司法机关也可以更加集中精力处理大案要案,参加和支援抗震救灾。

(二)轻型非涉灾犯罪"从轻从宽"

第一,宽严相济的刑事政策要求对轻型非涉灾犯罪"从轻从宽"。非涉灾犯罪,主要指的是地震因素并没有为犯罪提供便利的条件,对于犯罪的实施不起积极促进作用的犯罪。这包括灾区的轻型非涉灾犯

[①] [意]贝卡利亚:《论犯罪与刑罚》,黄风译,中国法制出版社2002年版,第66页。

罪和非灾区轻型非涉灾犯罪。非灾区轻型非涉灾犯罪，属于常规犯罪，按照宽严相济的刑事政策应当实行宽缓处理。值得注意的是发生在灾区的非涉灾犯罪，这类犯罪虽然发生在灾区但是属于常规犯罪，与涉灾因素无关。宽严相济是我国当前的基本刑事政策，要求对于这类犯罪也应当从轻处理。比如，对于与地震无涉的轻微的过失犯罪、初犯罪、偶然犯罪要尽量宽缓处理，适用缓刑；对于有自首立功情节的犯罪，应当在法定范围内从轻减轻处罚，从宽处理；对于轻微的青少年犯罪，尽量适用轻缓刑罚，对其实施教育、感化、挽救的方针。

第二，刑罚的经济性考虑要求对轻型的非涉灾案件"从轻从宽"。对轻型的非涉灾犯罪从宽处理，可以在尽量少使用刑罚或者不使用刑罚的情况下收到更好的社会效益。轻刑缓刑的适用可以更加促进犯罪人改过自新，重新做人。比如，不予关押的缓刑就有利于维护犯罪人的家庭和社会关系，避免了犯罪人之间交叉感染的不良影响。在灾区适用缓刑，一方面可以使犯罪人更加积极主动地投入到抗震救灾之中去；另一方面也可以节约关押成本，节约司法力量，使司法机关集中力量处理大案要案，支持抗震救灾的斗争。

三、地震灾后刑法问题

在地震发生后，刑事司法实践也面临新的考验。因此，在抗震救灾期间实际司法实践中要特别注意以下三个方面的问题：涉灾犯罪中社会危害性和人身危险性问题、避灾自保犯罪中期待可能性的适用问题以及抗震救灾立功表现的量刑问题。

（一）涉灾犯罪的社会危害性和人身危险性的认识

犯罪行为的社会危害性和行为人的人身危险性在定罪量刑中起着决定性作用，要正确对涉灾犯罪进行定罪量刑必须要充分把握涉灾犯罪的社会危害性和人身危险性。

社会危害性是指犯罪行为对社会造成的危害和现实的威胁，它的社会危害性比平时该行为的危害性更大，并体现在犯罪行为与被侵害客体的关系之中。同一行为，如果被侵害客体在特定环境下更加脆弱，更加缺乏保护，那么侵犯该客体行为的社会危害性则更大。在抗震救灾时期,特别是紧急救援期,灾民们的人身财产权利已经受到地震的严重损害和威胁,更加需要社会的保障和维护,而此时在地震侵害的基础上再实施新的侵犯行为,该种行为的危害性就比平时更大。社会危害性的评价主要从危害后果和主观恶性两方面进行考察。

从危害后果来看,涉灾犯罪可能带来更严重的危害后果。例如,对在本已严重受损的情况下对灾民物资钱款实施盗窃、抢劫,可能威胁到其基本生存生活条件。对救灾物资的贪污,可能危及亟待需要救助的灾民的救助。趁灾作案会给已经受伤的社会心理,带来新的创伤;会给已经被严重破坏的社会秩序,带来新的破坏。

从主观心态来看,涉灾犯罪的行为人具有更大的主观恶性。首先,灾害发生后,整个国家和社会受到严重损失和伤害,行为人不但不积极支持抗震救灾活动,反而把自然灾害及其带来的影响当做作案的"好机会",显示了更大的主观恶性。同时,其作案的动机是为了追求自己的非法利益,其作案行为是发生在大地震后全国上下进行抗震救灾的大背景下。因此,涉灾犯罪的主观心态都是故意。综合危害后果和主观心态来看,涉灾犯罪行为具有比平时更为严重的社会危害性。

人身危险性是指行为人长期具有的反社会性格,表现为一种犯罪的可能性,包括初犯的可能和再犯的可能,也有学者认为仅指再犯的可能。① 因此,涉灾犯罪的行为人具有更大的人身危险性。涉灾犯罪更为严重的社会后果和更大的主观恶性,既是犯罪行为更为严重的社会危害性的表现,同时也是行为人更大人身危险性的反映。地震时期的趁灾作案,是在长期以来逐渐形成的一种反社会性格的支配下实施的。趁灾作案的发生,反映了行为人法制意识的淡薄和对法律秩序的漠视。法律意识的养成,是一个长期渐进积累和潜移默化的过程,体

---

① 人身危险性的概念,通常有三种说法:一是广义说,此说认为,人身危险性是指实施犯罪的可能性或再犯的可能性。二是狭义说,此说认为,人身危险性就是再犯的可能性。三是再犯的可能与初犯的可能统一说,该说认为,人身危险性是再犯可能与初犯可能的统一。参见赵永红:《人身危险性概念新论》,载《法律科学》2000年第4期。

现在日常行为和社会生活的各个方面。如果具有良好的法制意识，在日常生活中已养成遵纪守法、尊重他人的合法权利的良好习惯，那么即使在社会防控制约犯罪力量减弱的情况下，也能够自觉自律遵纪守法，不去实施犯罪行为；反之，如果在日常生活中，不注重尊重他人权利和遵纪守法，一旦社会防控制约犯罪力量减弱，就极易实施犯罪。行为人长期不重视法律，长期漠视社会法律秩序，不注重自我约束和品德修养就会逐渐形成一定的反社会性格，具有一定的人身危险性，产生一定的犯罪可能性。具备一定人身危险性的行为人，只要社会防控制约犯罪力量下降就极易发生犯罪。涉灾犯罪，并不能仅仅当做是偶然的冲动，而是在地震特殊时期在社会防控制约犯罪力量下降情况下，长期形成的人身危险性外化的当然结果，这是人身危险性初犯可能的一个方面。

同时，由于是在抗震救灾特别是在紧急救援时期，敢于铤而走险涉灾作案，反映出的是比平时同类犯罪更大的主观恶性，也表明了行为人更大的社会威胁，也预示了行为人将来有更大的犯罪可能性。

由于其行为具有更大社会危害性，行为人具有更大的人身危险性，因此涉灾犯罪的罪行就更加严重。罪刑相适应的要义是，罪大责越大所应承受的刑罚也越重，刑罚应当与行为人罪行相对称。对涉灾犯罪社会危害性和人身危险性的把握的意义就在于，要在法定范围内，对其"从重"处罚，从而在特定情况下实现更加合理的定罪量刑，实现动态的、具体的罪刑相适应和罪刑相对称。

（二）避灾自保犯罪中期待可能性的适用

地震灾后刑事法律中的期待可能性适用问题，主要是避灾自保犯罪中期待可能性的适用的问题。

避灾自保犯罪，是指地震发生后，灾民为了地震逃生，或者为了维持最低生存生活条件，在迫不得已的情况下，实施的犯罪行为。比如，为了紧急逃离，在地震慌乱中出现拥挤、践踏，致人伤亡；食物、衣物、药品缺乏，盗窃、抢夺、抢劫他人食物、衣物、药品；为了逃生而盗用、抢劫、抢夺他人交通通信工具等等。据报道，汶川地震发生后,在灾区发生过这类事件。①

1. 避灾自保犯罪与涉灾犯罪的区别

避灾自保犯罪包括地震因素发挥积极作用的避灾自保犯罪和地震因素没有发挥积极作用的避灾自保犯罪两类。对于后者属于常规犯罪,按照通常情形处理;对于前者尤其要注意与涉灾犯罪的区别。地震因素发挥积极作用的避灾自保犯罪与涉灾犯罪的显著区别在于主观心态方面。在地震因素发挥积极作用的避灾自保犯罪中,行为人并不是积极主动地、故意地去利用这种因素实施犯罪,而是迫于生存生活危机,别无选择或者其他选择的可能性很小,从而实施了犯罪。在实施犯罪的过程中,地震因素在客观上发挥了积极作用,为这种犯罪提供了便利条件。虽然地震因素在客观上为其实施犯罪提供了便利的条件,但这类犯罪也不能当做涉灾犯罪。在涉灾犯罪中,涉灾犯罪的行为人并不是为了维持基本生存生活,而是为了追求一己之私,利用地震因素趁机作案;同时,在主观心态方面也是积极主动地故意利用地震因素作为犯罪的便利条件,从而实施犯罪。因此,地震因素发挥积极作用的避灾自保犯罪与涉灾犯罪是存在重大差别的。

2. 避灾自保犯罪中期待可能性的适用

期待可能性是指根据行为时的具体情况,可以期待行为人实施合法行为,而不实施违法行为。如果根据当时的具体情况可以期待行为人实施合法的行为,而行为人却实施了违法行为,那么行为人的行为具有期待可能性,行为人在主观上就有过错,就应当承担刑事责任。如果根据当时的具体情况,不能期待或者很难期待行为人实施合法的

---

① 据报道,汶川地震发生后,地震灾区在极端灾难面前,通信交通中断,缺衣缺粮缺水,人们基本生存受到严重威胁。受灾的人们为了维持生存生计,"丛林法则"出现了,发生了抢劫超市、抢劫食堂、抢劫粮食等违法犯罪事件。"……在这里有县城最大的德惠超市,人们一拥而入,跑在前头的人拿到了矿泉水、面包、饼干;随即日用品货架也被一洗而空;拥入的人越来越多,后者已来不及分辨,不管是拖鞋还是洗洁净,无论是衣物还是卷筒纸,都被这些人紧紧地攥在手里,而且人群已经开始互相争抢了……"参见曹筠武:《汶川没有死去,汶川依然活着》,载《南方周末》,5月22日,第2版。张悦:《孤岛汶川的人性百态》,载《南方周末》,5月22日,第3版。

行为,行为人因而实施了违法行为,那么行为人的行为则不具有期待可能性或者期待可能性程度较低,主观上就没有过错或者过错程度低,因而不应当承担刑事责任或者应当承担较低的刑事责任。期待可能性理论体现的是一种"法不强人所难"的理念,体现了一种人文关怀。

期待可能性是大陆法系的刑法概念。大陆法系国家刑法理论认为,犯罪成立的条件是行为必须同时符合该当性、违法性、有责性这三个要件。期待可能性就属于有责性的内容,没有期待可能性,就不具有有责性,也就不成立犯罪。虽然我国刑法理论里没有期待可能性这个概念,但是作为一种刑法思想也有所体现。比如,在意外事件、正当防卫、紧急避险、防卫过当、避险过当的规定中就蕴含了这种思想。

在避灾自保犯罪中,在紧急状态下,为了逃生或者为了生存,发生的拥挤、践踏致人伤亡事件;食物、衣物、药品缺乏,发生的盗窃、抢夺、抢劫他人食物衣物药品事件;为了逃生而盗用、抢劫、抢夺他人交通通信工具事件等,其中有的行为符合紧急避险的条件,有的属于避险过当。我国刑法规定紧急避险不负刑事责任,避险过当应当减轻或者免除处罚。这也是基于紧急避险的行为人或者避险过当的行为人没有期待可能性,或者期待可能性较低。因此,对于避灾自保行为符合紧急避险条件或者属于避险过当的,应当不被定罪或者在量刑时应当免除刑事责任,或者应当处以尽量低的刑罚。对于不符合紧急避险或者避险过当条件的,从而构成了故意犯罪的避灾自保行为,这类行为的期待可能性程度也较低,也应当尽量宽缓化处理。总之,在地震后紧急状态下的避灾自保没有期待可能性或者期待可能性程度较低。因为,在地震紧急的状态下,一般人出于生存的本能,都会想尽一切办法活下来。当为了保全自身的生存与安全和尊重他人正当权益发生冲突,而又没有其他选择的可能性或者选择可能性很小的情况下,很难期待人们放弃自身生存与安全的重大利益而去尊重维护他人的利益。"杀身成仁"固然伟大,但是法不强人所难,法律不可能对一般人规定过高的义务,要求其去做难以做到的事情。在处理避震自保案件时，一定要具体问题具体分析，贯彻期待可能性的合理思想，尽量轻缓处理，给被告人或者犯罪人予以更多的人文关怀。

（三）量刑和行刑中的抗震救灾立功情节考量

在地震发生后，一些正在被追诉的犯罪嫌疑人、被告人和服刑人员，守望相助，以积极救助他人等各种实际行动参与抗震救灾，避免了地震带来的更大损失，为抗震救灾作出了重要贡献。因此，在刑事司法实践中要特别重视对抗震救灾立功情节的认定。

在量刑中，我国刑法规定对有立功表现的行为人，可以从轻或者减轻处罚；有重大立功表现的，可以减轻或者免除处罚。在行刑中，我国刑法规定有立功表现的，可以减刑；有重大立功表现的应当减刑。对于正在被追诉的犯罪嫌疑人、被告人最后若被定罪，他们在地震灾害中舍己救人、参与抗震救灾的立功表现，在量刑中应当引起重视，可以对其在法定范围内给予从轻、减轻或者免除处罚。对于正在服刑的人员在地震灾害中舍己救人，参与抗震救灾的立功表现，在行刑中也应当引起重视，可以或者应当在法定范围内对其进行减刑。通过对抗震救灾立功表现的认定，对罪犯在量刑中进行从轻、减轻或者免除处罚，在行刑中减轻刑罚，有利于鼓励和弘扬抗震救灾精神，促进犯罪人员认罪伏法，认真改造。在司法实践中也不乏这样的案例。例如，2008年5月21日，四川省郫县人民法院审理童某涉嫌交通肇事一案，法院综合考虑童某抢险积极、案发后积极赔付被害人家属的经济损失等情况，最终决定对其依法从轻判处有期徒刑一年，宣告缓刑一年。① 又如，2008年7月1日，四川省成都市中级人民法院依法裁定对9名主动、积极参与抗震救灾表现突出的服刑罪犯予以假释、减刑。②

---

① 王鑫、何芳：《郫县一刑事被告人获轻判》，http：//rmfyb.chinacourt.org/public/detail.php？id=119423，人民法院报，访问时间 2009 年 2 月 4 日。
② 王鑫、徐秉晖：《九名罪犯被裁定假释或减刑》，载《人民法院报》，http：//rmfyb.chinacourt.org/public/detail.php？id=120389，访问时间 2009 年 2 月 4 日。

因地震相关证据灭失或犯罪嫌疑人伤亡的刑事责任的追究问题[①]

魏洁来等

【内容摘要】 2008年的汶川大地震,房屋倒塌众多,人员伤亡惨重,同时也衍生了很多特殊的法律问题。待审的刑事案件证据在地震中遭到灭失或毁损,犯罪嫌疑人也可能在地震中伤亡,如何处理刑事诉讼程序中证据灭失、毁损以及犯罪嫌疑人伤亡所涉及的法律问题,是保证刑事诉讼正常进行的关键环节。本文对侦查阶段和审查起诉阶段出现证据灭失或毁损、犯罪嫌疑人出现伤亡时重新收集证据以及终止、中止侦查或审理的处理方式进行研究,为在地震或其他自然灾害下刑事案件的程序运行提供一些建议。

【关键词】 地震 证据灭失 犯罪嫌疑人伤亡 刑事责任

前 言

2008年5月12日14时28分,四川省汶川县发生震级为8.0级的地震,直接严重受灾地区达10万平方公里。在这次地震的重灾区,如汶川县、北川县和都江堰市,公安机关、检察机关和审判机关的办公楼或多或少受到了地震的影响,出现整体倒塌、部分整体倒塌或局部倒塌加严重破坏、未整体倒塌但严重破坏或局部倒塌加严重破坏和

[①] 课题负责人:魏洁来,四川大学法学院2008级诉讼法硕士研究生;
课题组成员:黄彦婷、郭茜,四川大学法学院2008级诉讼法硕士研究生;韩莉萍,四川大学法学院2008级刑法学硕士研究生。

未整体倒塌但有破坏甚至严重破坏这四种毁损情况。① 出现上述四种状况的任意一种损毁,都有可能使司法机关所保存的案件证据灭失。在诉讼中,证据是认定案情的根据。只有正确认定案情,才能正确适用法律,从而正确处理案件。证据问题历来是诉讼中的关键问题,如果证据在刑事诉讼中的侦查阶段或者审查起诉阶段灭失,侦查机关和检察机关应该如何处理?

另据新华社报道,截至 2008 年 7 月 9 日 12 时,四川汶川地震已造成 69197 人遇难,374176 人受伤,失踪 18379 人。② 遇难、受伤和失踪的人口里包括了涉嫌实施犯罪行为的犯罪嫌疑人。公安机关正在积极搜集他们的犯罪证据,或者检察机关正在对他们的犯罪案件进行审查起诉。如果在这个百年不遇的强烈地震后,犯罪嫌疑人受伤甚至死亡,那么公安机关和检察机关又应当如何处理?以下将分述之。

一、因地震相关证据灭失的犯罪嫌疑人刑事责任的追究问题

1979 年 7 月 1 日,第五届全国人民代表大会第二次会议通过了新中国的第一部《刑事诉讼法》,其中第 31 条规定:"证明案件真实情况的一切事实,都是证据。"这是我国法律首次对"证据"一词作出的明确解释。1989 年的《行政诉讼法》和 1991 年的《民事诉讼法》,以及 1996 年修正的新《刑事诉讼法》都明示或默示地接受了这一解释。于是,我国学者多把它作为界定证据概念的法律依据,得出"证据就是证明案件真实情况的事实"这样的证据定义③。而何家弘教授认为,从法律的角度界定,证据就是证明案件事实或者与法律事务有关之事实存在与否的根据。④ 本文亦同意此种观点。

证据的基本功能在于它具有证明一定事实存在与否的作用。对于

---

① 王铁宏等:《对三个地震灾害严重的县镇房屋倒塌毁损情况的调研与思考》,载《建设科技》2008 年第 13 期,第 18 页。
② "截至 7 月 9 日 12 时 四川汶川地震已造成 69197 人遇难",中央政府门户网站 2008 年 7 月 9 日,http://www.gov.cn/jrzg/2008-07/09/content_1040559.htm。
③ 江伟主编:《证据法学》,法律出版社 1999 年版,第 206 页。
④ 何家弘主编:《新编证据法学》,法律出版社 2000 年版,第 74 页。

司法和执法活动来说,这种作用具有特别重要的意义。概括而言,司法和执法活动有两项基本任务:其一,是准确认定案件事实或其他争议事实;其二,是正确适用有关的法律规定。在这两项基本任务中,前者无疑应占首位,因为准确认定案件事实是正确适用法律的前提条件和基础。有学者认为,证据在司法和执法活动中的功能主要表现在以下三个方面[①]:

首先,证据是科学认定案件事实的基础。司法和执法人员面对的案件情况往往是错综复杂的,需要处理的证据常常真假难辨,而且他们对证据的收集和评断还要受多方因素的制约和影响。要想在这种难度极大的认识活动中准确地认定案件事实,就必须严格遵守司法证明的科学规律,也就必须科学地运用各种证据证明案件事实的规律。科学司法和科学执法,就必须靠证据,就必须重视证据。总之,科学的证明离不开科学的证据,证据是科学认定案件事实的基础。

其次,证据是实现司法公正和执法公正的前提。证据的这种功能是与前一项功能密切相关的。司法公正和执法公正的要旨在于司法机关和执法机关在审理各种案件和处理各种纠纷的时候坚持公平、正义的原则,但是这一切都必须建立在正确认定案件事实的基础之上。要正确认定案件事实,就必须重视证据的作用。由此可见,证据是实现司法公正和执法公正的前提条件。

最后,证据是维护当事人合法权益的保障。证据的这种功能表现在两个方面:其一,是在实体方面维护当事人的合法权益;其二,是在程序方面维护当事人的平等权利和正当权利。无论是诉讼当事人还是非诉讼法律事务的当事人,要保护自己的实体性合法权益就必须用证据来证明自己的主张。证据在程序方面维护当事人权利的功能主要表现为证据规则的作用。维护当事人在诉讼或非诉讼法律事务中的平等正当权利,首先就要有切实可行的举证规则和质证规则来保障当事人能够行使收集证据、使用证据和审查证据的权利;其次要有严格的证据排除规则来防止有关人员滥用职权或使用非法证据手段收集证

[①] 何家弘主编:《新编证据法学》,法律出版社 2000 年版,第 76 页。

据，侵犯当事人的合法权利。

通过上述对证据定义和功能的阐述可以得知，检察机关要代表国家对犯罪嫌疑人提起公诉，必须证明犯罪嫌疑人有犯罪事实存在，而要证明犯罪事实的存在则必须依赖于证据。在5·12汶川地震后，某些案件犯罪证据被毁灭是必然的。在这种情况下是否应当追究犯罪嫌疑人的责任呢？

要解决这一问题，需先了解刑事证据的种类，因为在下文中将会针对证据种类的不同而提出不同的处理方式建议。

根据我国《刑事诉讼法》第42条的规定："证据有下列七种：（一）物证、书证；（二）证人证言；（三）被害人陈述；（四）犯罪嫌疑人、被告人供述和辩解；（五）鉴定结论；（六）勘验、检查笔录；（七）视听资料。"[①]

（1）物证是指以其内在属性、外部形态、空间方位等客观存在的特征证明案件事实的物体和痕迹。书证是指以文字、图形、符号等所表示的人的思想内容来证明案件真实情况的书面文件和其他物品。

（2）证人证言是指诉讼过程中向公安司法机关所作的对案件有关情况的陈述。

（3）被害人陈述是指人身和财产遭受犯罪行为直接侵害的人就其被侵害的事实和有关犯罪分子的情况向司法机关所作的叙述。

（4）犯罪嫌疑人、被告人供述和辩解，是指在刑事诉讼过程中，就与案件有关的事实情况向公安司法机关所作的供述、辩解和陈述，即"口供"。

（5）鉴定结论是指有鉴定资格的专业人员就案件中的专门问题向司法机关提供的结论性意见。

（6）勘验、检查笔录是指办案人员对与犯罪有关的场所、物品、尸体、人身进行勘验、检查所作的书面记录。

（7）视听资料是指以录音、录像、电子计算机及其他科学技术设备储存的音像信息证明案件事实的证据。

[①] 叶青主编：《诉讼证据法学》，北京大学出版社2006年版，第63页。

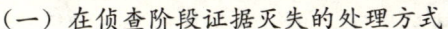
因地震相关证据灭失或犯罪嫌疑人伤亡的刑事责任的追究问题

(一) 在侦查阶段证据灭失的处理方式

在5·12汶川地震发生时,某些案件正处在侦查阶段。侦查机关可能尚未收集证据,也可能已经收集了一些犯罪证据仍需继续收集,或者证据已经收集完毕准备移送起诉。无论是案件处于上述哪一种状态,证据的灭失无疑是对侦查工作一个重大的打击与阻碍。由于侦查工作具有复杂性与阶段性,所以在5·12汶川大地震时,灭失的证据可能归属于不同种类。例如,某个案件刚进入侦查程序,其证据卷宗里面可能仅有现场勘验笔录;也可能某个案件侦查程序进行了一部分,其证据卷宗里边包括现场勘验笔录、被害人的陈述、视听资料等证据;也可能某个案件证据已经收集完毕(包括物证、现场勘验笔录、犯罪嫌疑人的供述、被害人的陈述等),侦查机关正准备将案件移送起诉。在这三个案件中证据灭失的种类不尽相同,而不同种类证据的灭失可能会使案件的侦查有不同走向。

1. 物证灭失

物证是客观存在的物体和痕迹,是以物质的存在形式证明案件事实的。因此,与其他证据相比较,特别是与各种证人证言相比较,它具有较强的客观性。物证中储存着各种各样与案件事实有关的信息,可以为查明和证明案件事实提供重要的依据。美国著名物证技术学家赫伯特·麦克唐奈曾经指出:"在审判过程中,唯有物证不会说谎。"[1]

物证还具有不可替代性。[2] 物证的证明价值通常都属于特定的物体和痕迹。例如,侦查人员在伤害案件的现场提取到一根带有血迹的木棍。在该案中,只有这根木棍本身具有证明价值,侦查人员不能用其他木棍来代替它。因此,物证通常都具有不可替代性。物证一旦在地震中灭失,是无法再次收集的。但物证证明所具有的间接性,使物证即使灭失也不会直接影响对案件事实的认定。因为从物证对案件主要事实的证明功能来看,物证属于间接证据的范畴,物证本身往往不

---

[1] [美]刘易斯:《血痕弹道指纹探奇》,何家弘译,群众出版社1991年版,第1页。
[2] 叶青主编:《诉讼证据法学》,北京大学出版社2006年版,第67页。

能单独直接地证明案件的主要事实,必须依靠其他证据的组合证明,形成严密的逻辑推理,其证明结论才能证明案件的主要事实。因此,物证的证明具有间接性。在司法实践中,一项物证被作为定案依据,往往需要辅之以其他种类的证据。

若物证在地震中灭失,但其他辅助证据(如鉴定结论或勘验笔录)依然存在,可以将鉴定结论作为证明案件事实的依据,追究相关犯罪嫌疑人的刑事责任,制作《起诉意见书》,连同案卷材料、其他证据一并送同级人民检察院审查决定;但如果辅助证据(如鉴定结论或勘验笔录)同物证一起灭失或者物证灭失时还未作出鉴定结论,那么只有将该物证从案件证据中排除,而诉诸找寻其他的证据。如果穷尽所有侦查手段,仍然没有证据能证明犯罪嫌疑人实施了犯罪行为,或者仅有犯罪嫌疑人的有罪供述,根据《刑事诉讼法》第46条关于补强规则的规定:"只有被告人供述,没有其他证据的,不能认定被告人有罪和处以刑罚",那么应该不再追究犯罪嫌疑人的刑事责任,依法作出撤销案件的决定,并制作《撤销案件决定书》。犯罪嫌疑人已被逮捕的,应当立即释放,并发给释放证明,同时通知原批准逮捕的人民检察院。

2. 书证灭失

书证作为一种反映人的思想内容的物质载体,它所能反映的信息内容明显比物证要翔实。书证所记载的内容能够证明案件事实的全部或一部,即书证所表达的思想或内容应当与案件有关。书证灭失后,某些类型的书证可以重新取得,而某些类型的书证却不能。对于可以重新取得的书证,如结婚证书、保险单、产品说明书等这类书证灭失后,可以去相关部门重新办理或者通过其他渠道取得相同样本,不影响侦查机关对案件事实的认定,应当在侦查完毕后将案件移送审查起诉,以追究犯罪嫌疑人的刑事责任。对于那些不能重新取得的书证,如作案人自制的现场地形图、犯罪嫌疑人的私人日记等,侦查机关只能将这一书证排除,不应将它作为认定案件事实的依据。如果没有其他证据能够证明犯罪嫌疑人犯罪,应当不追究犯罪嫌疑人的刑事责任。

3. 证人证言、被害人陈述、犯罪嫌疑人供述和辩解灭失

从证据的特征来看，证人证言、被害人陈述、犯罪嫌疑人供述和辩解这三类证据都具有直接性，能够直接证明案件事实，为侦查人员还原罪案发生过程提供了不可小觑的作用。例如，在犯罪分子与被害人人身直接接触的刑事案件中，被害人是最了解案件情况的人。因此，被害人陈述可能是直接证据的最重要的来源，体现了直接、具体、有较大证明价值的特征，尤其在性侵害案件中，被害人陈述成为反映案件事实的主要证据来源。而犯罪嫌疑人是案件事实的直接当事人，对自己是否犯罪以及犯罪的情节和过程、犯罪前后及犯罪过程中的心理状态最清楚。因此，犯罪嫌疑人的有罪供述，能够详尽地交代其犯罪的动机、目的、作案的手段、过程、具体情节、结果以及赃物的去向等，这对查明案件事实具有重要作用。犯罪嫌疑人所作的无罪或罪轻的辩解，一般会申明理由或提出某些具体的事实根据，这也会使公安司法人员兼听则明，进一步收集到必要的证据，有利于查明案件事实。因此，如果缺乏这三类证据，刑事案件就很有可能被撤销。

如果这三类证据在地震中灭失，其重新取得的几率也是较大的，只需要再次询问证人、询问被害人，或者讯问犯罪嫌疑人即可重新取得，而且这三类证据是直接证据，为了案件的侦破，侦查人员也必须去重新取得。当然，这次汶川大地震伤亡和失踪人数多，证人、被害人一般都是灾区本地居民，因此，可能部分刑事案件的证人、被害人已经在地震中不幸遇难或者失踪。在这种情况下，再次取得证人证言或者被害人陈述是不可能的。所以，当这种情况出现时，侦查人员只能舍弃这一直接证据，利用其他间接证据。

完全依靠间接证据也能定案，但在这个过程中，必须遵守以下原则：

（1）每一个间接证据都必须查证属实，不能存有任何怀疑。

（2）每一个间接证据都必须与案件事实有客观联系，即能证明案件中的某些事实、情节。

（3）间接证据必须形成一个完整的证明体系，所有的证明对象都应有相应的间接证据证明。

(4) 间接证据之间、间接证据与案件事实之间必须协调一致,不能存有任何怀疑。

(5) 依据间接证据形成的证明体系足以得出确定的结论,并且这一结论具有排他性。①

若侦查人员收集到的间接证据能够符合这五点原则,就可以将案件移送检察院审查起诉,以追究犯罪嫌疑人的刑事责任;若侦查人员收集不到其他间接证据,或者间接证据无法满足上述五点原则,那么侦查机关只能作出撤销案件的决定,不再追究犯罪嫌疑人的刑事责任。

4. 鉴定结论和勘验、检查笔录灭失

从主体上看,鉴定结论和勘验、检查笔录是由具备鉴定资格的专业人员或司法人员这种有专业技能的中立的第三方作出;从手段上看,二者都是涉及运用高科技手段的证据。因此,鉴定结论是证明力较强的证据。鉴定结论可以帮助司法人员认识案件中的专门问题,推动诉讼进行。鉴定结论具有科学性的特点,因而在诉讼中可以用来审查其他证据,特别是证人证言、犯罪嫌疑人口供、被害人陈述等言词证据,判断其真伪。勘验笔录的证据意义在于它是以直接反映现场存在的物品和痕迹的所处位置及其相互关系来证明案件情况,而不是以物品、痕迹本身来证明案情的,因为物品、痕迹自身属于物证的范畴。勘验笔录与检查笔录的功能远比其他证据多,它不仅反映案件有关的事实,而且具有发现、提取、固定、保全证据的功能,这是其他证据所无法比拟的。当然,在固定、保全证据这方面,鉴定结论也具有相同的功效。鉴定结论与勘验、检查笔录一般都属于间接证据,但如果这两类证据灭失,仍然会对案件产生很大的负面影响。所以,当鉴定结论或勘验、检查笔录在地震中灭失后,侦查人员应当积极补救。

就鉴定结论而言,通常是一式几份的。如果侦查机关保存的鉴定结论灭失了,可以要求鉴定人再次提供一份。如果所有鉴定结论都不

---

① 叶青主编:《诉讼证据法学》,北京大学出版社 2006 年版,第 105 页。

幸灭失，那么只能看被鉴定的对象是否仍然存在。如果被鉴定对象仍然存在，理所当然地，侦查人员应该指派或者聘请鉴定人员再次作出鉴定；如果被鉴定对象已经不复存在（例如，在故意杀人案件中，鉴定人在确定被害人的死因后，被害人的尸体已经被家属火化），那么只有排除这份证据。至于如何确定证人证言、被害人的陈述或者犯罪嫌疑人的口供真实，只有通过其他证据补强或者从各证据间的关系来予以相互印证。

就勘验、检查笔录而言，勘验、检查行为一般是在案件刚刚发生时作出的，因此勘验、检查笔录的作出具有一定的时效性。所以，当勘验、检查笔录灭失后，一般情况下是无法再次作出的。不过，这类证据属于间接证据，功能主要在于引起后面一系列的侦查行为。因此，勘验、检查笔录一旦灭失，应当将此证据排除。

5. 视听资料灭失

视听资料是运用科学技术手段记录下来的关于案件真实情况的原始材料，它所反映的客观事实、信息数据不受录制人、操作者或者办案人员思想感情的影响，也不受当事人和其他诉讼参与人主观意志的制约。只要收集的原始材料准确，提取的物品或者储存的信息没有差错，采用的仪器设备精良，操作的方式得当，其最后所得到的结论也必然是准确的、真实的。视听资料将录像与录音结合，能够连续地反映整个案件的动态发展过程。因此，如果某刑事案件有视听资料作为证据，侦查人员就如虎添翼，无论侦查的效率还是侦查的质量，都会大大提高。如果视听资料在地震中灭失，那么对于侦查人员无疑是致命的打击。

不过作为证据的视听资料一般都不止一份，所以当侦查人员证据卷宗里的视听资料在地震中灭失时，可以从其他拥有该视听资料的相关人员处再次拷贝，重新取得后可以连同其他证据一起移送检察院审查起诉，追究犯罪嫌疑人的刑事责任；若该视听资料由于某些原因无法再次取得，则只能以证人证言、被害人陈述或者犯罪嫌疑人供述来替代之。如果若没有任何证言或犯罪嫌疑人不作有罪供述，那么只能运用上文提到的有关间接证据定案的五项原则来决定该刑事案件的走向。

(二) 在审查起诉阶段证据灭失的处理方式

课题组曾深入灾区四川省 M 市 F 区人民检察院进行了调研①，对人民检察院在审查起诉阶段处理证据灭失的情况有了一定的了解。审查起诉工作与侦查工作的特点不同，因为在审查起诉阶段，刑事案件的证据基本上已经收集完毕，所以如果证据是在审查起诉阶段灭失，那么就只可能是全部证据的灭失，而非某一类或某几类证据的灭失。

课题组在 M 市 F 区调研时，与公诉科的工作人员谈到审查起诉阶段证据灭失的问题。该工作人员表示："当然要本着尽力重新收集的原则，像证人证言、犯罪嫌疑人口供这种比较容易再次收集的证据是必须要重新收集的，如果有的证据确实重新收集不到，那就只有排除掉。"一定要本着尽力重新收集的原则，但如果定罪的证据无法重新收集，那么将不能追究犯罪嫌疑人的刑事责任。这是无罪推定原则在实践中的具体运用。

尽力重新收集证据，可以参照上文中对侦查阶段重新收集证据的讨论。但由谁来重新收集证据，运用什么程序来重新收集证据，这些都是值得探讨的问题。

1. 审查起诉阶段重新收集证据的程序

通过比较，可以将审查起诉阶段重新收集证据的程序与补充侦查联系起来。

补充侦查，是指侦查机关依照法定程序，对于案件部分事实不清、证据不足或者尚有遗漏罪行、遗漏同案犯罪嫌疑人的情形，在原有侦查工作的基础上作进一步调查、补充证据的一种侦查活动。② 在审查起诉中，因地震相关证据灭失应当看做"证据不足"这一需要发起补充侦查的原因，而重新收集证据的行为应当看做"补充证据"这

---

① M 市是本次地震受灾最严重的城市，人员死伤人数居灾区首位。
② 龙宗智、杨建广主编：《刑事诉讼法》（第二版），高等教育出版社 2007 年版，第 271 页。

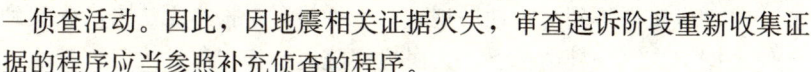

一侦查活动。因此,因地震相关证据灭失,审查起诉阶段重新收集证据的程序应当参照补充侦查的程序。

2. 审查起诉阶段重新收集证据的主体

《刑事诉讼法》第140条规定了审查起诉阶段的补充侦查。人民检察院审查案件,对于需要补充侦查的,可以退回公安机关补充侦查,也可以自行侦查。对于补充侦查的案件,应当在1个月以内补充侦查完毕。补充侦查以2次为限。补充侦查完毕移送人民检察院后,人民检察院重新计算审查起诉期限。对于补充侦查的案件,人民检察院仍然认为证据不足、不符合起诉条件的,可以作出不起诉决定。①从法律规定上可以发现,补充侦查的主体可以是公安机关,也可以是人民检察院。在地震后证据灭失,审查起诉阶段重新收集证据的主体应当仅局限于人民检察院为宜。因为地震过后,由于秩序的不稳定,罪案发生的频率较正常状态下更高,并且犯罪行为的类型比较罕见,如编造散布即将发生地震谣言的行为、从倒塌建筑物中攫取财物的行为、违规运输经销救灾急需物资的行为、哄抢救灾物资的行为等。②在沉重的任务负担下,公安机关的侦查人员很有可能怠于收集证据,一些本来能够收集到的证据,很有可能会因为公安机关侦查人员的懈怠而没有收集到。因此,将审查起诉阶段重新收集证据的主体定位为人民检察院是合适的。

3. 审查起诉阶段重新收集证据后犯罪嫌疑人的刑事责任追究问题

由人民检察院在审查起诉阶段完成了重新收集证据的工作后,案件会出现三种情况:第一种情况是重新收集到的证据足以证明案件事实,犯罪嫌疑人的行为依法已经构成犯罪;第二种情况是重新收集到部分证据,但这部分证据运用证据规则却无法证明犯罪嫌疑人构成犯

---

① 龙宗智、杨建广主编:《刑事诉讼法》(第二版),高等教育出版社2007年版,第271页。

② 刘明祥:《与地震灾害相关案件的定性简析》,载《人民检察》2008年第14期,第25~28页。

罪，案件事实得不到清晰地展现；第三种情况是根本无法再次收集到任何证据。在第一种情况下，人民检察院应当作出起诉决定，按照审判管辖的规定，向人民法院提起公诉，依法追究犯罪嫌疑人的刑事责任；在第二种和第三种情况下，人民检察院应当作出不起诉的决定，并制作《不起诉决定书》。如果被不起诉人的财务在侦查中被扣押、冻结的，人民检察院在宣布不起诉决定时，应解除扣押、冻结。这也是法制社会的必然要求。

二、因地震伤亡的犯罪嫌疑人的刑事责任追究问题

四川汶川地震的遇难者中还包括了一些刑事案件的犯罪嫌疑人，那么犯罪嫌疑人因地震伤亡，刑事责任应当如何追究呢？

（一）死亡的犯罪嫌疑人的刑事责任追究问题

根据《刑事诉讼法》第15条的规定，法定不起诉的情况包括：实施的行为情节显著轻微、危害不大，不认为是犯罪的；犯罪已过追诉时效期限的；经特赦令免除刑罚的；依照刑法规定，属于告诉才处理的犯罪，没有告诉，或者虽已告诉又撤回告诉的；犯罪嫌疑人、被告人死亡的；其他法律、法令规定免于刑事处罚的。可见，若犯罪嫌疑人死亡，人民检察院对案件丧失了诉权，因而不能提起公诉，只能作出不起诉决定，没有自由裁量的余地。同理，如果犯罪嫌疑人死亡时案件还处于侦查阶段，那么理应终结侦查程序。因此，若犯罪嫌疑人在地震中死亡，应不再追究其刑事责任。

（二）受伤的犯罪嫌疑人的刑事责任追究问题

犯罪嫌疑人在地震中受伤，根据伤情不同，其处理方式也有差异。

1. 在侦查阶段受伤的犯罪嫌疑人的刑事责任追究问题

根据我国《刑事诉讼法》以及最高人民法院、最高人民检察院、公安部执行该法的规范性文件规定，在侦查过程中，侦查中止的使用情形有以下三种：

（1）犯罪嫌疑人长期潜逃，采取有效追捕措施仍不能缉拿归案的。

（2）犯罪嫌疑人患有精神病及其他严重疾病不能接受讯问，丧失诉讼行为能力的。

（3）犯罪嫌疑人下落不明，但又不够通缉条件的。①

可见，在犯罪嫌疑人患有严重疾病不能接受讯问的情形下，侦查机关应当中止侦查，并且可以将犯罪嫌疑人严重受伤的情形参照犯罪嫌疑人患有严重疾病的情形来处理。因此建议：当犯罪嫌疑人在侦查阶段严重受伤足以影响其接受讯问的情形下，侦查机关应当经检察院批准，中止侦查程序，待犯罪嫌疑人的身体恢复到能够接受讯问的时候，经检察院决定，恢复侦查，继续追究其刑事责任；当犯罪嫌疑人在侦查阶段受伤程度不足以影响其接受侦查人员讯问的情形下，应当不停止侦查，让侦查活动正常进行，以便尽快将案件侦查终结，移送检察院审查起诉，追究犯罪嫌疑人的刑事责任。至于如何鉴定犯罪嫌疑人的伤情是否影响他接受讯问，应该由侦查机关委托第三方进行鉴定。第三方可以是犯罪嫌疑人所就医的医院，也可以是司法机关内部设立的鉴定机构，如设立于人民法院内部的法医室。为了使鉴定尽可能的公正，应当禁止接受犯罪嫌疑人及其亲属提供的鉴定机构或鉴定人员进行鉴定。中止侦查期间，如果犯罪嫌疑人在押，对符合延长侦查羁押期限条件的，应当依法延长侦查羁押期限；对侦查羁押期限届满的，应当依法变更为取保候审或者监视居住的强制措施。

2. 在审查起诉阶段受伤的犯罪嫌疑人刑事的责任追究问题

我国《刑事诉讼法》以及最高人民法院、最高人民检察院、公安部执行该法的规范性文件规定，在审查起诉过程中，审查起诉中止的适用情形有以下两种：

（1）犯罪嫌疑人潜逃，或者患有精神病及其他严重疾病不能接受讯问，丧失诉讼行为能力的，人民检察院可以中止审查。

（2）共同犯罪中的部分犯罪嫌疑人潜逃的，对潜逃犯罪嫌疑人可以中止审查；对其他犯罪嫌疑人的审查起诉应当照常进行。②

---

① 陈永革主编：《刑事诉讼法学》，四川大学出版社2004年版，第151~152页。
② 陈永革主编：《刑事诉讼法学》，四川大学出版社2004年版，第151~152页。

对于犯罪嫌疑人在审查起诉阶段受伤的情况,可以完全参照上述犯罪嫌疑人在侦查阶段受伤的情况。当犯罪嫌疑人在审查起诉阶段严重受伤足以影响其接受讯问的情形下,应当由办案人员提出意见,部门负责人审核,报请检察长决定,中止审查起诉程序,待犯罪嫌疑人的身体恢复到能够接受讯问的时候,经检察长决定,恢复审查起诉,继续追究其刑事责任;当犯罪嫌疑人在审查起诉阶段受伤程度不足以影响其接受讯问的情形下,应当让审查起诉继续正常进行,以便尽快向法院提起公诉,追究犯罪嫌疑人的刑事责任。

但在某些轻微刑事案件中,被害人所受的伤害并不大,而犯罪嫌疑人却在地震中身受重伤,还有可能正面临着失去亲人等心理和身体的双重打击。对于此类案件,要尽可能地考虑实际情况,不再追究其轻微犯罪的刑事责任。

结 语

综上所述,5·12汶川大地震后,无论是在侦查阶段还是审查起诉阶段的案件出现相关证据灭失的情况,侦查机关或者检察机关都应当竭尽所能地去重新收集证据,再审查重新收集到的证据是否能证明案件事实,以决定是否追究犯罪嫌疑人的刑事责任。如果犯罪嫌疑人在地震中死亡,就应当终止侦查程序或者终止审查起诉程序,不再追究其刑事责任;如果受伤足以影响其接受讯问时,就应当中止刑事诉讼,待犯罪嫌疑人伤愈后再恢复侦查或审查起诉程序。当然,在某些涉嫌轻微刑事案件的犯罪嫌疑人身受重伤的情况下,可以不再追究其刑事责任。

应急状态下刑事纠纷的替代解决机制研究[①]

文　灿等

【内容摘要】　应急状态具有价值取向上的秩序价值优先以及行政机关权力扩大的特点。基于此特点以及应急状态下刑事纠纷的特殊性，在秩序原则、效率原则、底线正义原则以及司法最终原则指导下，对于应急状态下的轻微刑事纠纷可以采取刑事和解、公安机关治安处罚以及通过社工和安置点警务室调解等替代性纠纷解决机制，以集中主要力量打击重大刑事犯罪，从而快速地恢复社会秩序。

【关键词】　应急状态　刑事纠纷　替代性纠纷解决机制

前　言

社会状态可以分为正常状态和非正常状态，这是现实生活中难以回避的现实。9·11恐怖袭击、SARS事件、印度洋大海啸、禽流感以及汶川地震等危机事件一次又一次地考验着人类面对危机的极限。"社会常态需要法制，应急状态需要另一类法制。"[②] 在应急状态之下，巨大的危险威胁着广大公众的人身健康和生命安全，人们之间的刑事纠纷具有不同于正常状态下产生、发展的特殊性以及纠纷解决机制的个别性。应急状态法制的出发点和最终归宿是缓解这种危机事件

---

①　课题负责人：文灿，四川大学法学院2007级诉讼法硕士研究生；
　　课题组成员：张丽娜，四川大学法学院2007级诉讼法硕士研究生。
②　肖金明、张宇飞：《另一类法制：紧急状态法制》，载《山东大学学报（哲学社会科学版）》2004年第3期。

所带给人们的创伤,尽快恢复正常的社会、生活、法制秩序。刑事纠纷解决途径在一定程度上并不能适应这种法制目的,应急状态下为刑事纠纷建立一种多元化的解决机制成为一种必要。

目前国内对于应急状态的研究多集中在行政紧急权和公民基本权利的冲突与协调等宏观方面,对于应急状态下如何具体解决纠纷、恢复正常的社会秩序很少有所涉及,更谈不上对替代性纠纷解决机制的研究,特别是刑事纠纷的解决。即使在常态下的替代性纠纷解决机制的研究也绝大部分是局限于民事领域。国内学者对替代性纠纷解决机制的研究不够深入,不仅表现在研究成果不多,而且表现在学者即使对民事替代性解决机制的研究也更多的是横向介绍与考察,一些文章中涉及的我国制度建构的部分也往往比较简单。因此,对替代性纠纷解决机制的基础理论、我国未来制度构建的种类与细节等进行深入研究是很有必要的。

研究的前提——相关概念的明确

民事纠纷替代性纠纷解决机制的理论基础毋庸置疑,但是由于国家本位刑法观的影响,刑事纠纷的替代性解决机制的理论支点一直受到争议,这也是刑事和解制度一直成为学界焦点的原因之一。要讨论应急状态下刑事纠纷的替代性解决机制,除了国家本位刑法观理论模型的转变之外,界定可以适用替代性纠纷解决机制的刑事纠纷的范围以及适用情境是首先必须明确而又十分重要。

(一)适用情境——应急状态的界定

在国内,应急状态是一个还没有完全法律化的概念,甚至连名称都不一致:紧急状态、紧急情况、突发事件等,而其中紧急状态比较常用,同时对应急状态的理解也是大相径庭。纵观各国对于应急状态的立法,有理解为最广义的应急状态——扰乱社会正常秩序的状态;有理解为最狭义的——发生在全国或其局部的通过国家行政权就可以加以控制的危险事态,主要是将战争排除在外。讨论应急状态下的刑事纠纷替代性解决机制,应当采用狭义的定义。因为战争状态之下,一个国家的宪政体制会遭到巨大的破坏,在很大程度上超出了法律的控制范围。此时，刑事纠纷替代性解决机制的适用主体和适用依据都具有极大的不稳定性。

根据我国的情况，应急状态是指突发性的现实危机在较大范围之内和一定时间段中严重威胁到正常的社会秩序和国家政权机关正常运作，必须采取特殊的应急措施才能恢复正常秩序的特殊状态。应急状态应具备的要件是：有紧急事实的存在，危险迫在眉睫，必须采取紧急对抗措施，合法程序的确认。应急状态主要具有两个关键性特点：

（1）具有以正常的措施或限制办法不足以控制局势的性质。应急状态的出现往往突如其来、猝不及防，短时间内给社会带来巨大的灾难，导致国家政权机关无法正常行使管理社会的职能，常规管理手段失去效果。为了迅速恢复正常的社会秩序，减少因紧急状态而造成的损失，有关国家机关以及国家公职人员必须采取各种特别的紧急对抗措施，否则即使有某种现实或者肯定要发生的紧急事件的存在，也不能宣布为应急状态。例如，现实中有些紧急危险情况，往往不需要通过宣布应急状态、采取应急对抗措施，只需要一般的紧急处置就能消除。因此，应急状态必须采取特别的紧急对抗措施消除紧急事件。

（2）应急状态下，国家活动的主要特征是国家权力呈现向行政机关集中的趋势，并主要由行政机关实行集中统一指挥和采取非常控制措施。应急状态下行政机关采取非常手段所维护的是国家和社会的整体利益。所以行政机关在应急状态下保全国家和社会整体利益和维护社会秩序，社会成员作出一些牺牲是具有正当性的，也是必要的。社会群众对应急状态下政府权力的扩大也普遍持理解态度。课题组对成华区安置点的灾民问卷调查显示，96.38%灾民表示对地震期间政府权力积极行为表示支持，只有2.59%的灾民表示没有必要，1.03%的灾民表示强烈反对。

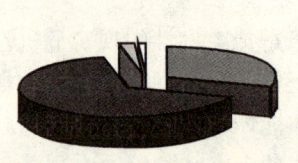

图 1　受灾群众对地震期间政府权力扩大的态度

（二）适用范围——刑事纠纷的界限

刑事纠纷与犯罪含义几乎一样，但是外延和内涵有所不同。纠纷是指"争执的事情"，而"犯罪"更着重于对国家权威性、社会稳定性的侵害，所以"刑事纠纷"的指称更偏向于加害人与被害人的个人关系冲突，然后才是个人与国家之间的冲突。因此，刑事纠纷的外延小于犯罪，仅局限于有被害人的犯罪，内涵则相应较犯罪更为丰富。因此，在确定可适用替代性解决机制的刑事纠纷范围之时，应将故意编造、传播、散布不利于稳定的虚假和恐怖信息，严重影响社会稳定的妨害公务、聚众扰乱社会秩序和公共场所秩序，以及盗窃、抢夺、抢劫、破坏等严重刑事犯罪必须排除在外。对于这些犯罪，一方面要从快从重处罚，以尽快稳定紧急状态下的社会秩序；另一方面面对可能剥夺其人身权利的重大处罚时也要保障犯罪人接受司法裁判的权利，不能由社会机构和行政机关介入。

事实上，之所以要寻求刑事纠纷替代性解决机制，是因为即使是在正常的社会状态下，现行的单一的诉讼程序无论在数量上还是质量上都已经无法承担刑事纠纷解决的需要，更别说是社会动荡的应急状态之下。而且一旦到应急状态下，由于社会秩序已经异于常时，人们的心理与行为亦出现诸多不同之处，造成此时的刑事纠纷较正常时期呈现出更多的独特性。所以，此时能否继续适用正常社会秩序下的解决机制，是需要考虑的问题。不过，无论如何，在选用刑事纠纷替代性解决机制之前，探寻应急状态下的刑事纠纷特征是很有必要的。

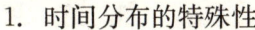

1. 时间分布的特殊性

据统计，大灾所伴随的犯罪，常常是发生在灾害发生几天后，并且与救灾速度和基本生存环境的恢复有关。随着社会救灾的实现和社会控制系统的职能恢复，犯罪的数量开始下降。汶川地震后，约用一周时间恢复了基本的食品供应，重建了社会控制机构。调查发现，灾时犯罪的高峰，也发生在一周之内，主要在震后三四天。

2. 特殊犯罪的轻微性

地震灾害形成了一个特殊环境，也出现了一些特殊的犯罪行为。这些特殊的刑事案件相较于正常社会秩序下的刑事案件社会危害性较轻。首先，在地震时犯罪行为人的主观意图和普通刑事案件有别。例如，灾民因生活所迫实施的盗窃，有别于出于奢侈享受实施的犯罪；又如，灾民因地震家中的电视损坏而随手牵羊。① 其次，地震中特殊刑事案件"人身危险性不大"。例如，妨害公务案件，② 当事人回家看望和救助亲友是人之常情，处罚他是为了维护应急状态下的社会秩序，但是当事人本身的人身危险性和主观恶性不大。

3. 地区分布的不均衡性

唐山大地震后的调查发现，重灾区的犯罪率高于轻灾区，城市灾区的犯罪率高于农村灾区，灾区的犯罪率高于非灾区。在灾情严重、灾民最基本的生存条件丧失程度相对严重的社区，灾时犯罪率也相对较高。这些表明灾时犯罪的发生与灾害的破坏程度密切相关。

4. 初犯比例大大增加

在唐山地震发生后判刑的犯罪人员中，重新犯罪的比例低于常

---

① 5·12特大地震发生后的第2天，置信房产在仙林鹤仙打造的"置信体验区"工作人员全部撤离，整个体验区空无一人。灾民带着惊慌逃离家园，几天后灾民心情有所稳定，便陆续回家。有的灾民见家里的电视机被地震震坏了，便去体验区"抱"一台回来，其他的灾民见状也纷纷去体验区"抱"电视，体验区数十台电视被灾民全部"抱"走。

② 地震第2天即5月13日，灾民带着几分期许的眼光，惊慌失措地从灾区走出，他们大量的财产都留在灾区，为保障灾区安全，彭州对通往灾区的道路实行交通管制，一般的车辆只能从灾区出来，不能进入灾区。下午18时许，新兴镇灾民杨XX逃出来后，对家中的人放心不下，决心回去一趟。但由于交通管制，杨XX驾驶拖拉机在路口等了两个多小时后，强行冲卡，将正在值勤的警察撞到。

时,一些高文化和高阶层的人,在震后的特殊环境中,也出现了犯罪行为。主要原因是在灾后人们生存需求极难满足的条件下,许多常时尚能受法律约束的人也开始走上犯罪道路,因此初犯比例远大于惯犯。另外,调查也显示,青少年犯罪低于震前,成年犯比例大大高于震前。

5. 犯罪类型相对集中

灾时犯罪类型比较多见的包括智能犯罪,如诈骗;暴力犯罪,如杀人、伤害;财产犯罪,如偷盗、哄抢等;性侵犯罪,如强奸、猥亵等,同时也包括职务犯罪,如侵吞救灾物资等。但主要集中于财产犯罪和性侵犯罪。在唐山大地震中财产犯罪约占犯罪总数的80%以上,根据对安置点灾民的问卷调查表明,73.12%的被调查者都曾见过犯罪现象,其中28.16%的被调查者曾见过多次,其中掠索财物与偷盗抢劫的最多。可见生存条件恶化对产生犯罪的影响。

6. 群体性不法行为增多

所谓群体性犯罪,即自发形成的众多人共同参与的犯罪。灾时犯罪的群体性特点可以从社会心理学方面给予解释。一方面是灾后的高度紧张和恐惧感增大了人们的合群性,另一方面是自然灾害的巨大破坏性使灾民普遍没有安全感,自身的渺小使人们感到无助绝望,心理上形成挫折感。因此灾时人们更愿意加入某一团体,想在聚集的人群中寻求某种安全感和发泄心中的挫折感。在应激状态或消极情绪高度积累的情况下,个体的意识能力降低,自我控制弱化甚至瓦解,个人对行为的约束力降低,随意性增高,导致盲目的从众行为;加之在灾时特定条件下,社会和个人的财物公开裸露,客观上也刺激了个人的犯罪动机,只要有一人带头行抢就极易转化为群体性犯罪。

据报道,汶川地震后一天内,受灾最重的映秀镇的超市、服装店、银行、停放的汽车都遭到哄抢,"鑫兴超市内,长长的货架上,甚至找不到一件商品","鸿运服饰店里满屋的空鞋盒子,墙上的衣架都是空的,没有一件衣服、一双鞋子","中国建设银行营业厅是映秀少数的房屋结构依然保存完整的建筑物之一。但银行保险柜被扔在了废墟上,里面空空如也"。

7. 群众对不法行为的容忍性

灾时不法行为是比较普遍的社会现象,但是人们对其的态度发生较大转变。通过对成华区安置点中122人的调查统计显示:对于灾时的不法行为表示气愤并设法阻止者占19.3%,表示很气愤但未去阻止者占27.0%,二者之和为46.3%;尽管不满,但抱理解态度者占40.7%。① 也就是说,有近一半的人认为不对,有40%的人尚抱同情态度,其心理基础在于灾害后人们普遍的恐惧、痛苦和忧虑,从而使原有道德价值观念削弱,对犯罪行为表现出容忍和放任。

(三) 适用手段——替代性纠纷解决机制的含义

现有理论对替代性纠纷解决机制主要是民事领域的研究,即ADR(alternative dispute resolution)研究。民事 ADR 主要是指各种不违背强行法规定,由纠纷当事人自主选择并控制的替代诉讼程序解决民事纠纷方式方法的总称。扩展到刑事领域,替代性纠纷解决机制是一种独立或相对独立于法院诉讼的处理刑事纠纷的非诉讼纠纷解决方式。在应急状态下,可行的主要有以下几种替代性纠纷解决方式,分别是刑事和解、社区调处和公安机关的治安处罚②以及其他行政机关对于刑事纠纷的调处。

三、应急状态下刑事纠纷替代解决机制适用的可行性和必要性

刑事案件的诉讼是指由国家专门机关依据法律规定的程序来解决一个人的刑事责任问题,从而达到实现国家刑罚权的目的。因此公诉是刑事纠纷的解决途径。通过诉讼,一定程度上能够满足当事人和社会主体对于正义的需求,解决纠纷、恢复被侵害的权利,但需付出相

---

① 调研中向成华区安置点的灾民共发放150张问卷,收回128张,其中有效问卷122张。

② 对治安处罚的适用,通过访谈发现一个典型案例。2008年5月14日,向某向成华区建设路附近某面馆前过往的学生宣称"成都市水源被污染不能饮用",并借此向学生兜售矿泉水。公安机关掌握情况后,迅速向成华区检察院通报。检察机关迅速提前介入,认为向某的行为尽管不构成刑事犯罪,但属于虚构事实扰乱公共秩序的治安违法行为,遂发出检察建议。公安部门对向某作出了行政拘留5天的处罚。

当大的诉讼成本。在西方法律传统中，流传着"诉讼是一种必不可少的恶"，"诉讼会吞噬时间、金钱、安逸和朋友"等谚语。相对于诉讼，替代性纠纷解决方式则以节约纠纷解决的成本、追求效益为基本目标。基于此，人们期望有多种可供选择的纠纷解决方式，以满足人们对不同价值目标的追求。那么应急状态下刑事纠纷替代性解决机制是否具有可行性呢？非诉讼的甚至是非国家权力介入的纠纷解决机制存在的正当性基础是什么？在应急状态下对刑事纠纷适用非诉讼解决机制是不是必要的呢？

应急状态下适用替代性解决机制的可行性主要是因为在应急状态下的纠纷处理和日常情况下纠纷处理的价值追求有所不同。不同的价值追求衍生出不同的程序设置和不同的处理方式。因此，价值追求的确定对后文中替代解决机制的选用和研究至关重要。应急状态是一种非正常的社会秩序。因此，在法的基本价值中，人们所追求的是秩序价值。如何能够快速恢复到正常的社会秩序是应急状态下行政机关与司法机关首要考虑的问题。具体到刑事纠纷的解决，也应以如何快速有效解决纠纷——这个实用效果为首要选用标准。在应急状态下，由于首先考虑的任务是如何采取有效的措施来恢复正常的生产、生活秩序以及法律秩序。正是应急状态的特殊性决定了替代性机制解决刑事纠纷的必要性。

首先，紧急状态下应注重主体间冲突的真正化解，特别是注重当事人对抗情绪的消融，从而在紧急时期尽快凝聚解决社会危机的向心力。促使司法在严格的法律形式与法律实用之间寻求某种平衡。而诸如社区调解、刑事和解等替代性解决机制正契合了化解冲突的价值追求，彰显了司法的实用与灵活性，进而为社会秩序的重塑贡献力量。

其次，在应急状态下，一方面纠纷类型特定化、新型化，纠纷当事人往往情绪波动比较大，物质损失较大。许多灾民已经一无所有，他们无力缴纳诉讼费，还有一些灾民交通不便，无法参加庭审。另一方面，司法机关面对灾害造成的新情况以及灾民之间的利益纠纷，应当尽快提供简便和周全的司法服务。对于轻微刑事纠纷，采取非诉讼的解决机制可以较快地予以处理，从而使司法机关集中力量打击重大的趁灾违法犯罪活动,尽快地化解危机和恢复公共秩序。

调研中发现,司法机关已经注意到替代性纠纷解决机制的适用。四川汶川大地震发生后,四川省成都市两级检察机关在全力抗震救灾的同时,积极探索贯彻落实宽严相济刑事政策的新途径、新措施,通过对刑事案件分案处理等方式,实现了执法办案社会效果与法律效果的有机统一。成都市新都区检察院公诉科在大地震发生后的特殊时期,适时运用刑事和解,为在地震中受灾的被害人及时挽回被抢的财产。这些措施取得了良好的效果。从社会学的一般规律来看,严重自然灾害导致的城镇受损、人员伤亡、情绪恐慌、国家机器无法正常运转等直接后果,会为犯罪的发生提供机会。因此大地震易引起犯罪的高发。比如震后的唐山市刑事案件日均发案数明显上升,1976年8月份每天6.98起,为震前平均水平的5.2倍。哄抢行为也较为普遍。据调查,1976年唐山地震中被群众哄抢的商品价值约1208万元,占全部地震损失的15.7%。1987年"大兴安岭特大森林火灾"、1991年"长江特大洪灾"等都发生了群众哄抢商店的越轨行为。[1] 当然,也不尽然,从四川省检察机关截至2008年9月的报表数据看,检察机关批准逮捕的各类涉震刑事案件158件223人,已起诉214件301人,微罪不起诉2件2人。从逮捕和起诉的数字上来看,震后灾区并未出现刑事案件高发的情况,一些地区同比往年,刑事、治安案件甚至还有所下降。

四、刑事纠纷替代解决机制适用的原则

任何一部法律,任何一种制度都有自身的原则。这是价值选择在内容设定上的体现,也是功能作用的体现。比如,民法是私法,则其原则强调诚实信用,强调公序良俗;而刑法是公法,涉及国家公权力对个人的管理,则其原则强调罪刑法定等。在解决了刑事纠纷替代性解决机制正当性之后,确定纠纷处理的原则是为了在具体程序设计和选用上设立一个底线。在价值选择的指引下确定原则的适用,进一步

---

[1] 郭强:《对灾害的反应——社会学的考察(之二)》,载《社会》2001年第12期。

为后文中替代性纠纷解决机制打下理论基础。

(一) 秩序原则

秩序是应急状态法制的首要目标。导致应急状态的不稳定因素出现并持续时,社会对秩序的需求更为强烈,对秩序的追求,在应急状态下比在任何状态之下都更为迫切。① 因而应急状态法制构建的首要原则即是维持、保障社会秩序。此时,国家和政府在应急状态下采取应急措施以便于恢复秩序。因为"在紧急状态下由于全社会首先考虑的任务是如何采取有效的措施来控制和消除紧急状态、恢复正常的生产和生活秩序以及法律秩序,因此社会公共利益(包括国家利益和国家安全)以及集体利益等要得到优先保护"。② 而要重点保护公共利益、维护法律秩序就必须赋予政府以行政紧急权力。为了实现公共利益和恢复秩序,政府在平时不能采取的行政措施在应急状态时期也可以依法行使。

(二) 效率原则

实践中引起应急状态的因素、事件或行为往往突如其来,令人措手不及,所采取的应对措施也要迅速反应才能更有力地维持秩序、化解危机。效率原则在应急状态下应有更广泛的适用。适时调整和压缩某些程序以争取时间、减小损失是十分必要的。而且在应急状态下,对社会危害不大的简单刑事纠纷应当采取更为高效而迅捷的处理方式。

(三) 底线正义原则

应急状态需要法制,更为重要的意义在于它是避免法治危机的必需。应急状态不仅会对经济、社会造成巨大冲击,它更可能构成对法治的严重冲击。应急状态下行政权力调处纠纷可能会造成权力任意妄为。应急状态中效率和秩序的极度扩张可能会背离法治的基本轨道,

---

① 通过对安置点受灾群众调查问卷数据显示,52.34%的群众觉得地震之后尽快恢复正常的社会秩序是最重要的,34.5%的受灾群众认为个人财产权利保护最重要,而只有13.16%的群众认为个人权利保障最重要。看来灾后受灾群众对正常生活的渴求要远远高于对现时自身利益的需求。

② 陈雄:《紧急状态下的自由与秩序》,载《社会科学家》2004年第4期。

不仅不能解决纠纷，这种不公正反而激化了纠纷双方的矛盾，引发更为严重的不稳定因素。《公民权利和政治权利国际公约》第4条第2款规定："即便是在紧急状态时期，缔约国也不得克减该公约所规定的生命权，免于酷刑的权利，不得为奴或强迫劳役的权利，不受溯及既往的刑法追溯的权利，法律人格得到承认的权利以及思想、良心、宗教和信仰自由等。"

（四）司法最终原则

司法无疑是权利救济的重要通道，权利如果最终缺乏司法的权威衡量，"那么这种权益的调整就会取决于或然性或偶然性（而这会给社会团结与和谐带来破坏性后果），或取决于某个有权强制执行它的决定的群体的武断命令"。① 同样，应急状态下行政紧急权力与司法权力的关系也不能背离法治原则。尽管常态下的司法审查制度将为应急状态法制所临时替代，应急状态下法院在发挥权力监督和权利救济功能方面将受到限制，但由于行政紧急权力的行使难免形成对公民权利的侵害，在完备的危机管理法制体系中，救济制度仍然不可或缺。替代性纠纷解决机制不应当具有最终的效力，当原纠纷解决机制的发生非出于自愿原则、严重违背了基本正义的情况下，司法机关有权行使监督权，以司法程序最终解决纠纷。

五、具体刑事纠纷替代性解决机制的运行分析

通过调研以及对司法机关的访谈得知，目前实务中可适用的刑事纠纷解决机制大致有刑事和解、行政调处、社区调解等几种。介于这几种解决机制之间在适用案件范围、处理方式等方面有相互融合和渗透的地方，在此基础上，将其分为司法处理模式和非司法模式两大类。其中，司法处理是指与诉讼程序相区别、有司法机关参与的刑事纠纷解决机制，在应急状态之下可以适用的主要是刑事和解模式。相应的，非司法处理模式是指主要包括行政机关主导的刑事纠纷解决机

---

① ［美］博登海默：《法理学——法律哲学与法律方法》，邓正来译，中国政法大学出版社1999年版，第399页。

制，比如治安处罚、民警调处，以及安置点内相关组织人员的调解。下面将分开论述这两种模式在刑事纠纷解决中的具体运行。

(一) 刑事和解模式

1. 刑事和解的适用

刑事和解已经在许多城市开始尝试。2006 年 7 月 21 日，由中国人民大学刑事法律科学研究中心和北京市检察官协会共同主办的"和谐社会语境下的刑事和解"学术研讨会公布，"2003 年 7 月到 2005 年 12 月 31 日，北京东城、西城、海淀、朝阳等七区检察院办理的轻伤害案件，由检察机关适用和解结案的达到 14.5%。其中海淀检察院和解结案的轻伤害案已达 20% 以上"。① 在四川法院系统内，刑事和解的运用也较为普遍。通过在双流县法院的调查统计，2006 年该院受理 7 件刑事自诉案件，有 3 件系刑事和解；2007 年共受理了 42 起刑事附带民事诉讼案件，涉案标的 1483836 元，调解率达 90%，其中有 32 件双方在民事部分达成了和解协议；2008 年受理刑事附带民事诉讼案件共计 89 起，其中交通肇事罪 46 件，达成调解协议或自行和解的 33 件，故意伤害罪 40 件，达成调解协议或自行和解的 14 件，过失致人死亡罪 3 件，达成调解协议或自行和解的 2 件。

虽然应急状态下的社会形势不同于正常的社会，但是，社会对一种制度的接受度存在相通之处。刑事和解在正常社会秩序下的运用，为其在应急状态下作为刑事纠纷替代性解决机制提供了良好的经验。一方面应急状态下的社会极其不稳定，刑事纠纷产生后应该尽快解决，排除这种不稳定因素。刑事和解的理论基础在于恢复性正义，其追求的价值取向更多的是强调实质正义和司法效率，这些都有利于应急状态下的首要目的——社会稳定。另一方面，根据灾害行为学的理论，灾害时期人们对法律的忍受度降低，初次犯罪者较多。而刑事和解也给了这部分人尽早回归社会与重建灾区提供了路径。

因此，在构建应急状态下的刑事和解机制时，就不能完全照搬现行情况下我国已经在尝试的刑事和解制度，而是必须进一步发挥刑事

---

① 《轻伤害案一成多诉前"私了"》，载《北京青年报》2006 年 7 月 22 日。

和解对被害人心里的救济、对社会稳定的快速回复以及减少再犯率等方面的作用。

2. 应急状态下刑事和解机制具体制度建构

(1) 刑事和解的案件种类适用范围。一般情况下的刑事和解主要适用的案件在于未成年犯、自诉、刑事附带民事诉讼案件以及一些轻微的刑事犯罪。但是，如前所述，应急状态下刑事纠纷不仅数量多，犯罪人也多数是初犯，而且由于在特殊情况下，所以被害人往往也能够给予宽容和理解。因此在应急状态下，可以适当调整适用刑事和解适用案件的范围，即适当放宽适用刑事和解的范围。但是，也不是完全没有限制地放宽，一些需要从重从快的犯罪，比如贪污、受贿、挪用公款、私分救灾款物等犯罪，就不在其列。其具体运用原则在于以下两点：第一，属于轻微刑事案件；第二，属于案情事实清楚的案件。轻微刑事案件不仅应该包括我国刑事诉讼法中规定的一些特定的轻微刑事案件，还应该包括现实生活中存在的大量其他轻微刑事案件。而这些案件需要满足的条件是：其一，所涉及的是被害人个人的利益，社会危害性小，如轻微交通肇事案件，小额的盗窃案件等。其二，在此基础上适当拓宽轻微刑事案件范围。一般轻微刑事案件指刑法规定的法定刑为三年以下有期徒刑、拘役、管制、单处罚金、缓刑的犯罪。但在应急状态下，放宽到法定刑为五年以下有期徒刑、拘役、管制、单处罚金、缓刑的犯罪较为适合。案情清楚的案件是指犯罪人和受害人对于案件事实状况都没有太大争议，或者侦查机关证据掌握充分，已经形成一个完整的证据链，对事实证明力很大的案件。之所以限定在此类案件是因为应急状态下的社会处于非常时期，政府需要对民众的心理和行为活动的信息加深掌握，才能做到防患于未然，避免让灾区出现不稳定的情况。而如果在案情尚未明了时允许犯罪人和被害人和解，就可能使公权力机关对社会的掌握减弱，不利于灾区的稳定。为了更好地规范刑事和解适用的案件范围，还必须确立禁止适用的范围。具体包括：危害国家安全的犯罪、危害公共安全的犯罪、破坏社会主义市场经济秩序的犯罪（自诉案件除外）、妨害社会管理的犯罪、危害国防利益的犯罪、贪污贿赂犯罪、渎职罪、军人违反职责的犯罪。在这些案件中,犯罪行为侵害了更重要的国家利益和社会利益。犯罪人的主观恶性、犯罪后果的严重性,不利于应急状态下社会秩序的恢复,所以这几类案件不适宜适用刑事和解程序。

(2) 刑事和解适用的诉讼阶段。刑事和解的广泛适用是使得被破坏的社会关系迅速恢复的关键。一般社会状态下,学者大多主张刑事和解可以适用于侦查阶段、审查起诉阶段、审判阶段甚至刑罚的执行阶段。① 对于那些在正常情况下也可以适用刑事和解制度的案件可以在上述四个阶段适用,但是对于在应急状态下扩大使用刑事和解的案件,只在侦查阶段与审查起诉阶段适用为宜。因为社会处于应急状态的时间并不长,一个刑事案件在经历侦查阶段与审查起诉阶段的期间一般大概有两个月。而两个月之后,应急状态一般已经过去,进入灾后重建,社会生活逐步走向正轨。这个时候,民众与政府对于刑事纠纷急于快速解决的心态也得到相应缓解,已经不需要依靠刑事和解的灵活性来加快解决纠纷。所以,刑事纠纷的解决应该回归常态,通过正常的诉讼机制解决。

首先,侦查程序中的刑事和解。汶川地震发生后,灾区的公安机关在社会秩序的维护和恢复中起到了举足轻重的作用。在侦查程序中适用刑事和解程序结案可以快速解决纠纷,节约诉讼资源,提高诉讼效率。具体来说,当被害人和犯罪人在主持机构的主持下达成和解协议时,侦查机关可以分别不同的情况对案件作出处理:如果案件尚未被立案,侦查机关可以根据生效的和解协议作出不予立案或者暂不予以立案的决定;如果案件已经立案,侦查机关可以根据生效的和解协议作出撤销案件的决定。遂宁市干警在汶川地震期间破获刑事案件 1 件,查处治安案件 2 件,删除涉震谣言 10 余条,调处各类矛盾纠纷 12 起,处理交通事故 36 起。这说明公安机关在震后社会治安综合治理的实务之中已经充分发挥了调解刑事纠纷的作用,也取得了良好的效果。

---

① 陈光中主编:《中华人民共和国刑事诉讼法再修改专家建议稿与论证》,中国法制出版社 2006 年版,第 8 页。

其次，审查起诉阶段的刑事和解。① 在审查起诉阶段，案件事实已经基本清楚，此时如果出现可以适用刑事和解的情形，检察机关可以主持和解程序。具体来说，如果案件情节轻微，检察机关可以根据生效的和解协议作出不起诉决定；如果犯罪人是一时冲动或者激愤犯罪的，检察机关可以根据生效和解协议作出暂不起诉决定。所谓暂不起诉是指检察机关对犯罪嫌疑人暂时不予起诉，要求其在一定期限内履行一定的义务。如果犯罪嫌疑人在规定的期限内履行了规定义务，检察机关就不再对其起诉，诉讼程序终止。反之，如果犯罪嫌疑人在规定的期限内不履行规定的义务，检察机关就对其进行起诉，请求法院追究其刑事责任。

第三，刑事和解的法律效力。刑事和解协议的法律效力主要体现在对所有参与和解程序的主体的约束力上。对犯罪人和被害人而言，一旦就赔偿方案达成合意并签字认可，就必须按照协议所确定的内容，积极履行自己的义务。和解协议发生法律效力之后，和解协议在双方当事人之间构成阻碍刑事追诉程序进行的依据。如果没有特殊原因，就不应再通过刑事诉讼程序追究犯罪人的责任；一方拒绝履行自己的义务，或者不按照协议履行义务，另一方将有权依据和解协议请求人民法院强制执行。但是，因为应急状态下和解协议只是存在于侦查和审查起诉阶段，犯罪嫌疑人未能接受法院的公开裁判，所以如果和解协议的签订明显违背当事人的意志，和解协议的内容违背正义的

---

① 对于审查起诉阶段的刑事和解有个典型的成功案例。2008 年 5 月 18 日，警方移送审查起诉的一起 4 人合伙抢劫案，送到新都区检察院公诉科检察官伍军手里。第二天，该案的被害人老吴便找到检察机关了解情况。交谈中伍军了解到，老吴家里经济困难，他家在这次地震中房屋严重受损，一家人只能住在菜地的塑料棚里，急需拿回被抢的钱维修、加固房屋。老吴提出，如果犯罪嫌疑人愿意还钱，他可以原谅对方。得知这一情况后，伍军很为老吴着急，因为该案中被抢的钱早就被合伙抢劫的 4 人用完。而且从卷宗材料反映，4 名嫌疑人中有 3 人无偿还能力也不愿意偿还。伍军一面安慰被害人，一面积极与那位没有表态的犯罪嫌疑人张某家属联系。为进一步了解情况，伍军亲自前往张某在彭州的家里调查情况。通过走访，伍军了解到张某家里未受地震影响，其表姐愿意帮助张某赔偿被害人全部损失。5 月 23 日，伍军再次把老吴和张某的家人请到一起做协调工作，双方最终达成和解，约定由张某表姐替张某一次性偿还老吴 2200 元。

底线原则,那么和解协议任何一方当事人都有权主张解除协议,继续通过正常的司法程序解决纠纷。对于和解协议的无效原因,为了适应应急状态下的效率原则,主张方负有举证责任。

(二) 行政处理模式

当灾害发生,社会处于应急状态时,为了尽快稳定社会秩序,恢复到灾害发生之前的稳定状态,世界各国一致赋予行政机关更强大的权力,以加强对社会的控制力度。我国亦是如此。这是因为行政权本来就属于主导性权力,具有强制性和广泛性,一旦社会处于应急状态,对行政权的调动是最积极充分有效的。

这种有效性同样体现在刑事纠纷的解决中。日常生活中,公安机关就已经承担了大量的治安处罚和轻微刑事纠纷调解的工作。而在灾害发生后,警察和武警的运用总是最广泛最及时的。比如,2008年5月27日公安部根据中央领导同志指示,再次紧急调集全国28个重点城市的5200名公安特警,赴灾区执行维护治安任务。[①] 因此,在解决应急状态下的刑事纠纷时,应该进一步发挥公安机关的作用。问卷调查数据也显示,在发生刑事纠纷时,公安机关是灾区群众寻求帮助的首选,并对于公安机关履行职责是比较满意的。[②]

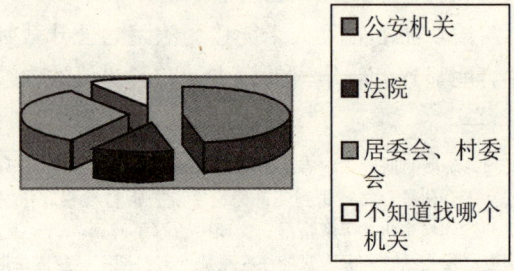

图2 发生刑事纠纷后灾区群众寻求帮助的对象

[①] 《黑衣特警形成强大威慑力 地震灾区刑事案件下降》,载《瞭望》新闻周刊2008年7月21日。

[②] 调查数据显示,对警察职责履行很满意和比较满意的比例高达73.12%,非常不满意的仅占6.35%。

但是，公安机关的职能具有多重性，除了承担行政职能和维持社会稳定外，还是侦查机关，承担启动司法程序的任务。公安机关在刑事纠纷解决时必须将两种职能分开对待，即对不同的刑事纠纷运用不同的职能。

刑事纠纷的解决不仅仅在于社会关系破坏后的恢复，还应该包括对未然纠纷的防治。根据罗斯的社会控制理论[①]，社会控制可以分为两方面，即正式控制和非正式控制。所谓正式控制，就是政权、司法机关依靠法律的强制力来进行控制；所谓非正式控制，就是指不靠强制力，而依赖非正式的社会组织、人际关系、家庭，并借助于风俗、道德、信仰与信念的力量对人们进行约束。因此，刑事纠纷的防治功能除了前述行政、司法机关承担外，社会组织也可以承担。不过，应急状态下的社会毕竟不同于正常秩序下的社会，如果不对此类社会组织加以监督、引导，就很容易减弱国家公权力机关对社会的控制力度。所以，在成立此类组织的同时，需要由行政机关加以指导和监管。

根据上述分析，建议在应急状态下建立如下刑事纠纷替代性解决机制，以达到为刑事诉讼程序分流、迅速恢复社会秩序、维持社会稳定的目的。

1. 公安机关处理

此处的公安机关处理是指对轻微罪的非刑事化处理，以及对于重罪的快速处理和对被害人的救济，需要建立先予执行制度。

先予执行制度是民事诉讼中的制度，我国的刑事诉讼法中并没有作此规定。而在现实运作中，公安机关和检察机关一般也站在国家公权力的立场上，强调追赃、没收赃款赃物，而很少关注作为被害人对损失弥补的迫切状况。建议在应急状态下，对于刑事纠纷的解决过程加入先予执行机制。因为社会处于应急状态的时候大多是物资匮乏和

[①] 田佑中、陈国红：《罗斯的社会控制理论述评》，载《南京政治学院学报》1999年第6期。

人民群众极易恐慌的时候,此时的被害人对于财产拥有的依赖性很强,所以其对犯罪人的报复心理比平时较弱,反倒是对财产回归的渴望比较强烈。① 而刑事和解程序可以大大节省诉讼时间,让被害人尽快得到赔偿。但是,并不是每一个案件都可以适用刑事和解。对于那些犯罪人逃逸且案件情况复杂的刑事案件而言,侦查程序往往会持续很长时间,而被害人的民事赔偿又不能在公诉程序结束之前提出,这样就造成被害人的救济常常得不到及时保障,因此应设立刑事诉讼的先予执行程序。其程序设想如下:

一是先予执行的申请。被害人应当先向公安机关提出申请,由公安机关审查确定案件的事实和犯罪嫌疑人是否已基本清楚,以及案件是否存在犯罪嫌疑人不能及时归案等阻碍案件正常调查的情形,查明申请人自身经济现状。符合一定条件的,由办案人员出具案情说明,连同被害人的申请递交法院。

二是先予执行的裁定。法院接到申请后,审查是否符合民事诉讼法第98条的规定,即被害人是否确实需要先予执行及犯罪嫌疑人是否有执行能力,如果符合条件则裁定先予执行,否则不予裁定。裁定中要指定犯罪嫌疑人的财产代理人(配偶或其他共同生活的亲属等)。作出裁定前应责令申请人提供担保,如果先予执行申请错误,由申请人承担责任,这与民事诉讼法的规定是一致的。

三是先予执行的执行。如果犯罪嫌疑人的财产代理人拒不履行裁定,则可以采取同民事诉讼一样的强制执行措施,如查封、扣押和冻结等。

2. 社区连动机制

建立社区连动机制的目的在于对未然纠纷的遏制。灾害发生后,社会原有的格局往往会发生改变。以汶川地震为例,由于原有房屋的倒塌,灾民都是居住在安置点,彼此陌生,不得不建立新的社会关系。所以,有必要让民众自己组织起来实现自我管理、自我服务、自

---

① 通过对安置点受灾群众调查问卷数据显示,57.67%的群众希望得到经济补偿,而只有40.56%的群众希望犯罪分子受到徒刑等法律制裁。

我监督职能，以人与人之间相互影响的力量来控制刑事纠纷的发生。另一方面，由于民众是自我管理，彼此很快熟悉，所以一旦发生刑事纠纷，将有利于案情快速查清和犯罪人的快速归案，从而迅速解决刑事纠纷。社区连动机制应该由以下几个具体机制组成。

机制一：引入社工调解制度[①]。

虽然，现行社区的纠纷调解由设立在居委会的人民调解员负责，但是考虑到灾害过后，社区重组，社会处于不稳定的应急状态，引入有经验的社工，形成有效的联结机制很有必要。一方面，可以从外地紧急招募一批有经验的社工，依托社工的带动作用，在安置小区内形成受灾群众的互助体系，而社工的日常工作在于走家串户，以第三方的身份将居民的意见收集上来，时刻了解每个居民的思想和生活动向；还可以召集居委会主任、居民小组组长和住户一起开"居民自我管理巷巷会"，负责解释、传递政府的政策，对潜在的犯罪分子的心理将会产生威慑作用。另一方面，对于民事纠纷就地调解，可以有效地避免民事纠纷升级成刑事纠纷。

机制二：建立社区警务室[②]。

虽然，社工也可以承担对民众日常监管、对民事纠纷调解的职能，但是社工毕竟属于民间的私人活动，并不能切实维护灾区社会秩序，确保民众的生命财产安全。而有效预防和妥善处置不稳定因素引发的各类问题的还是必须由公安机关承担。所以应该按照"属地管理"原则设立社区警务室，形成以乡镇、村（社区）、组为建制的基层管理工作机制，增强安置区治安防控能力。社区警务室采取24小时轮班制，每8小时换一次班。而白天的时候，警务室还负责信息管理平台，同社工一起起到信息传达和收集的作用。同时，在应急状态下，民众的心理极其不稳定，社区警务室还应开辟专门的心理诊疗

[①] 都江堰市的"勤俭人家"集中安置点已经开始了这样的尝试。
[②] 成都市公安局在都江堰、彭州、崇州三个重灾区的受灾群众过渡板房安置点共建警务室57个、警务工作站123个，251名专职社区民警和620名协勤人员实行周一至周日24小时岗位值守。

室,由心理专家到各个安置点的警务室轮流坐诊,对受灾群众进行心理辅导。

六、替代性纠纷解决机制与诉讼之间的关系

替代性纠纷解决机制的优势相较诉讼在于灵活快速,有利于快速有效恢复社会秩序。然而,这种灵活快速的广泛运用可能会削弱刑罚的一般预防功能。以刑事和解为例,行为人可能事前预谋通过刑事和解程序履行赔偿义务而逃避刑罚,从而可能更加肆无忌惮地实施犯罪,导致刑罚的一般预防功能减弱。而一般预防功能的减弱对于处于应急状态下的社会秩序来说是最为不利的。另外,也有可能造成对公共利益的忽视。犯罪行为被认为是严重危害社会的行为,不仅侵害了被害人的合法权益,也给社会安全造成了潜在的危险。对犯罪人施以刑罚,不仅是惩罚犯罪人,慰藉被害人,也体现了社会公共利益对犯罪的否定性评价和谴责。在和解制度之下,被害人和犯罪人和解后,通常不再被追究刑事责任,对社会有潜在威胁的犯罪行为并没有得到社会对他的否定评价,社会公共利益没有得到应有的重视。刑事纠纷替代解决机制在一定程度上违反了平等原则。同样的犯罪行为,可能因为犯罪人的经济状况而得不到和解的机会。而富人则因为有钱很容易得到和解的机会,则能减轻或免除刑罚的惩罚。

替代性纠纷解决机制远不是十全十美的,诉讼程序解决纠纷显然是更加公正公平公开的处理机制。所以应急状态下适用替代性纠纷解决机制是需要慎重的,在适用过程中如果发现案件不适用替代性纠纷解决机制来处理,就要主动将案件移送司法机关。司法机关也要定期对社区以及相关行政机关处理的刑事纠纷进行检查。司法机关对于正在处理的刑事案件,如果发现符合适用替代性解决机制的条件,则可以自行调解、促使当事人和解或者交由相关机关调处。

结　语

目前,我国已经制定了包括戒严法、国防法、防洪法、防震减灾法和传染病防治法等应急状态法律,这些法律规定了政府在不同的紧

急状态下可以采取的应急措施,以及公民在应急状态下应当受到限制的权利和必须履行的法律义务。总的来说,我国在应急状态的立法领域是有法可依的。在特大灾难降临的特殊时期,司法机关严惩各类犯罪活动也应有"应急预案",也即对于特殊时期可能出现的特殊案件将如何从重从快严惩,对于灾区人民内部的普通案件如何及时适度的解决,应该有一个制度与机制上的预期。应急法制不仅需要宏观的权利分配和原则规划,也需要具有现实操作性的程序性规定。

附录 I：

调查问卷（发放对象：安置点受灾群众）

1. 你觉得地震之后什么最重要？
A. 尽快恢复正常的社会秩序；B. 个人权利保障；C. 个人财产保护
2. 你对地震之后政府权力扩大的看法？
A. 很有必要，大力支持　B. 应当适度
C. 没有必要；　D. 强烈反对
3. 在地震发生后，是否与他人发生过刑事纠纷？
A. 发生过；　B. 未发生过
4. 纠纷发生后，是怎么解决的？
A. 自行解决　B. 找安置点的民警解决　C. 找安置点的社工解决　D. 报案
5. 受到伤害之后，你最希望得到什么样的补偿？
A. 经济赔偿　B. 犯罪分子受到徒刑等法律制裁
6. 在地震发生之后是否亲眼看到过犯罪现象？
A. 见过一次　B. 见过多次　C. 没见过
7. 对灾时轻微不法行为你是怎么看待的？
A. 气愤且会去阻止　B. 气愤但是不会阻止
C. 不满，但是理解　D. 不清楚
8. 对危害抗震救灾和灾后重建工作进行的犯罪行为如何处罚？
A. 和平时一样　B. 从快处罚
C. 从重但不从快　D. 从重而且从快
9. 对警察职责履行的满意度？
A. 很满意　B. 比较满意　C. 有待改进　D. 非常不满意
10. 所期望的对刑事纠纷解决的期限？
A. 半年　B. 三个月　C. 两个月　D. 一个月
11. 如果发生纠纷时，一般最先向哪个机关寻求帮助？
A. 公安机关　B. 法院　C. 居委会　D. 人民政府

12. 对所经历过的或者了解到的行政机关解决纠纷的结果评价
   A. 很公正   B. 基本公正   C. 有待改进   D. 不公正

附录Ⅱ：

访谈提纲

（访谈对象：公安局、检察院和法院等）
1. 地震后在处理刑事案件上觉得最大的困难是什么？
2. 地震后都有哪些类型的刑事案件？
3. 最突出的刑事案件是什么？
4. 这些刑事案件主要有哪些特征？未成年人犯罪多不多？
5. 在对刑事案件的处理上和正常状态下有无区别？
6. 对于地震期间纠纷双方自行和解的情况有何意见，是否会主动介入？
7. 地震期间发生的轻微刑事案件是否主动建议双方和解，在和解过程中会否参与主持？
8. 简单回忆一下处理案件中比较典型的适用刑事和解的案件。
9. 在刑事和解过程中如果发现案件情况复杂，不应当适用刑事和解，一般会怎么做？
10. 刑事和解所取得的社会效果如何？
11. 出现犯罪行为的高峰主要是在震后的哪个阶段？

（访谈对象：安置点的社工、民警）
12. 在安置点主要做哪些工作？
13. 是否主持过刑事纠纷的调解？
14. 调解过的刑事纠纷是什么纠纷？
15. 是如何调解的？
16. 调解效果如何？
17. 据你了解，你周围的同事是否主持过刑事纠纷的调解，调解效果如何？

应急状态下从快从重刑事政策研究

韩莉萍等①

【内容摘要】 汶川大地震的发生,使灾区人民的人身和财产遭受重大的损失,同时也面临着极大的人身与财产犯罪案件的威胁,对这种应急状态下应当实施从快从重的刑事政策,具有正当性和合理性。本课题结合实证研究对涉灾犯罪类型进行剖析,并为具体实施从快从重的刑事政策提出应当把握法定性原则和时间性原则。

【关键词】 应急状态 从快从重 刑事政策

5·12汶川特大地震发生之后,灾区刑事案件多发,灾区人民的人身和财产安全受到极大的威胁。为了保障灾后依法重建,推进灾区各项重建工作有序进行,对犯罪案件进行有力打击,实施应急状态下的从快从重刑事政策势在必行。

一、从快从重刑事政策概念及历史经验

(一)从快从重刑事政策的概念

我国的刑事政策是政府和国家为了抗制犯罪,依据我国的犯罪总态势,采取包括刑罚和非刑罚方法等手段所制定的一系列方针和策略的总称。② 从重从快刑事政策,就是指依法从重从快打击严重危害社

---

① 课题负责人:韩莉萍,四川大学法学院2008级刑法学硕士研究生;
课题组成员:黄彦婷、魏洁来、郭茜,四川大学法学院2008级诉讼法硕士研究生。
② 杨春洗、余净:《论刑事政策视野中的"严打"》,载《人民检察》2001年第12期。

会治安的刑事犯罪分子。依法从重从快惩处严重刑事犯罪分子这一政策，长期以来都是建立在维护稳定和巩固人民民主政权的社会主义制度，建立社会主义市场经济，发展社会生产力和团结教育广大人民群众，构建和谐社会的需要上的。在一定时期，对严重刑事犯罪坚持依法从重从快的方针，依照法定程序重判那些严重危害社会治安的犯罪分子，是能够收到迅速有力打击犯罪的社会效果的。

（二）从快从重刑事政策的历史经验

1983年至今，我国已发动三次声势浩大且持久的"从快从重"打击犯罪的斗争。第一次从1983年8月持续至1987年1月，第二次始于1996年4月，第三次从2001年4月到2003年4月持续两年。从快从重刑事政策针对的对象是特定的严重刑事犯罪，如第三次始终把打击的锋芒指向有组织犯罪、黑社会性质的团伙犯罪和流氓恶势力犯罪，以及爆炸、杀人、抢劫、绑架等严重暴力犯罪，盗窃等严重影响群众安全的多发性犯罪。国家实施从快从重这一政策，是由于一段时期内的社会秩序十分混乱，时有恶劣案件发生。据公安部统计，1980年全国立案75万多起，其中大案5万多起；1981年89万多起，大案6.7万多起；1982年74万多起，大案6.4万多起；1983年头几个月案件猛烈上升。[①]针对这种情况，邓小平同志指出：解决刑事犯罪问题，是长期的斗争，需要从各方面做工作。现在是非常状态，必须依法从重从快集中打击，严才能治住。为此，他还针对有人"怕搞错两类矛盾"的顾虑，提出就是应该把严重犯罪分子当做敌我矛盾来处理。[②]思想统一以后，1983年8月，党中央做出了《关于严厉打击刑事犯罪活动的决定》；1983年9月，全国人大常委会通过了《关于严惩严重危害社会治安的犯罪分子的决定》和《关于迅速审判严重危害社会治安的犯罪分子的程序的决定》，按照"三年为期，三个战役"的统一部署，自1983年至1986年初，在全国范围统一开展了严打战役。但第一次严打行动刚刚结束，犯罪率又迅速反弹上来。特别是影

---

① 陈兴良：《中国刑事政策检讨》，中国检察出版社2004年版，第281页。
② 同①。

响社会治安的重大恶性案件在1988年以后几乎成几何数疯狂增长。①从1988年开始,案件大幅度上升,当年达82.7万起,1989年达197.1万起,1990年达221.6万起,1991年达236.5万起。在短短的三四年内,全国年立案总数陡然上升3倍,是新中国成立以来从未有过的。② 单就作为严打对象之一的拐卖妇女、儿童罪来看,1987年,全国法院受理拐卖人口案件2828件,判处案犯3372人,分别比1986年上升128.8%和118.96%,1988年受理拐卖人口案件5943件,判处案犯9599人,分别比1987年上升110.15%和184.67%;犯罪方式更为效率化,犯罪气焰十分嚣张。③ 于是2001年又开始了第三次从快从重刑事政策的实施。从这三次"严打"政策的实施过程来看,可以总结出从快从重刑事政策的实施效果:这一政策对于遏制犯罪,维护社会秩序的良性运转,保障人民群众的生命、健康、财产等,的确起到一定作用。如1983年"严打"后,全国犯罪率从1981年千分之八点九下降到1987年的千分之五点二,便是一个很好的证明。④ 从全国范围来看,2002年全国刑事案件比2001年下降2.8%,据公安部负责人称:这是过去10年来刑事案件发案率第一次出现下降,而且下降幅度还比较大,因此,2002年"是全国严打整治最成功的一年,是打防结合、以防为主取得成果最大的一年"。在三次"严打"中,我国积累了丰富的实践经验,惩治了一大批犯罪分子,使社会治安得以好转。当国家面对强大的反社会势力及公众对严重犯罪恐惧程度的空前加深之时,国家必须采取严厉的措施和方略,对之实施打击和控制。正如法国著名刑法学家、犯罪学家马克·安塞尔所说的:"社会如果要生存,它便必须通过镇压犯罪和矫治罪犯而保护

---

① 梁根林:《解读刑事政策》,载《刑事法评论》(第11卷),中国政法大学出版社2002年版,第33~34页。
② 孙中国、李健和:《中国严打的理论与实践》,中国人民大学出版社1998年版,第55页。
③ 林准:《刑事审判》,吉林人民出版社1998年版,第182页。
④ 刘炎:《法治视野下我国刑事政策的回顾与展望》,载《中国刑法学年会文集》(2003年度),中国人民公安大学出版社2004年版。

自身。"① 由此可见,"严打"并非是我国刑事司法的独创之举,而是现代国际社会面对严重犯罪的正常反应,也是一项行之有效的刑事政策。

近年来,我国在应急状态下实施从快从重刑事政策已有先例,如非典时期和雪灾时期实施这一政策后都取得了良好的法律效果和社会效果。如 2003 年抗击"非典"期间,最高人民法院和最高人民检察院联合出台了《关于办理妨害预防、控制突发传染病疫情等灾害的刑事案件具体应用法律若干问题的解释》,指导各地从重从快严厉打击利用非典疫情进行违法犯罪的活动,以保障防治非典工作顺利进行。非典期间,造谣惑众、敲诈勒索、制售伪劣药品和医疗器械等案件多发,一些不法分子借非典疫情造谣惑众,破坏社会治安秩序和市场秩序的问题十分突出。对此,各级司法机关加大了工作力度,以强有力的手段严厉打击各类违法犯罪分子,最大限度地维护了社会稳定和治安秩序,为取得抗击非典斗争的最终胜利创造一个良好的社会环境。2008 年年初的雪灾,我国各地对救灾、捐赠款物管理、救灾捐赠款物的使用进行了了解,对贪污、截留、挪用、滞用、虚报套用和优亲厚友等行为,及时进行了从严、从重、从快严肃处理,有力保障了抗击雪灾工作的进行。而抗震救灾的紧迫性和重要性不亚于抗击非典和雪灾,在应急状态下实施"从快从重"刑事政策是恰当可行的。

(三)从快从重形势政策与宽严相济刑事政策的关系

有学者指出,从快从重刑事政策也就是传统的严打刑事政策。这种理解是不正确的。我国现在所施行的基本刑事政策是宽严相济的刑事政策。在宽严相济刑事政策基础上的从快从重是与我国曾经的严打刑事政策有很大区别的。宽严相济的刑事政策旨在依据社会治安形势和犯罪分子的不同情况,实行区别对待,注重宽与严的有机统一,做到"该严则严、该宽则宽、严中有宽、宽中有严、宽严有度、宽严审时。"② 其具体表现为以下内容:首先,"宽"指宽缓,包括两种情

---

① 邱兴隆:《关于惩罚的哲学》,法律出版社 2001 年版,第 195 页。
② 马克昌:《宽严相济刑事政策刍议》,载《人民检察》2006 年第 10 期。

形：一是该轻而轻；二是该重而轻，① "宽严"需要做到惩办与宽大两手抓，不可偏废，并且宽严相济刑事政策作为我国的基本刑事政策，在任何情况下都应当发挥其应有的维护社会稳定、控制社会犯罪的作用，在应急状态下更应如此。

在地震灾害这种特殊应急时空背景下，最高人民法院于2008年5月14日首次就贯彻执行宽严相济刑事政策阐述了新原则，即严惩严重刑事犯罪，必须突出重点，依法进行，必须确保做到严之有据、严之有理、严之有度、严之有效；要切实做到"宽以济严"、"严以济宽"，确保宽严"相济"，做到具体分析、区别对待、严中有宽、宽以济严、宽中有严、严以济宽。最高人民法院对"宽严相济"刑事政策的解读是在对新时期犯罪态势的提前判断下作出的正确价值判断。在抗震救灾这一应急状态下，应当着重突出宽严相济中的"严"这一方面，这样才能有力地打击犯罪，维持社会稳定。因此，在应急状态下，实施从重从快形势政策是与我国基本刑事政策——宽严相济刑事政策不矛盾的，它只是宽严相济的一个方面，也是在抗震救灾这一应急状态下应当重点把握的刑事政策。

二、抗震救灾中实施从快从重刑事政策之必要性

5·12汶川特大地震发生以来，全国人民都心系灾区，纷纷通过各种方式向灾区人民奉献爱心，提供帮助。但有少数犯罪分子却趁火打劫，增添了灾区人民的痛苦。此类行径虽然发生在极少数人身上，但其造成的恶劣影响却不可低估。因此，对于此类刑事案件，应对其进行从重从快的处理，以实现对恶性犯罪的打击和震慑，维护灾区的社会秩序，抚平灾区人民的伤口，防止刑事案件造成的二次伤害。

---

① 陈兴良：《宽严相济刑事政策研究（上）》，载《法学杂志》2006年第1期。

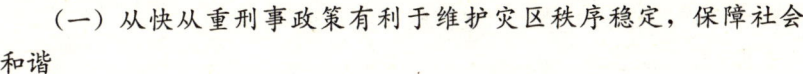

(一)从快从重刑事政策有利于维护灾区秩序稳定,保障社会和谐

地震发生后,灾区供水供电设备、通讯设备等中断,灾区人民往日安稳的生活秩序被严重破坏。在非常时期若涌现出大量刑事犯罪案件,会对灾区人民生活秩序的重建产生严重影响。因此应严厉打击灾区犯罪行为。

(二)实施从快从重刑事政策有利于稳定灾民情绪,防止灾民为保护自己财物有过激行为出现,防止出现再次犯罪

灾民们经历了灾难之后,情绪波动起伏十分强烈,很容易有过激的行为出现。如果灾民仅存的财产都被偷盗、抢劫的话,为了维持自己的生计,灾民很有可能产生犯罪的念头。这是政府不愿意看到的,也有责任不让这样的情况发生。

(三)实施从快从重刑事政策有利于灾民心理创伤的恢复

灾民们的心理在地震中受到了严重伤害,若再经历犯罪案件,则其心理可能经受不起这样的打击。只有将灾区的犯罪案件控制下来,才能使灾民的创伤尽早平复,使灾民更有信心面对将来的生活,早日投身到家园重建的队伍之中。

三、调查报告及司法实践情况

在地震应急状态下,实施从快从重刑事政策是必要及可行的。但这些主要是从理论层面进行的分析,以下结合实践结论来做进一步的验证。

(一)实地调查情况

本次调研地点为四川省绵阳市某区检察院。在已逮捕和起诉的案件中,其中近七成为盗窃案件,基本与正常时期下刑事案件的构成比例是一致的。同时利用手机短信进行诈骗的也十分常见,如地震后冒充慈善机构人员骗取善款,还有颇受媒体关注的编造、故意传播虚假地震短信案,以及以抗震救灾为名招摇撞骗、贪污救灾物资等案件。

严重自然灾害导致的城镇受损、人员伤亡、情绪恐慌、国家机器无法正常运转等,使犯罪的发生概率增大,因此,大地震的爆发极易引起犯罪的高发,甚至出现刑事案件井喷的现象。在这一期间,采取

合理合法的措施来遏制犯罪案件的发生是必要的。

（二）司法实践情况

从实地调查及新闻媒体等渠道了解到地震之后犯罪的高发性。（1）针对这一应急状态下的特殊情况，四川省高级人民法院下发了《关于加强地震灾害后审判工作的通知》。通知提出，对于重要、敏感、热点案件的受理，必须事先报告四川省高级人民法院，由高级人民法院统筹协调，统一执法标准和尺度。对涉灾案件要快审、快执，保证涉灾案件处理的时效性。（2）四川省德阳市中级人民法院、德阳市人民检察院、德阳市公安局联合发布《关于依法从重从快办理震灾期间刑事案件的通知》，要求对发生在震灾期间基本案情清楚、主要证据确实充分的刑事案件，在遵循法定程序和期限、确保办案质量的前提下，法、检、公三机关密切协作配合，简化工作流程，缩短办案期限，依法快速从严惩处，做到快侦、快破、快捕、快诉、快审、快判，切实维护灾区社会治安秩序。德阳中院也启动针对案件审判的专题调研，通过调研全面掌握犯罪的情况，研究总结犯罪的特点、规律和趋势，维护社会稳定，预防和减少各类犯罪，要求两级法院必须坚持特殊时期、特殊案件、特殊办理的方针，确定一名院领导具体负责，抽调人员充实办案力量，协调不同部门成立对应办案组，确保案件审判工作，依法严惩危害抗震救灾和灾后重建的各种犯罪活动，坚决维护灾区社会稳定。（3）同时，最高人民法院发出了《最高人民法院关于依法做好抗震救灾期间审判工作，切实维护灾区社会稳定的通知》，其中要求要依法严惩危害抗震救灾和灾后重建的各种犯罪活动，坚决维护灾区社会稳定。严格贯彻宽严相济的刑事政策，注意区分性质不同的违法犯罪行为，彰显司法权威，以人民群众看得见、感受得到的方式为灾区的生产生活提供有力的司法保障。并且重点要求对抗震救灾和灾后重建期间发生的以下犯罪行为依法从重处罚：①盗窃、抢夺、抢劫、故意毁坏用于抗震救灾的物资、设备设施，以及以赈灾募捐名义进行诈骗、敛取钱财，拐卖灾区孤残儿童、妇女等犯罪行为。②为牟取暴利，囤积居奇，哄抬物价、非法经营、强迫交易等严重扰乱灾区市场秩序，影响灾区人民群众正常生产生活的犯罪行为。

③故意编造、传播、散布不利于灾区稳定的虚假、恐怖信息,严重影响抗震救灾和灾后重建工作开展的妨害公务、聚众扰乱社会秩序、公共场所秩序、交通秩序、聚众冲击国家机关等犯罪行为。④在灾区生产、销售或者以赈灾名义故意向灾区提供伪劣产品、有毒有害食品、假药劣药等犯罪行为。⑤国家工作人员贪污、挪用抗震救灾款物、滥用职权或玩忽职守危害抗震救灾和灾后重建工作顺利进行,严重损害党和国家形象的犯罪行为。⑥破坏电力、交通、通讯等公共设施的犯罪行为。⑦妨害传染病防治等危害公共卫生的犯罪行为。但是法院在具体实施最高人民法院要求的从快从重刑事政策时,有必要对于下列犯罪的具体情况进行区分和注意:

1. 涉灾盗窃罪。地震发生之后,在人的生命都不能得到保障的时候,财产自然不被人们所重视而四处置放,一些不法之徒就动了邪念。2008年9月四川省内江市东兴区人民法院就宣判一起汶川大地震当天趁乱盗窃案,依法对在地震时行窃的被告人李兵判处有期徒刑二年零六个月,并处罚金人民币5000元。5月12日下午,李兵见群众纷纷外出避震,认为有机可乘,遂四处寻找下手机会。下午4时许,李兵来到东兴区东兴镇平安路168号6—3号卿小萍家门外,见屋中无人,房门大开,遂潜入屋内盗得现金3500元,不料被回家取东西的卿小萍发现,李兵随即逃跑,当跑至甜城超市时被卿小萍及周围群众抓获。5月13日,犯罪嫌疑人刘超、周平等人共同商议,在大邑县晋原镇某小区内,几人将一辆桑塔纳汽车盗走。就在盗车当天,他们购买了撬杠、扳手、手套等作案工具,前往大邑县安仁镇,将中国移动通信集团四川有限公司大邑分公司刘氏庄园基站的12只南都LVX100-2蓄电池、3个铜牌、50余米铜线盗走,通过犯罪嫌疑人赵伟,将这些物品以8000元的价格出售给了崇州市羊马镇某收废旧物资的老板。后警方在郫县"玉川名苑"将刘、周、赵3人一举抓获。对于这种趁灾犯案的犯罪分子是应当予以重处的。但是对于逃难的过程中为了维持生计偷拿了废墟中的财物就不应当从重处理,因为这是人的本能。甚至对于这种灾民的偷盗行为,可以作为民事案件来进行处理,这样更有利于灾后人民生活的平稳恢复。

2. 涉灾诈骗罪。众多不法之徒利用地震之后社会各界人士对于灾区人民的爱心，冒充爱心单位、公务人员诈骗赈灾款项。2008年5月13日，在汶川地区发生特大地震灾害后，赵海涛等三人经共同商议，决定到湖南省张家界市利用群发短信进行诈骗活动。三人到达张家界市后租了一间房屋，准备了短信群发设备。赵海涛便假冒湖南卫视的名义，向北京手机用户群发向地震灾区捐款的短信。2008年5月15日，被害人窦先生、杜先生在北京市海淀区分别向银行账户汇款人民币1000元、2000元。宁强县高寨子镇农民赵某冒充县民政局干部，以调查5·12地震中受灾户房屋受灾情况，解决灾后重建房屋补助款的名义骗取村民信任。赵某拿出事先自制的宁强县2008年灾后房屋重建扶助审批表，让宽川乡石钟沟村民王某、叶某分别填写，并分别收取王某、叶某房屋重建审批押金1000元。收钱后叮嘱王某、叶某不要声张，待表格拿到局里审批，几天后王、叶二人就可以分别拿到2万元灾后重建补助款。在不到一个月时间里，赵某共诈骗六户灾区群众，诈骗现金2870元。这一类利用广大群众爱心的诈骗行为，在社会上造成了恶劣影响。因此，对于此类案件应当从快从重进行惩治。

还有一种特例，就是编造自己及家人受地震灾害的谎言，骗取他人同情，获得他人捐助。有刑法学家认为，这种行为应当以诈骗罪定罪处罚。但我国著名学者刘明祥教授则持不同意见。他认为上述行为的实质是骗取他人的施舍。由于施舍者决定将财物施舍给对方，就意味着其放弃了对该财物的所有权，因而不存在侵犯财产所有权的问题。而诈骗罪是一种侵犯财产所有权的犯罪，不侵犯财产所有权的行为，肯定不具备诈骗罪的本质，也不可能构成诈骗罪。或许有人会说，行为人如果不编造受地震灾害的谎言，别人也就不会施舍财物给他，这完全符合因受欺骗而交付财物的诈骗罪的特征。然而，在诈骗犯罪案件中，受骗者交付财物给行骗者，总是意图有所回报的（比如把钱交给行骗者想从其手中买到便宜的商品等），正因为如此，应认为受骗者对其交付的财物并未放弃所有权。但在上述骗取施舍的场合，受骗者对自己交出的是价值数额多少的财物，交给谁是有清醒认识的，并且对自己是将财物送给（施舍给）他所同情的特定人有正确认识，也不图任何回报，自然应认为其放弃了财物的所有权。①笔者虽不完全赞同刘明祥教授的观点，但对于此类编造谎言骗取施舍的案件，不应当一概从快从重进行处罚。因为此类案件往往诈骗数额不多，对社会危害不大。对于此类案件，应当综合考虑各方面因素来予以定罪量刑。

3. 其他与地震相关的犯罪。地震发生之后，其他类型犯罪也时有发生。如陈某地震期间强奸案。地震期间，许多人都外出露宿。陈某趁女孩小丽的男友离开之机，将小丽挟持至校区桥下南端的一间废弃房内，强行要求与其发生性关系，意图将小丽强奸。后郫县法院审结了这起地震当晚发生的社会影响较大的强奸案。法院认定陈某在特大地震灾害发生后和预报将有强余震的特殊时期，实施严重侵害公民人身权利的犯罪行为，造成了恶劣的社会影响，应当对被告人陈某予以从重处罚，最终以强奸罪判处被告人陈刚有期徒刑 5 年。这个案件虽然只与某个特定灾民有关，但这一案件产生了严重的社会负面影响，因此应当对案犯从重处罚。同时，还有的案件是与众多灾民有关的，如某些官员贪污案件。5·12 汶川大地震发生后，时任广元市元坝区中医院副院长的伏某，利用负责领取救灾药品的职务之便，采取私自截留手段，侵吞价值 17950 元的救灾药品而被依法严惩。法院以贪污罪判处其有期徒刑 7 年。这一量刑比普通的贪污犯罪量刑重，是因为法院认定其贪污行为情节严重。贪污救灾物品属情节严重的行为。伏某的贪污行为发生在汶川大地震后的第 8 天，当时正属急需救灾物品抢险救人的期间，作为医院副院长、医务工作者，伏某在履行职责过程中侵吞救灾药品，明知故犯，顶风作案，置人民群众的生命安全于不顾，犯罪行为性质恶劣，对其应予重处。

综上，对于涉灾犯罪案件，办案人员应当以案件情节及涉案对象等区分是否应该从快从重处罚。对于某一案犯是否从快从重处罚应从如下方面考虑：首先，这一案件是否发生于地震阶段。有的案件发生

---

① 刘明祥：《用抗震救灾名义募捐骗财如何定性？》，载《检察日报》，2008 年 7 月 1 日。

于地震之前,对于这类案件,不应当对其进行从快从重处理。其次,这一案件是否与地震的发生有所关联。刑事归责总是需要排除与法益侵害没有因果关联的事情,对于追究涉灾犯罪的刑事责任而言,特别要防止将所有在自然灾害期间发生的犯罪都当做涉灾犯罪来严厉打击。在汶川地震发生之后,对于灾区发生的那些与自然灾害仅仅具有时间关联而不具有因果关联,与地震所带来的社会秩序一时混乱并无直接关系的犯罪,例如交通肇事罪、重婚罪等,都不宜从快从重来处理。最后,看案件是否产生了社会的负面影响。如在地震发生后,一些灾民由于自己没有领到救灾物资而心生不满,对一些公务人员进行了辱骂,或者损坏了一些办公用品,对灾民的这种行为一般不应当作为犯罪处理。即使损坏公物的行为有些恶劣,需要对灾民进行刑事上的处理,也不应当从快从重进行。总而言之,从快从重刑事政策只应针对部分犯罪,如对灾民的盗窃、抢劫,挪用救济款物等案件,对于与灾区安全无关,社会危害不大的犯罪则不需要实施该刑事政策。

四、把握从快从重刑事政策的合法性及临时性

(一) 实施从快从重刑事政策必须依法进行

实施该政策要遵循法定的办案程序,要在法定刑的幅度内对犯罪分子适用相对较重的刑种或者处以相对较长的刑期,不能违反刑事法律关于程序和实体的具体规定。首先,关于"从快"这一政策的实施,要求司法机关在法定期限内结案,防止拖延;在对犯罪嫌疑人进行侦查批捕时要迅速及时,在保证案件质量的情况下争取缩短办案时间,提早结案,但必须要按照法定的程序来进行办理,不能一味求快而忽略了犯罪嫌疑人的人权。刑事诉讼中的人权是国家法律赋予犯罪嫌疑人和被告人的权利。在刑事诉讼中,犯罪嫌疑人所享有的辩护权、休息权、医疗保障权都应当受到司法机关的重视和保护。从快处罚犯罪,可以及时对犯罪分子进行处罚,对于社会能起到威慑的作用。因此,"从快"这一刑事政策,对于一般预防和特殊预防来说,都是具有积极意义的。其次,关于"从重"这一政策的实施,要求在法定刑的范围内适用较重的刑种或较长的刑期。在具备法定"可以从

轻、减轻"条件时，不予从轻、减轻处罚；在具备法定"必须从轻、减轻"条件时，从轻或减轻的幅度比一般情况下小一些；在具备法定"可以从重"条件时，予以从重处罚；在具备法定"应当从重"条件时，从重的幅度比一般情况下要大一些。应当注意的是，从重不是在法定量刑范围之外加重刑罚，并且，从重处罚的幅度应视具体情况而定，不能不论犯罪情节、社会危害性、悔罪表现等一概从重。对于地震后出现的众多危害社会的案件，对其处理时进行"从重"政策是必要及合理的。

(二) 实施从快从重刑事政策必须有一定的期限限制

该刑事政策应只在一定时期内进行，当地震的应急状态消失，灾区秩序恢复正常，则不应再实施该刑事政策。最高人民法院等司法机关出台通知之时，应当在通知中准确表明实施该政策的起点时间与终点时间，以利于司法人员予以运用。

结 语

在地震这一应急状态下，从快从重刑事政策的实施，提高了办案效率，实现了对恶性犯罪的打击和震慑，抚平了灾区人民的伤口，防止了次生、衍生事件造成的二次伤害。广大人民群众对于地震时的各种严重危害社会治安的犯罪分子，早就看在眼里、记在心里、恨之入骨，强烈要求司法机关坚决迅速予以惩治。对这一类涉灾案件进行从快从重处罚，不仅顺应民心，体现民意，而且也符合古今中外法律变化、发展的规律，有利于维护社会和谐，这一政策是完全正确的，因此必须坚决贯彻执行。

但也应该看到，"从快从重"刑事政策毕竟是特殊时期针对特殊对象的特殊手段，它本身不能代替刑事立法，如果过高估计该政策的作用，难免会带来负面影响，甚至可能有违于法治精神。因此，在理论上应正确处理这一政策与依法治国方略的关系，在实践中应具体明确这一政策的实施程序。在理论上和实践上正确定位从快从重这一政策，将为我国在未来再次遇到应急状态时如何处理案件定下基调，同时也将给我国法治的发展起到重要作用。

应急状态下宽严相济刑事政策的适用[①]

高 原等

【内容摘要】 近年来我国进入了突发事件高发期,突发事件会引起国家或局部地区进入应急的特殊状态。2008年5·12汶川特大地震给我们国家尤其是四川省带来了巨大的灾难和严重的损失,在悲痛的同时又面临着严峻而紧急的善后恢复重建工作。在应急状态下刑事政策的抉择关系到灾后恢复重建以及灾区各项工作能否顺利开展。本课题对应急状态下的宽严相济刑事政策如何适用进行系统论证。

【关键词】 突发事件 应急状态 刑事政策

近年来,我国生产力在不断发展,经济实力得以迅速增强,人们生活水平普遍提高并迈向小康。同时我国也进入了突发公共事件高发期:自然灾害、事故、群体性突发事件等。一方面我国幅员辽阔,地理情况复杂多样,灾害频发;另一方面,我国正处于社会转型的发展期,不可避免存在着一定的社会矛盾。而我国处理和应对危机的应急能力还不够,一旦危机发生,造成的损失惊人。德国的社会学家贝克(Beck)用"风险社会"(Risikogesellschaft)一词形象地描述过这类情况——正是因为社会创造的财富越多,发展速度越快,风险也在随之增大,各种突发公共事件也就越多、越频繁。

2003年我国刚刚完成抗击"非典"的严峻战斗,又遭遇了人畜共染高致病性"禽流感"的袭击;2008年年初的雪灾造成的创伤还

[①] 课题负责人:高原,四川大学法学院2006级刑法学硕士研究生;
课题组成员:刘燕,四川大学法学院2006级刑法学硕士研究生。

没有抚平，5·12汶川特大地震又给国家尤其是四川省带来了巨大的灾难和严重的损失。突然而至的危机让我们在悲痛的同时又面临着严峻而紧急的善后恢复重建工作，在此种应对危机状态下，法律必须起到保障恢复生产、生活秩序和保障灾后重建的重要作用。但是由于现实问题的多样性和复杂性，法律在具体适用中面临着困惑。能否解决好应急状态下法律适用的各种疑问，是关系到灾后恢复重建以及灾区各项工作能否顺利开展的关键之一。因此本文拟对应急状态这一特殊情形下刑事政策具体适用，从理论的角度做出系统的论证，力求解决法律适用中遇到的具体问题。

一、突发事件与应急状态

由于对宽严相济刑事政策的适用研究限制在应急状态下，那么首先必须把握应急状态的相关概念和特点，才能厘清研究对象的基本情况。

（一）突发事件的概念与分类

论题中所谓应急状态的"应急"，大致包括两个层次的含义，一方面存在某种与正常状态相异的客观紧急状况，另一方面有关主体针对这一客观的紧急情况做出的相应反应。而关系到一国刑事政策应急适用的客观紧急情况，自然不同于日常生活中出现的普通客观紧急情况，通常来说，只有严重和紧急达到一定程度的突发事件等才能引起刑事政策的应急适用。

1. 突发事件

在人类社会中，没有预料或者难以预料而突然发生的事件便可以称为"突发事件"（Emergency）。有一部分突发事件因其突然性、严重性和影响广泛性而必须通过法律来进行调整，才能进行有效控制。这部分需要法律所调整的突发事件就是"突发公共事件"（Public emergency）。本文中所研究的突发事件，仅仅是必须由法律来进行调整的那一部分，故下文中"突发事件"即为"突发公共事件"。

我国法学界近年来对突发事件引起的相关法律问题逐步重视并进行了广泛的研究，对于突发事件的概念界定各有不同。较早期时，学者们使用"突发事件"一词相对较多,且定义的角度较为片面,仅认为突发事件是人为因素引起的事件,忽略了由于自然因素、自然人为混合因素导致的突发事件;或者仅仅从突发事件的特征归纳出发,不能全面科学地界定这一概念。此后,"突发公共事件"一词的使用逐渐增多,均是指应当纳入法律体系进行调整的那部分突发事件。应松年教授从事件的特征归纳出发,认为"当且仅当其兼具大、急、公三个特性时,才是突发公共事件"。事件通常是由于"大"而引起注意。"急"是骤然而至,始料未及。"公"就是突发事件,是一种"公共"事件,是"公"的,不是"私"。[1]

当2003年"非典"等一系列事件发生后,学界对突发事件的定义也更加科学合理,广泛采用了"突发公共事件"一词。突发公共事件,一般被认为是指"突然发生、对全国或部分地区的国家安全和法律制度、社会安全和公共秩序、公民的生命和财产安全已经或者可能构成重大威胁和损害,造成巨大的人员伤亡、财产损失和社会影响的,涉及公共安全的紧急公共事件"。[2]

也有学者认为突发性公共事件应当定义为:在人们意料之外、较短时间内急速爆发并具有一定普遍性的社会危机,如突发性流行疾病、有毒有害物质泄漏、饮用水源受污染、大宗火灾以及自然灾害袭击等。[3]

此外还有不少大致相似、细节不同的定义,如认为突发性公共事件是在预警期没有或极短的情况下突然发生的对社会、经济、公众心理等有巨大影响和破坏力的事件,具有突然性和外部性的事件。或是"由于矛盾、冲突的积累而导致公共组织处于严重威胁、具有不确定性和压力状态下,为使其摆脱或减少这样的危机情境带来损害,必须

---

[1] 应松年主编:《突发公共事件应急处理法律制度研究》,国家行政学院出版社2004年版,第11~14页。
[2] 薛澜、钟开斌:《突发公共事件分类、分级与分期:应急体制的管理基础》,载《中国行政管理》2005年第2期,第102~117页。
[3] 赵国芹:《提高公民应对危机的心理素养》,载《中国减灾》2005年第2期。

要对其做出关键决策的事件"。①

除了学术上的探讨，相关机构也出台过权威的定义。国务院发布《国家突发公共事件总体应急预案》中规定，突发公共事件是指"突然发生，造成或者可能造成严重社会危害，需要采取应急处置措施予以应对的自然灾害、事故灾难、公共卫生事件和社会安全事件"。

2007年8月30日，第十届全国人民代表大会常务委员会第29次会议通过了《中华人民共和国突发事件应对法》，并于2007年11月1日起施行。该法第3条规定："本法所称突发事件，是指突然发生，造成或者可能造成严重社会危害，需要采取应急处置措施予以应对的自然灾害、事故灾难、公共卫生事件和社会安全事件。"该定义对突发事件的特征、范围、原因、程度和应对措施等要素做了法律上权威的界定，是本文研究的基础概念。

综上，突发（公共）事件可以界定为：由于自然或者人为原因引起，突然发生的造成或者可能造成严重社会危害，需要采取应急处置措施予以应对的各种自然灾害、事故灾难、公共卫生事件和社会安全事件。

2. 突发公共事件的分类

结合《国家突发公共事件总体应急预案》和《中华人民共和国突发事件应对法》相关定义，根据突发公共事件的成因，可以将其分类如下：

（1）自然灾害：地质灾害（如地震、火山喷发、海啸等）、气象灾害（如雪灾、洪水、台风、沙尘暴、暴风雪、旱灾等）。

（2）事故灾难：生产事故（如矿井事故、瓦斯爆炸、建筑物倒塌、桥梁倒塌、有毒气体泄漏等）、交通事故（如车祸、轮船沉没、火车出轨、飞机失事）、火灾。

（3）公共卫生事件：疾病流行（SARS、高致病性禽流感、疯牛病、口蹄疫、集体食物中毒）、食品药品安全事件（如"大头婴儿"、

---

① 王郅强、麻宝斌：《突发公共事件的应急管理探讨》，载《长白学刊》2004年第2期，第36~40页。

三聚氰胺奶粉)。

(4) 社会安全事件：大规模意外事件（大规模停电停水、人员踩踏伤亡、金融危机、战争遗留炸弹毒剂泄露等）、突发性群体事件（如社会动乱、非法罢工、宗教冲突、非法集会骚乱）、恐怖袭击（如炸弹爆炸、绑架人质、释放毒气、劫持飞机）、外交危机（劫持人质，本国公民遇害、遇难、遇险，使领馆遭袭等）、核安全问题（核泄露，核材料、核武器丢失，核电站被袭击、放射性材料丢失等）。

以上四类基本分类并不绝对，一方面现实情况的多样性难以穷尽，另一方面，各类突发事件之间并不是孤立的，就像投入水面数个石头激起的涟漪相互波及，各种突发事件相互之间存在交叉和共时共处的情形，即在特定的情势下可以相互转化——严重的自然灾害发生后，如果应对不及时或不恰当的话，可能转化为事故灾害、公共事件，而公共卫生事件往往会引发较大的社会安全危机。

3. 突发事件的分级

对突发事件按照严重程度的不同划分为不同的级别，从而采取不同的应急措施。对程度不同的突发公共事件实行不同级别的认定，进行分级预警管理并采取相应的对策，是西方发达国家的通行做法。例如美国在9.11之后建立了一套五级国家威胁预警系统，用绿、蓝、黄、橙、红五种颜色分别代表从低到高的五种危险程度。我国《突发事件应对法》按照社会危害程度、影响程度等因素，将四大突发事件分为"特别重大"、"重大"、"较大"和"一般"四级。《突发事件应对法》第3条规定，突发事件的具体分级标准由国务院以及相关部门制定。分级制度更加清晰地界定突发事件的紧急程度，有利于科学有效应对危机。

(二) 突发事件的特征

突发事件的特征中，突发性是最本质的。所谓突发性是指尽管事件的产生和发展都有着一个从量变到质变的过程，但是诱发质变导致事件最终产生的契机往往是偶然的。正是由于突发事件通过偶然的契机以偶然的形式突然发生，使得人们措手不及。但也正是因为事件突然爆发难以预料，才使应急反应显得十分必要。除此以外，突发事件还应当具备以下一些基本特征：

1. 公共性

相对于个人突发事件而言，公共突发事件更为严重，影响广泛，波及更广泛社会成员的根本利益。同时，公共性还表现在往往需要调动整合全社会的人力、物力、财力等公共资源和力量，处置突发事件也须具有公共性。

2. 阶段性

事件是一个发展的进程，突发事件一般会经历一个发生、发展、减缓和结束的过程，体现出明显的阶段性。目前关于突发事件的阶段划分主要存在三种观点，一是划分为预警期、爆发期、缓解期三个阶段；二是划分为预警期、爆发期、缓解期和消退期四个阶段；三是划分为预警期、爆发期、高潮期、缓解期、消退期五个阶段。相对而言，"五个阶段"的划分理论比较详细具体，指导性和可操作性较强。各阶段间的划分同样也不是绝对的，它们可能出现交叉或循环。阶段性特点使得应急工作分段而体现出不同工作重点，以便有所侧重，有效落实。

3. 严重性

突发事件自身具有很大危害，带来巨大的损失，又因为其突然发生让人措手不及。由于缺少准备，应对乏力，更使得损失扩大蔓延，或者是引发连锁反应，其严重性不言而喻。

4. 处置紧迫性

由于突发事件具有前述特征，能否及时有效处置突发事件关系到整个社会的公共安全和秩序，关系到全体人民生命财产安危。因此对突发事件，在越短的时间里越快做出决策，且决策越准确应对越有效，就越能把突发事件造成的损失降到最小。这也是针对突发事件有必要启动不同于平时状态的特殊应急状态的原因。

5. 结果的双重性

突发事件在带来危险的同时，往往也伴随着机遇，对于突发事件处理如果适当，不仅能化险为夷，而且还能为今后发展打下良好基础；反之若处理失败，则使得现状更加恶化，不但损失扩大，产生的机遇也随之消失。

(三) 应急状态及其特征

1. 应急状态的概念

所谓应急：一是应付急需，应付紧急情况；二是需要立即采取某些超出正常工作程序的行动，以避免事故发生或减轻事故后果的状态，有时也称为紧急状态；同时也泛指立即采取超出正常工作程序的行动。

对上文所述之突发事件采取特殊应对措施，就是应急措施。应急措施包括行政措施、法律措施、经济措施等，这些处置措施的启动形成了不同于平常的特殊状态。因此应急状态是指针对突发事件，由专门的责任主体，以应对可能造成或者已经造成的危害为目的，依据预防为主、预防与应急相结合的基本原则，依法行使应急处置权而采取各种预防监测、应急救助、恢复重建措施而形成的区别于平时的特殊状态。

2. 应急状态的特点

应对突发事件而产生的应急状态与普通状态相比，有以下特点：

(1) 时限性和临时性。应急状态因突发事件而生，突发事件的突发性、公共性和严重性必须要求应急状态及时启动，越早进入应急状态，越能有效应对危机，挽救人民群众生命财产安全；此外，突发事件及时解决后亦应当尽快解除应急状态，应急状态是权宜之计，尽快解除非常状态恢复社会正常生产生活秩序，才有利于社会的安定和生产生活正常进行。

(2) 灵活性和自由裁量性。也是因为突发事件的突发性和偶然性，应对措施的采取也必然要随机应变而具备灵活性，应急状态下相关有权主体以应对危机、减少损失、稳定大局为出发点，采取措施时具有较大的自由裁量性。我国《突发事件应对法》中就明确赋予了行政机关一定的自由裁量权。[①]

(3) 规范、程序与措施的特殊性。突发事件与常规事件不同，需

---

① 唐俊：《非常态行政法律秩序的基本法》，载《法制日报》2007年9月6日。

要特殊处置，有权主体也拥有自由裁量权，因此在突发事件应对中，常规法律条文、法律程序并不一定适用，需要建构针对突发事件应对的专门程序制度，以保证自由裁量权的适用符合法治原则和法律价值，保障公民基本权利不因应急管理权的行使而遭受侵害。《突发事件应对法》就是一种特殊的专门法，其中针对突发事件应对的预防、监测与预警、应急处置与救援、事后恢复与重建以及法律责任作了特殊的实体和程序规定。可见应急状态下，法律适用和措施采取都具有特殊性。

（4）启动的权威性和集中性。突发事件一般牵涉广泛，危害严重，非常状态下为了最大限度挽救损失，尽快恢复正常，不得不采取最及时有效的手段，很可能在价值冲突之时有所取舍。所以必须由权威主体集中启动和宏观控制，才能最大限度保障公民、法人和其他组织的合法利益。

二、应急状态下的我国法律

（一）应急状态下的法律体系以及重要作用

1. 我国现有的应急法律体系

从1954年首次规定戒严制度至今，我国已经颁布了一系列与处理突发事件直接相关的法律、法规，各地方根据这些法律、法规又颁布了适用于本行政区域的地方立法，从而初步构建了一个从中央到地方的突发事件应急处理专门法律规范体系，主要包括：

（1）战争状态法律规范。例如《国防交通条例》《民用运力国防动员条例》《兵役法》《预备役军官法》《人民防空法》。

（2）一般的应急法律规范。涉及某些单行的紧急状态法律规范，如《对外合作开采海洋石油资源条例》第26条、《公安机关人民警察内务条令》第21条、《戒严法》第2条、《专利法》第52条等。此外在我国批准和签署的国际条约、协议中，涉及一般紧急状态法的多达20余个。

（3）恐怖性突发事件法律规范。恐怖性突发事件在一般紧急情况中危险度最高，但我国至今尚无国内法意义上的专门的反恐怖法律出台。除了最高人民法院、最高人民检察院、公安部2001年联合发布的《关于依法严厉打击恐怖犯罪活动的通知》以外,反恐怖机制主要体现于我国参加或缔结的国际条约、协议。

(4) 骚乱性突发事件（群体性突发事件）法律规范。我国现阶段应对骚乱的主要法律是《戒严法》，还有《公安机关人民警察内务条令》第13条、《民兵战备工作规定》第39条等等。

(5) 灾害性突发事件法律规范。目前我国的灾害性突发事件法主要包括：地震灾害法律、洪灾法律、环境灾害法律、地质灾害法律。

(6) 事故性突发事件法律规范。我国关于事故防治立法非常广泛，立法形式涉及法律、行政法规、地方性法规和规章。主要的事故防治法律包括：交通事故法律、核事故法律、公共卫生事故法律、火灾事故法律、生产安全事故法律。

(7) 公民权利救济法律规范。涉及公民、法人和其他组织的合法权益由于公共危机的行政应急措施受到损害之后的补救机制，包括行政复议、行政诉讼、国家赔偿和补偿方面的法律规范。

除了以上针对性很强的专门法律，我国应急法律体系自然包括了民法和刑法等基本法律。处理突发事件涉及一系列复杂的社会控制、社会管理和社会动员，其中除了涉及相关专门法以外，自然也离不开基本法律的调整，甚至可以说在处理突发事件的整个过程中，最终都要回归到基本法律上来。

2. 应急状态下法律的重要作用

在应对突发事件之时，社会就进入特殊的应急状态。应急状态之下，有权的责任主体临时援引特殊的规范，通过特殊的程序，采取特别措施，其中行政手段发挥着主要作用。这是因为行政手段作为政府管理社会公共事务活动的主要方式，具有强制权威性、层次系统性、择优灵活性等特征，在应急处理突发事件时具有先天优势，是应急措施的最主要部分。然而行政手段不是万能，也有自身的缺陷，比如过分强调领导者主导、自由裁量的随意性和不稳定性等，应当通过相关法律的稳定性和规范性加以弥补，尤其是应急状态下经常发生的严重刑事犯罪行为，必须由刑事法律来进行调整和处理，法律，尤其是刑事法律在应急状态下具有十分重要的作用。

3. 当前应急状态下刑事法律适用面临的问题

应急状态下,法律尤其是刑事法律具有十分重要的作用,例如2008年的5·12四川汶川特大地震发生后,灾区受到了严重损失,生产生活秩序濒临崩溃。在国难当头之际,有犯罪分子利用重灾区大量受灾群众被迫撤离之机,潜入受损建筑物内盗窃、抢劫、聚众哄抢财物。这不仅侵犯了公私财产所有权,而且直接挑战了人类最起码的人性良知,有着甚于平常时期的更为严重的社会危害性;还有利用群众的捐助爱心,假冒红十字会、基金会等名义,以赈灾募捐为名发送手机短信和在网上发帖骗取钱财,或假冒灾民和抢险救灾人员名义,以发送求助类短信手段骗取钱财,利用灾区各种生活物资严重短缺之机,哄抬物价,囤积居奇,牟取暴利或者挪用救灾、抢险、扶贫、救济款物等等;此外还有余震期间,大量人员外出露宿而发生强奸犯罪行为,这些在灾区非常时期的犯罪行为性质恶劣,影响重大,严重扰乱了应急时期的社会秩序,必须依照刑法严惩才能保证灾区社会秩序和重建的进行。

然而依照平时的刑法规定来处理这些因为在特殊时期更具有严重社会危害性的行为,不符合罪责刑相适应的刑法原则,也不足以震慑灾害期间的违法犯罪行为。最高人民法院于2008年5月27日发出《最高人民法院关于依法做好抗震救灾期间审判工作切实维护灾区社会稳定的通知》。通知要求,人民法院要依法严惩危害抗震救灾和灾后重建的各种犯罪活动,坚决维护灾区社会稳定,并列举了七类应依法从重处罚的抗震救灾和灾后重建期间发生的犯罪行为。

该通知强调了在灾后的特殊时期坚持"特殊时期、特殊案件、特殊办理"的方针,对那些严重危害抗震救灾和灾后重建工作进行的犯罪行为,要在法定期限内快审、快判,力争在最短的时间内使灾区人民群众感受到人民法院维护灾区稳定和打击犯罪的决心与力度,震慑潜在的犯罪分子,预防其他犯罪的发生。这表明了在应急状态下,我国刑事法律的适用不同于通常时期,但总体还是坚持当前宽严相济的刑事政策。

三、应急状态与刑事政策

(一) 刑事政策的概念和作用

1. 刑事政策的概念

首先,"政策"一词源于希腊语的"城邦"(polis)。古希腊哲学家亚里士多德将"城邦"解释为一种合作关系,是以追求善业为目的的最高的也最广泛的社会团体。"城邦"与公共管理紧密联系,逐渐引申出了之后的"政治"(policy)和"政策"的含义。政策的定义主要有以下几种:(1) 具有立法权的政治家制定出来由公共行政人员所执行的法律和法规。① (2) 具有目标、价值与策略的大型计划。② (3) 党和政府用以规范、引导有关机关、团体和个人行动的准则和指南。③ (4) 管理部门为了使社会或社会中的一个区域向正确的方向发展而提出的法令、措施、条例、计划、方案、规划或项目。④

其次,刑事政策则是与"刑事"相关的,是与犯罪和刑罚相关的一系列政策,该概念最早见于18世纪末19世纪初德国法学家克兰斯洛德与费尔巴哈的著作中,其后学者们逐渐补充修正其含义,形成了政策的诸多学说。例如,法国学者米海依尔·戴尔玛斯·马蒂的"社会整体据以组织对犯罪现象反应的方法的总和"⑤学说;日本刑法学家大谷实的刑事政策三义说等等。我国学者高铭暄教授认为:"刑事政策是运用刑法武器同犯罪作斗争的策略、方针、原则,是我国刑事立法和刑事司法的灵魂。"甘雨沛教授认为:"刑事政策是国家抑或社会团体对犯罪、犯罪者以及犯罪诸现象,根据以镇压、压制或抑制和预防犯罪为目的的原则,采取有效的有指导意义的活动或措施。"储

---

① [美] 伍德·威尔逊:《行政学研究》,载《国外政治学》1987年第2期。
② [美] 哈罗德·D·拉斯威尔、亚伯拉罕·卡普兰:《权力与社会:一项政治研究的框架》,上海世纪集团2012年版。
③ 张金马:《政策科学导论》,中国人民大学出版社1997年版。
④ 林金德:《政策研究方法论》,延边大学出版社1989年版。
⑤ [法] 米海依尔·戴尔玛斯马蒂:《刑事政策的主要体系》,卢建平译,法律出版社2000年版,第2页。

槐植教授认为:"刑事政策是国家和社会依据犯罪态势对犯罪行为和犯罪人运用刑罚和诸多处遇手段以期有效地实现惩罚和预防犯罪目的的方略。"均强调刑事政策的国家制定性、阶段适用性等特点。

由此,刑事政策有着特殊目的——应对犯罪,有效组织起对犯罪的反应,预防犯罪和控制犯罪的发生,从而达到维护社会安全和社会成员的共同福利的最终目的。

2. 刑事政策的主要作用

一是预防作用,包括一般预防和特殊预防。其中一般预防针对的是最广泛的人群和潜在犯罪人。通过刑事立法和司法活动,行政措施乃至广义上的各种法制宣传活动和法制教育活动,杜绝产生犯罪意图的可能性。特殊预防针对已实施或者正在实施违法、犯罪行为的嫌疑人或者犯罪分子,通过立法、司法、执行刑罚或者其他惩罚性手段给其带来威慑或者直接剥夺犯罪能力,使之不能再危害社会;或者通过系统的教育矫正、感化、治疗、监护以及促使其重返社会的手段对特殊犯罪人进行矫正和帮助,以达到预防再次犯罪的目的。

二是指导作用。刑事政策不同于具体的法律和措施,除了考虑犯罪本身的性状之外,还要考虑国家意志、社会阶级关系、集团利益结构以及社会价值观等深层次社会问题,是综合形成的从宏观上指导法律以及各种措施制定的标准。首先,刑事政策通过对"犯罪圈"范围的确定,划分出罪与非罪的界限,使反社会的行为作为法律上的犯罪,成为刑事法律调整的对象;其次,刑事政策通过对刑法分则体系排列的确定,强调犯罪预防与控制的重点,使得重罪与轻罪区别开来,指导司法活动中的定罪量刑;最后,刑事政策对定罪量刑之后的犯罪处理方式进行指导,不仅通过刑罚手段,而且多元化地采用社区矫正和保安处分等对其进行补充,这也为新的犯罪处理方式提供了依据。

三是修正和调节作用。刑法是调整犯罪和刑罚的法律规范,法律的严肃性和稳定性也天然地伴随着滞后性的缺陷,社会现实在不停向前发展而滞后的法律往往会跟不上变化的节奏。刑事政策作为高于刑法的公共治理决策,具有很强的灵活性和针对性,可以弥补上述缺陷。

此外，法律必须具有抽象性和原则性才能被广泛和长期适用，司法活动其实是从一般到特殊的实践过程，必然涉及自由裁量"度"的问题，仅靠司法人员的道德、良心等难以达到统一和公平。刑事政策是刑法的指导，刑法是刑事政策的法律化实现，特定情形下刑事政策可以"先行"或"变通"，尤其是在涉及自由裁量的问题时，刑事政策具体化为定罪量刑乃至执行的指南，有助于提高刑事立法质量、刑事司法效能和促进刑事司法程序的改进，使立法的"应然"和司法的"实然"更加统一协调。

综上，在应急状态下处理严重的犯罪问题，运用刑事政策的手段是必要的，从刑事政策角度思考相关问题也是解决问题的关键。

（二）我国当前的刑事政策

我国当前的刑事政策是宽严相济的刑事政策。自新中国成立以来，刑事政策一直存在且几经变迁，从最初的"镇压与宽大相结合"、"惩办与宽大相结合"，到"宽严相济"，中间虽然经历过一段特殊的"严打"时期，但也是刑事政策审时度势的调整。总体上看，我国的刑事政策一直在内容和精神实质上存在着继承，现行的宽严相济刑事政策就是对以往政策的完善和超越。

宽严相济刑事政策这一说法，最早于2004年12月，由中共中央政治局常委、中央政法委书记罗干在全国政法工作会议上提出。[①] 此后，宽严相济的理念被不断重申，2006年10月召开的十六届六中全会通过了《中共中央关于构建社会主义和谐社会若干重大问题的决定》，明确提出"实施宽严相济的刑事司法政策，改革未成年人司法制度，积极推行社区矫正"。同年11月全国政法工作会议上，提出在和谐社会的建设中，各级政法机关要善于运用宽严相济的刑事司法政策，最大限度遏制、预防和减少犯罪。至此宽严相济刑事政策被明确而完整地确定下来。

学者在对其内涵的理解中稍有差异：陈兴良教授认为宽严相济的

---

① 原文："正确运用宽严相济的刑事政策，对严重危害社会治安的犯罪活动严厉打击，决不手软，同时要坚持惩办与宽大相结合，才能取得更好的法律和社会效果"。

"宽"是指宽大、宽缓和宽容，具有两层含义——该轻而轻，该重而轻，"宽"还具有三种形式——非犯罪化、非监禁化和非司法化。"严"则是指严格、严厉和严肃，其中"严格"指法网严密，有罪必罚；"严厉"指刑罚苛厉，从重惩处；"严肃"指司法活动循法而治，不徇私情。而相济则包含救济、协调和结合。① 高铭暄教授则认为，宽严相济刑事政策基本含义是针对犯罪的不同情况，区别对待；"宽"不是法外施恩，"严"也不是无限加重，而是严格依法，"宽严相济，罚当其罪"。② 还有学者将宽严相济刑事政策认为是惩办与宽大相结合刑事政策的延伸。"宽"源自惩办与宽大相结合的"宽大"，指的是宽缓、轻缓，可以分为该轻而轻、该重而轻、非犯罪化、非刑罚化四种情形。"严"来自惩办与宽大相结合的"惩办"，是指严密和严厉。"严"首先指法网严密，刑事立法应尽量做到严密，以预防犯罪、防卫社会。此外还有严厉的含义，即在罪刑均衡的原则指导下，判处较重的刑罚，而不是指任意从重、加重处罚。在宽严之间还要保持一定协调关系。③

总之，宽严相济刑事政策下，当宽则宽，该严则严，且宽严协调，这是最基本的要求，也是根本内容，体现在法律实践中，是法律实践活动的原则导向。

（三）"宽严相济"并非严打

1. "严打"政策

尽管对于实施"严打"是否合理学界一直存在争议，但无法否认在上个世纪80年代我国社会转型的特殊历史时期，严打政策对于遏制犯罪的高发态势、保障社会治安形势发挥了巨大的作用。1980年前后针对我国严峻的社会治安形势，党中央作出了《关于严厉打击刑事犯罪活动的决定》，明确七个方面的犯罪属于从重从快打击的对象，

---

① 陈兴良：《宽严相济刑事政策研究》，载《法学杂志》2006年第1期。
② 高铭暄：《宽严相济刑事政策与酌定量刑情节的适用》，载《法学杂志》2007年第1期。
③ 张碧波：《宽严相济刑事政策研究》，载法律图书馆 www.law-lib.com。

由此确立了我国的"严打"政策。所谓"严打"也就是从重从快,即从重从快打击严重刑事犯罪分子。"从重"主要指从重惩罚,量刑可以高于法定最高刑以上判刑直至死刑,并且在溯及力问题上采取从新从重原则;"从快"这是指在法律程序范围内迅速而及时地办案,及时预审、及时起诉、及时审判、及时执行,尽快处理结案。① 1983年至今,我国先后开展过三次"严打"整治活动,指导整治活动的"严打"政策均是党和国家在社会治安形势严峻时为了打击几类严重刑事犯罪而制定的,由司法机关为主要执行主体,以从重从快为基本要求,并以战役、运动的形式展开。

2. 新方针不是"严打"政策的适用

当初适用"严打"政策正是计划经济向市场经济社会转型期,社会控制力减弱,大量犯罪出现,是对犯罪的一种反应,类似应急反应状态。时至今日,汶川地震期间的《最高人民法院关于依法做好抗震救灾期间审判工作切实维护灾区社会稳定的通知》中提及的"特殊时期、特殊案件、特殊办理"的方针,是否是"严打"政策的再度复苏?

首先,"严打"政策是特殊历史时期的权宜之计,具有极大的缺陷并且已经不适合当前的客观现实情况。"严打"政策以严惩的思维对待犯罪,强调从重从快以求最迅速达到政治效果甚至不惜突破法律的底线;在定罪量刑上违背罪刑法定原则,具有极大的随意性;片面追求处罚而忽视人权保护、片面追求从快而忽视程序规定。资料显示,1996年春第二次"严打"效果并不理想,2001年4月的"严打整治"斗争均未有效遏制犯罪态势。随着社会转型期矛盾的不断凸显和变化,"严打"政策本身的威慑力也逐渐减弱,最终不能完成预防和控制犯罪的任务。

其次,扬弃传统"严打"政策中的重要内容。"从重"主要指从重惩罚,量刑可以高于法定最高刑以上判刑直至死刑,并且在溯及力问题上采取从新从重原则;"从快"是指在法律程序范围内迅速而及

---

① 肖扬主编:《中国刑事政策和策略问题》,法律出版社1996年版,第164页。

时地办案,即及时预审、及时起诉、及时审判、及时执行,尽快处理结案。其中,"从重"部分的内容存在重大缺陷,早已不再适用。新方针侧重于在法治前提下的"特殊时期、特殊案件、特殊办理",与"严打"政策的"从快"原则相似,但是更加强调不突破现有法律底线的原则,法定期限内快审、快判,力争在最短的时间有效处理案件。

最后,应急状态下的"特殊时期、特殊案件、特殊办理"的方针其实更加符合"宽严相济"刑事政策的内涵要求,是宽严相济刑事政策在应急状态下的适用。"宽严相济"刑事政策包括"当宽则宽"、"该严则严"、"宽与严相济"等内涵。从司法的角度对宽严相济刑事政策内涵做出解读可知,"宽"要求坚持区别对待,对情节轻微、主观恶性不大的犯罪人,尽可能要给予改过自新的机会,依法从轻或减轻处罚。"严"就是毫不犹豫地集中力量严厉打击严重刑事犯罪,以期取得最好的法律效果和社会效果,保障稳定。宽严相济二者协调,并行不悖,宽中有严、严中有宽、宽严兼济,二者协调发展,共同实现应急状态下维护社会秩序的目的。

地震灾害期间,趁灾犯罪行为会较之常态具有更为严重的社会危害性,在刑法规定的刑罚幅度范围内,从重处罚,以震慑犯罪,维护正义。此外还要在时间上从严,灾后社会秩序不稳定,必须及时控制局面,应当在法定程序内尽可能提高效率,迅速实现对恶性犯罪的打击威慑,预防危害的扩大。对于一些群体性事件中,因不明真相或者由于恐慌而参与其中危害到社会稳定和人们生命财产安全的人,多以从宽处理和安抚为主,要做到"严以济宽",以积极疏导、化解矛盾为主要政策导向,避免加重负面情绪。这都符合宽严相济刑事政策的基本要求,实质上并不是单纯的"严打",而是宽严相济刑事政策在应急状态下的适用。

3. 应急状态下刑事政策的选择

应急状态下,宽严相济刑事政策的适用是刑事政策的最好选择。宽严相济刑事政策"宽"的方面是刑罚谦抑性的表征,而"严"的方面则是利益平衡的结果。其中社会利益和个人利益的平衡是刑事政策做倾向性选择的基准和杠杆。当需要强调社会大局利益优先时,刑事政策就以"严"为主导,当需要着重保护个人利益的时候,刑事政策就向"宽"的方向发展。①

四、应急状态下宽严相济刑事政策适用问题的研究

(一) 应急状态下宽严相济刑事政策的适用原则

宽严相济刑事政策,是属于公共政策的一种,应当遵循一定的原则。

(1) 有学者认为,一要坚持法制化原则;二要坚持科学化原则,即刑事政策要用科学的概念和方法将自己充实起来,形成一个具有完整科学体系的学科,以指导刑法的改革和发展;三要坚持国际化原则,即我国刑事政策体系的建构必须要有国际化的视角才能不断适应社会发展的需要。②

(2) 还有学者认为,一要坚持罪刑法定原则;二要坚持罪责刑相适应原则。

(3) 也有学者认为,一要遵循罪刑法定原则;二要遵循罪刑均衡原则;三要遵循正当程序原则。③

以上三种观点各有侧重,分别从不同角度提出了通常状态下刑事政策的适用原则。但在应急状态下,在适用以上原则的基础上还应当补充一些原则。

应急状态下,首先必须突出以"严"为主的原则。通常情况下宽严相济刑事政策的"宽"与"严"二者之间并无高下之分,二者同样重要,相辅相成,保持协调。但是应急状态毕竟异于常态,应急状态下刑事政策要承担特殊社会任务,为了在非常时期有力保障社会秩序,及时控制局面,迅速恢复正常的生产生活,合理重视和运用法律

---

① 宋素娟:《论刑事政策的两极走向》,中国政法大学硕士学位论文 2004 年 5 月,第 24 页。
② 严励:《刑事政策与和谐社会》,载《刑事政策评论》2006 年第 1 卷。
③ 张碧波:《宽严相济刑事政策研究》,载法律图书馆 www.law-lib.com。

的威慑性能起到事半功倍的作用。同时，应急状态下，犯罪行为往往具有比常态下更严重的社会危害性，严而处之并不违背刑法基本原则。因此，在应急状态下适用宽严相济刑事政策时，突出强调以"严"为主是必要的。

其次是保障效率和遵循比例原则。在应急状态下，控制局面和恢复稳定是压倒一切的优先目标，因为突发事件往往因为准备不足和应对不力，随时面临着更加恶化甚至引发连锁反应的危险。所以无论是各种应急措施还是法律手段都应当注重一个效率问题。当然效率原则并不意味着以效率为本，而是强调适用刑事政策应当在合法前提下做出效率优先的价值选择。遵循比例则要求平衡个人利益与公共利益之间的冲突，选择最优的处置方案，但必须坚持符合宪法规定；符合有效性要求和遵循必要性原则。

此外，还有适时变通原则。法制日报上曾经报道过这样的案例，汶川大地震灾情发生后，急需一批救援、救护、运输、医疗方面的人才，而在灾区两级检察院办理的各类刑事案件中发现有一些具备这些特殊技能的犯罪嫌疑人。结合刑法、刑事诉讼法等相关法律法规以及《成都市人民检察院关于当前抗震救灾时期加强刑事案件办理工作的意见》，成都市检察机关公诉部门视情况依法对这些犯罪嫌疑人变更了强制措施，让这部分犯罪嫌疑人参加到抗震救灾中。这不仅在一定程度上缓解了灾区急需救灾人员的困境，而且使得犯罪嫌疑人得到了立功机会，有利于其改造悔过和重新回归社会。这也是适时变通原则的成功运用，能有效发挥刑事政策的灵活性和指导性，在应急状态下具有十分重要的作用。

最后，也是最不容忽视的人权保障原则。人权保障原则在突发事件中应当关注以下几个方面：要严格遵守"宪法保留"和"法律保留"的规定，对宪法和法律规定"不得克减"的基本权利实行底线保护；限制人权要严格按照法律规定的程序进行，且采用的方式应合理；限制人权要具有公开性和可诉性等。由于在应急情况下，应急主体可以采取相对自由的应急手段，难免对人权造成损害，但是必须明确人权保障的基本原则，最大限度减小对人权的伤害，以维护广大人民群众基本人权、基本利益为根本目的。

(二) 应急状态下宽严相济刑事政策具体适用问题和建议

1. 应急状态下宽严相济刑事政策贯彻的基本思路

学者们从理论层面研究如何贯彻宽严相济刑事政策的思路有以下几种：

第一种是从宏观原则出发，认为适用宽严相济刑事政策首先要充分利用现有的刑事立法和司法解释资源；其次，在宽严相济刑事政策适用时要注意立法与司法的分工，注意到刑法与刑事政策的侧重不同；第三是要准确确立司法行为政策化的地位和功能。① 应急状态下宽严相济刑事政策的宏观原则基本保持不变，但是应当更为强调司法实践行为在应急时期的重要作用，确保司法行为及时政策化，有效应对非常情况。

第二种思路从司法制度的角度出发，认为当前司法实践中，可以通过对相关制度的改革和立法的完善来贯彻和适用好宽严相济刑事政策。这同样适用于应急状态下宽严相济刑事政策的贯彻。虽然在应急状态下对于宽严相济刑事政策的适用选择"轻轻重重，以重为主，基调从严"的特殊方式，但是缺少制度支持和理论支持，缺乏统一的规范性和可操作标准也是不可取的，因此需要完善相关制度。

第三种思路是从如何适用"宽"、"严"、"济"入手。② 通常情况下，宽严二者各有侧重，二者相辅相成；应急状态下，则体现出一定的侧重——基调从严，且适用对象上也要体现出灵活性，既要做到当宽则宽，该严要严，还要二者相协调以相济。

应急状态下对于严重影响大局稳定，危及人民群众生命财产安全的严重犯罪要从严处置。要保持从严基调，强调刑事法律的威慑性，才有助于在混乱中有效预防犯罪。同时也要明确区分轻微犯罪，尤其是群体性事件中的盲从犯罪人员。在异常状况下人处于高度紧张的应

---

① 黄京平：《宽严相济刑事政策的时代含义以及实现方式》，载《法学杂志》2006年第4期。

② 张碧波：《宽严相济刑事政策研究》，载法律图书馆 www.law-lib.com。

急反应状态，自身判断力多受外部环境影响而客观性有所降低。容易随大流、盲从附和。这种情况下其犯罪的主观恶性较低，有些人甚至没有意识到自己已经触犯了法律。而对这部分人员若从严惩处，一方面不符合刑法的谦抑性和效率性，另一方面更加不利于非常时期大局的稳定和人心的安定，所以基调从严也不是一味从严，在保持刑法威慑性的同时也要区分从严对象，体现出刑事政策适用的灵活性。

2. 应急状态下宽严相济刑事政策适用的具体建议

坚持"轻轻重重，以重为主，基调从严"的基本思路，同时也要注意保证效率、遵循比例、适时变通以及人权保障原则。

(1) 做好"重其所重"。

应急状态下刑事政策"基调从严，重其所重"不是任意加重，更不能脱离法律底线，故实践中"重其所重"首先是指量刑从重。从严处理，应当在法律规定的范围内，切不可像过去"严打"那样任意加重。超出法定刑最高限加重，不利于维护法律的稳定性和权威性。只有依法从严，才能真正使刑法起到严肃惩治趁灾犯罪，保障灾区社会秩序稳定的重要作用。

首先，严惩"趁灾犯罪"。

所谓"趁灾犯罪"并没有包括灾害发生之后的一切犯罪。这里的"趁灾犯罪"指的是犯罪分子利用灾害发生后社会秩序的混乱，进行的危害灾区社会秩序、灾区人民生命财产安全的犯罪行为。灾难本身已经给人们生命财产和生活带来了巨大打击，不法分子在危急关头顶风作案，危害灾区人民的生命和财产，这种行为本身丧失人性，具有更加严重的社会危害性。《最高人民法院关于依法做好抗震救灾期间审判工作切实维护灾区社会稳定的通知》中，详细列举的必须依法严惩危害抗震救灾和灾后重建的犯罪行为有以下几类：

第一，趁灾侵害公民人身、财产安全的行为。包括盗窃、抢夺、抢劫、故意毁坏用于抗震救灾的物资、设备设施，以及以赈灾募捐名义进行诈骗、敛取钱财，拐卖灾区孤残儿童、妇女等犯罪行为。这类行为直接损害灾区人们财产和人身安全。本来严重的自然灾害已经给灾区带来了巨大的损失，人们流离失所，财产受损，人身安全也时刻受到威胁，这些犯罪行为无疑雪上加霜，其行为的恶性以及造成的社会危害性很大，发生也较频繁，必须严惩才能有效控制。

第二，为牟取暴利，囤积居奇、哄抬物价、非法经营、强迫交易等严重扰乱灾区市场秩序的犯罪行为。应急物质与灾区恢复重建、灾区社会秩序的稳定密切相关，关系到受灾群众切身利益和正常生产生活，这类犯罪造成的社会影响极其恶劣。

第三，故意编造、传播、散布不利于灾区稳定的虚假、恐怖信息，严重影响抗震救灾和灾后重建工作开展。如妨害公务，聚众扰乱社会秩序、公共场所秩序、交通秩序，聚众冲击国家机关等犯罪行为。灾后应急状态下，社会生产生活秩序濒临崩溃亟待重建，相关信息来源较为匮乏，很容易出现群体性恐慌事件。在这种情况下故意进行散布虚假、恐怖信息极易造成大规模群体性事件，扰乱已经被重创的社会秩序，此种行为的主观恶性严重，客观危害十分显著。

第四，在灾区生产、销售或者以赈灾名义故意向灾区提供伪劣产品、有毒有害食品、假药劣药等犯罪行为。抗震救灾的初期，食品药品是最为缺乏也是最急需的物质，趁灾制假售假行为远比正常时期恶劣，理应从重处罚。

第五，国家工作人员贪污、挪用抗震救灾款物、滥用职权或玩忽职守，危害抗震救灾和灾后重建工作顺利进行，严重损害党和国家形象的犯罪行为。应急状态下，行政机关是采取各种应急措施的最主要主体，行政权力的行使也是最基本最普遍的。抗震救灾调动全国的财力和物力，有少数官员贪污挪用救灾款物。这种行为损害公务人员的廉洁性，同时，导致款物不能及时到位，耽误救灾，会造成严重的损害。

第六，破坏电力、交通、通讯等公共设施的犯罪行为。震后应急期间，公共设施对于保证灾区群众生命财产安全、保证抗震救灾活动顺利进行有重要作用。破坏电力、交通、通讯设施还会造成大规模的恐慌，严重危害到社会秩序。

第七，妨害传染病防治等危害公共卫生的犯罪行为。自然灾害发生后，生态环境的破坏会引发一系列的连锁反应，包括大规模传染病的爆发。灾后传染病的预防和控制事关重大，妨碍传染病防治等危害公共卫生的犯罪行为容易引发次生灾害，再次造成严重损失。

以上七类灾后常见的犯罪行为，因为严重的社会危害性，最高人民法院用通知的方式，明确列举出来要求对其从严处置，体现出宽严相济刑事政策中"严"的一方面。通过严惩，发挥了刑事法律对犯罪的威慑性，保持应急状态下对严重犯罪行为的高压态势，最大限度地发挥法律预防犯罪、维护社会秩序的作用。这样才有利于灾后迅速控制局面和生产生活秩序的恢复和重建。

当然，严惩的前提是必须清晰界定趁灾犯罪。必须把趁灾侵害公民人身、财产安全的行为中的盗窃、抢劫与紧急状态下暂时借用他人物品，事后归还的行为，和在紧急疏散过程中，从废墟中拿取生活用品等正常应急行为区分开来；将为牟取暴利，囤积居奇、哄抬物价、非法经营、强迫交易等严重扰乱灾区市场秩序的犯罪行为与因物资缺乏，货物运输费用增加而出现的正常涨价行为区别开；将故意编造、传播、散布不利于灾区稳定的虚假、恐怖信息，严重影响抗震救灾和灾后重建工作开展的妨害公务，聚众扰乱社会秩序、公共场所秩序、交通秩序，聚众冲击国家机关等犯罪行为与因不明真相、被蒙蔽无意中传播虚假恐怖信息和从众参与群体性活动的行为区分开来。

其次，严惩致使灾害损失扩大化的灾前犯罪。

趁灾作案的犯罪丧尽天良，具有更大的社会危害性，必定要严惩，然而一些看似不那么严重的灾前犯罪，实际上是造成灾害损失扩大化的原因。5·12汶川大地震中，人们对校舍掩埋掉无数老师学生感到痛心。《中华人民共和国建筑法》要求建设单位、设计单位、施工单位和监理单位采取有效措施，确保建筑工程质量。如果这些单位没有采取确保建筑工程质量的有效措施，建造了"豆腐渣"校舍，一旦遇到地震就会造成校舍倒塌和学生死亡，应当属于自然灾害发生前实施的犯罪。

对此，国务院2008年6月8日施行的《汶川地震灾后恢复重建条例》第76条规定："对毁损严重的基础设施、公共服务设施和其他建设工程，在调查评估中经鉴定确认工程质量存在重大问题，构成犯罪的,对负有责任的建设单位、设计单位、施工单位、工程监理单位的直接责任人员,依法追究刑事责任。"阐明了必须严肃处理这类致使灾害扩大化的灾前犯罪。

《刑法》第137条规定:"建设单位、设计单位、施工单位、工程监理单位违反国家规定,降低工程质量标准,造成重大安全事故的,对直接责任人员,处五年以下有期徒刑,并处罚金;后果特别严重的,处五年以上十年以下有期徒刑,并处罚金。"第138条规定:"明知校舍或者教育教学设施有危险,而不采取措施或者不及时报告,致使发生重大伤亡事故的,对直接责任人员,处三年以下有期徒刑或者拘役;后果特别严重的,处三年以上七年以下有期徒刑。"

(2) 不可忽视"轻其所轻"。

"轻其所轻"与"重其所重"同样必要,尤其是灾害引发的应急状态中,"轻其所轻"对安抚民心、稳定社会秩序有着特殊作用,配合"从严"的基调,对特殊对象"从轻"更能有效保持社会秩序的稳定。涉及以下几类犯罪时应当从轻处理。

首先,紧急避险实行过限损害他人人身财产权益的行为。我国刑法中对紧急避险的定义是:"为了使国家、公共利益、本人或者他人的人身、财产和其他权利免受正在发生的危险,不得已采取的紧急避险行为,造成损害的,不负刑事责任。紧急避险超过必要限度造成不应有的损害的,应当负刑事责任,但是应当减轻或者免除处罚。"应急状态下为对抗自然灾害,不得已采取紧急避险行为非常常见,由于危险突然发生,趋利避害是人之本能,超过必要限度避险常常发生。如损害了他人合法利益保全自身利益且损害的利益超过了必要限度,其行为的社会危害性较小,应当减免处罚,有利于稳定民心和重建秩序。

其次,群体性事件中的盲从犯罪人员。灾后一段时间内,不仅社会处于应急状态,作为个人同样也是处于高度紧张的应急反应期。人自身判断力多受外部环境影响而有所降低,容易随大流、盲从附和。加上应急期间信息获取渠道不畅,容易出现群体性事件。比如,无意中参与散布谣言、虚假恐怖信息,危害社会秩序;参与聚众非法集会、冲击政府机关、妨碍公务行为等。这种情况下首先应当区分首要分子、组织者和盲从参与者，对组织者、首要分子应当从严处理，但是对于盲从参与的人员应当区别对待，依法"轻其所轻"，即根据具体情况清楚区分可以从轻的对象，在法律规定的范围内选择一个较轻的刑种，在法定刑下限内选择一个较低的刑期，体现出刑事政策适用的灵活性。

（3）司法措施上体现出灵活性。

根据应急状态下"特殊时期、特殊案件、特殊办理"方针，要及时遏制地震灾害期间的趁灾犯罪行为，加快恢复生产生活秩序，必须做到法定期限内，从速立案、从速审理、从速宣判。

首先，灵活性必须限制在法律规定的范围内。司法程序的存在意义是维护法律的权威和正义，程序上的正义与实质正义均不可随意突破。对于司法程序性措施的变通是有限制的灵活变通，在法治前提下提高办案效率。

其次，变通主要体现在缩减程序时间上，以求达到从速处理的目标。由于有一部分司法程序所需要的时间可以缩减，因此缩减部分程序是现实可行的。比如应急状态下对有明确事实证据的犯罪行为，可以缩短从立案到判决的时间，尤其是涉及社会稳定，灾区人民生命财产安全的治安、刑事案件，侦查监督部门提前介入、及时介入，按照"基本事实清楚"、"基本证据清楚"的标准从速批捕；公诉部门则按照起诉标准积极引导侦查，从速起诉，力求做到依法尽快处理；审判中还可以通过缩短文书送达期间、采用多种送达方式缩短程序时间，尽快实现社会效果。

此外，案件审理流程中也可以有应急状态下的变通，比如中高级法院到基层、到灾区现场设立派出法庭，组织专门人员现场就地处理案件，节省审判周期等。还有通过对刑事案件分案处理、变更相关强制措施的实际执行方式，挖掘各种新方法新途径适应抗震救灾期间特殊情况。

（4）对于抗震救灾中有立功行为的在押嫌疑人、服刑人员，依其行为性质，变更相关强制措施，依法减轻或免除刑罚。

在汶川地震期间，四川省宜宾市出现过这样的事件，一名潜逃11年的抢劫犯罪嫌疑人回到四川地震灾区参与抗震救灾，并在之后自首，对此司法机关作出了不予批准逮捕决定。这名犯罪嫌疑人当初犯罪情节轻，在潜逃的11年期间没有再犯罪；5·12汶川大地震发生后，他组织志愿者参加抗震救灾，可视为立功，随后又主动投案自首。鉴于其特殊的表现和立功、自首情节，符合"宽严相济"刑事司法政策的贯彻落实要求，检察院认为对其不予批捕不会造成社会危害，当地公安机关立即办理取保候审手续后将其释放。

此外，灾情发生后灾区急需一批救援、救护、运输、医疗方面的人才。灾后的成都市蒲江县人民医院收治了不少地震受伤群众，该院的医务人员严重不足，特别是缺乏放射科的专业医生。当地检察院得知这一消息后，立即对正在办理的一起涉嫌贿赂案中的犯罪嫌疑人——蒲江县人民医院放射科主任石某采取了取保候审措施。在抗震救灾中，石某发挥专业特长，挽救了不少灾区群众的生命。

在危机之后的应急状态，正是犯罪嫌疑人、服刑人员改过自新、做出贡献获得立功减刑的时机。依据实际情况，及时变更相关强制措施，依法减免刑罚，能够起到鼓励犯罪嫌疑人、服刑人员悔改罪行，调动其回归社会的积极作用；同时也是弘扬抗震救灾时代精神，团结全社会一切可以团结的力量的有效措施。而对于抗震救灾中有立功行为的在押嫌疑人、服刑人员，依其行为性质，变更相关强制措施，依法减轻或免除刑罚必须注意变更强制措施后，不至于使犯罪分子危害社会。

结　语

在应急状态下，现行刑事政策能充分发挥预防、指导、调节和修正涉灾案件的重要作用，其适用上的不断创新，充分表明了宽严相济刑事政策的科学性、包容性和生命力。在宽严相济刑事政策在常态下和非常时期都是控制和预防犯罪，维护社会稳定所必需的。关注民生、保障权利时，以宽济严；维护稳定、保证安全之际则以严济宽。宽严之道相辅相成，最终实现社会之安定与和谐。

震后应急状态下宽严相济刑事政策的适用[①]

魏 成等

【内容摘要】 宽严相济刑事政策是我国刑事政策中具有策略性的刑事政策,不仅要适用于和谐社会的常规状态,也要适用于地震、战争后一定时期的非常规状态。汶川大地震后,如何更好地在应急状态下适用宽严相济刑事政策成为学界普遍关注的问题。从宽严相济刑事政策的内涵、理论依据及现实意义出发,本文分析了震后一定时期呈现的犯罪态势,提出在震后应急状态下适用宽严相济刑事政策应遵循的原则与具体的途径。

【关键词】 刑事政策 宽严相济 应急状态

一、宽严相济刑事政策概述

(一) 宽严相济刑事政策的内涵

刑事政策是国家或执政党依据本国犯罪态势制定的,依靠其权威推行的,通过指导刑事立法与刑事司法,对犯罪人和有犯罪危险者运用刑罚和有关措施,以期有效实现预防犯罪目的的方针、策略和行动准则。[②] 宽严相济刑事政策是我国刑事政策中具有策略性的惩治政策,是在新形势下对惩办与宽大相结合刑事政策的继承与发展,对"严打"刑事政策进行理性反思的成果。正确理解宽严相济刑事政策,

---

[①] 课题负责人:魏成,四川大学法学院 2007 级刑法学硕士研究生;
课题组成员:马建丽,四川大学法学院 2007 级刑法学硕士研究生。
[②] 赵秉志主编:《刑法基础理论探索》,法律出版社 2004 年版。

需要对"宽"、"严"、"济"三个关键词加以科学界定。

1. "宽"的内涵

宽严相济的"宽",是指宽大、宽缓、宽容。具有两层含义:一是该轻而轻,即对于较为轻微的犯罪,本应处以较轻缓的刑罚;二是该重而轻,即被告人所犯罪行较重,但其具有自首、立功或犯罪中止等从宽处理情节的,在本应处以较重之刑的情况下对其判处较轻之刑。这些有利于鼓励犯罪分子改过自新。宽严相济的"宽"表现在以下几种情形:一是非犯罪化。非犯罪化是指本应作为犯罪处理的行为,由于犯罪情节轻微、危害不大,基于刑事政策的要求,在司法过程中不作为犯罪处理。非犯罪化包括立法上的非犯罪化和司法上的非犯罪化。立法上的非犯罪化,是指对于本来作为犯罪的一些轻微犯罪、偶发犯罪、无被害人的犯罪等不规定为犯罪,通过立法方式将其从犯罪范围中排除出去。司法上的非犯罪化,是指刑法虽然将某一行为规定为犯罪,但由于犯罪情节轻微、危害不大,在司法过程中对这种行为不作为犯罪处理。二是非刑罚化。非刑罚化是指以刑罚之外的较轻的制裁手段代替刑罚以处罚犯罪。非刑罚化对传统的报应性刑罚提出了根本性的挑战,改变了人们长期以来固守的有罪必罚的报应观念,推动了社会对犯罪和罪犯的态度的改变,同时也节约了国家资源的投入,使现代社会对犯罪的反应方式在趋向多样化的同时,更趋向人道、文明、经济的选择。① 因而非刑罚化是宽严相济刑事政策的重要内容。三是非监禁化。非监禁化是指行为人某一行为虽然构成犯罪,但根据犯罪情节和悔罪表现,对行为人判处非监禁刑或采取缓刑、假释等非监禁化的刑事处遇措施。对犯罪分子在执行刑罚上实行非监禁化,体现了现代行刑思想由"报应刑"向"教育刑"的转变,刑罚不再被看做是惩罚与赎罪的手段,而是对犯罪人进行教育的一种方法。这种对犯罪分子不予关押的非监禁刑相对于监禁刑而言,是刑法轻缓化的体现。四是非司法化。非司法化是就诉讼程序而言的,凡

---

① 梁根林:《非刑罚化——当代刑法改革的主题》,载《刑事法治的理念建构》,法律出版社 2002 年版。

涉嫌犯罪的都应进入刑事诉讼程序，但在某些特殊情况下，如犯罪较轻或属刑事自诉案件等，通过刑事和解便可得以了结，而不用进入刑事诉讼程序。非司法化体现了对轻微犯罪的宽缓处理，一方面可以节省司法资源、提高司法效率，另一方面又有利于保障被告人的权利。

2. "严"的内涵

宽严相济的"严"，是指严格、严厉。严格是指"在立法上、在司法上要作为犯罪来处理"；严厉是指"在刑罚的分类适用上，该从严的一定要从严"。① 对"严"可以从两个方面来理解：一是严密法网，即对于具有严重社会危害性的行为要将其纳入刑法的框架内，将其犯罪化，特别是针对一些新型的犯罪要及时进行立法规制，以缓和刑法的稳定性与社会发展变化之间的矛盾；二是刑罚的严厉，即对有组织犯罪、黑社会性质犯罪、严重暴力犯罪、恐怖主义犯罪等严重影响国家、社会、人民安全的犯罪，在处罚上当重则重，坚持严厉打击，对这些犯罪人采取从重的刑事政策，充分发挥刑罚的威慑力，以达到一般预防的效果。具体到方式上，实体上应"依法从重"，依法对实施严重影响国家安全、社会稳定的犯罪行为人加大打击力度，依法予以从重处罚，在相对确定的法定刑的范围内适用较重的刑种或较长的刑期；程序上应"依法从快"，在法定的程序下、法定期限内，对此类犯罪人及时立案侦查、及时逮捕、及时起诉、及时判决，达到有效地追究犯罪、打击犯罪的效果。

3. "济"的内涵

宽严相济的"济"，是指救济、协调、结合。宽严相济不仅指对于犯罪应当有宽有严，而且在宽与严之间还应当寻求一定的平衡，互相衔接，既不能宽大无边，也不能严厉过苛，从而发挥出刑罚最佳的预防犯罪的效果。

（1）要宽严兼济，宽中有严，严中有宽。即使犯罪较轻，但有从重情节的，也应当依法从严处罚；即使是严重的犯罪，但有从轻减轻情节的，也应依法从宽处理。对轻微犯罪及人身危险性小的犯罪人从

---

① 陈兴良：《宽严相济刑事政策与刑罚规制》，载《法学杂志》2006 第 4 期。

宽处理,既节省了司法资源,又为集中力量惩治严重犯罪创造了条件。只有宽严兼济,才能充分发挥宽严相济刑事政策的区别对待功能,使犯罪者既感受到法律的威严,又感受到法律宽大的一面。

(2) 要宽严有度。宽、严都要有度,要在法律的限度与框架内给予从宽、从严处理,宽不能宽大无边,严不能严厉无比。在对犯罪的处理中,必须严格以事实为依据,以法律为准绳,按照法定的标准进行。有从宽的情节需要从轻处理时也应有一定限度,不能过分宽大,以致放纵犯罪分子;有从重情节需要从重处理时,不能过分严厉以致超越法律,更不能在刑事司法中侵犯人权。要切实做到宽而不纵、严而不厉、宽严有度。

(3) 要宽严审势。对犯罪人的处罚必须以当时的社会客观情况为依据,作出轻重的调整,使对犯罪的宽严处理符合社会形势的发展,达到法律效果与社会效果的统一。刑事政策的选择受社会发展状况的制约,因此在宽与严的选择上要做到宽严审势,从客观形势出发,作出合理地选择。

(二) 提出宽严相济刑事政策的理论依据

宽严相济刑事政策的理论依据是刑法谦抑思想、人道主义与儒家中庸思想。

1. 刑法的谦抑思想

刑法的谦抑性是指立法者应当力求以最小的支出——少用甚至不用刑罚(而用其他刑罚替代措施),获取最大的社会效益——有效地预防和控制犯罪。[①] 刑法是遏制犯罪、维护社会秩序的最后手段,但不是唯一、万能的手段。德国著名刑法学者耶林曾指出:"刑罚如两刃之剑,用之不得其当,则国家与个人两受其害。"因此,应当恪守刑法的谦抑性。遏制犯罪,关键是通过化解各种矛盾以消除犯罪产生的各种因素,以防止犯罪的发生,而不能过分依赖刑罚,刑罚作为最严厉的法律制裁手段必须审慎用之。按照陈兴良教授的见解,刑法的谦抑性主要体现为刑法的紧缩性、补充性和经济性,紧缩性是指刑法

---

① 陈兴良:《本体刑法学》,商务印书馆 2005 年版。

在整个法律体系中所占比例逐渐降低,补充性是指只有在其他法律措施不能奏效时才动用刑法,经济性是指以最少量的刑法资源投入获取最大的刑法效益。刑罚轻缓是刑法谦抑的应有之意。[1] 刑罚谦抑的实现途径主要是非犯罪化与非刑罚化,通过排除某些犯罪行为应受刑罚惩处的性质或以刑罚之外的较轻的制裁手段代替刑罚以处罚犯罪,适度减少不必要的犯罪认定或抑制不必要的重刑主义倾向。

2. 现代人道主义思想

人道主义本质上是一种价值观念,它的基本原则是"人的价值是第一位的",人本身具有最高的价值或尊严。[2] 刑法的本质是公正,以德报德是公正,以怨报怨、同态复仇也是公正,这种公正要求人们在定罪量刑时要尽量地严酷以达到刑法的威慑作用,但若一味追求这种公正势必会造成严刑、酷刑的滥用。当今世界强调人道主义和人文关怀,对个人的价值和尊严空前关注,因此,现代公平的刑罚观要求人道的刑罚,同态复仇虽然是公正的,但因缺乏人道而势必被现代文明进步的社会所抛弃。任何人都具有其客观存在的值得肯定的个人价值,人道主义要求在对待犯罪时要怀有宽容、人道之心,通过非犯罪化、非刑罚化来引导犯罪人改过自新、弃恶从善。宽严相济的刑事政策正是在人道主义的指引下形成与发展起来的,刑罚的本质要求严厉、严苛以实现公正,而人道主义要求宽容、轻缓,只有宽严兼济才能符合正义要求,保障人权。

3. 中庸思想

"中庸之道"是儒家思想的核心理念之一,它对儒家思想的建构起着非常重要的作用。它的内涵在于持中,不走极端。这不但是人类在社会中需要秉持的方法论,而且一定程度上表征了人类的理性精神。宽严相济的刑事政策是在社会转型期,为了达致社会和谐而提出的一种治理犯罪的方针和策略。宽严相济主张的宽是指刑罚的宽和,

---

[1] 陈兴良:《本体刑法学》,商务印书馆 2005 年版。
[2] 周玉华、秦秀春:《宽严相济刑事政策的哲学基础》,载赵秉志主编《和谐社会的刑事法治》,中国人民公安大学出版社 2006 年版。

严是指刑罚的严厉，针对不同的犯罪行为实施不同的刑事政策，即宽中有严，严中有宽，宽严结合。宽严相济刑事政策就是主张过犹不及，要保持适中，正是体现了中庸思想。

二、研究宽严相济刑事政策的现实意义

一般来说，惩罚犯罪都是依据刑法和刑事诉讼法，但其背后却有国家刑事政策的指导。我国1979年刑法典将"惩办与宽大相结合"刑事政策作为指导刑法立法的依据之一；在1983年又提出"严打"的刑事政策。在现在看来，这两种刑事政策不符合刑事法律的精神甚至与其相背离，但是在当时历史条件下它们确实发挥了应有的作用。为了适应现代社会的发展，我国提出了宽严相济刑事政策，它的提出是科学分析犯罪规律、正确认识刑罚功能的结果，是与时俱进的刑事政策，在惩罚犯罪、保障人权，维护社会稳定，从根本上缓解社会冲突、减少社会矛盾，实现社会和谐等方面都具有极其深远的意义。

（一）宽严相济刑事政策指导刑事立法、刑事司法，体现一定的刑罚观

1. 宽严相济刑事政策指导刑事立法

刑法是规定犯罪、刑事责任与刑罚的法律规范，是调控社会的最后一道法律屏障，具有严厉性、工具性的特点。因此在立法时将哪些行为规定为犯罪、哪些行为不成立犯罪、如何确定刑罚等都是立法者必须认真慎重考虑的问题。宽严相济刑事政策能够指导刑事立法，从而在刑法中体现宽中有严、严中有宽，并且可以根据社会发展的需要将原本属于犯罪的行为不再规定为犯罪，将原本不属于犯罪的行为规定为犯罪，即在立法上实现犯罪化与非犯罪化。宽严相济刑事政策是社会发展的产物，适用宽严相济刑事政策是历史的必然，而刑事立法也必须在发展的社会中进行，以宽严相济刑事政策作为立法指导是应有之义。

2. 宽严相济刑事政策指导刑事司法

罪刑法定原则是宽严相济刑事政策适用的界限，在适用宽严相济刑事政策时，宽与严必须在刑法的规定内展开，必须以刑法的规定为

限,不能法外施恩,也不能滥用刑罚权侵犯公民的合法权益。同时要以罪责刑相适应原则为底线,要综合考虑行为人主观恶性、行为的客观危害以及其他各种犯罪情节,将责任与预防作一体化的考量,[①] 做到罪与刑相当,从而真正实现惩罚与预防的双重目的。

(二) 宽严相济刑事政策更有利于保障人权,贯彻执行社会主义法治理念

社会主义法治理念的基本内容是:依法治国、执法为民、公平正义、服务大局、党的领导。这五方面的内容最终要实现的就是人权保障。宽严相济刑事政策指导刑事立法,它要求宽严适度、宽严有据、依法办案,不能仅靠从重从快打击刑事犯罪来保障,更要以人权保障为核心,这正是社会主义法治理念的应有之义。适用宽严相济刑事政策能够保障人权,有利于社会主义法治理念的执行。

(三) 宽严相济刑事政策能够实现相对公正

公正是司法的灵魂。如果司法不公正,那么就没有了它存在的价值。当然,绝对的公正是不存在的。相对公正具体地说就是罪质相同,但有从宽情节的在刑法规定范围内从轻,没有从宽情节的仍按刑法规定处理。比如,对未成年人犯罪、初犯、偶犯,主观恶性较小、客观危害不大的,依法律规定可捕可不捕、可起诉可不起诉、可判可不判的,根据具体情况都可从宽处理,这样既实现了相对公正,也体现了刑法面前人人平等的基本精神。

(四) 宽严相济刑事政策有利于维护社会秩序,促进社会和谐

法律适用的最终目的是要维护既存的社会秩序。人是社会中的人,人生活在社会中就要有一定的社会秩序,否则这样的社会是不安宁的,这样的社会也不会发展。和谐是稳定的最高境界,是国家乃至世界所要追求的大的目标。虽然调控社会的手段不是只有法律,但法律手段无疑是最有效的手段,要实现真正的和谐就要有好的法律。宽严相济刑事政策作为刑事立法和刑事司法的指导政策,能够使刑法得

[①] 赵秉志:《宽严相济刑事政策视野下的中国刑事司法》,载《南昌大学学报》2007年第1期。

到全方位的提升。实施宽严相济刑事政策既能有力地打击和威慑犯罪，维护法律的权威和尊严，又能充分对具有从宽情节的人依法从宽处理，使他们更加信赖法律，最大限度地将影响他们的消极因素化为积极因素，使其更加容易回归社会，从而取得一举两得的社会效果，真正实现社会和谐。

三、震后应急状态下宽严相济刑事政策的适用

宽严相济刑事政策是我国正确认识犯罪现象与刑罚功能、总结司法经验基础上提出的科学的指导性政策。宽严相济刑事政策不仅要适用于和谐社会这种常规状态，也要适用于非常规状态，比如地震、战争后一定的时期。四川汶川大地震后如何进行灾区重建就包括如何更好地在震后非常规状态下适用宽严相济刑事政策，从而保障整个社会的稳定。这就需要进一步分析震后一定时期内犯罪态势的发展变化。

（一）汶川大地震后一定时期内呈现的犯罪态势

（1）震后一定时期内犯罪数量会呈上升趋势，犯罪形势更加严峻。汶川大地震带给灾区人民的不仅仅是物质上的损失，更多的是精神上的痛苦，同时灾难背后也存在着许多不安定因素。这一时期的犯罪主要有：盗窃、抢夺、抢劫、拐卖灾区妇女儿童等危害受灾群众人身和财产安全的犯罪行为；借赈灾名义进行诈骗，生产销售伪劣产品、假药劣药、有毒有害食品等犯罪行为；囤积居奇、哄抬物价、非法经营、强迫交易等严重扰乱灾区市场秩序的犯罪行为；故意编造、传播、散布虚假、恐怖信息，妨害传染病防治等严重影响社会秩序的犯罪行为；聚众哄抢救灾物资、破坏公共设施、扰乱公共秩序等破坏抗震救灾和灾后重建工作的犯罪行为等。以上列举了震后可能发生的犯罪，这些大多属于自然犯的范畴。除此之外，职务犯罪在这一时期也可能会表现出上升的趋势。灾后面临的主要任务是重建，在这样的特殊情况下，职务犯罪的犯罪主体可能会利用自己经手、管理赈灾物资的便利，利用自己采购救济物资的职权实施贪污贿赂犯罪，也可能在此过程中玩忽职守、滥用职权而构成渎职犯罪。这些犯罪数量的增加，势必会对灾区重建以及社会稳定带来严重挑战，使犯罪防控局势

更加严峻。

(2) 震后一定时期内对犯罪的惩治与预防力量会减弱。惩治与预防犯罪需要国家刑罚权的介入，但汶川大地震不仅使民众的房屋倒塌，也使一些国家机关的办公地点被夷为平地，这使得国家机关正常运行机制非常困难。另外，一些司法机关工作人员也在地震中遇难或者遭受严重损害而无法正常工作，工作人员的减少更加阻碍了机构的正常运作。办公地点的建设与工作人员的重新配置都需要一定的时间，因此这段时期内对犯罪的惩治与预防力量会大大减弱。

(二) 在震后灾害地区适用宽严相济刑事政策应遵循的原则

1. 法治原则

这是指在适用宽严相济刑事政策时必须坚持在法律的框架内进行。法治原则是公权力行使的基本原则，宽严相济刑事政策作为治国的一种策略，是公权力实现的重要方式，因此，震后在灾害地区适用宽严相济刑事政策必须符合法治原则。其主要体现有以下三个方面：一是震后灾害地区宽严相济刑事政策的适用受宪法的制约。刑事政策的制定必须符合本国的宪法精神，只有符合宪法精神的刑事政策思想才能法律化，同样，刑事政策的适用也必须遵循本国的宪法规定，宪法规定的人权原则、平等原则等对宽严相济刑事政策的适用起着制约作用；二是震后灾害地区宽严相济刑事政策的适用受刑事法制约。刑事政策在很大程度上表现为国家直接运用刑事法打击犯罪，因而刑事政策的制定必须符合刑事法的基本原则和精神。刑事法包括了刑法、刑事诉讼法、监狱法等，因此适用宽严相济刑事政策应遵守的刑事法原则主要包括罪刑法定原则、罪责刑相适应原则、无罪推定原则、合法程序原则等；三是震后灾害地区宽严相济刑事政策的适用受其他部门法的制约。当适用宽严相济刑事政策采用非刑罚手段时，须符合相关法律的基本精神和原则。

2. 罪刑法定原则

罪刑法定原则要求："法律明文规定为犯罪行为的，依照法律定罪处刑；法律没有明文规定为犯罪行为的，不得定罪处刑。"罪刑法定原则不仅具有形式的侧面（法律主义、禁止溯及既往、禁止类推解释、禁止不定刑与不定期刑），而且还具有实质的侧面（明确性，禁止处罚不当罚的行为，禁止不均衡的、残虐的刑罚）。① 罪刑法定原则是宽严相济刑事政策的界限。震后在灾害地区适用宽严相济刑事政策时，宽和严都要在罪刑法定的基础上展开，无论是从宽还是从严，都不能脱离法律规范，只能以现行法律确立的基本原则和具体的规定为限。

在抗震救灾的关键时期，最高人民法院发布了《最高人民法院关于依法做好抗震救灾期间审判工作切实维护灾区社会稳定的通知》，规定了从重处罚的七类犯罪，规定了在"从重"的同时要坚持"依法"为前提，要严格把握，慎重运作。既要严格控制和明确界定"从重"的具体范围，又要慎重对待和具体把握"从重"的幅度，同时，"从重"必须严格限定在法定的量刑幅度以内，确保做到严之有理、严之有度，严格遵循罪刑法定原则。

3. 人权原则

"国家尊重和保障人权"是宪法明确要求的，人权是个人的基本权利，人权具有普遍性，每一个人都享有人权，即使是罪犯，也享有基本的人权。震后灾害地区适用宽严相济刑事政策时应当遵循人权原则，最大化地保护犯罪人的人权，使其得到公平、公正的审判与处罚。人权原则要求惩罚犯罪以保障被害人及社会公众的权利，更要求在惩罚犯罪的过程中保障犯罪人的人权。对于较为轻微的犯罪，在处以较轻微的刑罚时要把握好尺度，不能过分宽大，以致放纵犯罪分子，严格依照法定要求合理地采取非犯罪化、非刑罚化、非监禁化、非司法化的措施；对严重影响国家、社会、人民安全的犯罪，在坚持严厉打击，依法从重、从快的同时，也要充分考虑自首、立功、犯罪中止等从轻减轻情节，不能过分严厉以致超越法律，对犯罪嫌疑人的年龄、认知能力、动机、手段、情节、危害结果等进行综合认定，合理定罪量刑，做到严之有度、严之有效，真正实现刑罚的目的。在适用宽严相济刑事政策时，应当严格遵循罪行法定的原则，最大化地

---

① 张明楷著：《刑法的基本立场》，中国法制出版社 2002 年版。

保护犯罪人的人权，坚持从人权原则出发对犯罪人进行定罪量刑，真正做到宽中有严、严中有宽、宽严有度，切实保障犯罪人的人权。

（三）在震后应急状态下适用宽严相济刑事政策的途径

犯罪行为作为社会生活中最为严重的破坏行为，对人与人之间关系的和睦，对社会秩序的有序，对社会生活的稳定等，都有着极其严重的影响。尤其在地震之后社会相对紧张的情况下，惩治与预防犯罪就显得更为重要。而宽严相济刑事政策能够保证社会的和谐，能够科学合理地指导刑事立法、刑事司法实践。因此在震后这种特殊的状态下，除了适用常规状态下的途径（比如，调整刑罚结构、确立刑事和解制度、扩大不起诉的范围，等等）以外，应该探索出适用于特殊情况下的实现途径，以便更好地适用宽严相济刑事政策，达到惩治与预防犯罪的目的，保证震后社会的和谐。

（1）加强实地调查研究，因时因地制宜。但是又不能完全以常规状态下的管理模式来进行。震后面临的比较大的问题是房屋倒塌与人员伤亡，这不仅影响民众的生活，更重要的是这也影响国家机关的正常运作，包括国家司法机关。国家机关办公地点的重建与工作人员的重新配置都需要一定的时间，因此在这一时期内，惩治与预防犯罪的力量是弱小的，而且负担会加重，因此无法也不能像常规时期那样投入大的司法成本来解决犯罪问题。为了维护灾区的和谐，应该加强实地调研，确定一致的立案、追诉和鉴定标准，简化办案手续、缩短办案流程、减低办案成本，作出适应灾区现状的决策，根据具体情形对个案进行解决。而且要妥善处理公正与效率的关系，可以依据以下的标准进行：①从快的政策是否会实质上影响到案件的公正；②公正本身是否应当包含效率问题；③刑事程序法和实体法所规定的期限是否科学合理。只要能合理地解决好两者的关系，整个刑事法治就可以稳步地迈上良性循环的轨道上来，和谐社会的目标就能实现。同时还要求司法工作人员综合考虑各种因素，合理理解法律的各种原则性的规定，做到原则与例外的有效结合。

（2）要以人为本，做到司法公正与人文关怀相结合，实践科学发展观。科学发展观的根本要义是以人为本，使人得到全面发展；根本方法是统筹协调各种关系，包括人与人的关系、人与自然的关系。宽严相济不仅是宽大与严厉相结合、教育与惩罚相结合，宽大以严厉为底线，严厉中也要体现人权，而且要体现以人为本。在尊重事实和不违背原则的情况下，要文明执法，对被告人也要尊重、关心，使法律不仅要有力度，而且也要有温暖，对被告人要教育感化，促使他们悔罪服法，例如在震后应急状态下不妨运用一下期待可能性理论来处理一些看似犯罪但又无法期待行为人为适法行为的情形。

(3) 推行社区矫正，保证社区矫正工作依法公正地执行，并对确有突出表现的矫正对象适用减刑。社区矫正是与监禁矫正相对的行刑方式，是指将符合社区矫正条件的罪犯置于社区内，由专门的国家机关在相关社会团体和民间组织以及社会志愿者的协助下，在判决、裁定或决定确定的期限内，矫正其犯罪心理和行为恶习，并使其顺利回归社会的非监禁刑罚执行活动。实践已经表明，社区矫正是实现轻罪的非监禁化的必由之路，成效也是十分显著的。在震后应急状态下，更加有必要实行社区矫正，它不仅能有效地减轻监狱管理的压力，减少司法成本，而且更能有效地对犯罪人特别是轻微犯罪的人进行教育改造，同时能够对社区的其他人进行有效地教育，使他们能够看到刑法与刑罚是人道的，是以人为本的，也防止潜在的人犯罪。针对接受社区矫正的人的实际表现情况，经查证确有突出表现的，可以对其进行减刑，使其更加能够感受到法律与社会给予的温暖，顺利回归社会。

(4) 充分发挥人民法院审判职能，以和谐司法为理念，形成快审快判机制。由于地震的发生造成法院机关办公地点毁损与工作人员伤亡，致使法院工作压力加大，在这种情况下法院可以根据实际情况进行审判。具体做法有：①简化诉讼程序，扩大简易程序和被告人认罪案件简化审理的适用范围，对于适用普通程序审理被告人认罪的案件，能够简化审理的，人民检察院要积极主动建议人民法院适用；对于被告人及辩护人提出建议适用普通程序简化审理的案件，经审查认为符合条件的，人民检察院应当同意并向人民法院建议适用。②以人民法庭为基础，建立就地审判、诉讼送到家的审判方式。

(5) 贯彻起诉便宜主义。我国《刑事诉讼法》第一百四十二条规定，构成犯罪但情节轻微不需要判处刑罚或者应当免除刑罚的，检察机关可以不起诉。这就在一个有限的范围内确认了起诉便宜主义，为了从实质上限制刑罚的适用范围，体现"宽严相济"刑事政策中"宽、轻"在刑事立法上的思想，检察机关应当扩大不起诉范围。在震后贯彻起诉便宜主义更为重要。

(6) 确立刑事和解制度。刑事和解是指在正式的审判程序以外采用调解方式对刑事案件进行结案，相对于采用法院判刑的方式结案，它是一种处理轻微犯罪案件的较为经济可行并能为两方当事人所接受的结案方式，故是司法上的非犯罪化之有效措施。通过刑事和解，使大量轻微的刑事案件得以及时结案，以便集中司法资源解决重大犯罪案件，它不仅能有效节省司法资源，也有利于犯罪人改造，缓解被害人压力，符合和谐社会的要求。

结 语

宽严相济刑事政策的提出为我国刑事立法及刑事司法指出了方向，也体现出我国刑罚观念的改变，为构建和谐社会起到巨大作用，具有重要的现实意义。但一项政策的提出，关键是要看在现实社会中能否适用以及如何更好地适用，这是最根本的问题。当然，宽严相济刑事政策是科学的合理的，它是能够被适用于现实中的。为寻求更好的途径更充分地发挥宽严相济刑事政策的作用，必须探索震后应急状态下宽严相济刑事政策的适用问题。

附录Ⅰ：

成都市首例社区矫正对象获减刑案例

曾因受贿罪被判有期徒刑2年缓刑3年的马小东在缓刑考验期间确有悔改表现，并在抗震救灾中有重大立功表现，依据相关法律规定，对其进行了减刑。

抗震救灾中，马小东有突出表现："罪犯马小东在社区矫正中，服从社区矫正工作者的教育、监督和管理，自觉接受教育改造，确有悔改表现。尤其是在5·12地震发生后，他积极投身于抗震救灾之中，表现优异，并被省综治委通报表彰为全省社区矫正对象抗震救灾积极分子，属重大立功表现，故依据相关法律规定，我们提请对马小东减刑6个月。"在成都市中院法官宣布听证会纪律后，成都市公安局青白江区分局的民警宣读了提请减刑的意见。"马小东在工作中非常认真踏实，任劳任怨。2008年5月12日发生地震时，他在单位领导外出开会的情况下，冒着余震的危险坚守工作岗位，保护了单位现金和有价票据等重要财物。在抗震救灾期间，他还积极参加捐款捐物公益活动，共向灾区捐款600元，并自愿献血400毫升。同时，他还在青白江区救灾物资管理中心包装、搬运救灾物资，协助安排调度车辆……"随后，马小东原来和现在的工作单位领导、邻居及所在的街道办事处工作人员证明了马小东在缓刑期间的表现。

在听证调查结束后，成都市中级法院法官宣布休庭，合议庭进行合议。合议结束后，成都市中级法院法官当庭宣布："依据相关法律规定，本庭现口头裁定，对罪犯马小东减去有期徒刑4个月，缓刑考验期缩短4个月，缓刑考验期截止于2009年3月30日……"

来源：四川法制报http://legal.scol.com.cn。

附录Ⅱ：

缓刑犯地震后自发组建一支救援队获减刑

因合同诈骗罪，李刚（化名）被判处有期徒刑3年缓刑5年。汶川大地震发生后，李刚和朋友自发组建一支救援队，开着挖掘机在都江堰、汶川等地积极救援。李刚的事迹传开后，成华区检察院向审判机关提请减刑建议。此案在成都市中院举行听证，经合议庭合议后，审判长当庭口头裁定，决定给李刚减刑1年，缩短考验期1年半。

李刚曾是一家公司的老总，经营挖掘机、装载机生意。2005年5月，李刚因合同诈骗罪被金牛区法院判处有期徒刑3年缓刑5年。在服刑期间，李刚在龙泉一家机械设备公司上班。

汶川大地震发生当晚，李刚就和朋友自发组建了一支救援队，并筹集了11辆装载机、12辆挖掘机，得到相关政府部门的许可后，他带领支援队于当晚11时奔赴都江堰。救人、挖建渣、打通道路……李刚在都江堰、汶川一直干到5月26日才回成都。

来源：四川新闻网 http://case.laweach.com/Case_45415_1.html。

附录Ⅲ：

地震当天趁乱行窃 触犯刑律受到重罚

四川省内江市东兴区人民法院一审宣判一起汶川大地震当天趁乱盗窃案，依法对因盗窃正处于取保候审阶段又在地震时再次行窃的被告人李兵判处有期徒刑二年零六个月，并处罚金人民币5000元。1990年11月5日，李兵因犯盗窃罪被资中县人民法院判处有期徒刑三年，2005年12月22日又因涉嫌盗窃被内江市公安局东兴区分局刑事拘留，2006年1月19日被取保候审。2008年5月12日下午，李兵见群众纷纷外出避震，认为有机可乘，遂四处寻找下手机会。下午4时许，李兵来到东兴区东兴镇平安路某人家门外，见屋中无人，房门大开，遂潜入屋内盗得现金3500元，不料被回家取东西的主人发现，李兵随即逃跑，当跑至甜城超市时被主人及周围群众抓获。

法院审理后认为，被告人李兵以非法占有为目的，秘密窃取公民数额较大的财物，其行为构成了盗窃罪。李兵曾因犯盗窃罪受到过刑罚处罚，虽不构成累犯，但其不思悔改，在地震期间盗窃财物，主观恶性较深，酌情应予从重处罚。

来源：人民法院报 http：//case.laweach.com/Case_44944_1.html。

地震期间的犯罪防控策略研究[①]

胡 静等

【内容摘要】 本文从犯罪防控的基本理论出发,探讨国内外犯罪防控模式,并结合地震期间的犯罪类型和特点,对犯罪防控策略的选择与实施提出针对性的建议。

【关键词】 犯罪防控模式 诈骗犯罪 职务犯罪 犯罪防控策略

引 言

在遭遇诸如5·12汶川大地震这样的突发性重大自然灾害时,某些犯罪便出现了,比如以募捐形式进行诈骗活动,盗窃、抢夺、抢劫抗震救灾物资,挪用、贪污救灾款物,拐卖灾区孤残儿童、妇女,散布谣言等。这些在地震灾区发生的犯罪行为,无疑使流离失所的灾区群众陷入更为困难的境地。涉灾犯罪不仅具有极大的主观恶性,还有严重的社会危害性,在地震期间打击犯罪刻不容缓。而研究地震期间犯罪防控策略,可以减少涉灾犯罪发生的可能性,保障灾区群众的生命财产安全,维护灾区的社会秩序,为灾后重建创造良好的社会环境。然而涉灾犯罪是复杂的,既具备与普通犯罪的共性,也兼具特定时期的复杂性,因此,应该分析地震时期犯罪的类型和特点,并结合国内外犯罪防控的理论和模式,从社会控制、简化程序以及刑事政策三个方面对涉灾犯罪进行防控。

[①] 课题负责人:胡静,四川大学法学院2007级刑法学硕士研究生。

一、犯罪防控的基础考察

（一）犯罪防控的概念

犯罪防控是指为了减少刑事犯罪总量，或是控制其数量在社会可接受的范围内而由各种社会主体进行的全方位多层次的防止犯罪发生或者再发生的活动。① 具体来说，犯罪防控，包括了犯罪的预防和控制两个方面，是指国家和社会为消除或者减少犯罪产生的一切原因和条件，防止、遏制犯罪行为发生，减少乃至根治犯罪现象，对全体社会公民所采取的一系列的防治措施体系以及控制过程。

（二）犯罪防控的相关理论

1. 古典犯罪学派

古典犯罪学派认为犯罪是人自由意志的产物。其立论基础是人是理性的动物，在意志上是自由的，犯罪人是在意志自由情况下选择了犯罪，选择了恶。同时人具有权衡利弊得失理性的能力，对是否进行有害于他人的行为有判断能力和自由选择能力。因此实施犯罪是其自由意志选择的结果。西方启蒙思想家洛克、卢梭等人对自由意志论思想做了充分的阐述。其观点为："人的犯罪行为是由违法者不受限制的自由意志决定的"；"自然人的一切行动都是自由意志的体现"；"犯罪也是一样，行为人对自己所犯的罪行要负责，法律惩罚就是基于人的自由意志的行为"；"禽兽是根据本能决定取舍，而人是通过自由意志决定取舍"。②

正是基于自由意志的理论基础，刑事古典学派提出了法律控制的理论。他们认为只有依靠制定法律，遵守法律，并在执行法律中贯彻人人平等的原则，才能预防犯罪。贝卡利亚的《论犯罪与刑罚》既从完善法律的角度分析对犯罪的预防，又从传播知识保障自由、发展科学追求真理、司法公正、奖励美德以及完善教育等多个角度，分析讨

---

① 虞航：《犯罪防控中的警察角色定位之我见》，载《上海公安高等专科学校学报》2007年第5期，第19页。

② 邵名正：《犯罪学》，群众出版社1987年版，第394页。

论对犯罪的预防。①

2. 实证主义犯罪学派

实证主义犯罪学派采用实证主义方法研究犯罪原因，进而提出从犯罪环境和犯罪个体着手进行犯罪预防与控制，尤其以龙勃罗梭、菲利和加罗法洛为代表。其中，龙勃罗梭较为关注对犯罪人个人的研究，采用测量的、统计的方法搜集人类学的、社会的、经济的数据，提出了天生犯罪人的理论，并且指出相应的犯罪控制理论。他认为处罚犯罪要与犯罪人的主观恶性程度相一致，要与不同类型的犯罪相一致。菲利认为任何一种犯罪行为乃至整个社会的犯罪现象都是人类学因素、自然因素、社会因素三者相互作用的结果，进而提出了犯罪饱和法则，并提出了著名的"刑法替代措施"的犯罪控制理论。他认为，刑罚并不是简单的犯罪万灵药，"犯罪社会学家自然应当在对犯罪及其自然起因的实际研究中去寻找其他社会防卫手段"。加罗法洛偏重从心理学方面解释犯罪，把犯罪分为自然犯罪和法定犯罪，提出了全球性的刑事政策的犯罪控制理论，即共同的刑法典、共同的制裁手段、共同的行刑制度和警察制度的犯罪控制理论。此外，加罗法洛强调的是犯罪的刑事遏制。②

综上所述，实证主义犯罪学派认为个人的生理、心理因素与环境因素影响着个人的行为，其间有一定的因果联系。犯罪行为乃是个人危险性格的表现，而危险性格又是由个人的原因与社会的原因相互作用而形成的，因此要对犯罪进行控制，也应该从环境和个体着手进行。

3. 现代学派

当代西方各种犯罪学理论、流派、学说众多，可谓百花齐放、异彩纷呈，诸如犯罪生物学、犯罪心理学、犯罪经济学等等。其中比较

---

① ［意］贝卡利亚：《论犯罪与刑罚》，黄风译，中国大百科全书出版社1993年版，第104～108页。

② ［意］加罗法洛：《犯罪学》，耿伟、王新译，中国大百科全书出版社1996年版，第6页。

具有代表性的是文化冲突论、紧张理论、社会控制理论、标签理论以及整合理论,但是无论是哪一种理论,基本上都是广泛运用各门社会学科特别是社会学的理论和研究方法去研究犯罪问题,犯罪社会学理论处于主导地位,大多数犯罪学家认为生物学与心理学因素只有最终与社会因素相结合才能发挥作用。现代学派不再以静态方式研究犯罪的原因,而是把犯罪成因理解为一种由犯罪人、被害人和社会一起参与的社会过程。因此,现代犯罪学不仅对别人标定为犯罪的那些人的行为感兴趣,而且也对把别人标定为犯罪人的那些人的行为感兴趣,现代犯罪学注重研究被害人以及各种社会监控措施,不仅看到社会监控具有犯罪预防的作用,而且也对它们所起的促使犯罪和继续犯罪的作用做批判性评价。如埃克斯认为,犯罪行为是通过不同交往、价值观、模仿、社会强化的顺序而被人们接受的,其后又通过社会的和非社会的强化得以巩固。①

4. 对各种理论的综合评析

古典犯罪学派将行为人的自由意志作为社会对犯罪施加刑罚的基础,而忽视了其他因素对人的犯罪行为的影响,与现实社会状况不相符合,而且人的行为也不可能是完全自由的,古典学派缺乏对自由意志进行定量研究因而主张以客观危害作为量刑根据,过度夸大自由意志,也未解释为什么理性人面临同样的选择也仅是少数人选择犯罪,因此其犯罪防控理论的缺陷非常明显。

实证主义学派强调犯罪行为是个人危险性的表现,把人身危险性作为犯罪防控的一个重要方面。但人身危险性是犯罪原因之一,并非刑罚的根据,仅仅根据人身危险性来判定犯罪与否是不现实的。

现代学派关注社会因素对犯罪的影响,因此主张社会防控模式,但社会原因仅仅是犯罪原因之一,也并非刑罚的依据,而且具有同样社会原因的并不一定都犯罪,也并不针对犯罪人而是对处于同样处境的人都要承担。过分关注社会原因而忽视行为人自身的原因,对于犯

---

① [美]乔治·B·沃尔德等:《理论犯罪学》,方鹏译,中国政法大学出版社 2005 年版,第 219 页。

罪防控来说也是不全面的。

在20世纪的前半期,各犯罪学派的犯罪防控理论是彼此分离的。如在美国,"早期的犯罪预防理论可以分为三种:法律预防理论、心理预防理论和社会预防理论"。这几种理论彼此分离。但是,"随着对犯罪原因认识的深入,以1984年《联邦综合犯罪防止法》的通过为标志,美国犯罪学家对犯罪预防取得了基本的共识,那就是预防犯罪必须是综合性的,这种犯罪预防的综合理论如今已为美国各界所接受"。①概言之,犯罪行为是犯罪人自由选择的结果,是犯罪人自由意志的产物,同时也要关注犯罪人的个体因素以及环境和社会的因素,因此犯罪防控也应该从犯罪人和社会两方面共同作用。

二、犯罪防控模式探讨

(一)国外的犯罪防控模式

1. 注视与快速反应的模式

所谓严密注视,主要包括两个方面的内容:一是加强与居民紧密相关的相对固定的基层组织建设;二是加强对公共场所等开放场合的管理,目的都是为了搞好对犯罪的防范工作。所谓快速反应,就是指对各种犯罪行为进行迅速制裁。具体方式是以现代化的装备武装警察,尽量缩短其对犯罪的处理时间。在这方面,做得最好的就是美国和日本。美国联邦调查局、州警察局甚至小城市和郡的警察局的指挥系统网络都非常完备。当发现案情时,仅要1分多钟几辆巡逻车就可到达现场。日本的巡警约占全国警力的40%,每天有10万名警察巡逻在各地,每个警察都配备了无线步话机,可随时与警察署或通讯指令中心取得联系,掌握着随时发生的犯罪情况。②

---

① 郭建安:《美国犯罪学的几个基本问题》,中国人民公安大学出版社1992年版,第126~128页。

② 王颖:《城市化进程中的犯罪防控模式》,载《吉林公安高等专科学校学报》2007年第2期,第65页。

2. 情境预防模式

犯罪的情境预防（situational crime prevention，简称 SCP），是指对某些高发生率的犯罪，直接通过管理、设计、调整的方式，持久有机地改变环境，从而尽可能地使行为人认识到犯罪行为难度增加，被捕可能性增大，犯罪收益减少，以此来减少犯罪。[①] 情景预防策略由英国 Rutgers 大学学者罗纳得·克拉克首倡，他依据"控制环境——增加难度——减少回报——预防犯罪"这一假设提出了一系列具体措施，包括目标的强化、防卫空间的设计、社区犯罪预防策略以及疏导和转移犯罪人远离被害人的策略等。

情境预防的具体方法主要有以下几种：第一，增加犯罪困难，即提高犯罪行为的难度及风险，为犯罪行为设置障碍。如控制犯罪工具或者武器，设置停车场路障、身份识别器、红外线照相等以控制通道，减少陌生人介入，实行定点管理等。第二，降低犯罪回报，包括转移犯罪目标，如手机卖场只将手机模型放在展示柜里而将真机放在仓库里；降低目标被侵占后的价值，如银行卡被盗窃后可以通过挂失的方式使被盗的卡毫无价值；排出犯罪利益，如禁止盗窃的财物在市场上流通。第三，减少犯罪机会。目前该项措施主要着眼于增加监控频度与广度、减少监控死角，进行全方位、多种类的监控。例如正式监控、职员监控、自然监控、居民巡逻和邻里守望。第四，减少犯罪刺激。包括减轻公众的挫折与压力感，避免冲突，减少情绪性冲动，消除同伙压力，减少犯罪。

3. 家庭的犯罪防控模式

这是新加坡的一种犯罪防控模式，是通过对儒家思想中的"忠孝仁爱，礼义廉耻"以新的内涵，将其传输给家庭和社会。新加坡现在推行的"忠"的内涵是忠于国家，具体是强调国民意识，社会成员要为国家作出贡献，以个人利益服从于国家利益，要有群体意识，克服宗派观念。"孝"的内涵是孝顺长辈，尊老敬贤，强调家庭是"最神

[①] 王颖：《城市化进程中的犯罪防控模式》，载《吉林公安高等专科学校学报》2007年第2期，第66页。

圣不可侵犯的",是"巩固国家、民族永存不败的基础"。"仁爱"的内涵要求国民有同情心和友爱精神,要关心他人。"礼义"的内涵是礼貌信义,这是人际交往相处之道,是文明社会的主要表征之一。"廉耻"的内涵是为政清廉,以贪为耻,这是新加坡构建的立国精神支柱。[1]

4. 警务模式

警务模式主要在英国采用。1996年英国警察局长联合会公布了《21世纪犯罪预防战略》,提出把犯罪预防作为所有警官的职责,这就是与现代政府的公共服务理念更加一致的"社区警务"。在这种理念指导下,采取行动和做出决定的责任被推向尽可能低的层级。在这种新的警务模式里,所有的警员、警佐和督察都与棘手的减少犯罪问题捆绑在一起,并且在慢慢地将街头警务从几乎是专门执法和侦查犯罪,转变为通过预防和解决社会问题来减少犯罪和混乱现象,随后当地社区居民生活质量得到明显改善。社区居民与警官的协作使该警务模式从传统的反应式警备转向新的推行问题导向式警备。[2]

在警务模式下英国采取了以下措施:通过预防和制止犯罪,抓获、审判、改造和重新安置罪犯的各项措施,处理犯罪和解决引起犯罪的原因;英国政府制定了一个针对多次实施犯罪的犯罪分子的"首尾相接"的战略,包括三个阶段:预防和制止、抓获和审判、改造和重新安置。为此,英国政府设立了"更安全和更强大社区基金",从2005年至2006年财政年度开始,帮助各地的服务部门和合作伙伴与警察部门相结合,共同对付犯罪行为,改善公共空间和各个地区的居住环境;针对不同类型的犯罪采取不同的对策;将有效的警察服务和建设更加稳定的家庭和强大的社区结合起来,更加密切跨机构的工作伙伴关系及与社区的关系。

---

[1] 王颖:《城市化进程中的犯罪防控模式》,载《吉林公安高等专科学校学报》2007年第2期,第66页。

[2] 王若阳:《英国预防和减少犯罪战略》,载《北京人民警察学院学报》2005年第3期,第50页。

(二) 我国的犯罪防控模式分析

1. 我国犯罪防控理论的发展

犯罪的防控有着深厚的思想理论基础,中国的《周易》一书中一方面主张要做好防治意外变乱的准备,另一方面要明察刑罚,修正法律,做到"刑罚清而民服",甚至提出"议狱缓死",即认真研究监狱工作,可以执行缓刑制度。

近代关于犯罪防控的研究,可以说是与我国的犯罪学研究同时兴盛起来的,并取得了丰硕的研究成果。我国犯罪防控理论,最初是针对1980年前后青少年犯罪极为严重的状况提出来的。1979年8月,中共中央以当年第52号文件形式批转《关于提请全党重视解决青少年违法犯罪问题的报告》,在通知中明确指出当时青少年犯罪状况的严重性,并提出了五项对策性措施。这些综合性的犯罪对策措施成为社会治安综合治理理论的最初内容。1981年5月,中共中央主持召开了京、津、沪、穗、汉五大城市社会治安座谈会。其会议《纪要》第二部分的标题是"全党动手,认真落实综合治理",正式提出了综合治理这一我国犯罪防控的基本模式。

1982年中共中央批转《全国政法工作会议纪要》,1983年中共中央决定依法从重从快严厉打击严重刑事犯罪活动,1984年中共中央批转中政委报告,1985年中共中央下达第20号文件,1986年召开全国政法工作会议,都强调要以社会治安综合治理达到预防犯罪、控制犯罪和减少犯罪的目的。1991年,中共中央、国务院作出《关于加强社会治安综合治理的决定》,经全国人大常委会讨论通过,遂将综合治理的有关问题用法律形式固定了下来。至此,综合治理作为我国防控犯罪的基本模式被正式确定下来。[①]

犯罪防控理论经历了多年的实践与理论的探索,从萌芽阶段的综合治理,到后来的专门化,成立警察机关,警察机关成为专门的主体承担犯罪防控的任务,再到现代的理论回归,重新强调综合治理的重

---

① 康树华:《犯罪学——历史、现状、未来》,群众出版社1998年版,第142~151页。

要性。现代犯罪防控理论中具有代表性的理论包括：(1) 社会治安综合治理，(2) 犯罪预防的三大方面理论：司法预防、社会预防和情境预防。(3) 社会治安防控体系，即耦合各防控要素构成打、防、管、控一体化的警务工作系统。(4) 三级预防犯罪理论，由初级预防、二级预防和三级预防组成，或称作远期发案控制、近期发案控制和发案后控制。①

2. 我国犯罪防控的现状

尽管我国较早确立了社会治安综合治理作为犯罪防范与控制的基本方针，并建立相应的组织——社会治安综合治理委员会，但是从实施情况看，效果并不理想。担负犯罪防控职能实际工作部门，特别是大城市的公安机关，迫于长期严打后犯罪率的居高不下和暂时下降后又反弹的严峻形势，在反省基础上正在积极探索犯罪控制的新思想，提出了建立"以动制动，以快制快"的城市犯罪防控体系的设想，但由于其所具有的专业性，导致了其开展工作时的局限性。

三、地震期间的犯罪概述

(一) 地震期间的犯罪类型

从阶段上来看，地震刚刚发生时，灾区常见多发的主要是盗窃、哄抢、诈骗、抢劫公私财物案件，但转入抗震救灾、恢复生产、灾后重建阶段时，又出现新的犯罪类型，如囤积居奇、哄抬物价、利用救灾物资牟取暴利等严重扰乱市场秩序的非法经营、强迫交易犯罪活动，挪用救灾、抢险、救济等款物以及职务侵占、挪用资金等严重危害抗震救灾和灾后重建顺利进行的犯罪活动，借赈灾、募捐、灾后重建等名义进行的诈骗、合同诈骗、非法集资等犯罪活动等。

最高人民法院 2008 年 5 月 27 日发出了《关于依法做好抗震救灾期间审判工作切实维护灾区社会稳定的通知》。通知要求，对抗震救灾和灾后重建期间发生的七类犯罪行为依法从重处罚：(1) 盗窃、抢

---

① 虞航：《犯罪防控中的警察角色定位之我见》，载《上海公安高等专科学校学报》2007 年第 5 期，第 19 页。

夺、抢劫、故意毁坏用于抗震救灾的物资、设备设施，以及以赈灾募捐名义进行诈骗、敛取钱财，拐卖灾区孤残儿童、妇女等犯罪行为。(2) 为牟取暴利，囤积居奇、哄抬物价、非法经营、强迫交易等严重扰乱灾区市场秩序，影响灾区人民群众正常生产生活的犯罪行为。(3) 故意编造、传播、散布不利于灾区稳定的虚假、恐怖信息，严重影响抗震救灾和灾后重建工作开展的妨害公务、聚众扰乱社会秩序、公共场所秩序、交通秩序、聚众冲击国家机关等犯罪行为。(4) 在灾区生产、销售或者以赈灾名义故意向灾区提供伪劣产品、有毒有害食品、假药劣药等犯罪行为。(5) 国家工作人员贪污、挪用抗震救灾款物、滥用职权或玩忽职守危害抗震救灾和灾后重建工作顺利进行，严重损害党和国家形象的犯罪行为。(6) 破坏电力、交通、通讯等公共设施的犯罪行为。(7) 妨害传染病防治等危害公共卫生的犯罪行为。在通知所列举的七类应依法从重处罚的犯罪行为中，有六类涉及社会秩序，即偷盗抢劫拐卖、扰乱市场秩序、造谣及聚众作乱、制售假冒伪劣、破坏重要公共设施、危害公共卫生等行为。

(二) 典型的涉灾犯罪

1. 诈骗犯罪

诈骗案件在地震期间乃至地震之后屡有发生，是涉灾犯罪中较为突出的一种类型。诈骗案件形式多样，防不胜防，危害甚重。趁灾诈骗犯罪类型主要有以下八种：一是假冒亲人以"受灾求助"或"赴灾区救援需资金"等名义诈骗。二是冒充红十字会、慈善总会以赈灾募捐名义诈骗。三是开设虚假公益网站进行募捐诈骗。如冒充《腾讯公益网》页面，打着"腾讯公益慈善基金会联合中国红十字总会"的名义，开展所谓为四川地震灾区"赈灾募捐"活动。四是攻击红十字会网站篡改救灾募捐专用账号诈骗。犯罪分子利用漏洞种植木马程序，获取网站管理员用户名和密码后篡改网站救灾募捐专用账号实施诈骗。五是冒充民政部门工作人员在街头非法设置流动捐款箱，或冒充佛教界人士在街头发送赈灾募捐传单诈骗。六是以赈灾募捐为名推销书籍、纪念品诈骗。犯罪分子以机关、企事业单位负责人为目标，冒充上级领导以四川地区发生地震需要义卖书籍或纪念币进行赈灾募捐为名,要求受害人认购实施诈骗。七是以定制赈灾物资为名进行诈骗。犯罪分子以个体加工厂业主为袭击目标,谎称政府专项拨款定制赈灾物资,要求受害人开设银行账户并存入保证金以证明经营实力,期间伺机将银行卡调包诈骗。八是以领养地震灾区孤儿为名进行诈骗。犯罪分子散布领养地震灾区孤儿的虚假信息,一旦群众有意领养,即被要求预付领养保证金实施诈骗。①

涉灾诈骗犯罪危害无疑是巨大的。首先,受害人数较广。犯罪人往往通过网络、电话、短信等渠道骗取财物,导致多数人受骗。其次,犯罪形式多样。前面已经提到过,犯罪人可以通过开设虚假公益网站进行募捐诈骗,也可以通过以定制赈灾物资为名进行诈骗,还可以通过其他形形色色的方式诈骗。最后,危害较大。犯罪人打着为灾区做慈善的名义行骗,不仅破坏了灾区的灾后重建工作,而且极大地伤害了人民群众的爱心。

2. 职务犯罪

职务犯罪是涉灾犯罪中危害较大的一类犯罪行为。涉灾职务犯罪的特点主要表现在:首先,空间的不特定性。涉灾职务犯罪的主体是国家机关工作人员,既包括灾区的国家机关工作人员,也包括非灾区的国家机关工作人员,即不是一定要发生在灾区的才是涉灾职务犯罪。其次,时间的特定性。地震期间的职务犯罪,主要发生在地震发生后到灾后重建的过程中。

地震期间的职务犯罪的发生有其特定诱因:(1)金额大,诱惑大。地震发生之后,从中央到地方,全国人民踊跃捐款,不到两周,国内外捐款捐物总额已经上升到160亿元,这么大笔财物要经过许多国家机关工作人员的调配,其中国家工作人员利用职务便利,侵吞、挪用以及利用职权为自己亲友谋利等职务犯罪都易发生。(2)秩序混乱,监管不力。抗震救灾是一个十分艰巨的过程,如这次汶川大地震,需要举全国之力。在抗震救灾的过程中,需要各个部门的高度配

---

① 《江苏省公安厅召开严厉打击趁灾犯罪新闻发布会》,载中华人民共和国公安部网站。http://www.mps.gov.cn/n16/n1237/n1402/1253768.html。

合。某些职能部门对职务犯罪的监管不力,给了犯罪人以可乘之机。
(3)灾后重建利益诱惑大。国家为了灾区的重建投入了大量的人力物力,再加上各种民间资金的介入,无疑为犯罪分子提供了一个敛财的好机会。因此,极易出现国家工作人员贪污、挪用抗震救灾款物、滥用职权或玩忽职守危害抗震救灾和灾后重建工作顺利进行。

四、地震期间的犯罪防控策略

(一)社会控制方面

1. 加大公安机关的整治作用

公安机关在犯罪防控中的作用举足轻重,尤其在地震期间,公安机关肩负着抗震救灾和维护灾区秩序的双重任务,必须积极发挥职能。公安机关在打击涉灾犯罪的过程中,对每一起案件都要具体分析其违法犯罪的目的、动机和原因。地震期间的犯罪多半属于见财起意的情境犯罪。情境犯罪的预防是通过管理、设计等方式,建立一种特定的预防犯罪环境,通过减少犯罪之机会而预防犯罪,即增大犯罪代价,增加犯罪危险,减少犯罪之所得。具体而言,公安机关应该采取便衣与武装巡逻相结合的方式,加强对灾区群众聚集区等重点复杂地区的巡逻防控,打击和预防涉灾违法犯罪。此外,在灾区群众安置点设置流动警务室,就近就地方便群众报警求助。

公安机关针对不同的犯罪类型应该采取不同的防控策略。就诈骗犯罪而言,首先,公安机关必须加快侦破案件的速度,因为这类犯罪方式灵活多变,造成的社会危害性较大,容易形成效仿的效应,这就要求公安机关快速反应、重拳出击,全力开展破案攻坚,及时抓获犯罪嫌疑人,依法予以严惩,对犯罪分子形成威慑。其次,加强分析研判预警,努力遏制案件多发蔓延。密切关注趁灾诈骗犯罪动态,及时分析研判犯罪规律、特点及犯罪人群,特别是对易传播扩散的新型手段犯罪及时发布预警提示,落实相关打防控措施,有效防控案件多发蔓延。

2. 加强警犬的巡逻作用

地震期间,灾区社会秩序混乱,人心浮动,通过携犬徒步巡逻可以直接观察各种人、事与物的变动,及时发现情况,有效增强灾区人民的安全感。地震发生后,最首要的任务是保障广大人民的生命安全,因此,在地震期间,大量的警力都用于救援,打击犯罪就显得警力不足,而警犬无疑弥补了这个空缺。警犬的灵敏嗅觉、凶猛的攻击力、敏捷的反应、较强的驰骋力和超强的听觉可以在巡逻中较好地应对刑事、治安案件,对犯罪分子产生威慑作用。

3. 发挥政府的监管作用

政府在抗震救灾的过程中起着至关重要的作用。政府应该保障涉灾信息的公开化、透明化。灾区的一举一动牵动着全国人民的心,由于灾区各种设施破坏严重,整个社会秩序处于瘫痪状态,所以造成信息不明朗,犯罪分子趁着这个空挡,利用网络和手机短信发布虚假信息,诈骗钱财。这种犯罪方式灵活,危害较大,防控起来有一定的难度,对此政府及相关机构必须加大网上和手机短信传播谣言和不良信息的查处力度,及时向新闻媒体公布,澄清事实、稳定人心。此外,加大宣传力度,通过电视、电台、报纸、网络进行滚动、连载报道,宣传典型案例,剖析犯罪手法特点和最新诈骗犯罪动向,告知群众不轻信来历不明的手机短信、电子邮件、信件等,设立专门的报警平台,通过设立奖金等形式鼓励群众检举揭发各种地震期间的犯罪行为,利用群众的有利资源防控犯罪。

对于官员的职务犯罪,相关部门应该在抗震救灾的过程中加强对救灾物资和款项的监管。救灾物资款项数额巨大,对犯罪分子来说是个很大的诱惑,因此应该在源头上杜绝和遏制犯罪分子的犯罪机会。一旦发现贪污、受贿、渎职等行为,必须从严处理,形成威慑效应。此外,还要加强对党员领导干部的宣传教育,加强党风廉政建设,提高广大党员干部的使命感、责任感。政府部门要坚持政务信息公开,就救灾款项的数额、用途,以及在灾后重建过程中的招标、采购等行为都要及时向社会发布,接受人民群众的监督。

(二)程序简化方面

简化程序对于抗震救灾和灾后重建工作的顺利开展具有重要意义。一方面,简化程序可以使职能部门尽快地发挥作用;另一方面,简化程序可以减少人员的消耗,提高抗震救灾的效率。如四川省公安机关简化办证手续,开辟"受灾群众办理户口和身份证绿色通道",既可方便群众生活,又可打击鱼目混珠的现象。又如四川省司法机关通过"院坝法庭"、"帐篷法庭"、"车载法庭"等简便有效形式重点审理灾区重建案件,结合了灾区的特点,有效地宣传了法律和打击犯罪。

(三)刑事政策方面

在汶川大地震中,对于犯罪行为应该贯彻宽严相济的刑事政策。当宽则宽,该严当严,宽严有度的"宽严相济"刑事政策强调刑罚的两极化,要求有区别地应对轻重不同的犯罪及犯罪人。这种反犯罪策略,既体现刑事法治的谦抑、宽容与人道,又体现刑罚的惩罚与威慑,因此能够最大限度地在犯罪控制与人权保障之间达成良性均衡,更好地实现国家刑事治理目标,促进和谐社会的构建。尤其在非常时期,其作用更为明显。涉灾犯罪的具体情形是十分复杂的。在趁灾作恶者中间,罪该严惩甚至罪该处死者有之,但情节相对较轻或事出有因者也同样存在。同样是盗窃、哄抢救灾物资,有的属于趁火打劫、借灾发财,有的可能是因灾后生活极端困难又未能得到及时救助才为之。在地震中,对受灾群众因生活所迫的轻微违法行为,以教育批评为主,对治安案件一般能调解处理的尽量调解处理。但是在地震灾害发生后,灾民的生活必需品基本依赖赈灾救济,为保证灾民和救灾人员的基本生存需要,只能进行定量分发。如果此时盗窃或哄抢这类物品,就不仅仅是侵犯财产所有权的问题了,而是直接危及灾区人员最基本的生活需要以及救灾活动的正常进行,其危害性与正常时期显然不能同日而语。同样,趁灾区人民的惊恐心理编造、传播、散布虚假信息,对社会秩序的扰乱程度自然也非同一般,必须在法律规定的限度内从严惩处。而对于因饥饿而哄抢食品的,因情绪不稳定而打架斗殴的,应以批评教育、积极疏导、化解矛盾为目标。因此,从重处罚,不是对所有涉灾犯罪可以不斟酌严重程度地一味从重,不是对所有趁灾作乱者都可以不加区别地施以重刑,而是强调对涉灾犯罪的查处态度要更坚决、效率要更高,尽力减少漏网之鱼。同时,对依法应当从重处罚的,应当在法定限度内予以较重的处罚,并且在重的幅度上还可以较平时更大一些。但对不该重罚的,则应避免重罚。这才是依法从重的应有含义。

概言之,在对待地震期间的犯罪行为时,要区分类别,轻重有度,始终贯彻宽严相济的刑事政策。

结　语

犯罪是一个复杂的社会现象,因此犯罪防控是一个艰巨的任务。从基础理论来看,刑事古典学派提出了法律控制论,实证学派提出了从犯罪环境和犯罪个体进行防控,现代学派强调运用社会学的理论进行犯罪防控。相应的,各国采取了不同的防控模式。地震期间的犯罪有其特殊性,从犯罪类型来看,较为典型的是侵害财产的犯罪和职务犯罪,在侵犯财产型的犯罪中尤以诈骗罪最为突出,因此,针对地震期间的犯罪行为进行防控,应该综合整治,以公安机关为主,各部门高度配合,简化程序,提高效率,在分清犯罪类型和情节的基础上,结合"宽严相济"的刑事政策,对犯罪行为做出相应的惩处。

紧急状态下宽严相济刑事政策的适用[①]
——以"5·12"汶川大地震为例

何 方等

【内容摘要】 5·12汶川大地震的发生使地震灾区进入了紧急状态,也给刑事司法带来了种种问题,例如紧急状态下适用宽与严的标准,宽严如何相济,宽严相济前提下刑事诉讼与审判制度又该如何调整,这些都需要结合紧急状态与宽严相济的刑事政策的关系进行研究,从而明确紧急状态下犯罪的认定与刑罚的适用原则与标准,同时也能有效实现灾区社会的稳定与和谐。

【关键词】 宽严相济 紧急状态 刑事政策

一、宽严相济刑事政策概述

（一）宽严相济刑事政策的历史渊源

宽严相济刑事政策的思想在我国有着悠久的历史渊源。西周是公认的古代奴隶社会法律思想的集大成时代,在其明德慎罚的思想中已经包含着从夏商时代得出的宽严相济的思想,并且,在刑事立法和定罪量刑方面发展成为著名的刑罚世轻世重制度。即"一曰刑新国用新典,二曰刑平国用中典,三曰刑乱国用重典"。[②]强调刑罚的轻重要考虑当时当地的经济、政治形势,并依据其政权所处"平世"、"乱世"

[①] 课题负责人:何方,四川大学法学院2007级刑法学硕士研究生;
　　课题组成员:刘芳,四川省自贡市富顺县人民法院法官。
[②]《周礼·秋官·人司寇》。

的不同,来确定打击的重点和法律规范的内容。孔子也曾对宽猛相济做出过阐述。纵观古代的刑事政策可以看出,历代统治者在刑事政策的运用上,是实行刑罚世轻世重为指导思想下的宽严相济的刑事政策,虽然各个朝代对以宽为主还是以严为主的选择不同,但其精神实质都是相同的,且大多主张根据社会情况的变化来决定宽和严的适用,从而形成了我国几千年来的刑事政策传统。

(二)宽严相济刑事政策的含义

宽严相济是指刑法在宽与严之间的协调、平衡、互相衔接。宽严相济刑事政策是在科学判断犯罪态势与社会发展关系的基础上所得出的,是我国刑事政策中具有策略性的惩治政策,是刑事政策中的一种,它主要体现的是对犯罪的惩治政策,内涵丰富。宽严相济刑事政策的实质,是对刑事犯罪的区别对待,既要有力地打击和震慑犯罪,维护法制的严肃性,又要尽可能减少社会对抗,化消极因素为积极因素,实现法律效果与社会效果的统一。为正确理解我国刑法中宽严相济刑事政策,需要深入理解"宽"、"严"和"济"。

(1) 宽严相济的"宽",指宽怀大度、宽缓、轻缓、该宽则宽,其来自于惩办与宽大相结合的宽大。宽严相济的"宽",包含该轻而轻、该重而轻两层含义。该轻而轻,是指对于那些较轻的犯罪,应当处以较为轻缓的刑罚。该重而轻,是指当被告人具有法定或酌定减轻、从轻情节时,虽其所犯罪行较重,但法律上或司法上应对之有所宽容,在本应判处较重之刑的情况下判处较轻之刑。[①]该轻而轻是刑事法学基本原理所应包含的当然之意,是罪责刑相均衡的必然结果;该重而轻,是打击犯罪的同时考虑犯罪人人身危险性、犯罪情节等综合因素,在罪刑法定的原则下宽容地对待被告人,其体现了刑法对犯罪人的关怀与感化,利于对犯罪分子的改造。刑法中宽严相济之"宽"主要表现为非犯罪化[②]和非刑罚化以及非监禁化。

(2) 宽严相济之"严",是指严格或者严厉,该严则严。一方面

---

① 李卫红:《刑事政策学的重构及展开》,北京大学出版社2008年版,第237页。
② 陈兴良:《解读宽严相济的刑事政策》,载光明日报,2006年11月28日。

明确了该作为犯罪处理的行为一定要作为犯罪处理,该受到刑罚处罚的行为一定要受到刑罚处理;另一方面表明应在罪刑法定的原则下判处较重刑罚。宽严相济里的"严",既包括刑事法网的严密也包括刑罚的严厉。

(3)宽严相济之"济",是指救济、协调与结合之意。有宽有严之后,还要宽与严之间具有一定的平衡,互相衔接,形成良性互动。① 有学者将这种良性的互动总结为以宽济严、以严济宽、宽严有度、宽严审势、宽严适宜等几个方面。其中,"以宽济严、以严济宽",要求宽通过严来体现,严通过宽来体现。"宽严有度,宽严审势",一方面表明宽与严均是有限度的,这个"度"指的是法律,即从宽处理或从严处理均应在法律限度内进行;另一方面表明选择从宽处理和从严处理是一个动态的变化的过程,宽与严的选择须以当时的社会客观情况及行为人人身危险性等综合因素为依据。

二、紧急状态下相关刑事犯罪考察

(一)紧急状态的定义及其法律特征

1. 紧急状态的定义

紧急状态的起源可远溯至古代罗马共和时代的狄克维多制度或独裁官制度,但具有现代法律意义的"紧急状态"一词源于中世纪法国,指针对国家可能会面临的外敌之侵害,在外国战争和武装暴动导致之紧急危机的事件下被宣布的一种状态。②而20世纪后,紧急事件不再仅仅限于战争和暴动,表现形式变得日益繁多,因此在当下"紧急状态"一词的外延更为广阔。

"紧急状态"是西方法治环境中的产物,但目前各国对紧急状态一词的认识仍存在种种差异和争论。我国直到2004年修改宪法时才

---

① 陈兴良:《宽严相济刑事政策研究》,载《法学杂志》2006年第1期。
② 北京大学法学百科全书编委会:《北京大学法学百科全书——宪法学行政法学》,北京大学出版社2000版,第244页。

明确规定了紧急状态。① 随着研究的展开，学者们纷纷对"紧急状态"进行规范定义，但目前较为得到肯定的几种定义，都在不同程度上受到学者的质疑。虽然对紧急状态一词的定义学界仍存在颇多的争议，但不能否认的是作为一项制度事实的紧急状态，其必然包括"客观紧急情势的存在"、"审慎的主观决断"和"形式上的决定并宣告"这三种要素。基于这样一种认识，我国有学者认为"紧急状态是指由于客观存在的一项紧急情势严重威胁到国家的生命，有权机关基于必要而决定并宣布实施的一种暂时的、例外的非常社会秩序"。本文亦采纳该种观点。

2. 紧急状态的法律特征

第一，客观性。紧急事件，无论其发生的原因为何，均应是一种现实发生或肯定会发生的客观事实。其并不是相关有权者主观想象的紧急情况，而必须是客观存在的、不以人的意志为转移的事实。第二，危机性和公共性。紧急状态作为一种非常的社会秩序，必须具有危险性与公共性。紧急事件的出现须致使正常的社会关系的运作机制遭到破坏，人民的生命财产等基本权利受到侵害，只有对正常的公共秩序或国家秩序构成威胁的重大事件，才能引发紧急状态。第三，紧迫性。紧急状态的出现往往突如其来且具有危险性，往往会在短时间内给社会带来巨大的灾难，往往会影响人们的依法活动，同时也会导致国家政权机关无法正常行使管理社会的职能，常规管理手段失去效果，因而紧急状态具有紧迫性的特点。第四，法律性。紧急状态既是事实状态，也是法律状态，紧急状态须经合法程序确认，再经由合法的主体予以宣布。

(二) 紧急状态下相关犯罪的特征——以5·12汶川大地震为例

1. 特定类型犯罪的数量激增

紧急事件发生后，往往由于事发突然、社会环境或生存环境发生重大改变，因而常常滋生和诱发某些特定犯罪。如5·12汶川大地震

---

① 十届全国人大二次会议通过的宪法修正案，用紧急状态取代了戒严，紧急状态包括戒严但不限于戒严。

发生后,就伴生了大量的财产型犯罪。"地震刚刚发生时,灾区常见多发的主要是盗窃、哄抢、诈骗、抢劫公私财物案件。"①由于灾区财产型犯罪的增多,针对这些财产型犯罪,最高人民法院于 2008 年 5 月 27 日发布了《关于依法做好抗震救灾期间审判工作切实维护灾区社会稳定的通知》,要求对抗震救灾和灾后重建期间发生的盗窃、抢夺、抢劫、故意毁坏用于抗震救灾的物资、设备设施等七类涉灾犯罪行为依法从重处罚。②除了财产型犯罪以外,也产生了一些职务犯罪和经济犯罪,针对一些涉灾的经济犯罪和职务犯罪。2008 年 6 月 6 日,公安部专门下发通知,要求各级公安机关重点打击 4 类案件:一是生产销售假冒伪劣药品、医疗器材、食品、农资等严重危害广大人民群众生命、健康的犯罪活动;二是囤积居奇、哄抬物价、利用救灾物资牟取暴利等严重扰乱市场秩序的非法经营、强迫交易犯罪活动;三是挪用救灾、抢险、救济等款物,以及职务侵占、挪用资金等严重危害抗震救灾和灾后重建顺利进行的犯罪活动;四是借赈灾、募捐、灾后重建等名义进行的诈骗、合同诈骗、非法集资等犯罪活动。

紧急事件的性质不同,其所易引发的犯罪类型就不同。此次汶川大地震之所以诱发大量财产型犯罪和部分经济犯罪、职务犯罪是由其特点而决定的。其一,大地震中,受损的不仅仅是房屋,还有公共管理、公共服务体系,以及维护社会稳定的公安、法院、检察院等力量。比如绵阳市北川羌族自治县法院,43 人中仅幸存 16 人。③由于地震造成相关公检法自身力量的减弱,加之这些幸存者在地震刚刚发生初期,将精力投入到更为重要的搜救和救援行动中,因而无法展开日常的维护社会治安和公平正义的工作,这无疑给不法分子趁机实施犯罪提供了机会。其二,由于地震造成大量房屋倒塌,一方面大量财

---

① 《公安部新闻发言人谈追究涉灾犯罪的法律尺度》,载《法制日报》2008 年 6 月 17 日第 5 版。

② 冯军著:《论涉灾犯罪的刑事责任——以汶川地震为例的分析》,载《中州学刊》2008 年 9 月,第 86 页。

③ 刘晓鹏、白龙著:《直面灾后法律问题》,载《人民日报》2008 年 5 月 28 日第 13 版。

物暴露在外,另一方面财物的所有者或占有者要么不幸遇难要么逃离至相对安全的区域,由此为盗窃行为提供了作案环境。其三,在救灾面前,效率是放在第一位的,而要提高效率就必须得简化程序,这样一来就容量滋长职务犯罪。赈灾物资的发放程序简化,监督缺失为一些工作人员提供了以权谋私的机会。

2. 相关犯罪主要发生在出现紧急事件的区域

地震发生后,伴生紧急事件而出现或激增的相关犯罪主要发生在地震灾区,如一些人冒充志愿者进入灾区实施盗窃行为。而非灾区也出现大量的诈骗行为,如个别人正是利用群众的善良,以募捐为名诈骗钱财,这类诈骗行为往往受害人员数量较多且涉案面广。

3. 相关犯罪的犯罪情形较为特殊

灾后的犯罪在认定上存在一定的困难并出现认识上的分歧。紧急事件的发生,往往使社会环境处于非常态的情况,这使得相关犯罪的犯罪情形有异于常态,使司法工作人员在罪与非罪、此罪彼罪、罪轻罪重的认定上出现分歧与困难。比如,借地震之机哄抬物价是否可定罪的问题;灾民由于自己没有领到救灾物资而心生不满,辱骂政府工作人员、损坏办公用品、哄抢救灾物资是否可定罪的问题;趁灾盗窃认定为盗窃罪的界线问题等等。

另外,有的犯罪主观恶性较大,造成的影响较为恶劣。

三、紧急状态下宽严相济刑事政策的适用

(一)"紧急状态下宽严相济刑事政策的适用"在我国的研究现状

从目前收集和了解到的资料来看,可以说,我国对"紧急状态下宽严相济刑事政策的适用"这一问题的研究是一片空白,这种状况也有其客观原因。

第一,"宽严相济"刑事政策的提出较晚。宽严相济刑事政策是在 2006 年党的十六届六中全会通过的《中共中央关于构建社会主义和谐社会若干重大问题的决定》中,正式将其明确为刑事司法政策的。虽然我国学者对刑事政策的研究已形成了一定的规模、深度和广度,但对于宽严相济这一新政策而言,学者们的研究方向主要还停留

在其概念内涵、理论基础、价值取向、理念和实现途径等问题上。可以说对"宽严相济"某些问题的研究已具有一定的深度,但对于宽严相济这一问题本身,其研究的广度还不够。本课题的研究内容也处于空白。

第二,从提出宽严相济刑事政策至5·12汶川大地震发生前的这一段时间内,我国没有出现过特别严重的自然灾害和社会事件,从而在紧急状态下刑事司法实践的问题不曾突显,因而造成"宽严相济"刑事政策在面对紧急状态时应如何体现和调整的问题没有进入学者们的视野。

第三,我国目前还没有关于"紧急状态/应急状态"的相关立法,相应的在理论上对"紧急状态"的研究也较为匮乏。

(二)宽严相济刑事政策对处理紧急状态下刑事案件的指导

刑事司法需要原则性与灵活性相结合,而刑事法律作为抽象的一般规则体系常常不可能直接地、合理地对应于所有的具体案件。因此,在刑事法律没有明确的情况下,针对紧急状态下产生犯罪的特殊性,贯彻宽严相济刑事政策也就具有重要意义。总的来说在紧急状态下宽严相济刑事政策的适用分为"宽"和"严"两种情形:其一,从有利于灾区社会秩序缓和社会矛盾的立场出发,针对灾区民众为生计而实行的情节轻微的犯罪,在司法倾向上突出"宽",即"可捕可不捕的不捕""可诉可不诉的不诉""可判可不判的不判";其二,而从打击相关犯罪恢复灾区社会秩序与加快救援与重建工作的立场出发,针对一些基于敛财等非法目的而实施的犯罪,应在司法倾向上突出"严",即"从严从快地进行打击"。

1. 紧急状态下针对部分犯罪从"宽"的理论依据

以汶川大震为例,针对灾区民众为生计、逃生与救援而实施的情节轻微的犯罪,在司法上应体现出"宽",这不仅有利于灾区社会矛盾的缓和与救援工作的展开,也符合刑法的基本理论。

(1)刑罚的本质属性

刑罚本质历来有报应刑论和目的刑论,以及后来的一体化刑罚理论。报应主义,强调刑罚的施加在于报应。目的主义,强调刑罚的施加在于目的，即刑罚的本质并不在于对犯罪的报应，刑罚只是一种手段，通过这一手段以达到预防犯罪、保护社会的目的。而后的一体化刑罚理论认为报应和预防都是刑罚存在的理由。一体化刑罚理论成为论述刑罚本质的主流观点，按此观点来看，刑罚既有报应的一面，也有功利的一面，前者要求坚持罪刑相当原则，后者要求预防未然之罪。紧急状态下针对部分犯罪从"宽"处理，正符合了刑罚功利的一面。在紧急状态下，部分犯罪的产生是基于情势所迫，且行为人往往并无恶意，这部分行为人几乎没有再犯的可能性，因而不宜当做犯罪进行处理。

（2）刑事责任正当性

马克思主义决定论和辩证唯物主义认为在相对的意志自由的前提下行为人选择实施了犯罪行为，因而应当对此承担刑事责任。事实上，不同的人所具有的这种相对的意志自由的程度是不同的。强调在紧急状态下针对部分犯罪从"宽"处理，正是基于对刑事责任正当性的考虑。在紧急状态下，社会环境发生重大的变化，这种变化往往易将部分人置于缺乏意志自由的境地，或这种变化使人相对的自由意志减弱，正是因为这样的原因，使紧急状态下特定类型的犯罪行为发生率较高。而相对意志自由的丧失或减弱，使要求行为人承担刑事责任缺乏了正当性，在此情况下应体现刑事政策宽容的一面，对这类行为不施以刑事责任或减轻刑事责任。

2. 紧急状态下针对部分犯罪从"严"的正当性

（1）社会危害性大，严重破坏了社会秩序，易引发社会矛盾。犯罪总是破坏社会秩序的极端表现形式，但同样的犯罪由于发生的场合以及针对的对象不同，其危害程度有显著差异。在紧急状态下实施的部分犯罪，会严重破坏社会秩序，不利于秩序的维护。且在紧急状态下，本身既存在着一些紧张和动荡的因素，此时实施的部分犯罪，易引发社会矛盾，使政府的相关稳定工作无法展开。汶川地震中，一些居心叵测的人通过网络和短信等方式散布谣言，这些谣言使本来就处于紧张状态的灾民更加恐慌，并在一定程度上使得正逐渐好转的社会秩序出现一些骚乱。还有一些截留救灾物资的行为，使得救援工作受到一定的影响，严重影响了灾区人民的生活补给。可见紧急状态下所实施的犯罪更加恶劣。

（2）维护社会秩序的需要。正如上文所述紧急状态下所实施的部分犯罪，其社会危害性大，对此类犯罪必须从严处理。一方面，可以通过严厉的处理达到一般预防的目的；另一方面可以尽快恢复被破坏的秩序或安慰、补偿受害人。

（3）主观恶性大，冲破了正常人的情感底线。犯罪本质上就是对社会道德情感的一种最粗暴冒犯，而在紧急状态下实施的部分犯罪其主观恶性较大。部分不法分子反而利用地震灾情展开犯罪行为，使本来面临生存问题的灾区人民更加如履薄冰。这种利用灾情实施犯罪的行为无疑表现出强烈的反社会心理倾向。

3. 紧急状态下宽严相济的具体适用

（1）依法进行，不能逾越罪刑法定的基本原则。

《刑法》第3条中规定："法律明文规定为犯罪行为的，依照法律定罪处罚；法律没有明文规定为犯罪行为的，不得定罪处罚。"这一条规定不仅废除了类推制度还确立了罪刑法定原则在我国刑法中的指导性作用。作为基本原则，其贯穿于刑事立法与司法之中，体现了对公民的人权、民主、自由的充分保障，是一项进步的文明的法制原则。

在法治的社会治理模式下，有效的政策必须在法律规范所设定的框架内发挥导向性作用，宽严相济的刑事政策必须以罪刑法定原则为界限。[①] 无论是从宽还是从严，都只能以现行法律确立的基本原则和具体规定为限，不能脱离法律规范谈宽与严的问题。而"宽"和"严"的"度"就是刑法、刑事诉讼法以及相关司法解释规定的各种实体标准、程序规范等。在紧急状态下，不能因情势的特殊性而不重视对行为人的人权保护，因而在紧急状态下贯彻宽严相济刑事政策也必须依法进行，也必须体现刑法的人权保障机能，决不能逾越罪刑法

---

① "最高检副检察长朱孝清：宽严相济 维护和谐稳定"，载《法制网》，http://www.legaldaily.com.cn/2008fjdt/2009-03/09/content_1050352.htm。

定的基本原则。具体来讲：

首先，对紧急状态地区发生的相关刑事案件进行"从快"处置时必须依法进行。时间上的"从快"也是宽严相济中"严"的一种表现。在发生紧急事件后，一般均需要对相关犯罪进行"从快"处理，这不仅仅是刑罚报应与预防目的的要求，也是及时控制已失控的社会秩序的需要。但"从快"应是"依法从快"，是对相关司法机关提高工作效率的要求，不能以违反程序、牺牲程序正义作为代价。

其次，对紧急状态地区发生的相关刑事案件进行"从严"处置时，亦必须严格遵循刑法关于法定从轻、减轻量刑情节和酌定从轻、减轻量刑情节的规定。对相关刑事案件进行"从严"并不代表对从宽情节的否定，如相关犯罪的犯罪嫌疑人存有法定可酌定从宽情节时，司法人员应正确对待同时具有的从宽情节与从严情节。按照刑法学的一般原理，"在这种情况下，不采取简单的折抵办法，而应考虑不同情节的地位与作用，分别适用各种量刑情节。具体做法是，先撇开量刑情节考虑应当判处的刑种与刑度，再考虑从严情节估量出刑种与刑度，然后考虑从宽情节决定刑种与刑度"。①

再次，对紧急状态地区发生的相关刑事案件进行"从严"处置时，禁止变相科刑。不能因为在突发事件时期实施违法行为，就被科以刑法以外的刑罚处罚，需严格遵循罪行法定的原则，最大化保护犯罪人的人权，让犯罪人得到公平、公正的审判和处罚。

（2）注意区域性问题。

紧急状态地区对宽严相济刑事政策的适用，因其社会环境、相关犯罪社会危害性程度等等原因，而与平日有所不同，因而在适用时应严格限制其范围，不能"推而广之"。对于灾区一些情节较轻的偷拿他人财产的行为，应当考虑特殊情态下的主观恶性较低，不认为构成犯罪；而在非受灾区则不能如此认定，而应结合相关情形进行考量。再如，对于在灾区散布谣言而造成社会秩序进一步混乱的，理应对该种行为进行从严从重处理；而对于在非受灾区散布谣言的行为，则应

---

① 张明楷著：《刑法学（第三版）》，法律出版社 2007 年版，第 439 页。

按刑法分则的规定结合总则规定来确定其是否构成犯罪，以及其量刑情节。这样的一种区别（即宽严相济刑事政策区域性适用规则的区别），一方面利于灾区民心的稳定和灾后重建工作，另一方面可促进非灾区社会的和谐稳定。

（3）注意时效性问题。

从时效性来说，紧急状态下宽严相济刑事政策的一些具体运用策略、内容只能严格限定在一个特定的时间内，因为这些针对紧急状态而施行的一些具体的政策只是临时性的，具有很强的针对性，不宜长期施行，因而在紧急状态消除、社会恢复良好运行状态后即应停止适用。

（4）科学划清宽与严的界限。

紧急状态下"宽严相济"刑事政策的具体适用是区别于常态时期的，具体说来，在紧急状态下科学划清"宽"与"严"的界限需注意以下两个问题。

其一，注重对刑法适用要求的理解。对紧急状态地区发生的相关刑事案件进行社会危害性评价时，必须结合紧急事件、紧急状态这一时空背景做出判断。有些犯罪在特定的时空背景下，不仅主观恶性大，而且造成的社会危害性是巨大的，对于这部分犯罪当然应该严惩。有些行为，在特定的时空背景下，不仅没有主观恶性（或主观恶性较小），且社会危害性极小，如行为人之行为其于刑法之规定能阻却违法，则不认为是犯罪，如不能阻却违法则理应从宽论处。例如由于地震坍塌，造成监狱、看守所毁损，被关押的罪犯、被告人、犯罪嫌疑人脱逃求生的，行为人符合脱逃罪构成要件，但应当依据客观存在的情况，和其主观方面的认定，尽量依照司法非犯罪化、非刑罚化的方式对该行为做出评价，以切实尊重、维护以上行为人的人权。5·12汶川大地震发生不久后，最高人民法院于5月27日发出《关于依法做好抗震救灾期间审判工作切实维护灾区社会稳定的通知》，规定依法应从重从快处罚七种犯罪，但这些犯罪的认定也需要结合具体的案件情形。

其二，从严的犯罪应该是与灾害损失的发生、扩大或不能平复不仅具有时间关联而且具有因果关联的犯罪。刑事归责总是需要排除与法益侵害没有因果关联的事情，对于追究紧急状态下相关犯罪的刑事责任而言，特别要防止将所有在自然灾害期间发生的犯罪都当做应从严打击的犯罪。汶川地震发生后，对于灾区发生的那些与自然灾害仅仅具有时间关联而不具有因果关联的犯罪，如交通肇事罪、重婚罪、邻里因生活矛盾激化而实施的伤害罪等，都不宜从严处理。

应急状态下刑法解释适用问题研究[①]

王 佳等

【内容摘要】 应急状态是社会生活的一种非"常态"表现,在公共卫生事件和自然灾害等发生时,社会秩序处于一种不稳定的应急状态,在这种状态下的犯罪具有特殊性,其社会危害性与在社会生活的"常态"下的犯罪的社会危害性有着不同之处,故对应急状态下犯罪的处罚就具有了特殊性。应急状态下刑法解释应当坚持某些基本原则,应急状态下刑法解释适用中应正确处理刑法解释与罪刑法定、罪刑均衡等基本原则的关系,实现个人利益与公共利益的平衡、人权保障与社会秩序维护的协调。

【关键词】 应急状态 刑法解释的正当性 人权保障 秩序维护

序 言

应急状态是与社会正常状态相对应的一种特殊状态。欧洲人权法院曾对"公共紧急状态"(Public Emergency)作出解释,即"一种特别的、迫在眉睫的危机或危险局势,影响全体公民,并对整个社会的正常生活构成威胁"。[②] 这个解释较好地描述了公共紧急状态的性质。应急状态与"公共紧急状态"属于同一概念,从其内涵来看,应

[①] 课题负责人:王佳,四川大学法学院 2006 级刑法学硕士研究生;
课题组成员:泽仁卓玛、王平、葛晓燕,四川大学法学院 2006 级刑法学硕士研究生。
[②] 莫纪宏:《重大突发事件与紧急状态立法》,载《法制日报》2003 年 5 月 8 日。

急状态既是一个法律概念,指一个社会受到危机的影响进入的一种特殊的法治环境,需要采用非社会"常态"下的权力运作体制和权利保障机制;同时也是一个政治概念,指正常政治环境的例外情况,需要部分超出法治秩序而使用特殊应急的政治手段维护社会的秩序与稳定。

2007年8月30日公布的《中华人民共和国突发事件应对法》第3条明确规定了突发事件的概念,即"本法所称突发事件,是指突然发生,造成或者可能造成严重社会危害,需要采取应急处置措施予以应对的自然灾害、事故灾难、公共卫生事件和社会安全事件"。应急状态也就是突发事件发生之后社会处于的紧急状态。此时,国家机器的运转发生一定程度的紊乱,人民的生产、生活、工作、学习受到严重的冲击,人民的生命财产受到一定程度的破坏。行政强制干预进入了私人空间,应急法律出台并适用于应急区域,救助与救援暂时成为突发事件发生区域的首要任务。

国内外大都采取立法的方式保障应急状态下公民的宪法和法律的权利,我国关于应急状态的立法也经历了一个演变的过程。新中国成立后,紧急状态领域的重要立法是关于戒严的法律规定。我国的戒严制度首次出现在1954年《宪法》,该《宪法》第31条规定,全国人民代表大会有权决定全国或者部分地区戒严。1982年《宪法》规定了戒严制度。全国人大常委会、国务院先后制定的法律、行政法规,对由于自然灾害等引发的一般性质的紧急状态,规定了相应的应急措施。例如,1989年实施的《中华人民共和国传染病防治法》;1993年8月4日国务院发布的《核电厂核事故应急管理条例和处理规定》;1996年3月1日全国人大常委会通过的新中国第一部《中华人民共和国戒严法》;2003年5月9日实施的《突发公共卫生事件应急条例》等都对应急状态下国家机关权力的行使予以了较为明确的规定,有效应对了突发事件的处理。2004年十届全国人大二次会议通过的宪法修正案确立了我国的紧急状态制度,明确了全国人大常委会、国务院有权依据宪法决定进入紧急状态,国家主席有权依据宪法宣布进入紧急状态,为紧急状态法的制定提供了宪法依据。根据2004年修改宪法的《说明》,我国制定紧急状态法的主要理由有两个:第一是2003年"非典"公共卫生事件的启示;第二是引入各国应急制度的通常做法。根据处理非典事件的经验,为了及时有效地应对各种不确定危险因素对我国社会、国家、公民个人的威胁和危害,必须通过制定统一的紧急状态法来整合国家应急制度和资源。为了适应国际秩序的要求,我国应急制度的整合必须具有经济全球化的时代特征,并充分参考各国的立法经验。按照第十届全国人大常委会的五年立法规划和2004年立法计划,我国紧急状态法的起草工作积极进行。[①] 2007年8月30日公布了《中华人民共和国突发事件应对法》。《中华人民共和国突发事件应对法》调整的是非常态下的国家权力和公民权利的基本关系,是确立国家行政应急政策、目标以及重要原则和制度的法律,目的在于综合协调国家非常态下公民利益与国家利益、社会利益的关系,解决实践中可能出现的法律适用问题,属于宪法性法律;同时《突发事件应对法》作为非常态行政法律体系的基本法,对其他应对突发事件法律起着重要的统率作用。因此《突发事件应对法》的法律效力应当高于其他突发事件单项法律和国家一般法律。[②]

2008年汶川大地震发生之后,最高人民法院发出了《关于依法做好抗震救灾期间审判工作切实维护灾区社会稳定的通知》(以下简称《通知》)。《通知》要求,人民法院要依法严惩危害抗震救灾和灾后重建的各种犯罪活动,坚决维护灾区社会稳定。坚持特殊时期、特殊案件、特殊办理的方针,对那些严重危害抗震救灾和灾后重建工作进行的犯罪行为,要在法定期限内快审、快判,力争在最短的时间内使灾区人民群众感受到人民法院维护灾区稳定和打击犯罪的决心与力度,震慑潜在的犯罪分子,预防其他犯罪的发生。《通知》列举了7类应依法从重处罚的抗震救灾和灾后重建期间发生的犯罪行为,包括:盗窃、抢夺、抢劫、故意毁坏用于抗震救灾的物资、设备设施,

---

① 于安:《国家紧急状态立法研究》,载《法学》2004年第8期,第3页。
② 毋慧荣:《论〈突发事件应对法〉在法律体系中的地位》,载《法制与社会》2008年1月,第50页。

以及以赈灾募捐名义进行诈骗、敛取钱财,拐卖灾区孤残儿童、妇女等犯罪行为。为牟取暴利,囤积居奇、哄抬物价、非法经营、强迫交易等严重扰乱灾区市场秩序,影响灾区人民群众正常生产生活的犯罪行为。故意编造、传播、散布不利于灾区稳定的虚假、恐怖信息,严重影响抗震救灾和灾后重建工作开展的妨害公务、聚众扰乱社会秩序、公共场所秩序、交通秩序、聚众冲击国家机关等犯罪行为等。应急状态下司法解释应当坚持刑法的基本原则,实现个人利益与公共利益的平衡、人权保障与社会秩序维护的协调。

一、应急状态下特殊的刑法解释的正当性依据探讨

应急状态下的刑法解释通常具有对某些犯罪从快从重处罚的特点。所以应急状态下特殊的刑法解释的正当性,即应急状态下特殊的刑法解释的必要性和正义性的探讨尤为重要,应急状态下特殊的刑法解释的正当性依据的探讨,引起了某些人的疑问:"汶川大地震发生之后,最高人民法院已经发布了抗震救灾期间审判工作的刑法解释,再对其正当性依据探讨已显得无关紧要。"实则不然。

司法实践中,事实上很多人都是先有了判断结论然后再去找理由,不要以为这样的判断方式是错误的,几乎在所有争议的案件中,法官、检察官通常都是先有一个结论,然后再去找应当适用的法律条文,看这些条文是否能包含案件的条件,这就是国外学者常说的三段论的倒置或者倒置的三段论,这种倒置的三段论往往是先有结论,而这个结论一般是凭借正义感得出的。[①] 在刑法解释的正当性依据问题上,表面上的运作模式也是先有判断结论然后再去找理由,但是事实上,对应急状态下特殊的刑法解释的正当性依据探讨不仅有助于审视抗震救灾期间审判工作的刑法解释的合理性与时效性,更加有益于深化对应急状态下刑法解释对人权的保障和社会秩序的维护,对正义的追逐和对秩序与自由价值的取舍,对刑法解释本身的原则遵守和刑法解释方法的指导等问题的认识。

---

① 张明楷:《刑法解释理念》,载《国家检察官学院学报》2004年12月,第147页。

刑法解释权是应急状态下国家紧急权力的重要组成部分,发挥着维护灾区稳定和保障人权的重要作用。国家在遭遇到威胁人民生存的紧急情况时,例如战争、内乱、瘟疫等,一般都要通过宣布紧急状态来行使超越宪法约束的紧急权力。在正常状态下,国家不能够行使以超越宪法限制和克减人权为特征的紧急权力,只有在宣布紧急状态后,为了维护国家的生存,这些权力的行使才具有合法性与正当性。① 具体到应急状态下特殊的刑法解释的正当性依据有以下几个方面:

(一)应急状态下刑法解释根源于对正义的追逐

有的国家刑法制定了近百年,近百年来,无数的学者、法官、检察官、律师都在解释刑法;而且只要该刑法没有废止,还将继续解释下去。人们之所以一直在解释现行有效的刑法,是因为正义需要从社会生活中发现;制定法的真实含义不只是隐藏在法条文字中,而且同样隐藏在具体的生活事实中。应急状态下特殊的刑法解释根源于对正义的追逐,特殊的社会现实要求适用特殊的刑法解释稳定社会的秩序,这也同样符合民众的意愿。

(二)应急状态下特殊的刑法解释追溯于法律概括性授权机制的设计

应急状态下特殊的刑法解释,往往要对一些犯罪规定在法定期限内快审、快判,并且列举一些应依法从重处罚的应急状态期间发生的犯罪行为,这些规定从现有的法律体系之内并不能找到明确的法律依据,只能用应急状态的特殊社会需求来解释某些违背了罪刑法定原则和罪刑相适应原则的刑法解释。由于应急状态的纷繁复杂,可以考虑用法律概括性授权机制的设计解决应急状态下特殊的刑法解释的合法性依据问题。依据 2007 年 8 月 30 日公布的《中华人民共和国突发事件应对法》第 69 条的规定,"发生特别重大突发事件,对人民生命财产安全、国家安全、公共安全、环境安全或者社会秩序构成重大威

---

① 郭春明:《论国家紧急权力》,载《法律科学(西北政法学院学报)》2003 年第 5 期,第 88 页。

胁,采取本法和其他有关法律、法规、规章规定的应急处置措施不能消除或者有效控制、减轻其严重社会危害,需要进入紧急状态的,由全国人民代表大会常务委员会或者国务院依照宪法和其他有关法律规定的权限和程序决定。紧急状态期间采取的非常措施,依照有关法律规定执行或者由全国人民代表大会常务委员会另行规定。"该条款可以视为应急状态下特殊的刑法解释的法律概括性授权机制的总的指导性条款,但是不完善,需要由全国人民代表大会常务委员会另行规定具体的法律概括性授权机制。

(三) 应急状态下特殊的刑法解释植根于社会秩序维护的愿望

对我国构成威胁的危险因素,不限于传统上的战争和内乱。现在已经纳入立法的危险因素是:破坏性地震、洪涝灾害、环境灾害、地质灾害、海洋灾害、草原火灾、森林火灾、旱灾、突发性天气灾害等自然灾害;核电厂核辐射事故、矿山安全事故、工程建设重大质量安全事故、电信网络安全、民航运输安全等技术事故;突发公共卫生事件、重大动物疫情、重大植物疫情等人类和动植物疫病;金融风险等经济事件;反恐怖、群体性治安事件,民族或者宗教因素引发的事件,劫机等人为事件;城市供水、城市燃气、水库大坝安全、铁路运输安全等技术事故;外汇电子数据备份与电子系统故障等事件。有待立法应对的最新危险因素有:重大计算机系统故障、大面积停电、大范围中毒、重大爆炸、外来生物入侵、价格干预以及有关城市公共交通、民用燃气安全等方面突发事件。[①] 应急状态下,国家处于不稳定的状态,救助与救援工作成为突发事件发生区域的首要任务,人民的生产、生活、工作、学习受到严重的冲击,人民的生命健康受到威胁,人民的财产受到一定程度的破坏。此时立法者对突发事件的不可预测性上升;为有效应对突发事件,人们对法治主义的要求也相应地

---

① 曹康泰:《为确立紧急状态制度提供宪法依据》,载《法制日报》2004年3月25日。

降低。① 刑法对突发事件的应变是由刑法解释来完成的,这取决于刑法解释的灵活性和沟通刑法与生活事实的桥梁作用——使"规范成为'符合存在的',案件成为'符合规范的'。并且逐步地规范变成较具体的、较接近现实的,案件变成轮廓较清楚的成为类型"。②

二、应急状态下刑法解释适用问题研究

应急状态下特殊的刑法解释制定出来之后,执行就成为了核心的问题。下文对刑法解释在执行过程中出现的问题进行一些探讨。

(一)应急状态下特殊的刑法解释适用是否有违罪刑法定原则

应急状态下特殊的刑法解释适用更多的是依法从快从重打击某些犯罪,但同时必须严格执行刑事实体法和程序法的规定,一旦脱离了刑事法律的规范,稳、准、狠就没有了根基。当然,作为刑法解释的一种特殊形态,难免存在有违罪刑法定原则的迹象。

汶川大地震发生之后,最高人民法院发出了《关于依法做好抗震救灾期间审判工作切实维护灾区社会稳定的通知》。通知要求,人民法院要依法严惩危害抗震救灾和灾后重建的各种犯罪活动,坚决维护灾区社会稳定。坚持特殊时期、特殊案件、特殊办理的方针,对那些严重危害抗震救灾和灾后重建工作进行的犯罪行为,要在法定期限内快审、快判,并列举了 7 类应依法从重处罚的抗震救灾和灾后重建期间发生的犯罪行为。这样的刑法解释贯彻了应急状态下从快从重打击某些犯罪的刑事政策,与当年的严打刑事政策有着相似之处。应急状态下社会处于较为混乱的局面,应广大民众对社会秩序恢复的迫切愿望,实行从快从重打击某些犯罪的刑事政策并无不妥之处。但是司法实践中,为保障罪刑法定原则必须贯彻以下原则:

(1) 严格贯彻在法定量刑幅度内从重、在法定期限内从快打击某

---

① 余凌云:《增设突发事件中警察行政强制措施的立法建议》,载《法商研究》2007年第 1 期,第 55 页。

② [德]亚图·考夫曼:《类推与"事物本质"——兼论类型理论》,吴从周译,台北学林文化事业有限公司 1999 年版,第 89 页。

些犯罪。从重处罚是指在法定刑幅度内,对犯罪分子适用相对较重的刑种或者相对较长的刑期,但不能将从重理解为顶格判刑,更不能理解为可判可不判的一定要判、可轻可重判的一定要重判、可杀可不杀的一定要杀;不能将从快理解为可以违背刑事诉讼法规定的刑事程序进行办理案件,只能是在法定期限内提高效率尽早结案。

(2) 严格贯彻应急状态下惩办与宽大相结合的刑事政策。应急状态下从快从重打击某些犯罪绝对不等同于重刑主义,仍然应当强调惩办与宽大相结合的刑事政策的贯彻。宽严相济刑事政策的核心不是着眼于严也不是着眼于宽,而是"当宽则宽,当严则严,宽严相济",在考察犯罪人主观恶性大小,社会危害程度的基础上充分贯彻罪责刑相应的刑法原则。

(3) 严格贯彻应急状态下的人权保障。在某些情况下,强调打击犯罪可能会以削弱甚至牺牲人权保障为代价。反之亦然,在某些情况下,强调人权保障可能会影响打击犯罪。在打击犯罪与人权保障的价值相冲突的情况下应当如何选择?在一个法治社会,正确的选择应当是将人权保障放在第一位,打击犯罪不能以牺牲人权保障为代价。①

(4) 严格划定应急状态下的犯罪构成。应急状态下并不能盲目扩大犯罪打击面,要明确划定从严规制的犯罪范围。最高人民法院《关于依法做好抗震救灾期间审判工作切实维护灾区社会稳定的通知》列举了7类应依法从重处罚的抗震救灾和灾后重建期间发生的犯罪行为。此外,应注意研究分析地震灾区的客观状况,补充完善应依法从重处罚的抗震救灾和灾后重建期间发生的犯罪行为。应急状态下的社会秩序处于一种不正常的状态,这个状态之下的任何犯罪行为都具有特殊性,但是并不是此状态下的任何犯罪行为都应当从重处罚,只有某些犯罪行为才可以从重处罚。例如,故意编造、传播、散布不利于灾区稳定的虚假、恐怖信息的行为;一些不法分子通过互联网借机造谣,散布虚假信息,扰乱人心;或以抗震救灾为幌子骗取钱财,扰乱

---

① 陈兴良:《严打利弊之议》,载《河南省政法管理干部学院学报》2004年第5期,第122页。

社会秩序。为保证全国抗震救灾工作的顺利进行和社会秩序稳定,公安机关对通过网络进行违法犯罪的人员及时进行了查处。截至2008年5月21日,共查破网上造谣类案件55起,抓获犯罪嫌疑人55人,其中治安拘留13人,训诫42人。①

故意编造、传播、散布不利于灾区稳定的虚假、恐怖信息的行为,对其严厉惩处有利于应急状态下社会秩序的稳定。对于此类行为作为一般的违法行为处理还是作为犯罪处理,不能一概而论。

首先,对故意编造、传播、散布不利于灾区稳定的虚假、恐怖信息的行为予以犯罪处罚应于法有据。我国《刑法》第291条之一规定:"投放虚假的爆炸性、毒害性、放射性、传染病病原体等物质,或者编造爆炸威胁、生化威胁、放射威胁等恐怖信息,或者明知是编造的恐怖信息而故意传播,严重扰乱社会秩序的,处五年以下有期徒刑、拘役或者管制;造成严重后果的,处五年以上有期徒刑。"此条款可以作为处罚故意编造、传播、散布不利于灾区稳定的虚假、恐怖信息后果严重的行为。

其次,应注意,只有那些足以引起社会公众心理恐怖的重大灾害谣言,才能视为虚假恐怖信息。是否足以引起公众恐怖的判断标准,应当依据一般公众的理性认知为标准。当然,有些人对他人传播的谣言进行转发,也可能是出于对自己亲戚朋友的关爱,而不具有传播谣言的主观犯罪目的。

最后,坚持贯彻惩办与宽大相结合的刑事政策,坚持应急状态下的人权保障,将那些情节显著轻微,危害不大的行为,不认定为是犯罪,按照《治安管理处罚法》的规定进行处理。例如2008年5月14日,四川省成都市公安机关接群众举报,有人在互联网站群发短信,称"都江堰一个化工厂爆炸,饮用水资源被污染",此信息在网上迅速传播并扩散,引起市民心理恐慌,许多人纷纷到商场抢购矿泉水、食品和储水用具,一定程度上干扰影响了当地的抗震救灾工作。当地

---

① 公安机关查处55起网上造谣事件,载人民网2008年5月22日,http://society.people.com.cn/GB/42733/7283792.html。

公安机关迅速抓获违法人员刘某，并处以治安拘留 4 天。①

（二）应急状态下刑法解释适用中人权保障与惩治犯罪的协调问题

应急状态下刑法解释适用中，由于人们对社会秩序维护的愿望空前提升，导致对某些严重破坏社会秩序的犯罪行为深恶痛绝，与此同时，国家司法机关也以维护社会稳定，严厉打击违法犯罪作为工作的重心。如何在应急状态下的刑法解释适用中协调人权保障与惩治犯罪的关系就成为了突出的现实问题。

应该说，一个有能力的法治政府不仅能运用法律处理好正常社会状态下的秩序和有效地保障公民权利，而且能有效地依法处理非常状态下的社会秩序和保障公民权利。政府能否在非常状态下做到依法办事，有效地处理应急情况，不滥用权力，保护大多数人的基本权利，这是对一个政府的能力和法治水平的考验。现代宪政国家，把紧急状态下政府能否依法办事作为法治和宪政的一个重要标志。② 具体来讲，协调应急状态下刑法解释适用中人权保障与惩治犯罪的问题需要从以下几个方面着手：

（1）完善保障监督机制，确保刑事案件依据法律程序办理。正义是刑罚发动的理由，法律之所以认定某种行为是犯罪行为，必定是基于该行为已经或者将要造成严重的社会危害性，损害到法律所希望保护的某种或某些社会关系。正义包括了实质正义和程序正义，而每个人对实质正义的理解有所不同，刑法中对正义的追求则须通过法律程序来实现。完善保障监督机制，不仅现行司法体制中检察院的工作职责需要得到加强，避免出现人情办案、玩忽职守等违法行为；此外，还应积极回应当事人提出的投诉、建议，同时可以引进国外人民监督员等制度，让整个司法程序处于社会监督之下，让刑事案件的办理过程更加阳光。

（2）坚守宪法中不可克减的人权条款。宪法中的不可克减的人权

---

① 参见 http://www.hongshu.net/thread-3070-1-1.html。
② 李倩倩：《紧急状态下限制和保障公民权利的平衡》，载人大与议会网 www.ecpcs.org。

条款是宪法的精髓。对此,各国宪法也都给予了高度的重视,都普遍规定了即使在紧急状态下也不可以对某些人权进行克减,国际人权法对此也有相应的规定。因此,虽然在紧急状态下宪法的一部分条款要失去效力,但是不可克减的人权条款仍然构成了紧急状态下的宪法,是不受国家紧急权力影响的。① 如对于犯罪嫌疑人、罪犯的称谓要分清场合使用,根据罪刑法定原则,未经过法院审理判决有罪之人应推定为"无罪",与一般公民享有相同的权利,理应得到公平的待遇。对于在看守所收押尚未宣告刑事判决的犯罪嫌疑人,监管人员应保障其人身安全和基本的生活待遇,确保其享有获得法律帮助权和通信自由权。

(3)坚持以民众所认同的常情、常理,即一般民众的理性认知,作为刑法解释与适用的标准。常情、常理与一般民众的理性认知是民意的具体体现,虽然可能杂乱,抑或夹杂较深感情色彩,但这也是民意自身的特点,这一特点不应成为阻断民意的依据,反而应提醒法律精英在抉择民意时应小心谨慎,取其精华去其糟粕,在刑法解释与适用中体现民意,从而使刑法解释与适用体现人民的意志。

民意通常也是主流道德的体现。通常认为刑法所禁止的,肯定是道德所谴责的;而道德所肯定的必定是刑法所不禁的。犯罪通常意味着对特定社会关系背后伦理道德的破坏,但刑法与道德在价值上并非全然一致。在应急状态下,行为人出于忍受了长久饥饿的折磨而实施了偷盗、哄抢财物的行为,又如为了保卫全村人的生命和财产安全,某人打死了行凶之徒。在大多数人眼中这类行为能够理解和宽容的行为,但按照刑法规定则可能触犯盗窃罪、杀人罪等罪名。刑法处置结果很可能与民意相背,但是在应急状态下通过对刑法解释的适用可以有针对性地从宽处罚。

在个案的处理过程中,合理地理解与采纳民意,需要对应急状态下犯罪人的主观意图、犯罪动机、特殊时期的人身危险性等进行综合评价。慎重把握犯罪的社会危害性,对灾后生活困难、情绪失控等行

---

① 郭春明:《论紧急状态下的宪法效力》,载《法学》2003年第8期,第42~43页。

为,造成后果也不严重的普通刑事犯罪,从轻处置比较合适。但是,对于那些严重危害社会治安,影响抗震救灾工作顺利开展的犯罪行为就应当严厉打击。

(三)应急状态下刑法解释适用中个人利益与公共利益的平衡问题

实现应急状态下刑法解释适用中个人利益与公共利益的平衡,应急状态下刑法解释适用中应当注意:

(1)坚持以安定性优先,兼顾妥当性的刑法解释价值目标,约束应急状态下刑法解释适用。

法的价值之一就是维护社会秩序的稳定,这必然要求法律的制定在长时期内具有安定性,不可朝令夕改让民众措手不及,同时法律的制定需要符合实践且具有可预见性,能妥当处理突发情况。刑法解释也需要与法的价值相一致,刑法解释价值目标的安定性优先,兼顾妥当性是指:①维护并实现刑法的安定性,是刑法解释的第一目标。解释者不得为追求结论的妥当性而超出国民预测可能性,从而损害刑法的安定性,即刑法解释不得为过分追求妥当性而损害刑法的安定性,因此应当禁止或者限制扩大解释、类推解释在实践中的适用。②在不损害刑法安定性的范围内,解释者应尽量克服刑法因形式理性、安定性而造成的僵化、呆板甚至个案的非正义,解释者应尽量使刑法面向生活事实开放。① 刑法是在特定时期内制定出来的固定的文本,犯罪个案却随着社会的发展具有多元性,如果机械地运用刑法无法实现个案的正义,甚至会出现对某些犯罪行为缺乏刑法规制的真空状态,此时需要解释者面对新情况新问题在严格遵循刑法精神的前提下对刑法进行解释,以符合实际情况。

(2)坚持在应急状态下刑法解释适用中贯彻伦理评价。

法律的基本精神是正义,它包括了两层含义:公正、善。在刑法解释中,指导解释主体价值判断的原则或者精神应当是社会公众的善

---

① 苏彩霞:《刑法解释方法的位阶与运用》,载《中国法学》2008年第5期,第100页。

恶观念。是否体现社会公众善恶观念，是衡量刑法适用、解释好或者坏的实质标准。"社会公众的善恶观念"就是"合理"中的理，它相当于耶赛克所谓的"法律目的"。① 应急状态下刑法解释适用中不可避免地会出现个人利益与公共利益相对立的现象，司法机关为了公共利益，会采取一些非常的强制措施，以确保社会的稳定和案件的快速处理，这期间就可能出现侵害公众的个人利益的现象，此时，应当坚持贯彻伦理评价的观念，也即以"社会公众的善恶观念"作为衡量犯罪的社会危害性的一个标准，真正做到罪刑均衡的原则。唯有这样，才能实现刑法解释适用中个人利益与公共利益的平衡。具体到案件的审理来讲：

（1）法官在定罪中首先要考虑符合刑法分则条文的行为本身是否具有严重的社会危害性，是否造成了严重的后果和恶劣的社会影响。若情节显著轻微，危害不大的，可以不认为是犯罪；其次对刑法分则条文的理解要注重一般人的伦理观念，考虑常情、常理，因为刑法分则条文的简约性与复杂的社会现象之间总是存在差距，实现正确的定罪必须要考虑公众认同问题。

（2）法官量刑的时候要切实做到罪刑均衡原则。同所有关于人类社会及其成员之间应如何相处、如何相待的原则一样，罪刑均衡原则是人类的特性——人类特有的区别于其他动物的需要结构与需要满足方式——在犯罪与刑罚的关系上的体现。② 罪刑均衡原则具有人性基础，对其贯彻是任何时代、任何时期人们普遍的一种需求，只是该需求满足的方式不同而已。法官在量刑时同样要用伦理的观念考虑行为的情节问题，用发展的眼光判断对犯罪的社会危害性影响的犯罪人的动机、目的，犯罪的时间，地点，方式，被害人的损害等量刑情节，从而在实质内涵上做到罪刑相适应，体现对社会舆论的尊重和支持。

---

① 张武举：《刑法解释方法的位阶与运用》，载《现代法学》2006年第1期，第55页。

② 陈忠林、陈可倩：《罪刑相适应原则的理论基础》，载《学海》2008年第1期，第135页。

否则，会引发公众内心的失衡，对刑法的公正性产生质疑。

例如，盗窃、哄抢用于抗震救灾的物资的行为定性与处理。

2008年5月15日下午3时左右，成都全搜索网站志愿者和热心网友组织的一支大约50辆车规模（含货车和轿车）的捐赠救灾物资的车队，由绵竹市区开往绵竹土门的途中，经过板桥镇八一村与西南镇隆兴村地界时，部分当地灾民拦住车队，请车队人员给予救助。在车队押运人员未表示同意前，少数灾民爬上一辆小货车，将车上物资卸下，由车下众灾民将其哄抢一空。小货车被哄抢完后，灾民即停止了哄抢行为，车队继续前行至土门镇及广济镇分发物资。经查，被哄抢的小货车上装载的物资系由探路者公司捐赠，有帐篷30余顶和毛衣三箱左右（每箱20件）。整个过程哄抢灾民未对车队人员有任何过激语言和身体接触。①

对此类行为的定性与处理应当慎重。因为，盗窃、哄抢用于抗震救灾的物资的行为，因实施主体的不同，行为的社会危害性有很大的差异。如果是并未受灾的人，以非法占有为目的，哄抢救灾物资，构成犯罪的，应当依法从重处罚。因为救灾物资是用来挽救人的生命、防止灾害后果进一步扩大的特殊物品，哄抢这类特殊物资比哄抢一般财物具有更大的社会危害性，因而应当从重处罚。灾民为自用而哄抢救灾物资的行为，无疑会妨碍救灾工作的顺利进行，肯定是违反国家相关救灾法规和社会的道德规范的。但是，对这类自私行为一般不应定罪处罚。②

结　语

应急状态是社会生活的一种非常态表现，应急状态下发生的犯罪具有特殊性，因此对于该类状态下发生的犯罪需要区别应对。应急状态下特殊的刑法解释适用应当坚持罪刑法定原则，实现人权保障与惩治犯罪的协调和个人利益与公共利益的平衡。

---

① 参见 http：//blog.huanqiu.com/? uid－20685－action－viewspace－itemid－6073。
② 参见 http：//law.law－star.com/txtcac/lwk/050/lwk050s306.txt.htm。

5·12汶川大地震发生之后，最高人民法院发布的《关于依法做好抗震救灾期间审判工作切实维护灾区社会稳定的通知》，列举了7类应依法从重处罚的抗震救灾和灾后重建期间发生的犯罪行为，为应急状态下刑法解释适用问题的研究提供了实践支持。人类虽然已经到达一个高度文明的程度，但对于未来仍然无法预知。人祸可以避免，但地震、雪灾、旱灾、海难等自然灾害仍然会发生。面对社会非常态下的犯罪行为该如何处置，刑法该如何作出相应的解释，考验着我国的法治水平。对此问题的研究必将推动我国应急状态下刑法解释与适用的发展和刑事法治的全面进步。

抗震救灾期间特定犯罪的违法性认识问题研究[①]

——以成都"蜀山行"倒卖救灾帐篷为例

霍子诗

【内容摘要】 本文以5·12汶川地震后救灾期间发生的成都"蜀山行"倒卖救灾帐篷非法经营案为例,对抗震救灾期间特定犯罪的违法性认识问题进行了论述。违法性认识从大陆法系国家舶来,当以区分形式违法性认识与实质违法性认识两方面进行理解,实质违法性认识等同于我国社会危害性认识,形式违法性认识才是我国学者真正探讨的问题所在。而形式违法性认识当以法律、法规为认识内容。在形式违法性认识体系定位上,还原并建构了"构成要件—社会危害性—有责性"犯罪构成体系,并将形式违法性认识置于责任要素之中。为了平衡人权保护、打击犯罪的法益冲突,建构了形式违法性认识推定规则,从而缓解了两者的价值冲突,在司法层面上具有了可操作性。

【关键词】 违法性认识 犯罪故意 犯罪构成

一、案例回放

5·12汶川大地震发生后,成都市"蜀山行"户外用品专卖店贩卖救灾帐篷一案中,经过讯问,成都市公安局锦江分局经侦大队获知"蜀山行"户外用品经营店负责人刘某冒用锦江区红十字会的名义,用抗震救灾物资专列将贴有"赈灾帐篷"及"赈灾物资"标记的赈灾

[①] 课题负责人:霍子诗,四川大学法律适用研究中心研究助理。

帐篷616顶、赈灾睡袋880个从宁波发回成都,并在该店内进行销售。经初查,从5月12到案发,该店先后以550元—945元不等的价格售出赈灾帐篷120顶,以60元—99元不等的价格售出赈灾睡袋692个,销售额累计达12万元人民币,其他各类帐篷、睡袋经营额60余万元,总销售经营额80余万元。涉案金额巨大,社会影响极其恶劣,已被立为重大非法经营案。①

非法经营罪的前提是"违反国家规定",试问"蜀山行"贩卖所谓"救灾帐篷"违反了哪条国家规定?"蜀山行"事件被查出后,成都市公安局才出台了《关于迅速对我市非灾民集中安置点使用赈灾帐篷和睡袋进行依法查处的紧急通知》,根据法不溯及既往的一般常识,也可以推论该《紧急通知》的效力并不能及于《紧急通知》下发前的行为,姑且不论《紧急通知》是否属于"国家规定"的范畴,光凭一句"社会影响极其恶劣"就认定为"重大非法经营案件",是否过于草率和唐突?是否与罪刑法定主义相左呢?

应重点关注此案中当事人犯罪主观心理构造中违法性认识的问题,即当事人在"倒卖"救灾帐篷时是否认识到了其行为是违反国家规定的,如果认识到了,则成立故意犯罪。如果没有认识到,或者根本没有相关国家规定可供当事人行为时认识,那么非法经营罪的指控便值得商榷。

二、违法性认识的界定

(一)大陆法系违法性认识概念

1. 学说分析

(1)日本刑法学者内藤谦认为,违法性认识是意识到自己的行动不纯而感到心中有愧,或者说是"反人伦的意识;"②

---

① 新华网四川频道2008年12月24日,http://www.sc.xinhuanet.com/content/2008-05/23/content_13347456.htm.

② 转引自:秦鹏:《违法性认识研究》,载《郑州大学硕士论文集》2005年。

(2) 小野清一郎也持相似的观点，其认为，"所谓违法性意识，乃系行为在法秩序上不能容许之认识，及行为违反国民的道义之认识"。①

(3) 大冢仁教授认为，违法性的意识是指行为人心理漠然地表现出自己的行为在成为法规范基础的国家－社会伦理规范上是不允许，不需要正确地知道禁止的法令和其条章，也不需要表象自己的行为确实是不被允许的。②

从上述日本学者对大陆法系违法性认识概念所下的定义来看，大陆法系违法性认识当理解为实质违法性认识，两者在认识的内容上具有相似性。造成日本学者对违法性认识概念的理解有所不同的原因在于法益侵害说与规范违法性说的分野。法益侵害说与规范违反说都认为犯罪以违反刑法为前提（形式违法性），但违反刑法意味着什么，这是两种学说的根本分歧所在。应当指出的是无论法益侵害说鼓吹的法益侵害与威胁，还是规范违反说认为的违反刑法背后的社会伦理的违反，皆是对违法性认识所下的实质定义，与行为人对具体法规范的认识评价无涉。

2. 立法透视

从大陆法系国家立法表述上看，《德国刑法典》第 17 条规定：行为人行为时没有认识到其违法性，如该错误认识不可避免，则对其行为不负责任。1994 年《法国刑法典》第 122－3 条中指出：能证明自己系无力避免的对法律的某种误解，以为可以合法完成其行为的人，不负刑事责任。即明确了行为认识的错误表述为"法律错误或误解"，尽管如此，法国最高法院在司法层面上明确表示：援用该条必须出于"社会生活之必须"。

大陆法系违法性认识存在的根据是超法规范的"法秩序"、"人伦社会风俗"、"社会生活之必须"等。换言之，大陆法系国家违法性认

---

① 转引自：秦鹏：《违法性认识研究》，载《郑州大学硕士论文集》2005 年。
② 转引自：陈世伟：《三大法系违法性认识比较研究》，载《河北法学》2006 年 3 月。

识也是一种社会评价,而非法律评价,这与我国社会危害性认识是一种社会政治评价,两者在本质内容上具有一致性。

(二)我国刑法理论中的违法性认识概念的厘清

违法性认识问题追溯到根源上来自德国刑法中独特的认知体系。在德日犯罪构成体系的第二层面上(违法性的实质判断),它本来的意义并不是讲违法与不违法的问题,而是强调犯罪的法益侵害性。我国学者在引进德国违法性概念的时候,翻译上出了很大的问题,导致后来国内学者误读了相关知识体系的内容,加上我国刑法理论中只在犯罪概念中讨论"刑事违法性"的问题。导致学者在违法性认识概念上更加含混不清。

对违法性认识的概念的厘清,需借助大陆法系国家违法性理论中形式违法性与实质违法性的对置来明确违法性认识的概念。因此将违法性认识区分为形式违法性认识与实质违法性认识加以分别厘清。

1. 实质违法性认识

实质违法性认识前文已经求证出其内容为法益侵害或威胁。实质违法性认识顾名思义当理解为行为人认识到自己的行为对法益进行的侵害,等值于我国《刑法》的社会危害性认识。社会危害性认识已被我国刑法所确认,并成为成立主观罪过的要素之一。

2. 形式违法性认识

形式违法性认识是行为人对法评价的认知、与犯罪构成的事实认识,它与社会危害性认识皆有不同。虽然形式违法性认识与构成要件事实及社会危害性认识有内在的相互联系,但其具有独立于犯罪构成事实认识与社会危害性认识以外的重要价值。

(1)形式违法性认识与事实构成要件的认识不同。违法性认识是法评价的认知,是对违法的认知,它与对犯罪构成要件的事实的认知是有所不同的。构成要件事实是客观的,尽管某些构成要件事实本身也存在一定的规范性,例如传播淫秽物品中的"淫秽物品",对于这个物品具有淫秽性本身包含一种规范评价、一种社会的文化评价。但是,它同法律对淫秽物品是否禁止是有所区分的,所以应当把法规范评价的认识与对构成要件事实的认识区分开来。

(2) 形式违法性认识以构成要件事实的认识为前提。故意杀人行为实施过程中,唯有一个心智正常的人在认识到正在杀人这一事实的前提下,才可能产生"杀人犯法"、"杀人须偿命"等法规范评价认识。简言之,形式违法性认识的产生须以行为人对构成要件的事实加以认识作为前提。对于一个心智匮乏的人,很难苛求他对自己的事实行为进行认识,形式违法性认识更是无从谈起。

(3) 形式违法性认识与社会危害性认识有所不同。首先,社会危害性认识是对犯罪行为本质属性的认识,形式违法性认识是对犯罪行为的法律性质的较表层的认识。换言之,违法性认识只是要求知道国家法律不准许这种行为,而社会危害性认识要求知道国家为什么不准许这种行为。其次,社会危害性认识是站在一定社会政治立场才能得出,而形式违法性认识是行为的法律性质的一种客观评价。合法与违法是一种事实,而不是一种社会政治色彩的评价。第三,社会危害性评价所依据的标准是广泛的,不都是明确的;而形式违法性认识所依据的规范标准则是有局限,相对具体确定的。①

根据我国《刑法》第 13 条的规定,所谓社会危害性认识是指明知会发生危害社会的结果。这里的"会发生"包括可能会发生与必然会发生两种结果。而形式违法性认识是对法评价的认识,尽管两者在存在的根据和内容上具有相同之处,但危害性认识归根到底是对行为性质的认识,它是一种社会的政治的评价;但是形式违法性认识是指是否认识到法律对某行为是禁止还是允许,这是法评价的认识。也许某行为人认识到了这种行为违反了伦理,是有害的,但是他不一定知道法律对这个行为是禁止的,不知道法律对其行为的态度。故两者之间是有差距的。

综上,违法性认识的"违法"不是仅仅涉及刑法所特有的"违法",而应该涉及整体法秩序意义上的违法。行为人如果认识到自己的行为是民法或者刑法以外的其他公法所禁止的,在没有特别认识到

---

① 贾宇:《论违法性认识应成为犯罪故意的必备要件》,载陈忠林主编《违法性认识》,北京大学出版社 2006 年版,第 267 页。

刑法的禁止性规定的情况下，也可以认定其具有违法性认识。对此我国学者刘明祥正确地指出：把违法性认识解释为是违反法律规范或者法律秩序的意识较为合适。①

三、违法性认识要与不要的制度考察

（一）违法性认识在大陆法系国家的走向

1. 历史回顾

17世纪资产阶级启蒙运动以前，大陆法系国家普遍坚持的是"不知法不免责"的原则。该格言所表达的内容是一项基本原则："在作为主观犯罪成立要件的故意中，不要求认识到自己行为的违法性。"这一原则起源于诺曼底时代的绝对责任。② 事实认识错误在13世纪的布莱克顿的教科书中，已被承认为抗辩理由；与此相对，关于不知法律或者法律认识错误，却一直不影响犯罪的成立乃至量刑。③ 于是形成了以下的局面：不知法律有害，不知事实则无害。进一步说，不知事实免责，不知法律不免责。

违法性认识问题的提出是17—18世纪资产阶级启蒙运动的产物，而最早对判例所采取的传统观点提出异议的是费尔巴哈，他从道义责任论说的立场出发，主张故意之中包含违法性认识。④ 进入20世纪，

---

① 刘明祥：《刑法中错误论》，中国检察出版社2004年版，第244页。
② 也有学者认为该原则起源于古罗马法。孙国祥：《论不知法不免责》（上），载京师刑事法治网 2008年10月15日，http：//www.criminallawbnu.cn/criminal/Info/print.asp？pkid=9271。
③ ［日］木村光江：《主观的犯罪要素的研究》，东京大学出版社1992年版，第79页，转引自：张明楷著：《刑法格言的展开》，法律出版社2003年版，第199页。
④ 刘明祥：《刑法错误论》，中国检察出版社1996年版，第7页。

首先在美国出现了一些不适用此原则的例外判例。① 究其原因是由于社会经济的发展，商业生活复杂化，对于包含现代化商业最复杂局面的法规，信赖专业人员的意见所实施的行为，没有理由追求行为人的责任。"信赖"与其说是具有违反法律的意图，毋宁说是具有遵守法律的意思。②

与此相对应，大陆法系许多国家的刑事立法及司法实践在最近几十年中也放弃了对"法律错误不免责"原则的绝对遵从，从而承认了违法性认识错误可成为减免刑事责任的理由。如前文所述，1994年生效的法国新刑法典第122—3条增设了"能证明系由无可避免的对法律的误解，认为可以合法完成其行为的人，不负刑事责任"的规定，从而抛弃了刑事立法和判例长期奉行的"任何人不可被认为不知法律"的根深蒂固的传统。德国1975年新刑法典17条增加了"行为人行为时没有认识违法性，如该错误认识不可避免，则对其行为不负责任"。③ 日本在对"百元纸币模糊事件"的判决中，第二札幌高等法院指出："在存在特别情况，行为人相信其行为是被允许的，并且其相信并非无理时，根据刑法的责任主义原则，就不存在法律非难的可能性，应该例外的否定犯罪的成立"。从"不允许法律的错误"的绝对原则到"在特别情况下的例外"，昭示着人类对犯罪认识不断深化的理性思辨。

---

① 如：美国1911年State v. White案件，被告人实际上没有选举权，但是事先根据选民登记官员的决定，误认为自己具有选举资格，于是以选民身份登记。原审法院判决被告人有罪，但密苏里州最高法院撤销了原审判决。理由在于：虽然认为任何人都知道法律，但事实上连受到严格训练的法官有时也难以知道什么是正确的法律。在本案中，被告人是根据具有选举资格审查权的行政官员的决定实施的行为，如果认定被告人有罪则过于严苛，因为行政官员自身犯了错误，对被告人提出了不适当的意见。转引自张明楷著：《刑法格言的展开》，法律出版社2003年版，第202页。

② 福田平语，转引自：张明楷著：《刑法格言的展开》，法律出版社2003年版，第203页

③ 转引自：周国文：《论违法性认识的本质及其在责任概念构成中的地位》，载《南昌大学学报》2006年11月。

2. 现代走向

违法性认识问题背后是"国家—个人"、"权利—权力"博弈的一个此消彼长的过程,从两大法系违法性认识问题历史沿革的梳理中,可以看到一个国家主义法学立场正在遭到人本主义法学立场的挑战和非难。违法性认识的前提是一个假设,也可以说是一个神话即"普通人可能懂法"。古典刑事学派的开山鼻祖切萨雷·贝卡里亚实际上早就意识到了这一点。他指出,"尤其糟糕的是:法律是用一种人民所不了解的语言写成的,这就使人民处于对少数法律解释者的依赖地位,而无从掌握自己的自由,或处置自己的命运。这种语言把一部庄重的公共典籍简直变成了一本家用私书"。① 违法性认识逐渐走向立法。

(二)违法性认识在我国刑法中的命运

任何原则都难于永恒,有原则即有例外。违法性认识绝对不仅仅是一个外国的问题,我国刑法需要对大量的法盲犯罪、法律认识错误做出某种回应,以实现人权保障之功能,因此,违法性认识是我国刑法必须面对和要解决的问题。

长期以来,在我国刑法理论中,认为要成立故意犯,只要求行为人认识到犯罪事实即为已足,不需要违法性认识或者违法性认识的可能性。违法性认识在刑法中没有存在的余地,违法性认识的有无,既不影响定罪,也不影响量刑,因而是绝对的违法性认识不要说。

伴随着中国 2020 年建成社会主义法治国的愿景的逐步实现,中国的立法进程也正在加快,得以通过并颁布实施的立法案数量在成倍的增长。刑事、民事、行政、经济、诉讼等基本法律的内容日趋庞杂与繁复,还有数不胜数的司法解释。刑法作为后盾法也广泛介入到各种社会活动规制中,虽然有国家强力推行的五次全国普法活动,但是要求人们了解和掌握具体的法律条文的内容实属立法者的"一厢情愿"。坚持社会责任论的学者仍坚持认为,公民有知法的义务,只要

---

① 转引自:陈世伟,《三大法系违法性认识比较研究》,载《河北法学》2006 年 3 月。

法律上已经规定为犯罪行为，行为人对自己行为性质的误解，不影响故意的成立。如果不知法能免除刑事责任，后果将是荒谬的。

我国学者认为违法性认识或称违法性意识，是指行为人对某一行为为法所禁止的一种主观认识，也就是说某行为人实施某一行为的时候，知道这种行为为法所禁止的这种主观认识，如果他知道他所实施的行为是为法律所禁止的，那么他就具有违法性认识。反之，则不具有违法性认识。① 又如："违法意识的涵义是指违反一切法律规范，即不仅包括刑事规范也包括其他法规，如民事法规、行政法规。"② 如前所述，我国学者在探讨违法性认识问题时因未能明确其违法性究竟为何种意义上的违法性，从而导致关于违法性认识的争论与实质违法性的争论不加区分的混在一起。③ 实际上，我国学者在探讨犯罪故意中的违法性认识时，虽未明确形式违法性的提法，但是通过他们对违法性认识概念的表述来看，主要纠集于形式违法性的范畴。

---

① 陈兴良在西南政法大学违法性认识研讨会上的发言。载陈忠林主编：《违法性认识》，北京大学出版社 2006 年版，第 38 页。相似观点：张明楷：《刑法学》，法律出版社 2003 年版，第 266 页；何承斌、万志鹏：《论违法性意识的本质及其在我国犯罪论体系中的地位》，载陈忠林主编《违法性认识研究》，北京大学出版社 2006 年版，第 216 页。

② 姜伟：《犯罪故意与过失》，群众出版社 1993 年版，第 264 页。

③ 谢望原、钱叶六：《违法性认识与故意犯罪关系论》，载陈忠林主编：《违法性认识》，北京大学出版社 2006 年版，第 303 页。

1. 违法性认识实然性考察
(1) 刑法总则的规定

我国刑法是模仿苏联刑法①制定的,其中犯罪故意的概念与苏联刑法的规定也极其相似,我国《刑法》第 14 条规定,"明知自己的行为会发生社会危害的结果,并且希望或者放任这种结果的发生",因而构成犯罪的,是故意犯罪。在这一概念中,犯罪故意包含对行为的社会危害性认识,但社会危害性认识是否等于(实质)违法性认识,是存在争议的。我国刑法学通说认为,无论行为人是否认识到自己的行为违反了法律,都不影响故意犯罪的成立。② 可见我国刑法规定的故意认识因素是明知自己的行为会发生危害社会的结果,而没有明知行为违法性的条件。之所以有以上的结论,是因为我国通说认为社会危害性与违法性是表里关系,认识到了行为的社会危害性,自然也会知道行为的违法性,防止行为人以不知法律、不懂法律为由而逃避刑法的惩罚。

(2) 刑法分则中的违法性认识

对违法性或违法性认识进行研究的时候,我国学者认为应从我国刑法出发,这是一个正确的方向。唯有此,对于违法性认识的理解才能完成从形式违法性到实质违法性的转换。在分析我国刑法中的违法性认识的时候,首先看到的是刑法分则罪状中关于"非法"或者"违

---

① 1986 年《苏联刑法典》第 8 条规定:如果犯罪人认识到自己的作为或者不作为的社会危害性,并预见到它的社会危害后果,并且希望或有意识地放任这种结果发生的,都认为是故意犯罪。可见在对故意犯罪的定义中没有违法性认识只有社会危害性认识。对此苏联学者评论道:不能把认识行为的社会危害性同它的违法性混为一谈。违法性是社会危害性的法律术语。在苏维埃法律中,一切违法行为都具有社会危害性,但是危害社会的行为并不都是具有违法性。认识违法性对认定行为是否有直接故意无意义,因为法律并没有把认识违法性包括在故意的定义中。《俄罗斯刑法》继承了苏联刑法的衣钵和基本理论,其第 28 条第 1 款规定:"如果实施行为的人没有意识到而且根据案情也不应该预见或者不可能预见发生危害社会的结果,则该行为被认为是无罪过行为。[苏] H. A. 别列耶夫、M. N. 科瓦廖夫主编《苏维埃刑法总论》,马改秀、张广贤译,群众出版社 1987 年版,第 149 页;[俄] 斯库拉托夫、列别耶夫主编:《俄罗斯联邦刑法典释义》(上册),黄道秀译,中国政法大学出版社 2000 年版,第 58 页。

② 何秉松:《犯罪构成系统论》,中国法制出版社 1995 年版,第 196 页。

反法律规定"之类的规定,这些规定也是对某一犯罪行为的违法性(认识)的一种确认。①

第一,罪名中含有"非法"要素共有30个分则罪名。②

第125条第1款非法制造、买卖、运输、邮寄、储存枪支、弹药爆炸物罪,第2款非法制造、买卖、运输、储存危险物质罪;第128条第1条非法持有、私藏枪支、弹药罪;第130条非法携带枪支、炸药、管制刀具、危险物品危及公共安全罪;第176条非法吸收公众存款;第208条第1款非法购买增值税专用发票、购买伪造的增值税专用发票罪;第209条第3款非法出售用于骗取出口退税、抵扣税款发票罪;第225条非法经营罪;第228条非法转让、倒卖土地使用权罪;第238条非法拘禁罪;第245条非法搜查罪、非法侵入住宅罪;第251条非法剥夺公民宗教信仰自由罪;第281条非法生产、买卖警用装备罪;第282条非法获取国家秘密罪;第283条非法生产、销售间谍专用器材罪;第284条非法使用窃听、窃照专用器材罪;第327条非法出售、私赠文物藏品罪;第334条第1款非法采集、供应血液、制作、供应血液制品罪;第336条非法行医罪;第340条非法捕捞水产品罪;第341条第1款非法猎捕、杀害珍贵、濒危野生动物罪,非法收购、运输、出售珍贵濒危野生动物、珍贵濒危野生动物制品罪;第342条非法占用农地罪;第343条第1款非法采矿罪;第344条非法采伐、毁坏国家重点保护植物罪,非法收购、运输、加工、出售国家重点保护植物、国家重点保护植物制品罪;第348条非法持有毒品罪;第350条走私制毒物品罪,非法买卖制毒物品罪;第351条非法种植毒品原植物罪;第352条非法买卖、运输、携带持有毒品原植物种子、幼苗罪;第375条第2款非法生产、买卖军用标志罪;第410条非法批准征用、占用土地罪;第431条第1款非法获取军事秘密罪;第439条非法出卖、转让武器装备罪。

---

① 陈兴良:《违法性理论:一个反思性的检讨》,载贾宇主编《刑事违法性理论研究》,北京大学出版社2008年版,第49页。

② 刘志伟等主编:《刑法规范总整理》,法律出版社2006年版,第45~112页。

第二，罪状中含有"违反法律、法规"要素共有17个分则罪名。①

第126条违反枪支管理规定违规制造、销售枪支罪；第133条交通肇事罪中"违反交通运输管理法规"；第139条消防责任事故罪中"违反消防管理法规"；第159条虚假出资、抽逃出资罪中"违反公司法的规定"；第228条非法转让、倒卖土地使用权罪中"违反土地管理法规"；第230条逃避商检罪中"违反进出口商品检验法的规定"；第244条强迫职工劳动罪中"违反劳动管理法规"；第224条雇佣童工从事危重劳动罪中"违反劳动管理法规"；第327条非法出售、私赠文物藏品罪中"违反文物保护法规"；第329条第2款擅自出卖、转让国有档案罪中"违反档案法的规定"；第330条妨害传染防治罪中"违反传染病防治法的规定"；第337条逃避动植物检疫罪中"违反进出境动植物检疫法的规定"；第340条非法捕捞水产品罪中"违反保护水产品资源法规"；第342条非法占用农地罪中"违反土地管理法规"；第345条第2款滥发林木采伐许可证罪中"违反森林法的规定"第435条逃离部队罪中"违反兵役法规"；第432条故意泄露军事秘密罪、过失泄露军事秘密罪中"违反保守国家秘密法规"。

在以上法条的罗列中，"非法"、"违反法律"等违法要素均为狭义的法律。另外，违法性认识在我国立法中的规定还包括"违反国家规定"的情形。我国《刑法》第96条规定：本法所称违反国家规定，是指违反全国人民代表大会及其常务委员会制定的法律和决定，国务院制定的行政法规、规定的行政措施、发布的决定和命令。

可见，在我国刑法分则的规定中，"非法"、"违反国家规定"并非专指违反刑法而是指包含刑事法律规范的法律、行政法规、行政规

---

① 刘志伟等主编：《刑法规范总整理》，法律出版社2006年版，第45—112页。

章甚至规范性文件等,多见于"法定犯"① 中。

从我国刑法典总则和分则的罗列中,我国刑法对实质违法性认识(即社会危害性认识)在总则部分进行了确认,但是对刑法分则中大量存在的,需要行为人具有形式违法性认识的罪名并没有做出回应。换言之,我国刑法对实质违法性进行了确认,而对形式违法性认识则未规定。简言之,对于法律认识错误的态度,我国的立场是"不知法不免责"。

2. 违法性认识的应然思考

我国第一部《刑法典(草案)》在制定过程中,曾于第 22 稿第 17 条规定:"对于不知法律而犯罪的,不能免除刑事责任,但是根据情节可以从轻或者减轻处罚。"但在第 33 稿删掉了该条内容。② 1979 年刑法典对法律错误均未以法条的形式明文规定。一些学者在起草刑法修改案时,建议对法律认识错误加以规定,但未能被 1997 年刑法典所采纳。③ 从侧面反映出,违法性认识问题曾在立法者视野中留下"鸿印"。

重新提出并确认形式违法性认识的价值符合人本主义与人权保障的世界潮流。将形式违法性认识纳入我国的犯罪构成理论,进而影响我国的刑事立法的可能性是存在的。违法性认识的问题探讨和研究近年来引起了刑法学界广泛关注,对有关违法性认识问题引注、借鉴的学术论文汗牛充栋。值得一提的是,违法性认识问题甚至出现在了

---

① 所谓自然犯与法定犯的区分,来自于自然法思想。按照意大利刑法学家加罗法洛的解释,自然犯是缺乏所谓怜悯以及诚实这种人们具有的基本道德情感的行为,而法定犯是根据各国立法规定的犯罪。按日本通说,认为自然犯是不依赖法规的行为,其自身具有反道义性、反社会性,这种反道义性、反社会性是作为国民的一般意识所决定的;而法定犯本身不具有反道义性、反社会性,只是根据法规规定违反了禁止的命令,所以才有了反道义性、反社会性。[日]木村龟二主编:《刑法学词典》,上海翻译出版公司 1994 年版,第 73—76 页。

② 秦鹏:《违法性认识研究》,载《郑州大学硕士论文集》2005 年。

③ 储怀植:《修改犯罪故意定义》,载《法制日报》1991 年 1 月 24 日。

2008年国家司法考试试题（卷二）中。①"法典未动，理论先行"，违法性认识在我国刑法学体系中的定位将在下文中深入展开。

四、违法性认识植入与我国刑法的困局及出路

（一）违法性认识植入刑法的困局

坦率地讲，违法性认识在我国刑法中的"落户"存在障碍，这与我国刑法是继受苏联刑法的理论和制度而构建的历史有密切关系，尽管进行了诸多的改良，但终究未脱离苏联刑法的窠臼。这种障碍主要体现在以下两个方面。

1. 刑法理念的桎梏

我国刑法在对待违法性认识问题上，与苏联刑法理论采取的违法性认识不要说一脉相承。犯罪故意的成立，只要求行为人认识到犯罪事实即为已足，不需要违法性认识或者违法性认识的可能性。主要理由是：第一，因为国民应该知道所有的犯罪都是违法的，所以违法性认识不是故意的要件；第二，凡有责任能力的人，只要认识了犯罪事实，通常就具有了违法性认识；第三，法律规范，受其适用的人不必知道该规范的含义；第四，把违法性认识作为故意的要件，这等于是公认无罪；第五，"不知法不为赦"格言不容颠覆。②

理念上的这种根深蒂固和"坚持不懈"，不仅阻碍了立法的修改，而且使犯罪理论的研究裹足不前。由此，违法性认识遭遇理念支撑的困难。

2. 犯罪构成体系的障碍

我国刑法中的犯罪构成完全是苏联犯罪构成的翻版，至今没有任何实质改变。一贯的主张是，"犯罪构成是刑法规定的，决定某一行为的社会危害性及其程度，而为该行为成立犯罪所必须具备的一切客

---

① http：//www.legalinfo.gov.cn/misc/2008－09/21/content＿947068.htm，2008年12月8日登陆。

② 刘明祥：《错误论》，法律出版社1998年版，第105～106页。

观要件和主观要件的有机整体"。① 犯罪构成的要件分为犯罪的客体、犯罪的客观方面、犯罪主体、犯罪主观方面，只有四个要件全都具备才构成犯罪。各要件之间不存在层级逻辑关系，而是在一个平面上共存，相互制约，彼此说明，一有俱有，一无俱无。因而被学者形象地称为耦合式的犯罪构成。② 这种犯罪构成不仅对行为进行事实判断，而且作价值判断，两种判断一次性完成，并无先后顺序之分，是事实判断和价值判断的高度统一，犯罪与责任浑然一体，从而成为认定犯罪的充要条件，是行为人承担刑事责任的唯一根据和标准，决定着刑事责任的有无。质言之，犯罪构成要件一旦充足，刑法上的否定性评价就不可避免。

违法性认识以认识违法性的可能性为要旨，即便是这种"宽泛"的违法性认识植入我国刑法，也将直接面临我国犯罪构成形成的障碍。如果作为犯罪构成的要件，违反性认识只能置身于罪过，没有违法性认识或其可能性，犯罪就不能成立。对此，观念和实务都给予排斥。如果置身犯罪构成之外作为所谓责任要素，则否定犯罪构成是行为人负刑事责任的唯一根据和标准的圭臬。在我国现有刑法中，违法性认识面临两难选择。

然而在当代刑法的发展中，违法性认识是如此的重要，没有拒绝的理由。如何解困，看来得另辟蹊径。

（二）违法性认识对犯罪成立标准改造的诉求

"构成要件—社会危害性（实质违法性）"双层次结构的犯罪构成体系应成为我国刑法理论中犯罪成立的标准。否则，正当防卫、紧急避险的正当性无法解释，其也符合我国犯罪成立充分要件与定量分析的逻辑。③ 尽管如此，由于缺乏必要的责任要件，在"犯罪构成—社会危害性（实质违法性）"双层次结构的犯罪构成体系中也难以找到

---

① 张明楷：《刑法学（上）》法律出版社 1997 年版，第 96 页。
② 陈兴良：《本体刑法学》，商务印书馆，1999 年版，第 200 页。
③ 相似观点：付立庆：《论违法性理论的应然位置》载人大复印期刊《刑事法学》，2007 年第 11 期。

违法性认识的应然地位。我国学者指出,改造现行的犯罪成立理论,对犯罪成立与否按照"事实判断—违法性判断—个别责任判断"的逻辑顺序进行讨论,是刑法学者需要认真考虑的重要工作。①

简言之,改造我国现行犯罪构成体系在"构成要件—社会危害性(实质违法性)"双层次结构中加入责任判断阶段,由此形成"构成要件—社会危害性(实质违法性)—有责性"的犯罪成立体系,并进行分层次判断,违法性认识才有应然的地位。在讨论故意成立是否要求有违法性认识时,应当区分形式违法性与实质违法性认识。② 具体的做法是:

1. 实质违法性认识作为事实是故意成立的要素

我国《刑法》第 14 条规定:明知自己的行为会发生危害社会的结果,并且希望或放任这种结果的发生,因而构成犯罪的,是故意犯罪。此处故意当理解为行为人心理事实上的故意更为合适,理论根据在于我国平面耦合式的犯罪构成理论,故意作为耦合式的犯罪构成要件之一,当行为人有了对社会危害结果的认识(实质违法性认识)的时候就成立了故意犯罪,等置于大陆法系国家犯罪构成要件中的"该当性"。这里有必要提及的是我国刑法中的犯罪构成一词,是从大陆法系国家中的构成要件一词改造而来,构成要件是犯罪成立的事实性要件,尽管这里的事实并非纯客观事实,而是主客观统一的事实。因此社会危害性认识(实质违法性认识)当然是成立构成要件中事实故意的要素。

包含社会危害性认识(实质违法性认识)的所有要件的该当性作为形式违法性、有责性判断的基础。构成要件的该当性不仅可以作为违法性认识的根据,而且也可以同样作为有责性的认识根据。换言之,构成要件的该当性可以推导出违法性与有责性,包括形式违法性认识。当然这存在着一个刑事推定的问题。一般来说,行为人在明知

---

① 周光权:《违法性意识与犯罪故意关系》载陈忠林主编《违法性认识》,北京大学出版社 2006 年版,第 285 页。

② 相似观点:张明楷:《刑法格言的展开》,法律出版社 1999 年版,第 220 页。

其行为符合构成要件的情况下仍然决意实施,则不仅可以从构成要件的该当性客观上推导出形式违法性,而且也可以从主观上推导出形式违法性认识。但该问题在司法认定上,存在一个反证的问题,我国学者指出:理论上存在可反驳的反证与不可反驳的反证,不可反驳的反证即条件一旦成立推导出的结论必然成立。① 显然从构成要件的该当性推导出形式违法性认识是可以反驳的反证,证明责任主要由辩方承担。

简言之,如果行为人没有认识到行为的实质违法性(社会危害性),事实故意并不成立,从而出现了阻却责任的事由。

2. 形式违法性认识作为责任要素

日本学者大谷实指出,"行为人仅有故意与过失的话还不能进行责任的谴责,为追究责任,行为人还必须能够意识到自己行为的违法性,违法性意识的可能性是故意、过失的共同的责任要素"。② 规范责任论从非难或非难的可能性中寻找责任根据时,强调作为责任要素必须要有违法性认识或者是违法性认识的可能性。应当指出的是,规范责任论是对心理责任论的扬弃,并不是对其彻底的否定,而只是强调在心理事实判断的基础上,作进一步的规范评价。具体到故意、过失的判断上来说,即是先依照心理责任论判断事实故意与过失的有无,在事实故意与过失具备的前提下再进行形式违法性认识的判断即考察行为人主观罪过中的违法性,已实现归责的个别化。

在我国刑事立法中,这种规范责任的要素是一种客观存在。一是刑法体系内存在事实上的双重体例。在世界各国,对于刑法一般都采取了分立式的立法体例即分别在刑法典、单行刑法与附属刑法中对各种犯罪加以规定。绝大多数法定犯集中在附属刑法中,从而形成所谓行政刑法。1997 年我国刑法在修订过程中坚持制定一部统一的刑法典的立法理念,但在 1997 年刑法修订以后,除 1998 年 12 月 29 日全国人大常委会《关于惩治骗购外汇、逃汇和非法买卖外汇犯罪的决

---

① 邓子滨:《刑事法中的推定》,中国人民公安大学出版社 2003 年版,第 152 页。
② [日]大谷实:《刑法总论》,黎宏译,法律出版社 2003 年版,第 254 页。

定》以单行刑法的形式出现以外,其他均以《刑法修正案》的形式对刑法进行修改,表面上维持了大一统的格局,但事实上存在分化现象。二是大量含有"违法"、"违反国家规定"等元素的行政刑法出现在我国刑法分则中。我国学者认为此现象催生出的是违法的双重结构,这种双重违法的结构是由大量行政不法与刑事不法的重合性所产生的。① 只是通说的观点并没有正视这个问题,甚至出现前后矛盾的界定。如高铭暄、马克昌主编,北京大学出版社、高等教育出版社的《刑法学》教材中,当论及犯罪故意内容中是否要求包含违法性认识时给予了否定的回答。② 但是在定义偷税罪时却认为"偷税罪是指纳税人或扣缴义务人故意违反税收法律、法规……"。③ 无独有偶,该教材在定义非法制造、出售非法制造的发票罪时认为"非法制造、出售非法制造的发票罪,指故意违反国家发票管理法规……"。申言之,要成立偷税罪,非法制造、出售非法制造的发票罪,对于违反国家法律、法规的问题在故意成立之外需要行为人特别加以认识。④

没有形式违法性认识,事实的故意仍然成立或存在,但责任要件不齐备,犯罪不能成立。传统的平面耦合式犯罪构成理论显然对此无法合理地加以解释。

3. 形式违法性认识的定位

形式违法性认识的刑法学体系地位的确立,当放到"罪—责"体系中加以考察,以解决刑事责任承担的问题并求得体系的完整。

本文赞同形式违法性认识可能性是与故意、过失并列的责任要素。我国学者冯军指出:行为人虽然认识到行为的违法性(此处当理

---

① 陈兴良:《违法性理论:一个反思性的检讨》,载贾宇主编:《刑事违法性理论研究》,北京大学出版社 2008 年版,第 52 页。

② 高铭暄、马克昌主编:《刑法学》,北京大学出版社、高等教育出版社 2000 年版,第 111 页。

③ 高铭暄、马克昌主编:《刑法学》,北京大学出版社、高等教育出版社 2000 年版,第 438 页。

④ 相似观点见:周光权:《违法性意识与犯罪故意关系》,载陈忠林主编《违法性认识》,北京大学出版社 2006 年版,第 285 页。我国学者张明楷对此持反对意见,张明楷:《刑法学》(第 2 版),法律出版社 2003 年版,第 228 页。

解为形式违法性，下同），却实施了行为的是故意犯罪；行为人实施行为时没有认识到其行为的违法性，但是存在认识的可能性的，就是过失犯罪；行为人没有认识也不可能认识其行为的违法性的，就不能成立犯罪。违法性认识是刑事责任的一般要素。① 我国学者张明楷也有类似的观点：形式违法性认识的可能性，是故意、过失之外的责任要素，故缺乏形式违法性认识可能性，是阻却有责性的要素。②

综上，社会危害性认识可能性（实质违法性认识）置于构成要件该当性之中。形式违法性认识是与故意、过失不同的责任要素，这样责任就是由责任能力、作为心理性责任要素的故意与过失、形式违法性认识所构成的。③ 因此，对责任判断的有无或大小，首当其冲就是确定责任故意的有无与大小。当不存在违法性认识之可能性的时候，不能进行责任非难，过失犯成立的余地也不存在。当存在违法性认识的可能性的时候，责任的大小由违法性认识可能性的程度来决定，从而实现罪过与责任相当。换言之，实现罪责均衡。

（三）违法性认识在立法上的实现方式

在法定犯、行政犯中，行为人证明自己不知法的辩护理由是否需要参照刑事法律规定，即是否在立法中将缺乏形式违法性认识从而阻却责任的情况以列举的方式明示。刑法或相关司法解释中应当明确缺乏形式违法性认识从而阻却责任的情形，从而使形式违法性认识发挥人权保障功能，发挥阻却责任功能，使形式违法性认识具有可操作性。

我国学者对有关情形进行了梳理，认为包含不知法与误解法两种。④ 其中"不知法"具体表现为：不知新法颁布实施；不知旧法修改；因法域变化而不知法。"误解法"主要包括对法规的信赖与对判例的信赖。另有我国学者周光权指出：误解法还应当包括从值得信赖

---

① 冯军：《刑事责任论》，法律出版社1996年版，第229页。
② 张明楷：《刑法学》，法律出版社2007年版，第270页。
③ ［日］福田平：《刑法总论》（第三版增补），有斐阁2001年版，第184页。
④ 赵秉志主编：《刑法基础理论探索》，法律出版社2003年版，第581—582页。

的权威机构获得的信赖的信息,根据上述信息认为自己的行为合法;以及行为人知道,他人以前曾经实施过类似的行为,并没有得到刑罚否定性评价,从而坚信自己的行为合法。① 我国学者黎宏认为还包括:对个人或者民间机构的见解之情形,即信赖律师或者法律专家的意见。②

综合以上观点,我国《刑法》第15条规定之后应加入以下内容:

行为人如果能证明有以下情形之一的,不负刑事责任或减轻刑事责任。

(1) 由于地震、洪水、战争等不可抗力因素导致交通、通信阻断,从而不知新法颁布或修改的内容。

(2) 外国人,港、澳、台地区人员确属不知内地相关法律规定的。

(3) 误信各级国家机关制定行政法规、地方性法规及其他规范性文件违反宪法、法律的。

(4) 在刑法分则罪名、罪状中含有"非法"、"违反法律规定"、"违反国家规定"表述,行为人对相关法律规定、国家规定确属无知的。

五、社会危害性认识对违法性认识的制约和过滤

(一) 形式违法性认识与社会危害性认识关系研究

社会危害性认识与形式违法性认识统一于"构成要件—实质违法性(社会危害性)—有责性"犯罪构成,前者为构成要件该当性成立的要素,后者为责任成立的要素。在实践中,两者间存在不同的组合关系如下表所列:

---

① 陈兴良、周光权著:《刑法学的现代展开》,中国人民大学出版社2006年版,第237页。

② 黎宏:《论违法性认识的内容及其认定》,载陈忠林主编:《违法性认识》,北京大学出版社2006年版,第399页。

社会危害性与违法性认识排列组合表

认识的内容	社会危害性认识	形式违法性认识
模式 A	有	有
模式 B	有	没有
模式 C	没有	没有
模式 D	没有	有

根据"构成要件—实质违法性(社会危害性)—有责性"这一犯罪构成体系对上述组合模式进行论证,会得到不同的结论。

1. 有社会危害性认识同时具有形式违法性认识

模式 A 中,行为人具备了社会危害性认识与形式违法性认识,根据"构成要件—违法性—有责性"犯罪构成体系充要了犯罪成立的条件,可以对行为人追究刑事法律责任。申言之,行为人具备了社会危害性认识即成立了事实上的故意,符合了构成要件的该当性。行为人同时也具备形式违法性认识,符合了有责性的要件,从而具备了责任非难的可能性。

2. 有社会危害性认识没有形式违法性认识

模式 B 中,行为人具备社会危害性认识,但缺乏形式违法性认识,此现象在司法实践中较为常见。由于行为人具备社会危害性认识即成立事实的故意,但是由于缺乏相应的形式违法性认识缺乏责任非难要素,即该结论为不成立犯罪。如此,模式 B 的组合也成为"违法性认识的确立会放纵犯罪的观点"的主要理由之一,进而得出违法性认识的确立"不鼓励懂法"[①] 的结论。

上述理论假设的推理仅仅停留在模型建构阶段。具体运用在司法实践中,须仰仗一整套推理与判断规则的建立,详见下文违法性认识的判断方法。

[①] 王培斌:《违法性认识不要论》,载陈忠林主编:《违法性认识》,北京大学出版社 2006 年版,第 252 页。

3. 没有社会危害性认识也没有形式违法性认识

模式C中，没有形式违法性认识与社会危害性认识的可能性，因故不成立过失，缺乏归责的可能性，故不成立犯罪。根据罪刑法定主义，排除了故意与过失，不能追究行为人的刑事责任。

4. 没有社会危害性认识但有形式违法性认识

模式D。没有社会危害性认识，但具有形式违法性认识。实践中多见于所谓大义灭亲、确信犯、信仰犯的情况。根据构建的犯罪构成体系，由于行为人缺乏社会危害性认识故犯罪是否成立的评价在第一阶段即告结束，所以不成立犯罪。

上述组合模式的分析仅停留在理论层面，并排除了刑事法律推定规则的理论假设，与司法实践中社会危害性认识与形式违法性认识的认定分属不同评价层次，故结论也大相径庭。

（二）形式违法性认识的判定方法

综观大陆法系刑事责任理论的发展，从李斯特的心理责任理论到宾丁的故意理论，再到战后占统治地位的罪责理论，最后到《德国刑法典》第17条；责任的构成要素中，不必要求公民认识法规范或法律条款，只要求认识到何为"不应当做"或何为"社会危害性"。可见，大陆法系国家在违法性认识甄别的方法上也与我国社会危害性认识甄别方法基本一致。即明知自己的行为可能会造成危害结果仍执意为之的主观心理罪过。这与所要探讨的形式违法性认识的判断与甄别方法无涉。

（三）形式违法性认识内容的取舍

在认定犯罪时，需要在故意与过失之外，进一步判断行为人是否具有形式违法性认识，这是否会放纵犯罪，我国的通说反复表达了这样的顾虑：如果把形式违法性认识作为责任要素，就会导致刑法的松弛化，会因证明的问题而导致给犯罪者逃避惩罚的借口。通说的担心不无道理，但是在司法实践中建立一整套缜密的形式违法性认识认定的标准，并合理分担举证责任，"放纵犯罪"的担心当为多余。首要问题是明确形式违法性认识内容，以确立判断的依据。

1. 学说聚讼

尽管违法性认识可以理解为对行为违法性的认识，但是在法的内容上存在重大分歧。① 代表性观点②有：(1) 反社会性认识说。该说认为行为人只要认识到自己的行为是反社会性的，是异常的、越轨的，就可以理解为行为人对正常社会秩序的要求是有认识的，也就是说行为人存在违法性认识。(2) 违反"前法律规范说"。该说源于德国刑法学家麦耶尔的文化规范说。其认为法律实际上根植于一定社会文化之下的规范意识。行为人只要认识到行为违反了"前法律规范"，就可以认定为具备了违法性意识。(3) 违反法律规范说。认为不能将违法性认识的范围扩大到法律规范以外进行讨论，主张在实定法之内探讨违法性。日本学者田文昭认为，违法性认识是指认识到自己的行为具有不被现行法律所允许的性质。③ (4) 违反刑法规范认识说。认为既然是从刑法上讨论意识的主要内容，那么违法性认识的法显然只能是刑法。如果行为人仅仅只认识到是一般违法即违法民法或行政法规而没有意识到违反刑法规范，不能算具有违法性认识。(5) 可罚的违法性认识说。其又被称作为"特殊刑法的违法性意识"说。日本刑法中，可罚的违法性理论最初由宫本英修从刑法谦抑主义的立场出发加以提倡，之后，由佐伯千仞从法益侵害说的立场出发，主张某一行为即便符合构成要件，由于刑罚中预定了一定程度的违法性，因此，在被害法益轻微没有达到该种程度的场合，以及从被害法益性质上看，不宜采用刑罚干涉的场合，就是没有达到犯罪类型所预定的可罚

---

① 关于违法性认识的内容有三观点说：(1) "违反前法律规范的意识"说；(2) "一般的违法性意识说"；(3) 特殊刑法（可罚性）违法性意识说；参见：马克昌：《比较刑法学原理》，武汉大学出版社 2002 年版，第 486—487 页。另有四观点说：(1) 违反国民道义的认识或者违反文化规范的认识说；(2) 违反法律意识（不限于刑法）说；(3) 违反刑法的意识说；(4) 可罚的违反刑法的意识说。黎宏：《日本刑法学精义》，中国检察出版社 2004 年版，第 154 页。为了追求引注观点的全面性，笔者采用五观点说。

② 引自：何承斌、万志鹏：《论违法性意识的本质及其在我国犯罪论体系中的地位》载陈忠林主编《违法性认识》北京大学出版社 2006 年版，第 216—217 页。

③ 陈明祥：《错误论》，法律出版社 1996 年版，第 144 页。

性程度的情况，不具有违法性。①

2. 本文的认识和主张

应当指出的是，所谓反社会认识说、违反前法律规范说当为实质违法性认识即社会危害性认识的内容，与所指的形式违法性认识内容无涉。形式违法性认识的违法不是仅仅涉及刑法所特有的违法，而应该涉及整体法秩序意义上的违法。行为人如果认识到自己的行为是民法或者刑法以外的其他公法所禁止的，在没有特别认识到刑法的禁止性规定的情况下，也可以认定其具有违法性认识。对此我国学者刘明祥指出：把违法性认识解释为是违反法律规范或者法律秩序的意识较为合适。②将形式违法性认识的内容理解为违反法律规范的意识，并不妨碍司法实践中行为人对具体法规范的认知。如，我国《刑法》第337条逃避动植物检疫罪中行为人对"违反进出境动植物检疫法的规定"的认知；又如第340条非法捕捞水产品罪行为人对"违反保护水产品资源法规"的认知。申言之，日本学者在论述违法性的相对性与统一性的问题上的结论为：承认违法性具体的性质并不妨碍从法整体、法秩序层面对违法性认识的探讨，即形式违法性认识内容抽象抑或是具体仅仅为角度不同而已。

（四）违法性认识判定的逻辑方法

规范责任论告诉我们，心理事实是规范评价的基础，规范评价仰仗于心理事实的证明。这是形式违法性认识的基本原则。换言之，只有首先证明行为人具有社会危害性认识从而才能推定行为人具有形式违法性认识。

1. 推定的规则

推定规则首先是站在国家立场上对行为人是否具有形式违法性认识所做出的判断。此判断并非是以行为人立场所做出的判断，而是国家在对行为人社会危害性认识基础上的一种推定。对于行为人来说，社会危害性认识是低层次的认识，而形式违法性认识是高层次的认

---

① ［日］大谷实著：《刑法总论》，黎宏译，法律出版社2003年版，第184页。
② 刘明祥：《刑法中错误论》（第2版），中国检察出版社2004年版，第244页。

识。对社会普通人来说即使不懂法律，也可以根据社会伦理道德、习惯、经验等社会规范对自己行为的社会危害性做出判断。而形式违法性认识的判断标准必须是法律规范，行为人要对自己行为的法律性质做出判断就要求行为人具备一定的法律知识。对行为人来说对法律知识的了解比对自己生活息息相关的伦理道德标准的了解，要难得多，是对行为人认识的更高层次的要求。① 正因为如此，站在国家的立场上在证明行为人具备社会危害性认识后即推定行为人具有形式违法性认识，此结论适用于一切犯罪。

在区分自然犯与法定犯的前提下，对自然犯只需证明其具有社会危害性认识便可推定行为人具有形式违法性认识，此为刑事推定理论上不可反驳的反证，即条件一旦成立推导出的结论必然成立，不允许行为人以"不知杀人犯法"的理由逃避刑罚处罚。从这个意义上讲，所谓确立违法性认识导致放纵犯罪的结论，以及难以解释为民除害、大义灭亲的批评是站不住脚的。在含有"非法"、"违反法律规定"、"违反国家规定"的刑法分则罪名即法定犯中，国家证明行为人具有社会危害性认识即做出行为人也具有形式违法性认识的推定，但此处的推定当为可反驳的反证，即允许当事人提出证据证明自己不知相关法律或国家规定的辩护理由，从而阻却犯罪的成立。

2. 举证责任分配

形式违法性认识无法证明是违法性认识不要论鼓吹者的主要论据。正是由于人的心智难以证明，故违法性认识的确立将不合理地加重控方的证明责任。② 对于形式违法性认识举证责任分配问题，我国学者指出对于行政犯需要由检方加以证明，自然犯的形式违法性认识则无须证明。③

---

① 吴念胜、廖瑜：《违法性是故意犯罪的认识内容吗？》，载陈忠林主编：《违法性认识》北京大学出版社 2006 年版，第 353 页。

② 王培斌：《违法性认识不要论》，载陈忠林主编：《违法性认识》，北京大学出版社 2006 年版，第 257 页。

③ 陈兴良、周光权：《刑法学的现代展开》，中国人民大学出版社 2006 年版，第 237 页。

形式违法性认识无论是自然犯与法定犯当由行为人自己证明。在刑事诉讼中,控方承担主要的举证责任,此为学术界与实务界的共识。依据我国学者周光权的观点,行政犯中的形式违法性认识当为控方承担,为之不妥,确有加重控方证明责任之嫌,且容易导致刑讯逼供的发生。在无罪推定的前提下,行为人是不能自证其有罪的。把形式违法性认识有无的证明责任强加给控方,控方只能通过被告人供述或自白中证明形式违法性认识的有无,控方一旦难以获得有利的证据,刑讯逼供必然发生。因此,苛求行为人自证其具有形式违法性认识亦是不人道的,在现有的法治环境中难以贯彻人权保障的原则。按照上述形式违法性认识的推定规则,通过明确形式违法性认识举证责任由行为人承担,刑讯逼供的可能性大大降低的同时,也为被告人及代理人提供了一个辩护理由或意见,保障了被告人的人权。申言之,在行政犯中当被告人无法证明自己缺乏形式违法性认识的时候,刑事推定规则的结论当然成立;当被告人能够依据本文立法建议的情形证明自己确系缺乏形式违法性认识的时候,由于缺乏有责性而阻却了犯罪的成立。

综上,通过确立形式违法性认识举证责任由行为人承担,兼顾了被告人人权保障与控制犯罪之间的关系,当为之以确立。

六、结论

根据建构的"构成要件—社会危害性—有责性"犯罪构成要件与形式违法性认识推定的规则对"蜀山行"倒卖救灾帐篷案件进行分析。

根据本文建构的形式违法性认识推定规则,司法机关只要证明刘某认识到了在抗震救灾期间倒卖救灾帐篷是具有社会危害性的即可通过常识、常情、常理(即一般人标准)推定其具有形式违法性认识。但应当允许刘某进行反证,即刘某通过举证证明成都市公安局《关于迅速对我市非灾民集中安置点使用赈灾帐篷和睡袋进行依法查处的紧急通知》晚于其案发后出台。换言之,刘某行为时由于没有可供认识的相关法律法规、国家规定反证司法机关推定的不成立,从而阻却非法经营罪的成立。

根据本文建构的"构成要件—社会危害性—有责性"犯罪构成体系，由于行为人刘某的行为具有一定的社会危害性，从而符合构成要件的该当性，由于倒卖救灾帐篷的行为没有法定的阻却危害性的事由故社会危害性（实质违法性）也是成立的，但由于欠缺对形式违法性认识，故责任要件不充分，导致犯罪构成的不成立，从而阻却非法经营罪的成立。

地震因素在减刑假释中的作用研究[①]

郑莉芳 等

【内容摘要】 减刑与假释是发挥刑罚教育功能的两大重要制度，二者并非单纯地实现减少刑罚或不执行刑罚的法律效果，而是通过制度性的奖励，鼓励服刑人员参与罪后改造，重塑健康社会人格的矫正性手段。因此，哪种因素应当纳入减刑假释的考虑范围，直接影响到犯罪人的人身危险性评估和减刑假释制度的实效。在四川汶川大地震发生后，一些犯罪人由于在紧急状态下坚守监规、服从管理，积极与监狱管理人员和其他社会群众共同参与到抗震救灾当中，为挽救群众的生命、财产安全做出了贡献。这种大灾面前的行为能否纳入假释的考虑因素，对减刑又有何实质性的影响，能否说明犯罪人的人身危险性已经降低，都需要从多种角度对其进行探讨，从而为以后涉灾的紧急状态下，如何管理服刑人员，如何规范服刑人员的行为性质都具有积极意义。

【关键词】 地震因素 减刑 假释

2008年8月11日，由四川省监狱管理局牵头起草，以四川省高级人民法院、检察院、公安厅、司法厅联合行文的形式下发了《依法办理"老病残"罪犯假释暂予监外执行的规定》（川司法发〔2008〕51号）。文件中首次规定，地震因素被纳入假释考虑范围："对于因自然灾害或罪犯家庭发生重大变故确需本人赡养老人或抚养幼年、残

---

① 课题负责人：郑莉芳，四川大学法学院讲师；
　课题组成员：王光龙，中共成都市委党校副教授。

疾子女的服刑人员，改造表现一贯较好，且符合假释法定条件的"可以优先提请假释。其中汶川大地震重灾区的阿坝监狱，当时就有200多名家庭受灾的服刑人员获得假释或减刑。①

按照现行的《刑法》《刑事诉讼法》以及《监狱法》的规定，在抗震救灾中有突出表现的，是应当减刑的重大立功的表现之一，而假释制度中并不包含这个细分项，仅仅是规定执行一定刑期之后，认真遵守监规、接受教育改造，确有悔改表现，假释后不致再危害社会。为何将地震因素纳入假释考虑的范围，对在抗震救灾中有积极表现的服刑人员如何进行认定，地震因素如何影响减刑与否和幅度，都是减刑与假释制度必须要研究的问题。因为，无论是减刑还是假释，都是刑罚执行中的一种制度，都体现了刑法对服刑人员的意识改造的良性诱导功能，因此准确地评判地震因素在减刑假释中的影响力，是实现刑罚执行科学化的重要环节。

由于哪些因素会纳入减刑、假释考虑的范围之中，直接影响着减刑、假释功能实效的发挥，所以必须首先明确减刑、假释制度的基本价值导向，在坚持基本制度不变形的前提下，灵活掌握具体的适用条件或程序操作。

一、减刑、假释制度的基本价值导向

减刑、假释都是刑罚执行中的具体制度，而刑罚执行是实现生效刑事裁判所确定的刑罚内容，保证法治权威的司法过程。然而刑罚的执行并非单纯地实施刑事判决书的内容，而是要充分发挥刑罚的确定化、具体化来实现惩罚和改造犯罪人，进而预防其再犯罪。因此，在刑罚执行过程中，还要适时地对原判决进行一定程度上的调整，例如减刑、假释的方式，以确保刑罚目的的实现，而刑罚目的也是减刑与假释制度的根本价值之所在。

---

① "地震因素纳入假释范围"，载中国新闻网 2009 年 1 月 8 日，http://www.chinanews.com.cn/gn/news/2009/01-08/1518780.shtml。

（一）减刑假释制度的适用对象及条件

1. 减刑的适用对象及条件

减刑是针对被判处一定刑罚的犯罪分子，在刑罚执行期间如果确有悔改，或立功表现的，可以对原判刑罚给予适当减轻的一种行刑制度。我国《刑法》第七十八条规定："被判处管制、拘役、有期徒刑、无期徒刑的犯罪分子，在执行期间，如果认真遵守监规，接受教育改造，确有悔改表现的，或者有立功表现的，可以减刑；有下列重大立功表现之一的，应当减刑：（一）阻止他人重大犯罪活动的；（二）检举监狱内外重大犯罪活动，经查证属实的；（三）有发明创造或者重大技术革新的；（四）在日常生产、生活中舍己救人的；（五）在抗御自然灾害或者排除重大事故中，有突出表现的；（六）对国家和社会有其他重大贡献的。"同时，《最高人民法院关于办理减刑、假释案件具体应用法律若干问题的规定》中也对"确有悔改表现"进行了详细的界定：认罪伏法；认真遵守监规；接受教育改造；积极参加政治文化和技术学习；积极参加劳动完成生产任务。其中，"立功表现"也有一定的限制：检举揭发监内外犯罪活动，或者提供重要的破案线索，经查证属实；阻止他人犯罪活动，在生产、科研中进行技术革新，成绩突出；在抢险救灾或者排除重大事故中表现积极；有其他有利于国家和社会的突出事迹。

2. 假释的适用对象及条件

假释是余刑的暂缓执行，是附条件的提前释放。它是专门针对被判处有期徒刑、无期徒刑的部分犯罪分子，在执行一定刑罚之后，确有悔改表现，不致再危害社会，附条件地予以提前释放的制度。我国《刑法》第八十一条规定："被判处有期徒刑的犯罪分子，执行原判刑期二分之一以上，被判处无期徒刑的犯罪分子，实际执行十年以上，如果认真遵守监规，接受教育改造，确有悔改表现，假释后不再危害社会的，可以假释。如果有特殊情况，经最高人民法院核准，可以不受上述执行刑期的限制。"同时，第二款还规定了假释的例外情形："对累犯以及因杀人、爆炸、抢劫、强奸、绑架等暴力性犯罪被判处十年以上有期徒刑、无期徒刑的犯罪分子，不得假释。"由此可看出，假释制度的力度要大于减刑,是对受刑人自新向善,确有悔改表现,并不再危害社会情形下的自由权恢复。

(二)减刑、假释制度的价值定位

从减刑、假释的制度设立上可以看出,刑罚并不是完全原封不动地执行,而是在执行中调整,在调整中执行,调整是为了更好地实现执行的效果。

1. 用自由刑的执行调整引导积极改造的效果

减刑、假释制度的适用对象局限于判处自由刑的犯罪分子,既包括限制自由的管制刑,也包括剥夺自由的拘役刑、有期徒刑和无期徒刑。从这个意义上说,减刑、假释制度并不适用于附加刑或缓刑等非自由刑的刑种,这就说明减刑、假释制度的出发点在于根据犯罪分子的人身危险性以及具体的犯罪事实,调整自由刑执行时间的长短,来引导犯罪分子的积极改造,消除其再犯可能。因此,在行刑阶段,刑罚的预防目的是主导减刑、假释制度实施的主要价值取向。

2. 改造的核心在于观念的改造

减刑、假释的实质适用条件都涉及"认真遵守监规、接受劳动改造、确有悔改表现",而这恰恰是刑罚目的的需要。从侦查、起诉、审判到刑罚的确定与执行,这一系列的司法过程都是为了实现刑法的根本目的——打击犯罪,保障人权。减刑、假释制度之所以强调服刑人员对监规、规则、劳动义务的遵守与认同,最根本的动力在于——认识决定行为的方向。心理学原理表明,动机是人类一切行为的动力源泉,而动机的内容除了少量的生理需要外,更多的是人对需要的能动认知决定了其动机的强度与方向。在减刑、假释过程中,服刑人员如何对刑罚进行认识,对自己的犯罪行为如何评价等都是决定改造效果的重要内容。

3. 减刑假释的制度原理——用"向善"的行为引导"弃恶"的意识

心理学上的阳性强化(positive reinforcement)是指当某一行为

之后伴随着喜欢刺激出现时,会增强行为反应的频率。① 如前所言,刑罚的执行并非是单纯地实施,而是在实施的前提下作出一定的调整,而这种调整正体现了对服刑人员改造态度与改造效果的评估与奖惩。正是运用了阳性强化原理,减刑、假释制度的实践中运用了"考核得分、考核获奖"的机制,将改造的具体行为量化,使"向善"的态度得以明确表达。虽然由于考核的项目与方法还不甚合理,甚至有时会误导服刑人员片面"挣表现分",也不利于对一部分老弱病残人员进行准确评价,但是总体上而言,奖赏遵守规则、向善的行为是符合行为强化理论的,是有利于激发服刑人员的积极行为模式和良性认知的。良性认知与积极的行为模式一旦固定化,就会引导主体放弃犯罪或违反规则的意识,转而更加认同公众的、常态的认知与行为,这就完成了由恶向善的过程。因此,减刑、假释制度是对行刑过程中的刑罚功能的延续,在报应的惩罚观念中加入了预防犯罪的教育功能。

(三)减刑、假释认定条件的具体化发展方向

从上述减刑、假释的认定条件可看出,其具体化发展遵循着以下几个方向:

1. 以观念改造为核心,认定条件多样化

传统的减刑、假释制度往往是以监狱启动减刑、假释建议为起点,其依据是服刑人员改造过程中的考核得分和奖赏,名次靠前就越容易得到减刑、假释的机会,而且在以分计奖、以分折刑的过程中,劳动又作为重点改造内容占有绝对的位置。因此单纯地依考核定奖赏必然会造成改造行为绝对论,使服刑人员更注意遵守监狱规则,争抢表现机会,从而不能充分反映服刑人员的真实改造情况,甚至有时候会误导改造方法的结果评价。从近年来对减刑、假释制度的改革与发展来看,其认定条件具体化时必须要坚持以观念改造为核心,使认定条件多样化,例如平时评价、考核得分与综合评定都纳入认定条件应当考虑的范围,这样既能避免单纯依赖考核得分产生的片面成绩,也

---

① [美]理查德·格里格、菲利普·津巴多著,王垒、王甦译:《心理学与生活》,人民邮电出版社2003年版,第174页。

能够减少一些老弱病残服刑人员无法得到"劳动项目分数"而丧失减刑、假释机会的尴尬状况。

2. 以人身危险性评估为核心，进行评价多途径化

服刑人员，一方面是既定之罪的服刑者，刑罚的轻重反映了服刑人员犯罪行为的社会危害性，另一方面他们又是未来回归社会后的成员，又是发挥刑罚预防功能的重点潜在目标群。那么，依社会危害性对服刑人员犯罪行为作出评价之后，执行刑罚的过程中则需要强调对服刑人员的人身危险性进行准确评价，从而充分实现刑罚的预防功能。当然，这种减刑、假释的调整是建立在必须服完一定刑罚的基础上的，是有限度的。如果要以人身危险性评估为核心，必然要引发现有减刑、假释制度的巨大变化。例如，假释的认定条件是"确有悔改表现，不致再危害社会"，但是实践当中却采考核定奖赏制度，而且有规定减刑比例的情形，这势必导致监狱执行部门过于重视行为的评定而忽视了服刑人员思想认识的改造过程，也违背了人身危险性评价的初衷。因此，为了更好地实现假释的制度目的，建议对服刑人员的评价途径多元化。首先是评价途径多元化。由监狱管理部门执掌计分考核，由具体管教人员出具平时表现，同时也可以吸纳一些服刑人员的代表意见进行综合评定。其次是评价认定的程序规范化。不能是监狱自己说自己定，而需要将评价的资料收集起来，给出基本的评价意见，同时请上级部门进行全面的评定。

3. 考虑特殊时期、特殊场合的因素，预留行刑犹豫空间

减刑的认定条件规定比较详细，涉及抗御自然灾害或者排除重大事故时的突出表现因素，以及日常生产、生活中舍己救人等特殊时期、特定场合的因素，但是假释制度并没有明确规定此类因素。事实上，从减刑、假释制度的设立目的而言，假释是附条件地不执行余刑的制度，对于服刑人员而言更具有激励作用，但实施过程中却由于"不致再危害社会"缺乏明细标准进行判断，而很少得到适用。尤其是对抗震救灾过程中有突出表现和生活中舍己救人等先进事迹的评价，未得到相关法律法规以及司法解释的肯定与采纳。因此希望假释制度能够向减刑制度的立法模式借鉴经验，尽可能地细化可以假释、

应当假释的情形,使认定条件更加具有操作性。同时加强假释后的各机关监督功能。

二、地震因素对传统减刑、假释制度的影响

2008年7月3日,四川广元监狱有8名服刑人员在地震中积极抢救其他服刑人员、参加救灾而获得假释。截至当时,四川已有436名服刑人员获得减刑,605名服刑人员被记功,1189名服刑人员受到表彰。

其中,最早获得假释的是阿坝监狱服刑人员洪某。43岁的洪某家住阿坝黑水,因故意杀人罪被法院判处死缓,服刑期间,因表现较好被改为有期徒刑,刑期至2011年期满。地震发生时,午休的服刑人员争先向楼下撤离,洪某准备撤离时发现因腿脚残疾、正躺床上呼救的李某,面对不断往下坠落的屋顶,洪某毫不犹豫地蹲下身子,将李某艰难地背到监区的安全地带,使李某得以脱险。

地震中,还有一位干警在指挥服刑人员撤离监舍时摔倒受伤,面对不断垮塌的楼房,一位正准备撤离的服刑人员杨某不顾一切地冲过去,将受伤的干警背离了险境。据阿坝监狱有关人员介绍,像这种事例一样,共有43名服刑人员在地震中具有重大立功表现。①

一些服刑人员临危不惧,关键时刻挽回了国家和社会的重大财产损失。2008年5月12日下午2时28分,巴中监狱二监区的服刑人员正在从事页岩机砖生产劳动。突然,地震来临,刘明海听到制砖机发出了异样震动,"不好,肯定是座机松动了。"已经到地面的刘明海再次跑上操作台,断电、断水、关机,保证了砖机平稳停止。②

可见,自然灾害发生时人们往往陷于孤立无援的境地,求生的欲望也往往十分强烈,但在这种情形下仍然能够做到舍己救人,保护重

---

① "我国为抗震救灾立功的服刑人员减刑和假释",载新华网2008年7月2日,http://www.yn.xinhuanet.com/newscenter/2008-07/02/content_13702716.htm。

② "抗震救灾有功 全省436名服刑人员获得了减刑",载四川在线2008年6月17日,http://sichuan.scol.com.cn/dwzw/20080617/200861794010.htm。

大财产安全,其行为本身也充分说明了改造的效果和人身危险性的程度。为此,四川省监狱管理局及时实行宽严相济刑事司法政策,四川省司法厅、监狱管理局积极协调四川省高级人民法院、四川省检察院,加大对抗震救灾期间表现突出的服刑人员减刑、假释奖励的力度,对表现突出的服刑人员及时兑现了立功、表扬和加分等行政奖励。

(一)抗震救灾时期的悔改与立功的认定

按照我国的减刑制度的规定,对抗御灾害或其他重大事故中有突出表现的,应当予以减刑;而《依法办理罪犯减刑假释案件实施规定》的颁布,使地震期间进行积极抗震救灾的服刑人员的行为得到充分的肯定,同时对于假释,该规定也明确了"对于因自然灾害或罪犯家庭发生重大变故确需本人赡养老人或抚养幼年、残疾子女的服刑人员,改造表现一贯较好,且符合假释法定条件的,可以优先提请假释",使得假释的认定条件"确有悔改表现,不至于再危害社会"有了更具体化的表述。这也体现了刑罚执行的严格性原则、人道性原则、教育化原则以及个别化原则,使减刑和假释制度为推动和维护监管秩序的稳定发展,促进罪犯改过自新,节约国家行刑资源等功能发挥了重要作用。

在认定条件的判断上,监管部门考虑的是服刑人员在抗震救灾中的救人行为、抢救设备财产行为,以及该行为所挽回的人员和财产损失程度。

(二)抗震救灾时期的人身危险性评价标准

由于假释制度牵涉到服刑人员附条件地提前释放,而他们回归社会,势必会给社会造成一些不稳定因素,因此假释制度尤其重视人身危险性评价。对于假释中的"不致再危害社会"一般是从以下几个方面来考察:(1)犯罪的主观恶性程度,包括原判犯罪的性质、犯罪事实及情节、犯罪后的态度,有无投案自首情节,以及犯罪前有无前科劣迹,犯罪前的一贯表现等;(2)服刑期间的一贯表现,是自始至终确有悔改表现还是时好时差,思想改造是否稳定;(3)假释的监管条件、社会和家庭环境、生活有无着落,被害人、被害单位是否谅解,有无不良社会反映等。

汶川大地震发生以后，山河易位，房屋道路坍塌，有许多服刑人员并未趁乱逃跑，而是在有限的监狱管教人员的疏导下，迅速撤离监舍，并投入到抗震救灾中去。有些服刑人员在自己转移到安全地带后，甚至多次往返监舍带领其他服刑人员转移，有些服刑人员不顾生命危险抢救监狱的财产，这些正反映了在紧急状态下，服刑人员所表现出来的崇高的道德力量，这是基于个体的秉性基础与教化的向善行为模式所共同支撑的，也反映了服刑人员的改造成果。因此，在抗震救灾期间，对服刑人员人身危险性的评价应当注重其行为与行为效果的因素，而与普通的认定条件相区别。

（三）抗震救灾期间减刑、假释认定条件的灵活把握

鉴于抗震救灾期间对服刑人员的立功行为的认识与肯定，对其减刑、假释的认定条件的把握也需要遵循几条原则，既要避免制度被滥用，又要保证充分实现特殊预防的目的。

1. 充分收集抗震救灾证据，准确评价行为性质及效果

抗震救灾期间，也存在个别服刑人员趁乱意欲逃跑的情形，因此要区分消极逃跑与积极救灾的行为表现，坚决杜绝借救灾为名，寻机逃跑的现象，在认定行为的性质与效果时应当综合监管人员、其他服刑人员等的意见，并对抗震救灾中救人、抢救财产的具体事例进行核实，避免人云亦云，查无实据的情况发生。

2. 慎重对待一般性抗震救灾的行为，对于消极参与甚至参与很少的服刑人员尽量采用减刑、假释以外的表彰形式，避免制度的适用标准走样。因地震因素而减刑、假释的，要求有舍己救人、抢救财产的积极行为，这也正是人身危险性评价的重要因素。

3. 对减刑、假释的适用标准进行具体化操作

地震发生后，四川省有的监狱设施遭到严重的破坏，2万多名服刑人员露宿看押，但是全省没有一个服刑人脱逃，没有发生一起冲监、袭警的事件。对符合条件的灾区服刑人员优先假释，也是贯彻宽严相济刑事政策的具体行动，对于他们回归社会后的改过自新、积极参与灾后重建都有重要的影响与作用。

三、减刑假释中考量地震因素的正当性论证

扩大减刑中的抗震救灾行为的作用认定,增加救灾行为对优先适用假释制度的影响,都牵涉到减刑、假释适用条件具体化的正当性问题。事实上,从刑事政策上看,抗震救灾期间减刑、假释的扩大化反映了宽严相济的刑事政策要求,同时也结合特殊时期对服刑人员的人身危险性评价有了新的解读。

(一)合法性考量——宽严相济的刑事政策要求

现行的刑事政策已经转向宽严相济的调控方向,它要求既要有力打击和震慑严重的犯罪,维护法律的权威,同时尽可能地减少社会对抗,对轻微犯罪实行轻刑或非刑罚处理方法。事实上,在行刑过程中,由于原判刑罚存在着必要的制度调整,由此也存在一定的宽严相济:严是指严格依照行刑的制度规定,严格执行行刑期限与制度,对减刑、假释的适用实行严格审批;宽是充分考虑服刑人员的改造态度与效果,充分利用减刑、假释制度的激励性,促进服刑人员积极改造,改过自新。在地震期间,适当扩大减刑制度中抗震救灾行为的认定,增强抗震救灾对优先适用假释的情形,都是体现宽严相济的刑事政策的具体表现。它可以通过对时间和区域上的划分,更合理地配置司法资源,更好地维护灾区司法秩序的稳定,更有效地实现服刑人员特殊预防的目的。

尤其是灾后重建的系统性工程还需要较长时间的社会投入与努力,因此对于符合减刑、假释条件的,没有依据认为其有人身危险性的,就可以适当地增强减刑、假释的适用比例;对于提前释放的犯罪人要充分发挥社区矫正制度,推进监狱行刑社会化,既对服刑人员个人改过自新、回归社会大有裨益,而且也节约了有限的监狱管理资源。因此,符合宽严相济的刑事政策的要求,是考量地震因素的合法性根基,同时也是构建和谐社会、实现正义的前提基础。

(二)合理性考量——人身危险性的客观评价

唐山大地震时,河北一个看守所几乎被夷为平地,许多管教人员

在睡梦中再没醒来,然而由于服刑人员的监房格外牢固并没有完全震塌,许多服刑人员此时面对突如其来的灾难不知所措。只有一个警察端着枪,发现罪犯逃出监房时立即朝天鸣枪示警,罪犯挤成一堆不敢轻举妄动,但事实上一个干警无法控制100多个毫无束缚的罪犯。此时一个二进宫的抢劫犯高声顺道:"管教,我们要去救人。"干警无选择的余地,只能同意他们救人,但言明如果趁机逃跑就地正法。服刑人员到处搜寻生还者,从瓦砾堆中挖出大部分干警和少部分服刑人员,徒手从瓦砾堆中一共扒出了112人。①

因犯贩卖毒品罪被处死刑缓期二年执行的罪犯朵让(化名),确有悔改表现,并且在5·12地震发生时用身体挡住监狱车间的弹簧大门让车间内150余名服刑人员迅速撤离,表现特别突出,被认定为重大立功,2009年1月13日通过减刑听证程序的认定,被减刑至有期徒刑十八年。②

地震发生时,瞬时的怯弱与自我保护的内心潜意识无疑都会占据个人心理,但所处的具体环境和社会角色又会赋予个人思考和选择的机会。虽然地震时逃跑也属一种本能,本无可厚非,但如"范跑跑"将逃跑视为一种"创新"的道德观,公然高调宣扬,却严重伤害了中国传统道德观影响下的民众情感。当然,抗震救灾中勇于舍己救人也是一种本能,是责任感与道德感的本能表现,是人性的升华,是人类崇尚真善美人文精神的教育结果。因此,对服刑人员在抗震救灾中的突出表现,应当充分考虑其积极意义,并为行为所蕴含的道德素质作出客观评价,使服刑人员的向善本能得到鼓励和支持,那么,减刑、假释制度中纳入地震因素的考量也具备了合理性依据。

对于服刑人员而言,过去的罪行标定了他们有较大的人身危险性,但在自然灾害、人的生存权利面临巨大威胁之时,人性的光辉一

---

① 姜钦峰:"犯人在唐山地震时自发救人徒手扒出112条生命",载新浪网2006年1月9日,http://news.sina.com.cn/c/2006-01-09/18078816649.shtml.

② "四川新规:将减刑假释审理定性为司法行为",载法制网2009年7月20日,http://www.legaldaily.com.cn/zmbm/2009-06/11/content_1103756.htm.

面得以激发和呈现,当他们奋不顾身地抢救别人时,事实上也拯救了自己。这就是减刑、假释制度最为关注的"向善"意识与"弃恶"行为,因此对于抗震救灾期间服刑人员的积极参与行为,充分考虑救灾事实,对人身危险性进行客观地评定,并配置以灵活的行刑调整政策,无疑是激发服刑人员自我改造的最佳路径。因此,四川省监狱管理局在《关于进一步贯彻宽严相济刑事政策》的文件中强调,"决定对剩余刑期较短、抗震救灾表现突出或一贯改造表现较好的罪犯,可不受提请减刑、假释名额或比例限制,优先考虑提请假释;同时对因地震灾害,确需本人回家抚养孤残子女或赡养孤单老人、抗震表现突出或改造一贯表现良好且符合假释法定条件,可提请相关人民法院裁定假释或减刑"。

(三) 制度实践与立法司法的衔接

在四川省地震后办理的减刑、假释案件中,服刑人员多是初犯、偶犯,社会的危害性相对不大,且在抗震救灾中积极参与救援,为挽救他人生命与财产安全做出了重大贡献,同时这些服刑人员又多是家中的青壮年劳动力,对他们实施宽严相济的刑事政策,扩大适用减刑、假释的比例无疑对灾后重建和社会稳定都具有深远的意义。但是,减刑、假释中地震因素的考量并不是盲目的、无限度的,而需要注意以下几个问题:

1. 准确把握抗震救灾中刑罚执行中的"宽严相济"

人民法院长期对减刑、假释案件的审理工作存在一定的误区,总是认为减刑、假释只需在刑罚执行机关提请的基础上进行形式审查即可,有些法院虽然强调在形式审查基础上还需审查材料的真实性和合法性,但对审理程序重视不够。事实上,减刑、假释是对刑罚方法的调整与改变,应当经过审判机关的裁判,减刑、假释案件也是刑事审判中量刑制度的重要组成部分。正确地适用减刑、假释制度,不仅对正确适用法律,提高行刑质量,实现特殊预防和一般预防的刑罚目的都具有举足轻重的意义。① 在司法实践中考量地震因素对减刑、假释制度的影响时，必须准确掌握宽严相济的刑事政策本意，既要充分利用抗震救灾特殊时期的改造策略调动服刑人员改造的积极性，又不能借特事特办放松减刑、假释的基本认定标准。

2. 适当细化抗震救灾中减刑、假释的具体适用条件

四川省有关司法部门在假释的适用中，对符合假释适用条件，且地震中表现突出的服刑人员优先提请假释，使假释条件更加具体化；对由于抗震救灾因素而获得的立功认定而适用减刑的情形也不受传统的比例或数量的限制，这都表现出地震因素在减刑、假释制度适用中的影响。但是相对于减刑中的具体条件而言，假释的认定条件还很粗疏，建议司法部门可以从假释的细化标准出发，提高假释适用的可操作性。

3. 减刑、假释程序的法定化、公开化

虽然对罪犯减刑、假释的程序已有相关的规定，但减刑、假释的程序法定化还需要一个系统化的工程。无论是减刑、假释的认定标准、考核内容还是审批程序等等都需要进一步改革，同时应当举行专门的听证程序，由法院主导裁定的过程，允许辩论，这才能保证减刑、假释制度的公正合法。目前，已经有部分法院开始实施减刑、假释的公开听证制度。

4. 完善假释后的监督机制

我国的行刑制度中，减刑的适用占到了绝大多数比例，而假释的适用少之又少。究其原因，是由于监狱管理部门担忧将服刑人员提前释放回归社会后，缺乏强大的社会监督后盾，对释放后的危害后果无力承担所致。随着近年来我国部分城市加大了社区矫正制度的试行，已经使社区和街道办以及基层公安机关意识到对非刑罚处罚或假释、刑满释放后的罪犯进行监督是应尽的义务，因此可以在此基础上对现有的社区监督机制进行完善，加强对假释后的罪犯的日常监督，更好

---

① "四川新规：将减刑假释审理定性为司法行为"，载法制网 2009 年 7 月 20 日，http://www.legaldaily.com.cn/zmbm/2009-06/11/content_1103756.htm。

地实现假释制度设立的预防犯罪目的。

结　语

汶川大地震发生以后,法治社会的构建又涌现出了很多新的元素,在抗震救灾中对于涉灾犯罪进行从严从快从重处理,以及总体上坚持宽严相济的刑事政策之间并不矛盾,最终落实到减刑和假释的工作当中,就更需要贯彻宽严相济的观念与思想,通过考量地震因素在减刑和假释中的作用来充分发挥减刑、假释对改造罪犯的作用,同时也对构建科学的行刑制度体系增添新的内容,为实现法治化社会加强制度支撑。

应急状态下期待可能性问题研究[①]

——以汶川地震灾区为例

高小青 等

【内容摘要】 汶川大地震发生后,灾区实际上进入了应急状态,在应急状态下,灾区社会发生了重大变化,导致常态社会控制模式的效力失灵。而刑法中的期待可能性理论正好为解决这一难题提供了方法论依据。在我国目前的法治现状下,应当区分规范的期待可能性与超法规的期待可能性。对于规范的无期待可能性行为应当严格遵守已有的刑法规定;对于超法规的无期待可能性的行为应当以《刑法》第13条出罪,期待可能性有所减弱的应按照《刑法》第37条和第62条第2款的规定灵活处理,这样就很好地协调了法秩序与人性之间的冲突,有利于灾区的社会稳定。

【关键词】 应急状态 期待可能性 人性 规范责任论

一、问题的提出

"应急状态"是现代国家对社会严重异常变化的抽象表达,旨在表明事件的严重危害性。应急状态的出现往往是由突发事件引起的,也正因为如此,在我国的法律文件中并没有规范的"应急状态"的表

---

① 课题负责人:高小青,四川大学法学院2008级刑法学硕士研究生;
课题组成员:谷永安、傅潇潇,四川大学法学院2008级民商法硕士研究生;王文峰,四川大学法学院2008级刑法学硕士研究生;陈思亮,四川大学法学院2008级经济法硕士研究生。

述，而是代之以"突发事件"这一用词。根据《突发事件应对法》第3条的规定，突发事件包括自然灾害、事故灾难、公共卫生事件和社会安全事件，5·12汶川大地震就属于其中的自然灾害。从这个层面上讲，可以认为应急状态的出现就是针对自然界或者社会的一种突变。

在应急状态下，突发事件不可避免地会冲击应急区域正常的社会生活，对常态社会生活、生产造成严重的威胁和实害。在这种状态下，国民赖以存在的地域环境、社会环境以及生活环境都将失去常态性、稳定性。然而固有的法律却是建立在常态社会模式下，是以常态社会为其存在的基础，具有保守性，所调整的是常态的生活、生产行为。当社会进入应急状态后，常态模式下的法律控制便丧失了或者在一定程度上削弱了其存在的社会基础，社会民众基于正常社会状态所建立的行为方式以及法律信仰会遭遇到社会异变状态的侵蚀。这些异变必然会导致常态社会控制模式的效力失灵抑或引起常规控制模式的非正义，此时就要求社会在一定程度上采取非常态的、兼顾正义理念的各种非常措施以应对这一异常态势，以实现特定时期社会管理的理性化和国民权利的保障化。

因此，当汶川大地震导致常态社会发生巨大变化时，社会控制系统最迫切的莫过于司法活动的灵活性与可应变性，因为司法活动的基础是社会，最终要面对的也是社会，不可能无视社会的变化。只有这样才能寻求司法正义与效率的结合。而期待可能性正是关注行为人在特定客观状态下适法行为的可能性，立足于人性的关怀和刑法的谦抑性，对应急状态下的刑事司法活动有着重要的理论和实践意义。

二、期待可能性理论概述

期待可能性是指在行为时从行为人外部环境和条件来考察，能够期待行为人实施合法行为的可能性——如果行为人在行为时具有选择为合法行为的可能性，则具有期待可能性，因而有非难可能性；如果行为人行为时没有选择为合法行为的可能性，即无期待可能性，则行为人即使选择了某种危害社会的行为亦不负刑事责任。① 该理论发端自 1897 年德国帝国法院第四刑事部对"癖马案"的判决,该判决包含的朴素思想就是"法律不强人所难"。自此之后,德国刑法学家由该判决创造性地构建出期待可能性理论。其后,该理论在日本、意大利、法国、瑞典等大陆法系国家以及我国台湾地区也获得了确立,这些国家或地区刑事立法中的很多条款都是以期待可能性理论作为立法依据的。更为有趣的是,期待可能性理论产生的土壤是大陆法系,但现在英美法系的一些国家也渐渐开始关注期待可能性理论,大有进行理论移植的趋势。如美国学者道格拉斯·N·胡萨克所提出的"控制原则",指出"这个规范性的标准就是从被告人的特定情况出发来判断什么是可以合理期待的。在任意的众多场合要求人们完全成功控制行为并避免违反刑法是不合理的"。②

随着期待可能性理论的发展,其含义已有所扩张,不仅仅局限于"期待可能性阻却责任",而且也能减轻责任。应该说,"无期待可能性则无刑事责任"是期待可能性理论的最初基本含义,"期待可能性减弱则刑事责任减轻"是该理论的演绎和深化,③ 所以期待可能性不只是在责任的存否一面,而且在决定责任的轻重程度上也发挥着重要作用,把它仅仅视为消极的责任要素就不妥当。④ 并且在司法实践中,运用期待可能性理论非罪的判例甚少,大多从减轻行为人责任的角度来运用期待可能性理论(日本"第五柏岛丸案"),因此期待可能性理论包含了免罪与减刑两方面的涵义,表明其成为"刑事责任理论中的时代宠儿"。

期待可能性理论能有今天的瞩目地位,是其自身所蕴含的人性规律使然,"从法制的历史看,法合人情则兴,法逆人情则竭。情入于

---

① 谢望原、邹兵:《论期待可能性之判断》,载《法学家》2008 年第 3 期,第 32 页。
② [美]道格拉斯·N·胡萨克著,谢望原等译:《刑法哲学》,中国人民公安大学出版社 2004 年版,第 183 页。
③ 杨国章:《许霆案与期待可能性理论》,载《时代法学》2008 年第 8 期,第 81 页。
④ [日]大冢仁著,冯军译:《刑法概说(总论)》,中国人民大学出版社 2003 年版,第 405 页。

法，使法与伦理结合，易为人所接受。法顺人情，冲淡了法的冷酷的外貌，更易于推行"。① 期待可能性理论所要解决的正是在外部环境的压抑下法律如何善待人性，正如休谟所言："一切科学和人性总是或多或少地有些关系，任何学科不论似乎与人性离得多远，他们总是会通过这样或那样的途径回到人性中去。"② 贝卡利亚也曾言："道德的政治如果不以不可磨灭的人类感情为基础的话，就别想建立起任何持久的优势。任何背离这种感情的法律，总要遇到一股阻力，并最终被其战胜。"③

期待可能性理论跳出了之前的"心理的责任论"的"责任不外是故意、过失这样的心理的事实的类概念，有故意或过失就有责任，无故意或过失则无责任"④ 这种责任观点，否定只要存在责任能力以及故意或过失就有责任的论点，认为除了责任能力、故意或过失之外还需要存在行为人适法行为的期待可能性。确实，很多时候，行为人虽然对行为的发生是故意或者过失，但是在特殊的外部环境下行为人除了实施违法行为别无他法，法律调整的对象是普通民众，而不是圣人和英雄，不可能要求行为有悖人性而做出适法行为。于是期待可能性理论在此时体现出刑法对人的终极关怀的人本主义品格，使刑法更具理性和宽容性，从常理与常情的角度构建刑法的正义性。

三、期待可能性理论在我国的命运

上世纪90年代我国开始研究该理论，本世纪初探讨尤为激烈，几乎涉及了期待可能性的各个方面。⑤ 但由于该理论产生、存在的语境是大陆法系，由此引发了是否应该引入该理论以及该如何引入等问

---

① 张晋藩：《中国法律的传统与近代转型》，法律出版社1997年版，第53页。
② [英]休谟著，关文运译：《人性论》，商务印书馆1991年版，第6页。
③ [意]贝卡利亚著，黄风译：《论犯罪与刑罚》，中国大百科全书出版社1993年版，第8页。
④ 马克昌：《比较刑法学原理》，武汉大学出版社2002年版，第437页。
⑤ 舒洪水：《期待可能性理论的哲学基础与本土化思考》，载《法律科学》2008年第3期，第83页。

题的争论。

　　有学者认为:"期待可能性是我国刑法理论中的一个重要问题,它对于正确地对行为人进行刑事归责具有重要意义。"① 还有学者认为:"由于期待可能性理论和我国犯罪构成理论难以找到契合点,故不能将其完全予以移植到我国刑法理论中,而只宜吸收其思想内核和精神实质。"② 也有学者认为:"可以肯定的是,整块的期待可能性理论不但难以与我国的犯罪构成理论契合,而且完全予以引进,将在根本上导致我国整个犯罪构成理论乃至犯罪理论的失败。"③ 还有学者认为,作为超法规的责任阻却事由,开放性是期待可能性的一个重要特征,这与我国耦合填充式的静态的、封闭的犯罪构成显得格格不入,结果导致期待可能性理论只能游离于我国的犯罪构成之外,难以在其内部找到合适的位置。④

　　之所以产生上述观点的纷争,其原因就在于不同境域的犯罪构成体系存在差异:传统的大陆法系刑法理论认为,犯罪的成立必须要依次满足构成要件该当性、违法性、有责性这种递进的犯罪论体系,而期待可能性正是被放在"有责性"中服务于责任的判定,如果行为人不具有期待可能性就不具有责任,也就不成立犯罪,可以看出这是一种从客观到主观相递进式的犯罪构成理论。而我国的犯罪构成理论源于苏联,是一种平面耦合式的,主要包括犯罪客体、犯罪客观方面、犯罪主体、犯罪主观方面四个构成要件,"各个要件处于平面关系,行为要么符合全部构成要件,因而成立犯罪;要么一个要件也不符合,根本不成立犯罪。因此,要件的排列顺序似乎也并不重要,从客

---

　　① 陈兴良:《期待可能性问题研究》,载《法律科学(西北政法学院学报)》2006年第3期,第72页。
　　② 刘秀、李小华:《论期待可能性理论和我国刑法》,载《广西公安管理干部学院学报》2003年第3期,第37页。
　　③ 肖中华:《犯罪构成及其关系论》,中国人民大学出版社2000年版,第233页。
　　④ 章惠萍:《期待可能性理论与我国刑法的借鉴》,载《政治与法律》2006年第3期,第113页。

观到主观者有之，从主观到客观者有之，主客观要素混杂者有之"。①并且大陆法系中的"责任"不同于我国的"刑事责任"，大概相当于我国刑法中的罪过，又不完全等同。它既要表示行为人主观上的故意或者过失，还要表示值不值得（需不需要）对行为人处罚。② 我国的"刑事责任"是在对行为人确定有罪的基础上对其进行责任的评价以确定其刑事责任的有无及轻重。可见在德日刑法中属于犯罪成立条件的刑事责任，在我国却是指犯罪的法律后果，只有在行为人构成犯罪的前提下，才谈得上刑事责任问题。通过比较还可以看出，在大陆法系理论中，违法与承担刑事责任不是统一的。一个行为即使违法，但如果具有免责事由如无期待可能性或无责任能力，也不负刑事责任。然而，在我国刑法理论中，违法与责任却是统一的。基于这些差别，不可能简单地套用德、日刑法中期待可能性理论来对我国的刑法加以研究。

虽然期待可能性产生于大陆法系犯罪构成要件的国家，但是其核心价值在于体现法对人性的尊重，表明法律的人道性，这种价值超越了实在法之间的界限，具有普世性，无论是大陆法系国家还是我国的刑法，都应当内涵这种人道精神。而且法律是一门世俗的学问，具有很强的功利性，一切有利于法律调控的理论都应当被吸收，"确实人们接不接受一种理论或实践，并不取决于理论的逻辑，而取决于事物的逻辑，不取决于论证是否有理，而取决于运用起来是否有力"。③同时，现有我国刑法典中的一些规定实质上就是对期待可能性的另一种类型化表述，比如刑法总则第 16 条的"不能抗拒"、第 18 条的"不能辨认或者不能控制"、第 20 条的正当防卫、第 21 条的紧急避险，刑法分则第 134 条第 2 款的强令违章冒险作业罪的犯罪主体仅限于"对矿山生产、作业负有组织、指挥或者管理职责的人员"而不包

---

① 张明楷：《犯罪构成理论的课题》，载《环球法律评论》2003 年第 3 期，第 263 页。
② 吴念胜：《论期待可能性理论对我国刑法的借鉴意义》，载《求索》2007 年第 10 期，第 90 页。
③ 苏力：《波斯纳及其他：译书之后》，法律出版社 2004 年版，第 71 页。

括实际作业的工人等等规定,因此,在我国刑法中引入期待可能性理论应无多大疑问。

四、应急状态下期待可能性理论的运用

(一)期待可能性在我国刑法体系中的合理地位

立足于"期待可能性应该引入我国刑法"这一基本立场,首先需要解决的就是如何安排其在我国刑法体系中的具体位置,只有厘清这一点才能使期待可能性理论真正的运用到我国的司法实践中去,这正是问题的关键。

如前文所述,在大陆法系国家的刑法理论中期待可能性被置于有责性中,但是在责任的内部位置究竟如何又主要有三种观点:[①] 一是故意、过失的构成要素说,认为故意、过失是责任形式,故意责任、过失责任共同包含非难可能性的要素,欠缺期待可能性时,阻却故意责任、过失责任。二是第三责任要素说,认为作为客观的责任要素的适法行为的期待可能性,与作为主观的责任要素的故意、过失区别开来,是与责任要素并列的积极的要素。三是阻却责任事由说,认为期待可能性的不存在是阻却责任事由,是妨碍犯罪成立的情况。由于大陆法系犯罪构成与我国的差异,对期待可能性的定位于我国借鉴的意义不大,所以在此不探讨它们之间的优劣。我国的刑法境域中,我国刑法学者对此主要有两种观点——积极要素说与消极要素说。积极要素说认为期待可能性应该是犯罪构成中的一个组成部分,但是具体应置于四个要件中的哪一个,又延伸出三种意见:责任能力要素说、罪过要素说(又称故意、过失构成要素说)和修正的罪过要素说(又称故意、过失并列要素说)。所谓消极要素说,又称犯罪阻却事由说,主张将期待可能性置于犯罪阻却事由内,即将无期待可能性纳入排除犯罪性事由,从而使我国犯罪成立理论分化为犯罪构成要件和犯罪阻

[①] 马克昌:《比较刑法学原理》,武汉大学出版社 2002 年版,第 500 页。

却事由两个层次。① 责任能力要素说认为责任能力包括积极的原则要素（包括法定刑事责任年龄与精神无障碍）和消极的例外要素（期待可能性），② 于是期待可能性就作为刑事责任能力内部的一个要素，而不是和刑事责任能力、故意或过失并列。罪过要素说主张将期待可能性纳入故意、过失构成要素内部来考察，从而使犯罪故意、犯罪过失的内部结构变为：认识因素和意志因素（故意、过失的积极要素）＋期待可能性（故意、过失的消极要素）。③修正的罪过要素说也认为期待可能性是罪过内部的一个要素，但是却不是故意或过失的内部要素，而是作为故意或过失的一个前提要素，只有在具备了期待可能性的情形下才可能进一步讨论故意与过失的有无问题，于是罪过的构成要件包括："基本要素：故意、过失；评价因素、前提因素和消极因素：期待可能性。"④

　　本文赞成积极要素说，反对消极要素说，因为消极要素说不符合我国的犯罪构成理论，并且也不能涵盖期待可能性的所有情况。一方面，我国的犯罪构成理论是平面耦合的，只要行为符合了犯罪构成，就构成犯罪，不用再进行二次判断，即使认为行为符合犯罪阻却事由，事实上也是在犯罪构成的判定过程中进行的，而不是在犯罪构成的判定结束后进行的二次判断；另一方面，期待可能性还包括责任的减轻层面，而犯罪阻却事由只能说明刑事责任的有无问题，因此在逻辑上存在漏洞。相反，赞成积极要素说，毕竟它没有突破我国现有的犯罪构成理论，是将期待可能性作为犯罪构成要件的一个部分加以讨论。虽然在积极要素说的内部存在争论，但是却都是从不同的角度来

---

　　① 刘远：《期待可能性理论的认识论反思》，载《法学评论》2004年第2期，第47页。
　　② 游伟、肖晚祥：《"期待可能性"与我国刑法理论的借鉴》，载《政治与法律》1999年第5期，第24页。
　　③ 龙立豪、马六生：《论期待可能性理论在我国刑法中的适用》，载《湖南省政法管理干部学院学报》2000年第2期，第10页。
　　④ 丁银舟、郑鹤瑜：《期待可能性与我国犯罪构成理论的完善》，载《法商研究》1997年第4期，第59页。

观察的结果,有的是主体(刑事责任能力)要素,比如精神障碍者,其辨认能力和控制能力都存在瑕疵,此时法律不可能期待其在特定时候做出一个适法的行为;有的是主观(罪过)要素,比如在地震的破坏下,银行塌陷,大量现金曝于光天化日之下没人看管,某逃难者路过此处,其也知道这是银行的钱,但是此时基于人性的弱点,期待其不拿走银行的钱的可能性明显有所降低等等。所以不能一概而论将期待可能性作为刑事责任能力的要素或者是罪过要素,而是要区分不同的情形。在作为刑事责任能力的要素时,行为人如果不具有期待可能性,则就不具有合格的犯罪主体的资格,自然也就不构成犯罪;如果期待可能性有所降低,那么就表明犯罪主体的辨认能力和控制能力有所减弱,相应的刑事责任就小。在作为罪过要素的情况下,无期待可能性就表明事件的发生是不可抗力,当然不构成犯罪;在期待可能性较低的情况下,就表明认识因素与意志因素有所下降,主观方面的情节就轻,所以刑事责任应当较轻。因此,在我国,期待可能性应当置于犯罪构成要件之中,究竟属于哪一个要件应当根据具体个案情形进行判定。

(二)应急状态下的具体应用

通过实证调查,在汶川地震发生后,有些行为虽然违反了现阶段的法秩序,但是行为人却不具备期待可能性或者是期待可能性有所降低。在地震时,有的被关押的罪犯为了自身安全而从监狱中逃出;有的人在面临房屋倒塌的情况下为了自身安全而将他人的汽车置于倒塌物前面使得汽车被毁;有的人担心自家食物断绝受到饥饿,于是就将他人的粮食拿走;有的干部在饥饿、死亡威胁下挪用抗震救灾物资;还有的人在银行或者自动取款机被地震破坏后,拾走暴露于地面的钱币等等。对这些行为的犯罪考察以及刑事责任大小的考量不应该无视期待可能性理论。正如霍布斯所言:"如果一个人是由于眼前丧生的恐惧而被迫作出违法的事情,他便可以完全获得宽宥,因为任何法律都不能约束一个人放弃自我保全。"① "如果一个人缺乏食物或其他生活必需品,除非犯法没有任何其他方法保全自己,就像在大饥荒中无法用钱买或靠施舍得到食物时行劫或偷盗一样,或是像夺取他人之剑以保卫自己的生命一样,那么他就可以获得完全的宽宥。"② 康德也同样认为:"法律不可能对这样的一个人处以残酷的刑罚:当生命处于极端危险中而牺牲他人生命以挽救自身。"因为,法律的惩罚的威吓不可能比此时此刻完全丧失生命的危险具有更大的力量。因为,一个尚未确定的威胁——例如法庭判决无期徒刑——甚至死刑——不能超过那种灾难的恐怖。③

在我国目前的法治环境下,对于应急状态下的期待可能性运用问题要区分为规范的期待可能性事由与超法规的期待可能性事由。④ 在德国,缺乏期待可能性只是刑法所规定的责任阻却事由的理论根据,不能直接根据期待可能性理论否认犯罪的成立,在法律没有明文规定的情况下,不能以缺乏期待可能性为由宣告无罪。而日本则认为缺乏期待可能性是一种超法规的责任阻却事由,即在没有期待可能性的情况下,不管法律有无规定,均可以直接宣告无罪。德国排斥超法规的期待可能性而仅限于规范的期待可能性的做法与其法治环境有着重要关系,当代德国已经发展成为一个高度发达、成熟稳定的法治国家,具有世界上最博大精深的刑法学体系与最缜密完备的刑法典,无论是立法者、司法者还是刑法学者,都有相当的信心将各种潜在的阻却违法事由或者阻却责任事由尽可能纳入刑法典予以明文规定,即使出现

---

① [英]霍布斯著,黎思复、黎延弼译:《利维坦》,商务印书馆1985年版,第234页。
② [英]霍布斯著,黎思复、黎延弼译:《利维坦》,商务印书馆1985年版,第235页。
③ [德]康德:《法的形而上学原理:一切权利的科学》,商务印书馆1991年版,第27—30页。
④ 所谓规范的期待可能性事由是指在刑法条文中所直接体现的说明行为人具有期待可能性的情形。所谓超法规的期待可能性事由,是指没有在刑法条文中得到体现,但是能够说明行为人具有期待可能性的情形。参见童德华:《刑法中的期待可能性论》,中国政法大学出版社2004年版,第26页。

个别遗漏而造成个别情况下的对行为人的特别牺牲，相对于维护法秩序稳定与统一的整体法益，也可能显得微不足道，并且可以在发现遗漏后即时通过立法予以确认。① 而我国根本不具备德国的法治环境，不可能指望仅依靠纯理性的立法就能穷尽所有的期待可能性事由，所以应当同时采用规范的期待可能性事由与超法规的期待可能性事由。

首先，对于我国刑法中业已存在的蕴涵期待可能性理论的规定予以遵守，这些规范主要有：刑法总则中的无罪过事件不认为是犯罪，正当防卫与紧急避险不属于犯罪，防卫过当和避险过当应当减免处罚，未满14周岁不负刑事责任，已满14周岁不满16周岁的只对8种性质的严重犯罪负刑事责任，已满14周岁未满18周岁应从轻或减轻处罚，精神病人犯罪的刑事责任从轻或减轻处罚，对从犯、胁从犯的处罚规则等等；刑法分则第134条强令违章冒险作业罪，第306条辩护人、诉讼代理人毁灭证据、伪造证据、妨害作证罪，第307条妨害作证罪，帮助毁灭、伪造证据罪，第310条规定的窝藏罪②，还有司法解释规定亲属间的盗窃应与普通盗窃有所区别等等。这些规定实际上都蕴含着期待可能性思想，对应急状态下的这些情形进行认定和处理时应严格遵守法律的规定。

其次，对于超法规的期待可能性事由，如果行为人在应急状态下确实不存在期待可能性，那么行为就不符合犯罪构成，也就不能认为是犯罪，司法机关在具体的司法个案过程中可以以刑法第13条的但书作为依据认定行为人无罪。具体到刑事诉讼程序而言，在此种情形下公安机关、检察院、法院三者中的任何一个环节均可以无期待可能性为由否定刑事司法的进一步发展，而作为被告人可以以期待可能性为由获得上诉要求无罪的权利。比如，在地震发生的一段时间内，有

---

① ［德］汉斯·海因里希·耶塞克著，徐久生译：《德国刑法教科书》，中国法制出版社2001年版，第603页。

② 刑法第306条、307条、310条对于当事人自己毁灭、伪造证据、指使他人作伪证或者自行隐匿，没有将此规定为犯罪，而是规定了案外其他人（辩护人、诉讼代理人、窝藏包庇者）实施上述行为构成犯罪，因为当事人自己这样做乃是基于人性的自保行为，不可能期待他不实施此类行为。

些监狱摇摇欲坠,监狱内的服刑人员此时竞相逃出监狱,如果根据脱逃罪的通说观点,"所谓脱逃,是指行为人逃离司法机关的监管场所(如从看守所、监狱逃跑),或者摆脱司法机关依法对其人身羁押的行为(如在押解途中逃跑)"。[1] 那么只要被羁押人员逃出监狱外面就属于脱逃罪,但是通过期待可能性的判断,无法要求被羁押者在监狱即将倒塌的时候仍然能遵守监狱法不逃离,行为此时根本不具备期待可能性,因此在司法过程中应结合刑法第13条作无罪处理。

再次,对于超法规的期待可能性事由,如果行为人在应急状态下期待可能性降低,那么就表明其犯罪情节轻微,根据具体情形应当根据刑法第37条的"非刑罚处罚措施"和刑法第63条第2款的特殊减刑制度进行特殊处遇。如前所述,司法实践中运用最多的还是从减轻行为人的刑事责任的角度来运用期待可能性的,因此在此种情况下更要求司法机关灵活运用刑法第37条和第63条第2款的规定。需要注意的是,在运用特殊减刑制度时,并不是先请示最高人民法院,后作出减轻处罚的判决;而应当先作出减轻处罚的判决,然后逐级上报至最高人民法院核准。

(三)应急状态下适用期待可能性的判断标准

期待可能性的判断究竟应以何为标准呢?在理论上存在着"行为人标准说"、"平均人标说准"、"国家标准说"、"折中标准说"、"类型人标准说"等学说。第一,行为人标准说,立足于被期待行为人的立场,以行为人本人的能力为标准,判断在该具体行为情况下(包括客观的行为能力、伦理、道德等)能否期待行为人采取其他的适法行为,如果不能,那么就不具有期待可能性。第二,平均人标准说,平均人即社会中的通常人,看通常人在行为人行为时的具体情形下能否被期待实施合法行为,如果不能则否定行为人的期待可能性。第三,国家标准说,也被称为法规范标准说,认为期待可能性的判定标准应建立在国家的法秩序基础上,不是以被期待的方面,而是以期待方面的国家或法规范为标准。第四,折中标准说,认为应将行为人、普通

---

[1] 高铭暄、马克昌主编:《刑法学(下编)》,法制出版社1999年版,第995页。

人、国家（法规范）几方面的情况结合起来考察，但有的侧重于行为人标准为基础，有的侧重于普通人标准为基础，还有的侧重于国家标准（法规范）为基础。第五，认为应当以与行为人所属的类型相同的人为判定标准，比如以与行为人年龄、性别、职业、经历等相同或类似的人为标准。

以上各种学说争论不一，但这些学说都具有各自合理性的一面，不同学说之间实质上也有重合的地方，但是单纯的以某一个标准来判断期待可能性的有无都是不合理的。本文主张，期待可能性的判定应在立足于平均人的基础上，以行为人个人标准为辅助。具体做法是：对行为人的行为首先进行平均人判断，看在类似情况下一般人会怎样选择，如果在此种情况下不可能期待一般人实施适法行为，那么当然就不可以期待行为人实施适法行为，那么行为人的行为当然就不具有期待可能性；如果在此情况下可以期待一般人实施适法行为，那么再进一步判定行为人个人在此种情况下的适法可能性，虽然一般人在此情况下具有期待可能性，但是考察行为人个人的情况，如果其的确不具有期待可能性，那么应当对行为人运用期待可能性理论来判定有无犯罪以及责任大小。这样实际上既符合"法律调整的是普遍而不是特殊"的思想，又较好地保护了弱者的权利。

（四）意义

将期待可能性理论运用于应急状态下的刑事司法活动具有重大实践意义，特别是在地震灾区恢复重建阶段，会对灾区的司法效率以及社会秩序产生积极的影响。这主要体现在以下两方面：第一，有利于最大化实现地震灾区的社会控制，体现宽严相济的刑事政策。"法者缘人情而制，非设罪而陷人也"。因此刑法应该体现人文关怀。汶川地震造成了灾区重大的地理、社会环境的改变，在重灾面前，部分灾民因为人性弱点不可避免地会被客观环境影响而实施危害行为，对此刑法必须对此予以特殊对待，考虑行为人的期待可能性程度而相应免除或者减轻处罚，这样才会使民众信服法律的正义，自觉遵守社会秩序，有利于灾区的社会稳定。第二，有利于节省灾区的司法资源，提高司法效率。期待可能性的运用将一部分行为排除在被刑事追诉行为的范围之外，对不具有期待可能性的行为人给予了宽大，这样就必然会减轻司法机关的工作强度，节省了司法机关为追究这些行为的成本，从而有利于灾区将稀缺的司法资源投入到最需要的地方。司法机关就能够集中精力打击具有较大社会危害性的犯罪，从而维护社会的稳定，实现司法资源的最大化效用。

五、余论

将期待可能性引入灾区的刑事司法实践能够使个案的裁判更加公正合理，这绝不是对犯罪的放纵，相反是理性法律的必然选择。但是，期待可能性是一个抽象、模糊的概念，在司法实践中，法官是否运用期待可能性理论以及是否完全依照判定标准来进行判断，都依赖于法官的司法素质和良心，特别是对于超法规的期待可能性事由更是如此。

相对于灾区恢复重建工作的紧迫性而言，法官素质的提高和良心的培养不是一蹴而就的，这需要一个较长的时间。因此，最高司法机关，包括公安部、最高人民检察院以及最高人民法院，可以通过司法解释、通知的形式要求各地方司法机关对地震应急状态中某类刑事案件予以特殊注意和处理，要求司法工作人员在办案时要考察行为人的期待可能性。例如在地震发生后，最高人民法院就连续发布了《关于依法做好抗震救灾期间审判工作切实维护灾区社会稳定的通知》、《关于依法惩处涉抗震救灾款物犯罪确保灾后恢复重建工作顺利进行的通知》、《关于处理涉及汶川地震相关案件适用法律问题的意见（一）》等司法文件，因此灾后的司法实践中引入期待可能性也可以借鉴此类形式。

非法经营罪堵截构成要件的认识和运用[①]

余 文 范 玉

【内容摘要】 现行刑法中的非法经营罪被理论界形象地称作堵截条款,虽然陆续出台了立法解释和司法解释予以阐明,但是如何理解"违反国家规定的其他行为"还是存在较大争议,尤其是抗震救灾等紧急状态下,对于违反国家规定的行为如何入罪,如何规范和准确地适用非法经营罪仍旧是一个值得探讨的问题。因此结合抗震救灾中的两则案例进行分析,从非法经营罪的实质要件、形式要件以及存在合理性进行阐释,充分发挥其堵截构成要件的功能与作用,为罪刑法定原则的司法实现提供具体的理论支持。

【关键词】 非法经营罪 堵截 构成要件

现行刑法中的非法经营罪本是从旧刑法"投机倒把罪"中分解出来的。《刑法》第 225 条规定非法经营罪的构成要件为:"违反国家规定,有下列非法经营行为之一:(一)未经许可经营法律、行政法规规定的专营、专卖物品或者其他限制买卖的物品的;(二)买卖进出口许可证、进出口原产地证明以及其他法律、行政法规规定的经营许可证或者批准文件的;(三)其他严重扰乱市场秩序的非法经营行为。"1999 年 12 月刑法修正案第 8 条,又增加了构成非法经营罪的一种情形:未经国家有关主管部门批准,非法经营证券、期货或者保险业务的,并将《刑法》第 225 条第(3)项改为第(4)项。从中可

[①] 课题负责人,课题组成员:范玉,四川大学法学院 2007 级刑法学硕士研究生;
余文,四川富顺县人民法院党组书记、院长。

以看出非法经营罪的构成要件是采用列举式与概括式相结合的方式规定的。该法条的前三项为列举式规定，即违反国家规定的三种特定行为，情节严重构成非法经营罪；而第四项的规定，即"违反国家规定，其他严重扰乱市场秩序的行为构成非法经营罪"的条款则为概括式规定，该项采用"其他"概括前三种行为之外的非法经营行为，防止行为人因为法律规定不周延而逃避法网，具有堵塞法律漏洞的功能，因此被理论界形象地称作堵截条款。为了更好地指导司法实践，全国人大常委会与最高司法机关分别颁布立法解释与司法解释，明确规定几种行为符合《刑法》第225条第四项"其他严重扰乱市场秩序的行为"的规定，不断丰富非法经营罪的具体行为方式。在司法实务中，争议较大的问题是如何认识《刑法》第225条第四项所规定的"违反国家规定的其他行为"，是否仅仅是立法解释和司法解释规定所涉及的行为才能构成非法经营罪。

案例一：周某是某县房产商，2004年非法在某村土地上修建商品房（小商品房），以稍低于正常房价的价格出售，获利200余万元。后事发。司法机关对周某修建小商品房出售的行为是否构成犯罪以及构成什么犯罪产生了较大的争议，其中，有人认为周的行为符合《刑法》第225条第四项"违反国家规定，其他严重扰乱市场秩序的行为"，应当构成非法经营罪。那么周某的行为究竟应该怎样定性？

案例二：四川汶川大地震发生后，成都市民为外出避震，纷纷购买帐篷、睡袋、充气床垫等物品。由于铁路运输部门优先运输救灾物资，成都市场上的帐篷、睡袋等物品一时脱销。刘某遂来到成都市某区红十字会，谎称要给灾区捐赠救灾物资，骗取了红十字会出具的两份运送救灾物资证明。然后，她将证明先后传真给部分户外用品公司。根据证明，这些公司安排发货方在相关铁路运输部门办理了运送救灾物资的手续后，给刘某发送了大量的帐篷、睡袋等物品。很快，这些货物通过赈灾绿色运输通道运抵成都。刘某指使员工签收贴有"赈灾帐篷""救灾物资"标记的部分货物，然后将货物送到该户外用品经营店。货物到店后，将帐篷、睡袋等货物包装箱上粘贴的"赈灾帐篷""救灾物资"标记撕掉,然后大肆销售。东窗事发后,刘某落网。据检方指控,其经营额达80余万元,以非法经营罪提起公诉。

对上述案件的处理,涉及这样一些问题:(1)周某的行为是否属于"违反国家规定"?(2)建设和销售小商品房的行为是否属于"其他严重扰乱市场秩序的行为"?(3)刘某的行为是否符合非法经营罪中对"经营"的要求?等等。

本文主要结合这些案例,对非法经营罪中的堵截条款——《刑法》第225条第四项进行分析。

一、非法经营罪堵截条款之解读

前文已述,非法经营罪堵截条款系立法采用"其他"的方式概括前几种具体行为之外的其他非法经营行为,以防止行为人因为法律规定的不周延而逃脱法网所规定的条款。然而,正是这一条款遭到学界的批评。批评者认为,刑法典中的非法经营罪所处罚的是未经许可经营专营专卖物品或买卖进出口许可证、批文以及与此相类似的行为,但由于堵截条款的存在,一步步扩张成为一个几乎没有限制的罪名。即似乎只要某种经营活动被认为严重扰乱了市场秩序,而且刑法中没有更为合适的具体罪名,就可以以非法经营罪定罪处罚,这是典型的"口袋罪"。它通过设立高度抽象与概括的刑法规范形成一个以不变应万变的罪名,为维护市场秩序和强化市场规则在经济活动中的地位提供了一个几乎是"一劳永逸"的罪刑条款。从本质上看,这一条款为国家刑罚权随时随地介入经济领域打开了一个合法的通道。[①] 然而,尽管非法经营罪堵截条款是非颇多,但非法经营罪堵截条款在现阶段有其存在的合理性。

(一)堵截条款的存在合理性

1. 设立堵截条款的理论和现实背景

首先,从刑法理论层面讲,由于立法者认识能力的非至上性,成

---

① 李凤莲:《非法经营罪扩大化研究》,西南政法大学硕士论文。

文法总是存在局限性。在罪刑法定已经成为中国刑法基本原则的今天，面对日益扩大的经济领域的经济活动以及经济转型时期大量的非法经营行为，设立堵截条款成为立法者的必然选择，而该类条款的存在也在一定程度上具有了某种法哲学意义上的合理性。① 其次，非法经营罪设置堵截条款有其客观之背景。目前，我国市场经济活动正在全方位发展，市场的活跃在带来财富的同时，也带来了经营活动中失范行为的激增，并直接导致市场秩序的不稳定甚至混乱。因此，一方面，建立与维护正常的市场秩序成为当前经济生活的主题。另一方面，由于中国的市场化进程是采取由政府主导而非市场主导，以经济法律、法规为表现形式的大量的市场规则是由市场外部（即国家）供给而非由市场内部自发形成，这就使得它们难以在短期内获得市场主体的内在认同，从而使这些法律、法规无法以一种市场主体都认可的方式得以推广并实现其立法之应有之义。在这种形势下，出于维护市场活动正常秩序和强化市场规则在经济生活中的地位的目的，就必然要求拥有最大强制力的刑法对市场秩序进行有效的规范。刑法关于非法经营罪第 4 项的规定恰恰是对这一现实要求的最好的回应，它通过设立"其他严重扰乱市场秩序的非法经营行为"这一较抽象与概括的立法内容，使刑法在取消类推后得以从容应对纷繁复杂的犯罪行为而不失稳定性，为维护市场秩序和强化市场规则提供了刑法上的保障。②

2. 非法经营罪的高度概括性和抽象性不是绝对的

毋庸置疑，相对于普通条款，堵截条款具有高度的抽象性和概括性。对堵截条款的理解仍然需要分析它的构成要件，只要准确地把握了堵截条款的构成要件，也就准确地把握了该条款。非法经营罪的堵截条款和普通条款相比具有一定的特殊性，其特殊要件可以大致分为

---

① 唐稷尧、王燕莉：《非法经营罪的价值取向与质疑——对〈刑法〉第 225 条第 3 项的分析》，载《四川师范大学学报（社会科学版）》2002 年第 1 期。
② 唐稷尧、王燕莉：《非法经营罪的价值取向与质疑——对〈刑法〉第 225 条第 3 项的分析》，载《四川师范大学学报（社会科学版）》2002 年第 1 期。

两部分:其一为实质要件,其内容分为"违反国家规定"这个前提条件和"其他严重扰乱市场秩序的非法经营行为"这个限制条件。其二为形式要件。本文将在下面对这两部分进行全方位的解读。

(二)堵截条款的实质要件

1. 何为"违反国家规定"?

"违反国家规定"是构成非法经营罪的前提条件,"国家规定"的内涵一直是学者们争议的一个热点,对"国家规定"内涵的理解对于把握整个非法经营罪至关重要。《刑法》第96条规定:"本法所称违反国家规定,是指违反全国人民代表大会及其常务委员会制定的法律和决定,国务院制定的行政法规、规定的行政措施、发布的决定和命令。"可见,这里的"国家规定"内涵是明确的,它只包括全国人民代表大会及其常务委员会制定的法律和决定,国务院制定的行政法规、规定的行政措施、发布的决定和命令。显然,《刑法》把国务院所属各部门及地方政府制定的规章、地方人大制定的地方法规都排除在外。具体到本罪而言,所谓"违反国家规定"就是违反最高立法机关和最高行政机关的规定。只有这样理解才可以避免对同一行为在合法与违法的判断上产生分歧,有利于严格控制非法经营罪的打击面,避免刑法对经济活动的干预过多所带来的负面影响。所以,"国家规定"绝不像有些学者所讲的那样:"所谓'国家规定'不是一个法律术语,甚至不是一个政策术语,其涵义十分含糊,人们不能说清县政府或乡政府做出的决定是否属于'国家规定'"。[①]

此外,需着重指出的是,对"国家规定"外延的把握需要解决一个关键问题,即是否某种经营行为只要"违反国家规定"而不问该"国家规定"是否已作出要求追究刑事责任,均可认定为非法经营罪?就是说如果行为人违反有关国家规定,以非法经营罪追究其刑事责任时,需不需要有关国家规定的法律文本里有追究行为人刑事责任的所谓对照性规定?

学界对此有"肯定说"与"否定说"两种观点。"肯定说"认为,

---

① 谢玉童:《试论非法经营界》,载《云南法学》,1999年第3期。

按照有限政府观念的内在精神和刑法谦抑性原则的要求,刑法应具有收敛性,即只有在行政处罚满足不了制裁需要,方可借助刑罚来加以规制。即使某种经营行为"违反国家规定",严重扰乱市场秩序,情节严重,也只有在所违反的"国家规定"要求追究刑事责任的前提下,方可认定为非法经营罪。①对此,实务界存在不同认识,主要采用的是"否定说",认为"国家规定"是否明确规定刑事责任条款,不影响认定非法经营罪。只要行为人主观上认识到其行为违反国家规定,客观上实施了非法经营活动,情节严重,符合非法经营罪构成要件的,即使该法律规定中未明确规定刑事责任条款,也应依法定罪处罚。②例如,最高人民法院2000年4月28日通过的《关于审理扰乱电信市场管理秩序案件具体应用法律若干问题的解释》第1条规定,"违反国家规定,采取租用电信国际专线、私设转接设备或者其他方法,擅自经营国际或者涉港澳台电信业务进行营利活动,扰乱电信市场管理秩序,情节严重的,依照《刑法》第225条第(4)项的规定,以非法经营罪定罪处罚"。表明此种非法经营行为即使未被纳入附属刑法,也可按非法经营罪追究刑事责任。因为国务院于2000年9月25日发布的《电信条例》生效后,《电信条例》第59条也将非法经营国际或者涉港澳台电信业务等四种行为规定为禁止性行为,但《电信条例》的"罚则部分"第68条只规定了对其他三种行为可以追究刑事责任的内容,并未涉及上述非法经营行为。因此,国家规定中是否明确规定了刑事责任条款并不影响认定非法经营罪。同时,该观点在具体个案中也得到体现,法院在龚学飞利用互联网发布足球博彩信息牟利情节严重构成非法经营罪一案中认为,"《刑法》第225条非法经营罪以行为人违反国家规定为必要条件,国家规定包括全国人民代表大会及其常务委员会制定的法律和决定,国务院制定的行政法规、

---

① 王作富、刘树德:《非法经营罪调控范围的再思考——以〈行政许可法〉若干条款为基准》,载《中国法学》2005年第6期。
② 周强、朱妙:《利用互联网发布足球博彩信息牟利情节严重构成非法经营罪——龚学飞非法经营案》,载《人民法院报》2005年3月21日。

规定的行政措施、发布的决定和命令。但国家规定中有的规定了刑事责任条款,有的没有规定刑事责任条款。国家规定中是否规定刑事责任条款并不是构成非法经营罪的必备要件"。①

"否定说"更有道理。依据我国《宪法》,规定犯罪、刑罚的只能是法律;《立法法》第9条更是作出了明确规定:"本法第8条规定的事项尚未制定法律的,全国人民代表大会及其常委会有权作出决定,授权国务院可以根据实际需要,对其中的部分事项先制定行政法规,但是有关犯罪和刑罚……等事项除外。"由此可以看出国家对犯罪、刑罚以及刑事责任规定的慎重。这也清楚地说明,规定犯罪、刑罚以及刑事责任的只能是《刑法》,具体讲,就是刑法典与单行刑法。而其他法律与行政法规等规范性文件都无权规定犯罪与刑罚。所以,上文中所提及的"国家规定"所涉及的法律文件里除了《刑法》以外,其他法律、法规是没有权力规定犯罪与刑罚的。因此,在行为人违反有关国家规定时,是否追究行为人的刑事责任的依据只能来源于《刑法》的规定,国家规定中是否明确规定刑事责任条款并不影响犯罪的成立与否。此外,从另一个角度看,由于"国家规定"所涉及的许多法律性文件并没有规定犯罪与刑罚的任务,因此,其有关刑事责任条款的规定具有相当大的随意性,很多时候其规定甚至与刑法规定不一致。② 典型的规定就是:"构成犯罪的,依法追究刑事责任。"这样极度概况以及漫无边际的条款与《刑法》的严肃性产生极大的不协调。因此,如果以国家规定中是否明确规定刑事责任条款作为追究行为人的刑事责任依据的话,不但于法无据,而且将使国家刑罚丧失庄重。③

---

① 周强、朱妙:《利用互联网发布足球博采信息牟利情节严重构成非法经营罪——龚学飞非法经营案》,载《人民法院报》2005年3月21日。

② 孙运英、刘树德:《罪刑法定视野下附属刑法的追问》,载《检察理论前沿》2006年第9期。

③ 谢冬春:《非法经营罪堵截条款研究》,湖南师范大学硕士学位论文。

2. 分析"其他严重扰乱市场秩序的非法经营行为"

非法经营罪堵截条款里的"其他严重扰乱市场秩序的非法经营行为"属于空白条款，具有高度的抽象性与概括性，不具有区分此行为与彼行为的功能，其构成要件的具体内容要通过具体的行政法律法规来规定。而刑法的明确性原则则要求："规定犯罪的法律条文必须清楚明确，使人能确切了解违法行为的内容，准确地确定犯罪行为与非犯罪行为的范围，以保障该规范没有明文规定的行为不会成为该规范适用的对象。"① 看来似乎该条款与罪刑法定视野下的明确性存在一些不和谐。但不能孤立地对"其他……非法经营行为"条款进行分析，那种认为"其他"没有意义，"严重"是具有强烈主观气息并不具有任何明确规定的形容词，"扰乱市场秩序"、"非法经营行为"都是很概括说法的观点是浅薄的，该堵截条款并没有违反刑法的明确性原则。原因在于该条款只有受两项限制方能成立：其一为成立该罪的前提条件"违反国家规定"；其二为《刑法》第225条前三项的列举式条文。这两项也就是该条款的实质要件。具体分析如下：根据上文，知道"国家规定"是仅仅限于全国人民代表大会及其常务委员会制定的法律和决定，国务院制定的行政法规、规定的行政措施、发布的决定和命令。因此，只有违反最高立法机关和最高行政机关所制定的法律、法规所规定的非法经营行为才有可能符合堵截构成要件的规定。此外，对该条款的限制还要参照《刑法》第225条前三项的明确列举，此所谓对堵截构成要件的解释应遵循"只含同类规则"，即某一法条在列举了几项情形之后跟随着一个总括性词语"其他"，就意味着只限于包括未列举的同类情形，而不包括不同类情形。理由有二：(1) 这是立法者在不得已选用堵截构成要件的情况下尽可能实现刑法明确性的一条有效途径，明确性是《刑法》的不懈追求；(2) 如果前面的明确列举对后面的堵截构成要件没有限定意义的话，那么前面的明确列举也就失去了意义，因为堵截构成要件具有高度概括性，

---

① 牧晓阳：《论刑法明确性原则的价值羞涵和现代意义》，载《铁道警官高等专科学校学报》2006年3期。

其内涵完全包容前面的明确列举。因此,堵截构成要件中的"其他非法经营行为"必须是与未经许可经营专营专卖或限制买卖物品、买卖经营许可证、批准文件或非法经营证券、期货或者保险业务等具有相同性质的行为。① 从上面的分析可以看出,《刑法》第 225 条明确规定的几类非法经营行为虽然表现形式各异,但都违反了国家特定的经营许可制度,这些特定的经营许可制度是国家为了合理有限地配置社会资源、克服市场自身的局限性和盲目性,对市场实行宏观调控所采用的一种手段。因此,非法经营罪的本质即在于行为人违反了国家特定的经营许可制度,破坏市场准入制度,擅自进入具有特定资格的民事主体才能进入的特定市场。② 具体而言,未经许可经营专营、专卖、限制买卖物品,违反了国家特定主管机关对专营、专卖、限制买卖物品的经营许可;买卖法律、行政法规规定的经营许可证或者批准文件的行为,则是直接破坏市场特定的行政许可制度;未经国家有关主管部门批准,非法经营证券、期货或者保险业务,破坏国家对证券、期货或者保险特定市场进入的许可制度;在国家规定的交易场所以外非法买卖外汇,违反了国家关于外汇买卖的经营许可制度,等等。总之,按照这种逻辑,完全可以说非法经营罪堵截条款中"其他严重扰乱市场秩序的非法经营行为"也必须违反国家特定的经营许可制度,没有违反国家特定的经营许可制度,不得以任何理由通过适用堵截条款纳入到非法经营罪中来。③ 由此可见,对"其他严重扰乱市场秩序的非法经营行为"理解并非漫无边际,其界限已经由"违反国家规定"及其前三项明确列举(违反国家特定经营许可制度)。一言以蔽之,堵截条款没有违背罪刑法定原则的明确性原则。

(三)堵截条款的形式要件

上文已经分析了堵截条款的实质要件,即以"违反国家规定"为

---

① 谢冬春:《非法经营罪堵截条款研究》,湖南师范大学硕士学位论文。
② 马建松:《解读非法经营罪之堵截条款》,《郑州大学学报》(哲学社会科学版) 2006 年第 5 期。
③ 徐蓉:《非法经营罪的构成和司法实践探析》,南京师范大学硕士论文。

前提，以侵犯国家专营制度为界限。而与实质要件相对应，必然存在形式要件。非法经营罪堵截条款的形式要件包括如下内容：

首先，该行为是一种经营行为。虽然"经营"一词在语言学上并不特指经济营业活动，而是指"筹划并管理（企业等）"、"泛指计划和组织"。① 也就是说，在盈利和非盈利组织都可能存在经营活动。但是，作为《刑法》第 225 条规定的"破坏社会主义市场经济秩序罪"中的非法经营行为，其"经营"一词应该是发生在经济领域中的营业活动，包括从事工业、商业、服务业、交通运输业等经营活动。而且由于非法经营罪是规定在《刑法》第 3 章"社会主义市场经济秩序罪"的第 8 节"扰乱市场秩序罪"中，那么可以认为，既然是"扰乱市场秩序"的"经营行为"，"经营行为"也必须与市场相关，如果不是市场中的经营行为或与市场毫无关系的经营行为，不应理解为该罪的行为。因此，非法经营罪涉及的行为就是在市场经济活动中，以谋求利益并获得最大利润为目的筹划与管理行为。需要注意的是对经营行为而言，强调此经营行为以营利为目的是必要的，这是非法经营罪作为一种经济犯罪所应具备的一个基本特征。如果某种所谓经营活动不是以营利为目的，而是为了公益或者慈善目的，则即便该行为的某些方面不符合有关法规，也应将其排除于本罪之外。

其次，该经营行为违法。所谓违法，广义上是指违反法律规范的规定，犯罪属于违法的一种，是违法的下位概念。以此，本罪中经营行为违法从立法原意来讲，当然是指该经营行为已经构成犯罪而非仅仅是一般的广义的违法。具体而言，经营行为违法是指该经营行为违反国家立法机关制定的法律和决定及国务院制定的行政法规、规定的行政措施、发布的决定和命令，通常是指违反国家法律、法规的禁止性或者限制性规范。国务院所属部门或者地方政府未经国务院批准或者授权而颁发的某种行政规章或其他文件中超过国家法律、法规内容的有关规定，一般不能成为认定非法经营行为的法律依据。

最后，该非法经营行为严重扰乱市场秩序。即本罪侵犯的客体是

---

① 摘自《新华字典》，商务图书馆 2001 年版，第 514 页。

社会主义市场秩序。因此，非法经营罪则必须发生在市场活动中，具体就是发生在市场经济活动中市场主体之间的交易活动，产生严重扰乱市场秩序后果的行为。当然，市场秩序的范围很宽，包括市场准入秩序、市场竞争秩序和市场交易秩序等等。这三种秩序都可能成为非法经营罪侵害的客体。但是，并非所有扰乱市场秩序的非法经营行为都可构成本罪，而必须是情节严重者。非法经营罪作为一种经济犯罪，其所谓情节严重，首先应当考虑经济衡量标准。譬如，(1) 经营数额特别巨大；(2) 销售金额巨大；(3) 获利数额较大；(4) 造成合法经营者的严重经济损失；(5) 给国家造成严重经济损失，等等。此外，诸如造成恶劣的社会影响或者人民生命、财产重大损失等，亦可视为情节严重。某些经营非法出版物、非法经营化学危险品等行为，就有可能出现上述情形。当然，由于情节严重与否关乎罪与非罪的界限，因此宜由司法解释作出统一规定。①

二、案例评析

在案例一中，周某的行为应当构成非法经营罪。理由如下：

首先，小产权房的产生违反国家规定，小产权房不是一个法律称谓，而是人们在社会实践中约定俗成的一种概念。它是指一些村集体组织或者开发商建在集体土地上的房屋或者是农民自行组织建造供出售的商品房。目前市场上的小产权房有两种：一种是在村集体所有的集体建设用地和宅基地上建成的房屋，又称"乡产权房"；另一种是占用耕地违法建设的所谓的商品房。而根据《土地管理法》规定，集体土地转为建设用地需要严格的审批程序，无论规模大小，都须经过省级以上人民政府批准。集体土地要建商品房，前提是集体土地征收为国有土地后，经过拍卖等形式进入土地市场公开竞争。而本案中周某私自修建的小产权房明显违反《土地管理法》的规定。

其次，私自修建并销售小产权房是否属于"其他严重扰乱市场秩序的行为"呢？答案是肯定的。原因在于"小产权房"违反国家对土

---

① 陈泽宪:《非法经营罪若干问题研究》，载《人民检察》2000年第2期。

地的经营许可制度（上文已述）。小产权房的集体土地只有通过审批才有成为建设用地的可能。也就是说，国家禁止集体土地进入市场，而如果要在集体土地上修建商品房的唯一途径就是通过国家审批，让部分集体土地在符合城乡建设总体规划的前提下，变更为国有土地方能进行。在这里，审批是否属于许可呢？根据《行政许可法》第二条对行政许可的定义规定是"行政机关根据公民、法人或者其他组织的申请，经依法审查，准予其从事特定活动的行为"。集体土地变更为建设用地的审批应当就是许可。因此，小产权房违背了城乡土地规划利用的总体布局，也违反了关于农地转为城市建设用地的法律程序，也违反了国家土地管理机关对集体土地和国有土地的管理和集体土地变更为国有土地的许可制度。此外，周某的非法经营行为情节严重，因为与其他正常的房地产交易相比，周某修建并销售小产权房数额巨大，严重扰乱了房地产交易的正常秩序。

最后，从堵截要件的形式要件来看，周某非法修建并销售小产权房的行为当然属于一种非法经营行为，而且数额巨大，严重影响了房地产交易市场的正常活动，破坏了房地产交易市场秩序。总之，周某的行为属于"违反国家规定，其他严重扰乱市场秩序的行为"，应当构成非法经营罪。

在案例二中，刘某在地震期间通过骗取红十字会出具的证明，冒用红十字会名义，通过抗震救灾物资专列从外地运回帐篷、睡袋等物品用于经营获利，构成非法经营罪理由似乎并不充分。具体理由如下：

首先，对一个行为是否构成非法经营罪主要在于看该行为是否符合违反国家规定这一前提，然后再分析该行为是否违反国家特定的许可制度，而这些特定的经营许可制度是国家对市场实行宏观调控所采用的一种手段。众所周知，在地震的特殊时期，抗震救灾物资专列必须优先运送及时应对救灾所用的物品。而刘某为了牟利，骗取红十字会证明，将本应该运送救灾物品的专列作为自己牟利的工具，其行为已经严重扰乱了抗震救灾专列的使用，并干扰了全国各地对灾区的及时援助，使震区人民受伤的心再次受到严重伤害。但是，无论刘某的行为是如何恶劣，也不能认为其违反国家规定，侵犯了国家特定的许可制度，从而构成非法经营罪。原因在于非法经营罪的本质即在于行为人违反了国家特定的经营许可制度，破坏市场准入制度，擅自进入具有特定资格的主体才能进入的特定市场。而事实上，在地震的特殊期间，铁路营运部门要优先运送用于抗震救灾的物品，而没有任何法律、法规规定地震期间铁道列车运营市场是特定市场，列车只能由特定主体使用。因此，刘某骗取到通行证并使列车优先运送自己物品的行为不属于擅自进入只有特定主体才能进入的特定市场的行为，并不违反国家特定的经营许可制度。

其次，刘某的行为也不符合非法经营罪对经营的要求。刘某是骗取红十字会的证明从而取得了抗震救灾专列的通行证，使列车优先运送自己的货品，从而利用自己优先到达的货物谋求最大利益。刘某购买并销售这些户外用品的行为是经营行为无疑，但其骗取列车优先运送自己货物的行为却不是经营行为，而非法经营罪作为经济犯罪，所涉及经营行为必须以营利为目的。但在本案中，他与列车之间是建立了货物运输合同的双方当事人，在这个合同履行过程中，其所要达到的目的是将自己的货物运输到目的地而非是以盈利为目的的经营活动。所以，刘某的行为并不构成非法经营罪。当然，刘某在地震的特殊时期，在灾区人民急需救助的情况下，为了牟利而不顾灾区人民生死而表现出来对金钱的贪婪，行为性质较为恶劣，应当得到谴责。

小　结

所谓堵截条款，是指具有堵塞拦截犯罪人逃漏法网功能的刑法条款，相对普通条款其内涵要丰富得多。但是，正因为其具有相对的概括性和不明确性而得到较多的指责，而非法经营罪则是典型。但一味地指责非法经营罪堵截构成要件的概括性与抽象性于事无补。正如有学者说，法律不可能发布一种既约束所有人同时又对每个人都真正有利的命令。法律在任何时候都不能完全准确地给社会的每个成员作出何谓善德、何谓正确的规定。堵截条款的设置，是对刑法的不完整性的必要补充，也是为当今大多数文明国家所认可的刑事法律预防多发性犯罪的立法技术之一;非法经营罪堵截条款的运用,在我国推进社会主义市场经济的今天,它的存在具有一定的现实意义。但在具体适用中不能漫无边际地随意适用,必须要把握两大要件:(1)行为必须违反"国家规定";(2)必须违反了国家经营许可制度。只有把握这两点,才有可能认为某种非法经营行为构成"违反国家规定,其他严重扰乱市场秩序的行为"。